G
H
I
J
1
2
3
4
5
6
7
8
9
10
e de Bréhat
mpol
St-Quay-Portrieux
Côte d'É
Cap Fréhel
Erquy
Val-André
St-Cast
St-Malo
Cancale
Mont-St-Michel
Avranches
Dinard
EUC
PENTHIÈVRE
D768
Lamballe
Arguenon
Dol-de-Bretagne
N176
Dinan
LANDES DU MENÉ
Rance
Canal d'Ille-et-Rance
N137
Forêt de Fougères
Fougères
N12
Lié
Oust
D700
Loudéac
Ille
ILLE-ET-VILAINE
N12
Meu
Vilaine
Vitré
tivy
Forêt de Paimpont
N24
N157
RENNES
D766
Ploërmel
La Guerche-de-Bretagne
Janzé
N24
Josselin
D177
IHAN
D772
D178
N166
Canal de Nantes à Brest
D773
D163
Bain-de-Bretagne
N171
DES DE LANVAUX
Châteaubriant
annes
Redon
Vilaine
D775
D775
N137
D163
La Roche-Bernard
Forêt de Gâvre
LOIRE
Canal de Nantes à Brest
Erdre
ATLANTIQUE
Parc naturel régional de Brière
N165
edic
Savenay
A11
Ancenis
le Croisic
St-Nazaire
la Baule-Escoublac
NANTES
Loire
D213
D751
Pornic
Lac de Grand-Lieu
Clisson
Noirmoutier
Aix

Guides Gallimard
5, rue Sébastien Bottin
75007 Paris

Retrouvez le chapitre qui vous intéresse grâce au symbole situé en haut de chaque page.

Itinéraires en Côtes d'Armor
Les chiffres en italique renvoient aux pages du guide.

«LES VAGUES SOUS MA FENETRE
BATTENT SANS RELACHE LA CRETE DES TOITS»
PIERRE GESLIN

«Peut-etre parce que j'etais un petit terrien du Goelo,
qui n'avait rien vu, en dehors de son village,
Paimpol [...] me fit l'effet d'une vraie ville de la mer,
tout agitee de la fievre des partances
et ou soufflait le vent heroique de l'aventure»

François Menez

De nombreuses personnalités universitaires ou locales ont collaboré à ce guide. Toutes les informations contenues dans cet ouvrage ont été soumises à leur approbation.
Nous remercions particulièrement Philippe Bonnet, Jean-Yves Monnat, Bernard Le Nail et Jean-Claude Pierre.

Des clefs pour comprendre :
Nature : Gilles Bœuf, Louis Chauris, James Gourrier, Yves-Marie Maquet, Jean-Yves Monnat, Yves-Marie Paulet, Dominique Poulain, Guy de Sallier-Dupin.
Histoire et langue : Pascal Aumasson, Jean-Pierre Chauveau, Michel Denis, Bernard Tanguy.
Arts et traditions populaires : Alain Croix, Dastum, Maurice Dilasser, Marguerite Leroux-Paugham, Philippe Le Stum, Simone Morand.
Architecture : Jacques Briard, Christelle Douard, Jean-Pierre Ducouret, Nicolas Faucherre, Marie-Dominique Menant, Francis Muel, Jean-Jacques Rioult.
Le pays vu par les peintres : Denise Delouche.
Le pays vu par les écrivains : Pascal Aumasson, Jean Balcou, Daniel Giraudon, Roger Laouénan, Nicole Meyer-Vray, Yannick Pelletier, Loïc Thomas.
Annexes : Philippe Abalan, Yann Fañch Kemener, Olivier Le Moign.
Itineraires en Cotes-d'Armor :
Saint-Brieuc et ses environs : Pascal Aumasson, Mme de Bellaing, M. Dao, Gaëdic Dubrez, Hélène Guéné, Gilles Huet, Roger-Henri Le Page, Yannick Pelletier, Jean-Claude Pierre, Mme de Saint-Pierre.
Quintin et ses environs : M. et Mme de Bagneux, Kader Benferat, Roger-Henri Le Page.
Moncontour et ses environs : M. de la Brosse, Roger Dupuy, M. Gann, Guy de Sallier-Dupin.
Loudeac et ses environs : Kader Benferat, Yves Feuvrier, Michel Hinault, Guy de Sallier-Dupin.
Lac de Guerledan : Jean-Yves Andrieux, Roger-Henri Le Page, Jean-Claude Pierre.
Guingamp et ses environs : Guy Joncour, Henri Maho, Jean-Claude Pierre, Edmond Rébillé, Mme Toulet.
Lannion et ses environs : Claude Berger, Mme Gargadennec, Odile Guérin, Michèle Le Brozec, Maryvonne Massart, E. Mazé, Daniel Morvan, Jean-Pierre Pinot.
Treguier et ses environs : Pierre Arzel, Gilles Benz, Mme Chouteau, Jean Leclerc de la Herverie, Yvon Lemaine, Jean-Pierre Pinot, Loic Thomas.
Paimpol et ses environs : François Chappé, Jean-Claude Le Bot, Jean-Claude Pierre.
Brehat : Jean-Claude Pierre.

Guides Gallimard

Direction :
Pierre Marchand
Assisté de :
Hedwige Pasquet
Christian Moire
Rédaction en chef :
Marie-Noëlle Fustec
Assistée de :
Nicole Jusserand
Coordination :
Graphisme : Elizabeth Cohat
Photographie : Eric Guillemot
Assisté de : Patrick Léger
Cartographie : Vincent Brunot
Plans : Dominique Duplantier
Architecture : Bruno Lenormand
Planches nature : Frédéric Bony
Conseiller : Pierre Lenormand
Cotes-d'Armor :
Edition : Clotilde Lefèbvre, Soraya Khalidy
Maquette : Mathias Durvie, Yann Le Duc, Isabelle Roller, Béatrice Desrousseaux
Iconographie : Nathalie Beaud

1er dépôt légal : juin 1992. Dépôt légal : juillet 1996
Numéro d'édition : 77296 ISBN 2-7424-0004-4.
Impression : Hérissey (Évreux).
Juillet 1996.

BRETAGNE

COTES D'ARMOR

GUIDES GALLIMARD

SOMMAIRE

DES CLES POUR COMPRENDRE

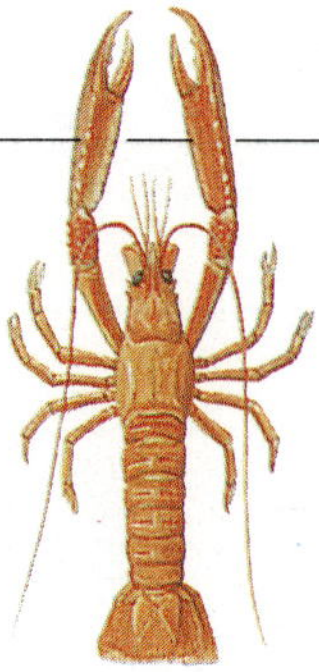

Sommaire
Itineraires en Cotes-d'Armor

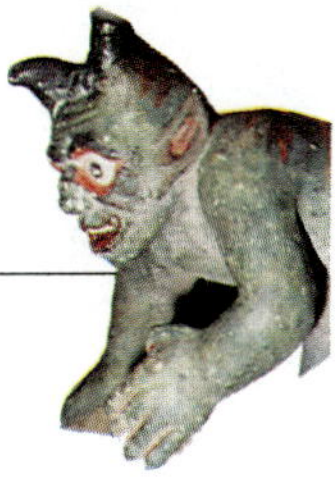

▲ COTES-D'ARMOR

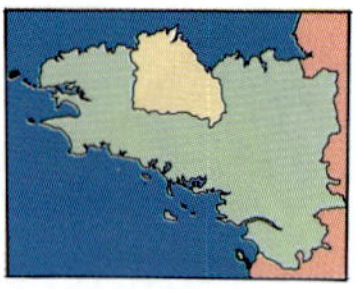

	Saint-Brieuc	Paimpol	Treguier	Lannion	Guingamp	Quintin	Moncontour
Paimpol	45						
Treguier	82	40					
Lannion	59	36	19				
Guingamp	31	38	29	32			
Quintin	22	50	64	60	30		
Moncontour	23	80	74	86	54	32	
Loudeac	43	110	104	112	60	30	26

COMMENT UTILISER CE GUIDE

En haut de page, les symboles annoncent les différentes parties du guide.

- ■ NATURE
- ● DES CLÉS POUR COMPRENDRE
- ▲ ITINÉRAIRES
- ◆ ANNEXES

La mini-carte situe l'itinéraire à l'intérieur de la zone couverte par le guide.

La carte-itinéraire présente les principaux points d'intérêts du parcours et permet de se reporter à une carte routière.

Au début de chaque itinéraire, le mode de déplacement, le kilométrage et la durée sont signalés sous les cartes :

- En voiture
- En bateau
- A pied
- A bicyclette
- Durée

Le kilométrage indiqué ne tient pas compte des détours proposés.

♥ Le coup de cœur de l'éditeur pour un site dont la beauté, l'atmosphère ou l'intérêt culturel séduiront particulièrement le visiteur.

● ■ ▲ ◆ Les symboles, en titre ou à l'intérieur du texte, renvoient à un lieu ou un thème traité ailleurs dans le guide.

LA COIFFE ● *64*
C'est un assemblage de quatre éléments. Sur le bonnet de toile, noire

OUESSANT ET LES ILES ♥ ■ *46*

Situées à l'extrême ouest du territoire français métropolitain, à la rencontre de l'océan Atlantique et de la Manche, sur l'un des passages maritimes les plus fréquentés du monde, les îles d'Ouessant, de Molène,de Béniguet, de Quéménès ● *78* ou

NATURE

La tour des Héaux
aux abords de Bréhat.

Pour tous ceux qui naviguent, phares, balises et amers font partie du paysage marin. Les balises sont des marques fixes ou flottantes qui permettent au marin de déterminer sa position lorsqu'il fait route en vue de la côte et d'éviter toutes sortes de dangers. Clochers, châteaux d'eau, tourelles de phare, tous ces objets fixes bien visibles de la mer et dont l'emplacement est porté sur les cartes marines s'appellent les amers.

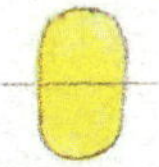

Marques delimitant les zones littorales
Elles sont réservées à la baignade et donc interdites à la navigation.

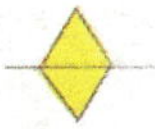

Ces zones sont entrecoupées de chenaux d'accès à la plage pour

les dériveurs, planches à voile et embarcations de faible tonnage.

Amers
Leur relèvement à l'aide d'un compas ou leurs éventuels alignements permettent aux navigateurs de déterminer leur position ou de suivre une passe entre des dangers.
Les marques de balisage, lorsqu'elles sont fixes, peuvent faire office d'amers.

Marques de balisage lateral
Elles matérialisent un chenal navigable. Ce sont les tours, tourelles, perches, piquets, bouées de toutes formes et dimensions. Une seule règle, absolue, lorsque l'on remonte un chenal, vers le port ou l'abri :

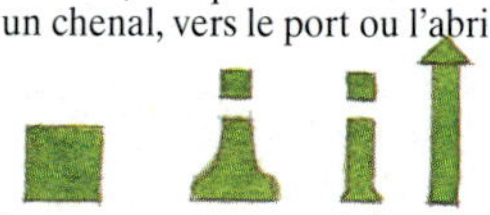

les marques vertes se laissent à tribord, c'est-à-dire à droite ;

les marques rouges se laissent à bâbord…

les marques de chenal préféré se trouvent à la jonction d'un chenal principal et d'un chenal secondaire.

La bande de couleur opposée qu'elles portent se réfère à leur situation dans le chenal secondaire.

QUAND LA MER EST HAUTE, L'AMER EST BAS.
QUAND LA MER EST BASSE, L'AMER EST HAUT.

MARQUES DE BALISAGE CARDINAL De gauche à droite : nord, est, sud et ouest.

MARQUES D'EAUX SAINES Elles indiquent, à la sortie du port, l'endroit à partir duquel les navires ne sont plus tenus de respecter des chenaux.

MARQUES DE DANGERS ISOLES Elles sont situées sur ou juste au-dessus du danger.

Ces marques spéciales ne servent pas à la navigation mais délimitent des zones où celle-ci peut être restreinte.

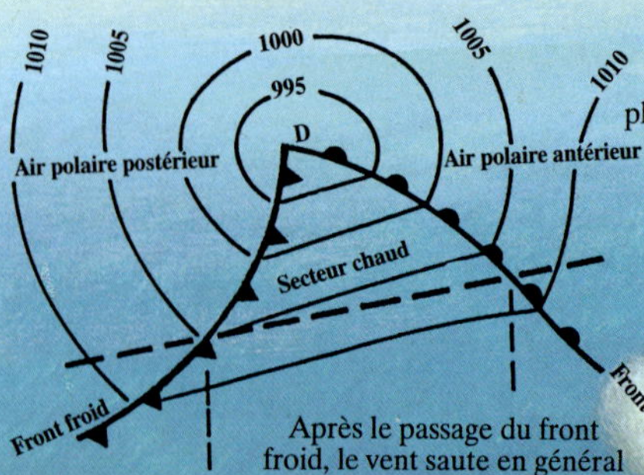

Ciel typique de l'approche d'un front pluvieux en Bretagne. Le vent risque de sauter brutalement du sud-ouest au nord-ouest !

Après le passage du front froid, le vent saute en général au nord-ouest et peut se renforcer. Des risques de grain avec rafales subsistent sous les cumulus de la traîne.

TRAINE de nord-ouest avec cumulus

CORPS PLUVIEUX

FRONT FROID
L'air froid, plus actif, repousse l'air tropical et s'enfonce comme un coin à sa base. Le contraste engendre une forte nébulosité et des précipitations.

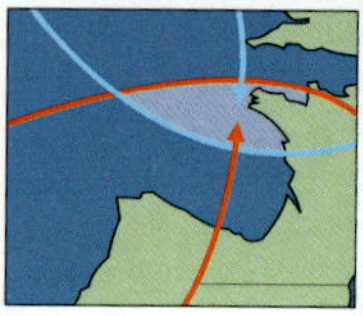

La position de la Bretagne en Europe et son statut de promontoire dans l'Atlantique expliquent l'originalité de sa faune et de sa flore. Plus que toute autre région, elle est un carrefour d'influences : ses côtes sud sont assez ensoleillées pour accueillir des espèces méditerranéennes, les Côtes d'Armor et le Finistère assez frais pour permettre la vie d'espèces boréales. On y trouve côte à côte le chou marin et le raisin de mer, le fulmar et l'aigrette garzette, la morue et la sardine.

Le climat breton dépend principalement des perturbations du front polaire qui circulent d'est en ouest, à la latitude des îles Britanniques. Les vents dominants de secteur ouest font régner un temps doux et humide. Le passage des dépressions, phénomène important en Bretagne, associé aux perturbations est décrit ici sous la forme idéale dont chaque situation réelle constitue une variante.

Le front froid est passé, la couche nuageuse se désagrège et la traîne envahit le ciel avec ses cumulus dont chacun peut encore provoquer une averse et une bonne risée.

Le corps pluvieux de la dépression arrive avec le front froid. Les précipitations se déclenchent sous les nimbo-stratus, cumulus, fractocumulus et cumulo-nimbus.

Enclume caractéristique du cumulo-nimbus. Elle peut culminer à plus de 10 000 m d'altitude.

La marée progresse dans la Manche d'est en ouest, déformée par la topographie des côtes.
bleu : basse mer
rouge : haute mer

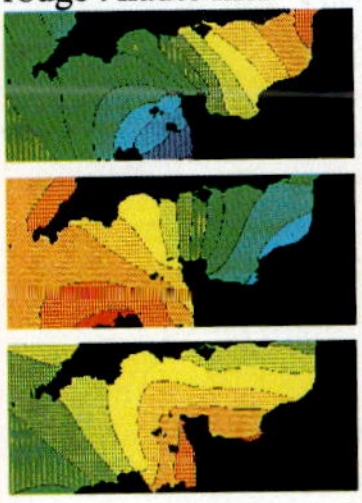

Lune et Soleil exercent une attraction sur les eaux du globe : maximale lorsque les deux astres sont alignés par rapport à la Terre - les marées de vives eaux interviennent 36 heures après - elle est minimale lorsqu'ils forment un angle droit et que leurs influences se contrarient - mortes eaux, 36 heures plus tard.

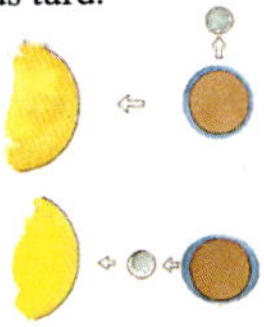

FRONT CHAUD

L'air chaud s'élève en biseau au-dessus de l'air polaire. Le long de la surface où les deux masses d'air se rencontrent sans se mélanger, apparaissent des formations nuageuses : cirrus, d'abord, puis cirro-stratus et altocumulus.

Dans le secteur chaud de la dépression, le vent est le plus souvent orienté au sud-ouest.

Le voile s'épaissit et les altocumulus envahissent le ciel, masquant le soleil. Ce sont encore des nuages très élevés.

Signe de l'arrivée d'une dépression, les cirrus évoluent à très haute altitude. Le voile qu'ils forment provoque un halo autour du soleil.

Le sous-sol des Côtes-d'Armor est constitué par le socle ancien du Massif armoricain, recoupé par des roches granitiques, d'environ 600 millions d'années (Perros-Guirec). Des dépôts sédimentaires de l'ère primaire affleurent au sud, dans le prolongement du bassin de Châteaulin, et plus sporadiquement au nord, dans le bassin de Plourivo. Les grands massifs granitiques hercyniens (Plouaret, Quintin et surtout Ploumanac'h) sont très exploités, notamment dans les carrières de granite rose de La Clarté et de Traouieros. Des minerais de plomb ont été extraits à Trémuson, Châtelaudren, Plélauff.
La destruction des falaises de gabbros, roche éruptive de teinte noir verdâtre a provoqué la formation de sables noirs sur les plages à Saint-Quay-Portrieux.

1

2

3

4

CARRIERES DE MAEL-CARHAIX

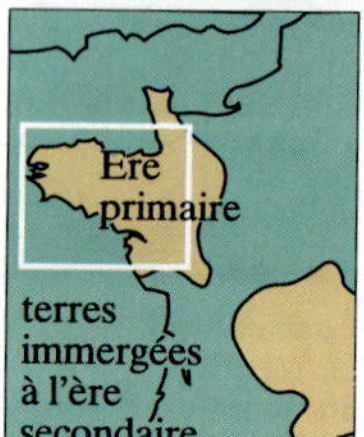

Les massifs (en jaune) sont issus du plissement hercynien (granite, gneiss, micaschistes...).
Les terres immergées au secondaire voient la formation de roches sédimentaires (calcaires, marnes et argiles).

TRACES DE TROUS MENAGES POUR LES COINS Longs outils métalliques, destinés à faire exploser le bloc de granite dans lequel le mineur les enfonçait.

LA TAILLE DE L'ARDOISE En deux coups de maillet sur le coin, le fendeur obtient deux plaques d'ardoise. Le rondissage consiste à égaliser les bords de l'ardoise (à droite).

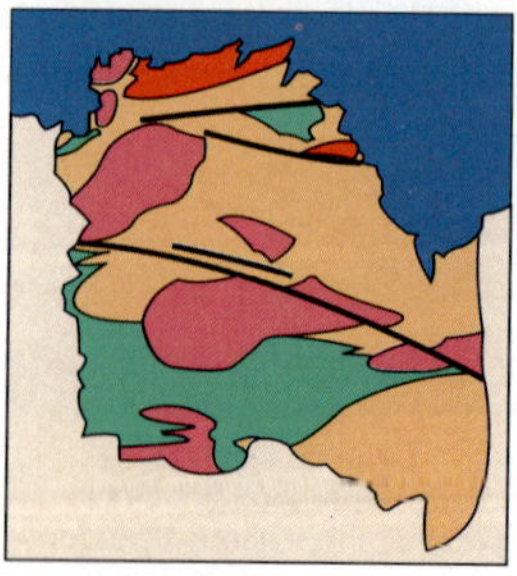

Granites cadomiens
Granites hercyniens
Paléozoïque
Précambrien
Quaternaire
Failles majeures

Les schistes de Châteaulin fournissent de belles ardoises aux carrières locales, comme Maël-Carhaix.

Ardoisière de Moulin-Lande (Maël-Carhaix)
Anciens abris des tailleurs d'ardoises.

Les ardoises sont expédiées dans toute la France, en particulier pour la restauration de monuments historiques.

Centre de Guerphales
Deuxième entreprise mondiale d'exploitation de schistes métamorphiques en vue de l'obtention de réfractaires, roches résistant à des températures très élevées.

5

7

8

1 Amphibolite a grenat (Calanhel)
2 Geode avec feldspath et quartz (dans le granite de Guernavalou)
3 Granite porphyroide (massif de Ploumanac'h, dit de Traouieros)
4 Quartzite a grenat (Rosquiriec)
5 Granite porphyroide (massif de Quintin, dit «gris celtique»)
6 Concentration de biotite dans le granite (Ploumanac'h)
7 Amethyste (environs de Plouaret)
8 Galene (Plélauff)

6

9 Andalousite (Guerphalès en Glomel)

Chicot quartzeux
Isolé dans la lande aux alentours de Plouaret.

Fenetre cintree en schiste a Gouarec
Une entorse à l'usage qui privilégie le granite en matière de construction.

Toul ar Staon (île Grande)
L'exploitation du granite pratiquée ici jusqu'au début du XXe siècle a provoqué la formation d'une falaise artificielle en gradins, figurant en creux les blocs extraits.

Granite rose de Ploumanac'h
Cette célèbre roche bretonne est exportée dans toute la France.

Le massif granitique de Ploumanac'h émet dans le socle ancien des filons à texture rubanée.

Menhir christianise de Saint-Duzec (granite de Woaswen)
Au début de l'ère chrétienne, de nombreux mégalithes furent coiffés de croix en réaction contre les rites païens qu'ils évoquaient.

ILE ROUZIC

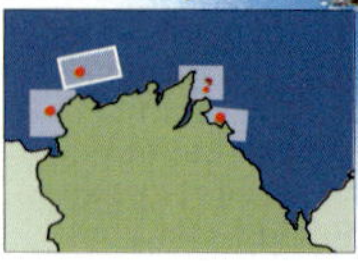

Créée en 1912 en réaction au massacre des macareux, la réserve des Sept-Iles est la plus ancienne réserve naturelle de France, et l'île Rouzic en est la plus riche. Aujourd'hui, gérée par la Ligue pour la protection des oiseaux, elle est encore un des plus beaux fleurons naturels de notre littoral : Rouzic accueille des colonies de douze des dix-huit espèces d'oiseaux marins du littoral atlantique français (certains ne nichent qu'ici), et une petite population de phoques gris qui vit là en permanence, se reproduisant même pendant les mois d'hiver.

FOU DE BASSAN
Le fou est la plus grande espèce d'oiseaux de mer européenne. Il ne s'alimente que de poissons vivants, essentiellement des maquereaux, qu'il repère au vol et capture parfois plusieurs mètres sous la surface, en un plongeon spectaculaire. Ses voyages alimentaires le conduisent souvent à plusieurs centaines de kilomètres de sa couvée.

FOU DE BASSAN
L'île Rouzic abrite la seule colonie de fous de Bassan des côtes françaises. Son installation remonte à 1939. Depuis cette date, la colonie n'a cessé de croître, dépassant aujourd'hui le chiffre impressionnant de 6000 couples.

PUFFIN DES ANGLAIS
Depuis une quinzaine d'années, une petite population de cet oiseau est en plein développement sur Rouzic. A terre, ses mœurs sont exclusivement nocturnes. Comme le macareux, il niche dans un terrier.

MACAREUX
Son nid est en général au fond d'un terrier creusé dans des pentes herbeuses.

MACAREUX
Sur les quelque 250 couples nichant encore en Bretagne, 220 sont établis aux Sept-Iles. Il diminue toujours de façon préoccupante, ici comme dans le Finistère.

GUILLEMOT DE TROIL
Ses effectifs ont fondu à la suite de la marée noire de l'Amoco Cadiz.

PINGOUIN TORDA
L'oiseau marin le plus rare de nos côtes : 20 des 40 couples français nichent ici.

CORMORAN HUPPE
Ne s'éloigne jamais des côtes rocheuses.

PHOQUE GRIS
Depuis quelques années, plusieurs blanchons sont nés ici.

Baie de St Brieuc

Becasseau variable **Pluvier argente**

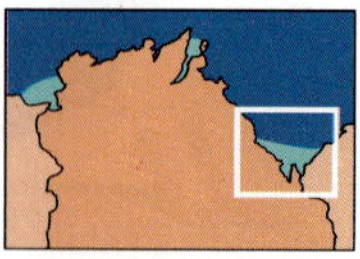

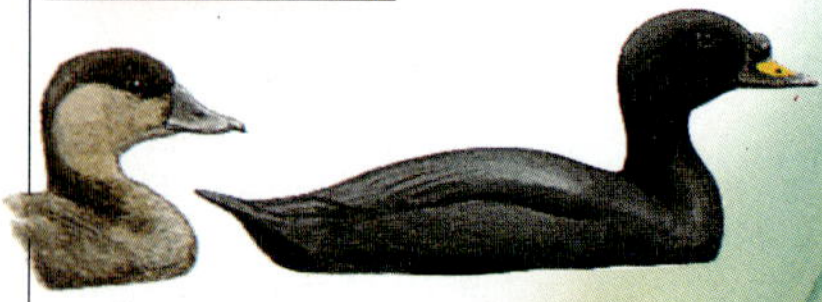

Macreuse noire et garrot a œil d'or

Ces canards plongeurs se nourrissent essentiellement de mollusques et fréquentent les abords des bouchots, ce qui leur vaut l'inimitié des mytiliculteurs.

Becasseaux variables et grands gravelots

Barge rousse
La baie est pour elle un site d'hivernage.

Pluvier argente
Au printemps, il reprend son plumage nuptial.

A marée basse, la rivière d'Yffiniac doit serpenter à travers 7 km de vase et de sable pour rejoindre la mer. L'importance des activités mytilicoles pourrait, seule, témoigner des potentialités biologiques de ces grèves immenses. Mais les oiseaux aussi, qui par dizaines de milliers passent et hivernent là depuis des siècles. A basse mer, la baie est couverte de limicoles mangeurs de mollusques, de vers et de crustacés. Le flot contraindra tout ce petit monde à se replier peu à peu vers le reposoir de Saint-Ilan. Au large, des bandes de canards plongent à la recherche de coquillages. Et le groupement pour l'étude et la protection de la nature (GEPN) veille soigneusement sur l'ensemble.

HUITRIER A haute mer, les limicoles se reposent sur les bancs de sable, îlots et herbus.

BERNACHE CRAVANT Cette oie marine se nourrit de zostères.

GREVE

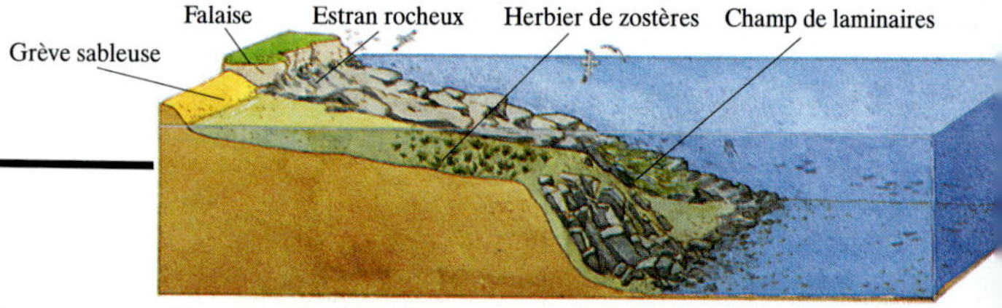

Dans les anses, dès que la houle et le courant s'apaisent, la mer redépose ce qu'elle a arraché ailleurs, créant des grèves, des plages, voire des vasières dans les sites les plus calmes. Les algues peuvent difficilement s'installer sur ces milieux trop instables.

En revanche, les conditions favorisent le dépôt d'éléments planctoniques que divers animaux peuvent filtrer dans la masse d'eau ou récupérer à la surface des sables. Entrent surtout dans cette catégorie les bivalves et les vers qui, par myriades, colonisent le sédiment. Ils seront à leur tour la proie de crabes, de poissons ou d'oiseaux.

BERNARD-L'ERMITE
Débarrasse la grève de ses détritus.

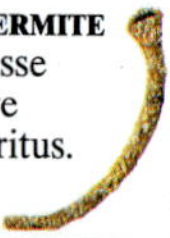

LANICES
Ces petits panaches sableux hérissant la surface de la grève appartiennent à des vers qui se nourrissent de particules déposées.

SOLE
Certaines soles de taille moyenne se rapprochent de la grève et sont pêchées en eau peu profonde aux basses mers de vives-eaux.

CREVETTE GRISE
Encore nommée crevette de sable.

HERBIER
A l'opposé des algues, ces herbes marines que sont les zostères ont des racines et peuvent coloniser les sables. Elles forment de vastes herbiers où vit une faune très diverse.

GOELAND ARGENTE ▲
Dos gris clair chez les adultes (haut), pattes roses.

GOELAND MARIN ▲
Dos presque noir, pattes roses ; le plus grand et le plus rare.

▲ GOELAND BRUN
Dos sombre, pattes jaunes.

TOURNEPIERRE
Soulève cailloux et goémons pour capturer de petits organismes marins.

GRAND GRAVELOT
Capture des proies de petite taille à la surface du sédiment.

HUITRIER-PIE
Fouille le sable à la recherche de coquillages, surtout des coques.

PECHEUR DE COQUES
Les pêcheurs à pied utilisent parfois un rateau dit «ravageur», qui permet d'extraire les coquillages enfouis comme les coques.

ŒUF DE RAIE
Il n'est pas rare de voir des œufs de raie échoués dans les laisses de mer.

PUCE DE MER

CRABE VERT
L'un des principaux éboueurs des grèves avec les nasses et les bernard-l'ermite.

COQUE (1)
Vit à peine enfouie, si bien que le bord de sa coquille et ses siphons sont généralement visibles à la surface.

PRAIRE (2)
A très basse mer, plutôt dans les sables grossiers.

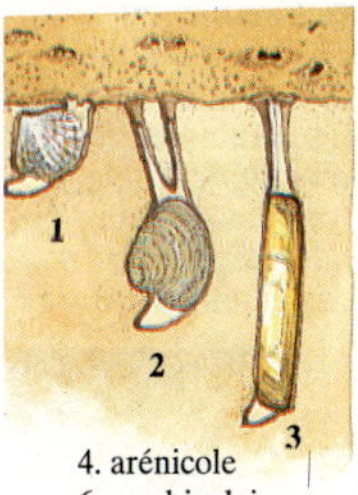

4. arénicole
6. scrobiculaire

DONACE
Sur les plages de sable fin.

NASSE
Sorte de bigorneau perceur qui se nourrit surtout d'animaux morts.

CORYSTE
Vit enfoui dans les plages de sable fin.

PALOURDE
Se complaît dans les sables mêlés de cailloutis.
Sa coquille est plus noire en présence de vase. **(5)**

COUTEAU (3)
A basse mer, il se retire au fond d'une galerie verticale visible en surface par un trou en forme de huit.

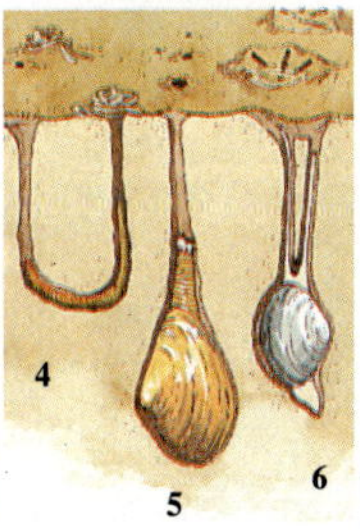

Estran rocheux

Quelques jours par mois, les basses mers de vives-eaux laissent tout juste voir les champs de laminaires.

Les patelles sont pêchées depuis des temps immémoriaux.

Deux fois par jour, le jusant découvre de larges étendues de sables et de roches qui recèlent une multitude d'organismes marins d'une incroyable variété de formes, de couleurs et de modes de vie. Ceux du bas de l'estran ne seront que brièvement émergés, mais ceux d'en haut devront attendre douze heures pour que la mer, leur milieu nourricier, les humecte ou les immerge à nouveau. Ainsi du haut en bas de la grève, chacun ne peut survivre que dans une bande plus ou moins étroite correspondant aux durées d'émersion auxquelles il est adapté. Dans toute cette diversité, l'homme a bien entendu trouvé de quoi l'intéresser : poissons, crustacés et mollusques pour son assiette, algues pour son jardin et ses champs.

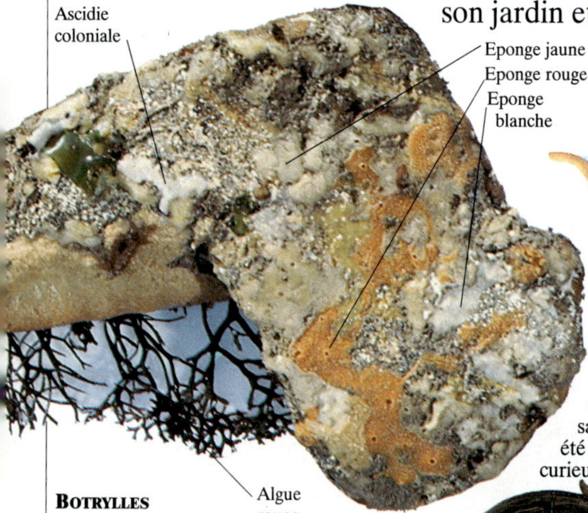

Au bas de l'eau, le dessus des cailloux est normalement couvert d'algues variées. En revanche, faute de lumière, la face inférieure est dominée par la vie animale. Tous ces organismes meurent et pourrissent quand un caillou n'est pas remis dans sa position initiale après avoir été retourné par un pêcheur ou un curieux.

Motelle

Botrylles
Ces petites étoiles de couleur variable, fréquentes sur les rochers et les algues, sont des animaux fixés du groupe des ascidies.

Etrille
Excellent crustacé, agile et bon nageur, commun dans les champs de blocs.

Algues calcaires
Flaques et cailloux se couvrent souvent de croûtes d'algues calcaires roses. Les disques sont la forme hivernale d'une grande algue brune, l'himanthale.

Congre
Vivant parmi les blocs rocheux, le congre est le plus gros poisson susceptible d'être pêché à la grève.

Crevette rose
Dans les flaques parmi les rochers. Les grands exemplaires sont nommés bouquets.

Ormeau
L'essentiel de sa population vit sous le niveau des plus basses mers, il devient rare sur l'estran.

PATELLES (BERNIQUES)
A haute mer, la patelle racle le film d'algues microscopiques du rocher où elle vit. Quand l'eau se retire, elle regagne toujours le même emplacement, celui où elle a grandi et où sa coquille s'adapte parfaitement.

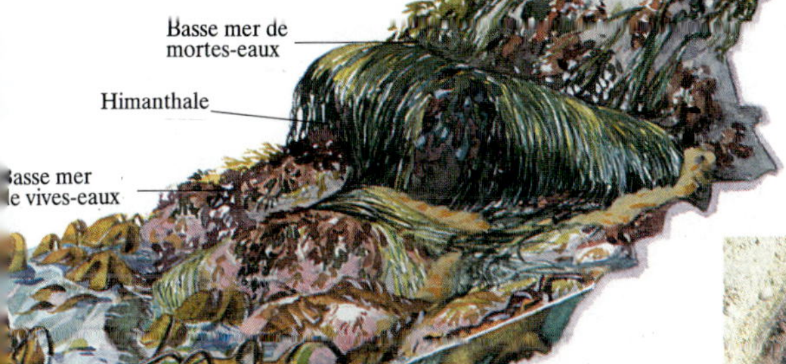

FUCUS VESICULEUX
Ce sont surtout les algues brunes qui caractérisent les principaux niveaux de la marée.

TROQUE EPAISSSE

BALANES

MOULES ET POURPRES
En milieux rocheux, les moulières naturelles se situent à mi-marée.
La pourpre, ou bigorneau perceur, en est le principal prédateur.

LITTORINES

BIGORNEAU COMMUN

Des algues, poissons, anémones et autres organismes mal adaptés à l'émersion peuvent vivre assez haut sur l'estran à la faveur des flaques.

COMATULE

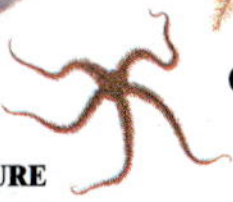

OPHIURE

CHITON

ANEMONES COMMUNE (1, 2), ROUGE (3), FRAISE (4)
Prédatrices et filtreuses, elles font partie des animaux les plus primitifs de la grève.

1

2

3

4

PECHE AUX CRUSTACES

Le paner, le casier en osier traditionnel, tend à disparaître.

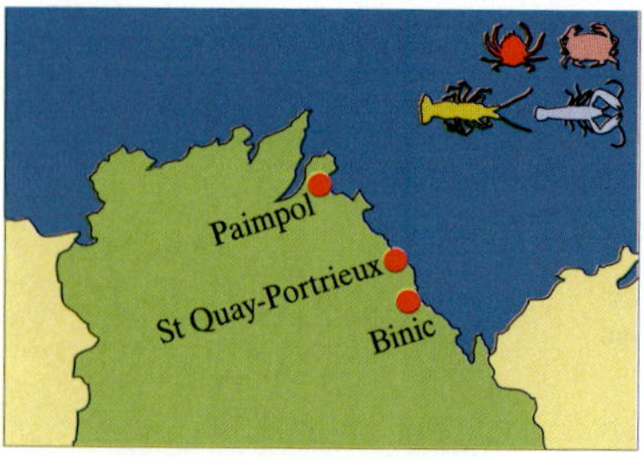

Parmi les crustacés débarqués le long des Côtes-d'Armor, l'araignée occupe la première place. On la pêche au casier ou au filet, près des côtes en été, plus au large en hiver. La jeune araignée, ou crabe-mousse, ou encore moussette, longtemps considérée comme une espèce distincte, trouve les conditions favorables à son développement dans les zones de nourriceries que sont la baie de Saint-Brieuc et les abords de Bréhat.
Le tourteau, ou dormeur, est rare à l'est du Trieux, tandis que le homard est très recherché dans le semis de roches qui s'étend de Trégastel à Bréhat.

HOMARD
Vit sur des fonds rocheux près des côtes. Sa pêche, intensive, le rend plus rare.

TOURTEAU OU DORMEUR
En grandissant, il migre vers les grands fonds.

LANGOUSTINE
Rare dans la Manche, il lui faut des fonds de vase de plus de 100 m.

LANGOUSTE
Rare dans cette région. Elle se distingue du homard par une absence de pinces.

GALATHEE
Capturée avec les langoustines, sa consommation est locale.

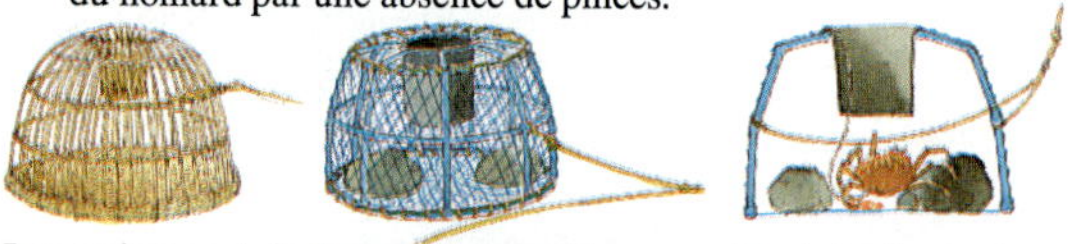

Les casiers sont de formes et de matériaux variés. Actuellement, la matière plastique tend à remplacer l'osier et leurs lattes de bois traditionnels. L'animal, appâté par la boued, pénètre dans le casier par la goulette et y reste piégé.

Les caseyeurs mesurent une vingtaine de mètres et peuvent mouiller jusqu'à 800 casiers en plusieurs filières. Un vivier étanche, aménagé à fond de cale, permet de garder en vie les crustacés le temps d'une marée.

La nappe de filet disposée verticalement sur le fond piège l'araignée lors de ses déplacements.

Araignée
Adulte à l'âge de 2 ans, elle ne mue plus au-delà. Le mâle est reconnaissable à ses fortes pinces.

Filer et virer
«Filer les casiers» consiste à les mettre à l'eau, et les «virer», à les remonter.

Les crustacés constituent l'essentiel des plateaux de fruits de mer.

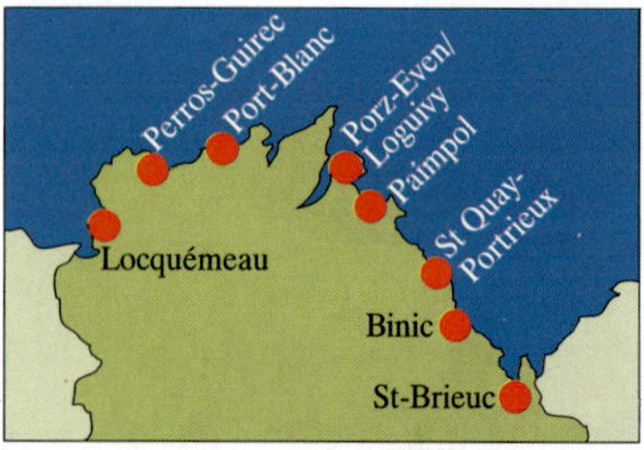

La variété des paysages sous-marins rencontrés le long des Côtes-d'Armor explique la diversité des poissons débarqués. Ainsi, au retour des bateaux, on trouvera des espèces des fonds rocheux côtiers, tels le bar et le lieu jaune, et d'autres inféodées aux fonds meubles comme la sole ou la raie. Une diversité des espèces qui va de pair avec celle des moyens de capture : ici, à la différence de la Bretagne Sud, le chalutage n'est qu'une technique parmi d'autres, la palangre, la ligne traînante et les filets assurant la majorité des apports.

Lieu jaune
Un poisson réputé, à ne pas confondre avec le lieu noir, capturé au nord de l'Ecosse. Signes distinctifs : la couleur et la ligne latérale, presque droite chez le noir, fortement incurvée chez le jaune.

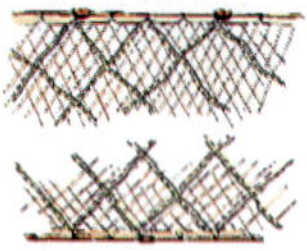

Filet tremail
Long de quelques centaines de mètres et formé de trois nappes, il est généralement posé pour une nuit.

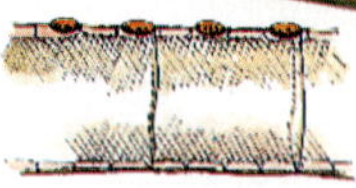

Filet maillant
Posé sur le fond pour une durée variant de quelques heures à quelques jours, il est doté de mailles qui retiennent les poissons par les ouïes.

Le *vire-filet*, muni d'une large gorge, permet de remonter des kilomètres de filet sans abimer le poisson.

Chalut a panneaux

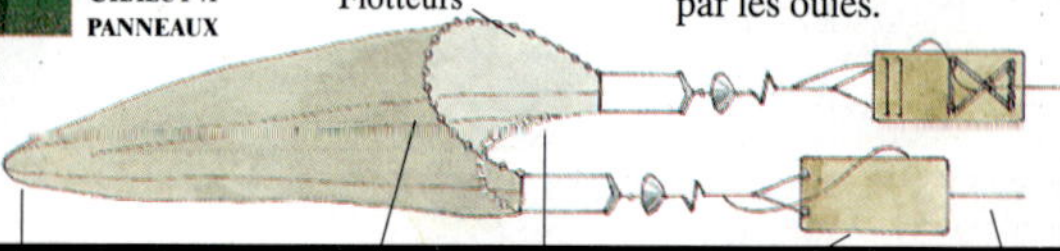

JULIENNE OU LINGUE Poisson de fond capturé au chalut ou à la palangre.

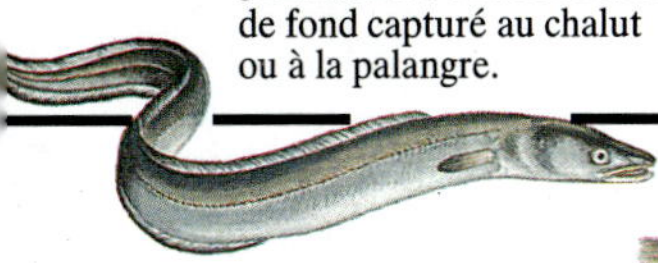

CONGRE Puissant prédateur, il hante les fonds rocheux. Capturé à la palangre.

MERLU Souvent capturé avec la langoustine.

RAIE Capturée au filet. On en consomme les ailes.

ROUSSETTE Ce requin miniature est vendu sous le nom de saumonette.

MAQUEREAU Poisson bleu, mais vert lorsqu'il est vivant.

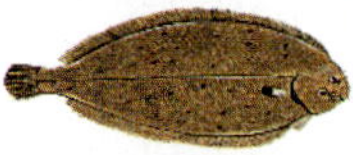

SOLE Elle passe sa première année sur les fonds sableux des côtes.

MERLAN Pêché au chalut sur des fonds de vase.

LOTTE OU BAUDROIE Un aspect repoussant mais un goût des plus raffinés.

BAR Rapide et carnassier, il affectionne les turbulences créées par les courants.

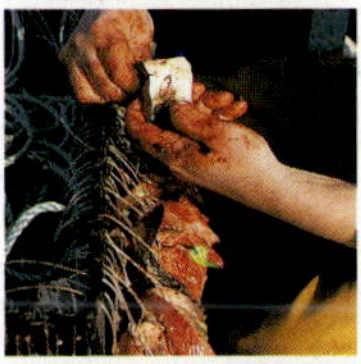

Des morceaux de maquereaux pour le congre, du lançon vivant pour le bar, des arénicoles pour la sole : chaque poisson a son appât.

PALANGRE Elle est mouillée sur le fond ou entre deux eaux selon le poisson recherché.

Le poisson est vendu aux enchères à la criée.

BAR AU GROS SEL

LIEU DORE DU MALAMOCK

Coquille Saint-Jacques

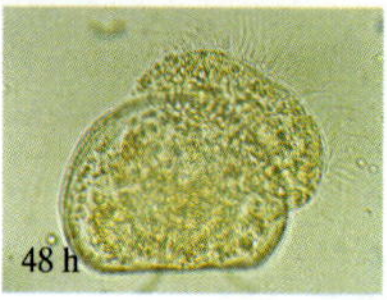

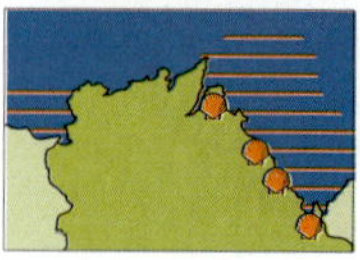

La pêche de la coquille Saint-Jacques est une activité relativement récente en Bretagne Nord. En 1961, seulement 20 bateaux la pratiquaient dans les parages de la baie de Saint-Brieuc ; ils étaient plus de 400 dans les années 1970 et la quantité débarquée passait de quelques dizaines à plus de 15 000 tonnes. Aujourd'hui, l'activité se maintient au prix d'importants efforts de gestion, et l'on peut encore compter dans la région sur 2 000 à 4 000 tonnes de coquilles Saint-Jacques par an. La pêche a lieu de novembre à mars, et les bateaux sont autorisés à travailler une ou deux heures par jour, 2 ou 3 jours par semaine. Les coquilles sont vendues vivantes sous criée et rapidement transportées vers les marchés nationaux.

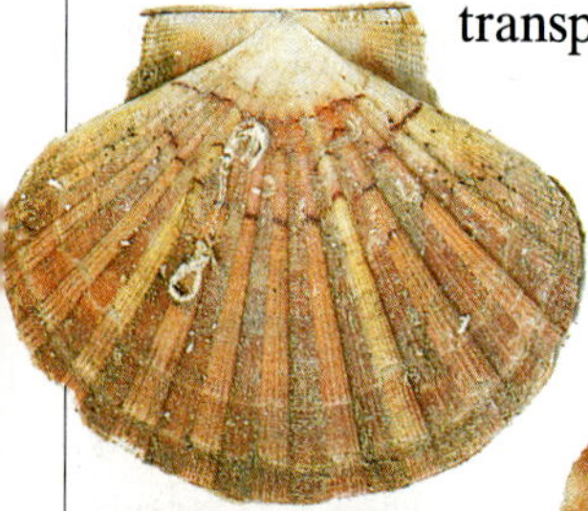

Coquille Saint-Jacques
L'âge se lit sur ses valves. Chaque strie concentrique correspond à un arrêt hivernal de croissance.

Petoncle
Plus petit, deux valves creuses. Noir ou blanc, le pétoncle est aussi comestible.

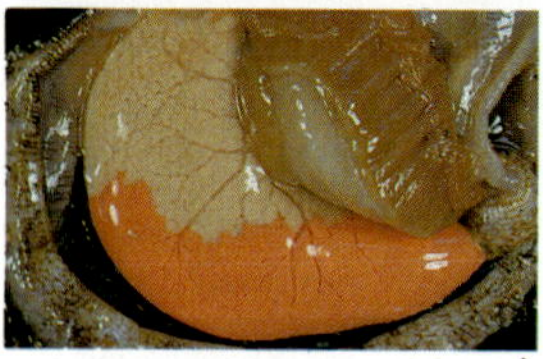

Bord du manteau et gonade
Bordé d'yeux et de tentacules, le manteau est un capteur sensoriel ; de plus, il sécrète la coquille. Le corail est l'organe reproducteur de cet animal hermaphrodite (blanc : partie mâle, orange : partie femelle).

L'adulte vit enfouie dans le sédiment (maërl ou sable coquillier) : à la différence des jeunes coquilles, ses déplacements sont très limités.

Bateaux coquilliers
Ils sont munis d'un moteur puissant et d'un treuil.

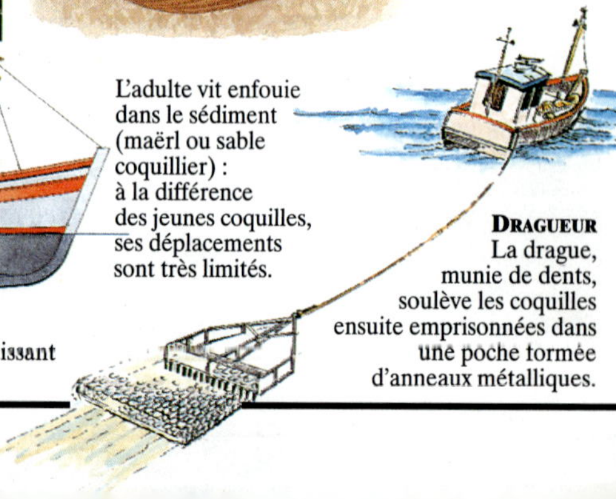

Dragueur
La drague, munie de dents, soulève les coquilles ensuite emprisonnées dans une poche formée d'anneaux métalliques.

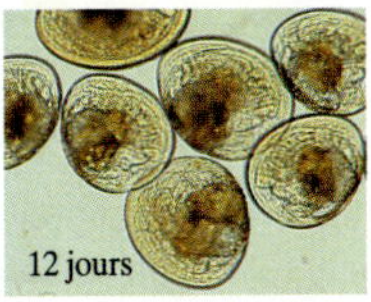

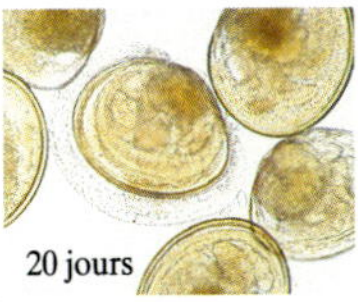

▲ Postlarve

▲ Coquilles juvéniles (2 mois)

Coquillier traditionnel A l'époque de la pêche à la voile, le volume des captures était étroitement lié aux conditions de vent.

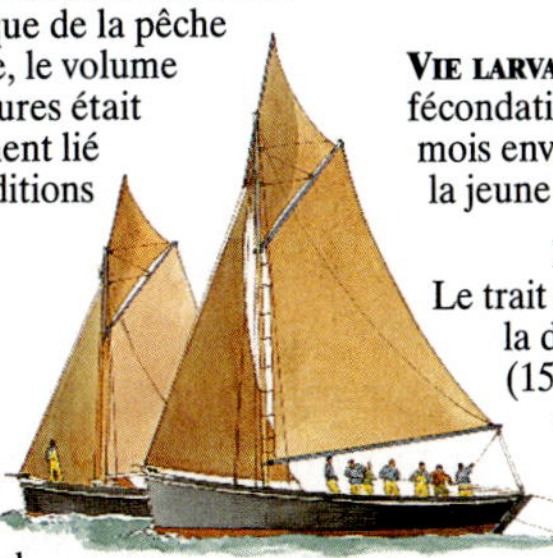

Vie larvaire Premier été d'une coquille Saint-Jacques : fécondation externe, vie larvaire planctonique durant un mois environ, puis métamorphose et fixation au fond où la jeune coquille acquiert la morphologie de ses parents.

Drague a virer Le trait s'achève lorsque la drague est pleine (15 mn). La drague est ensuite *virée*, c'est-à-dire remontée sur le bateau, puis la poche soulevée par le fond pour être vidée.

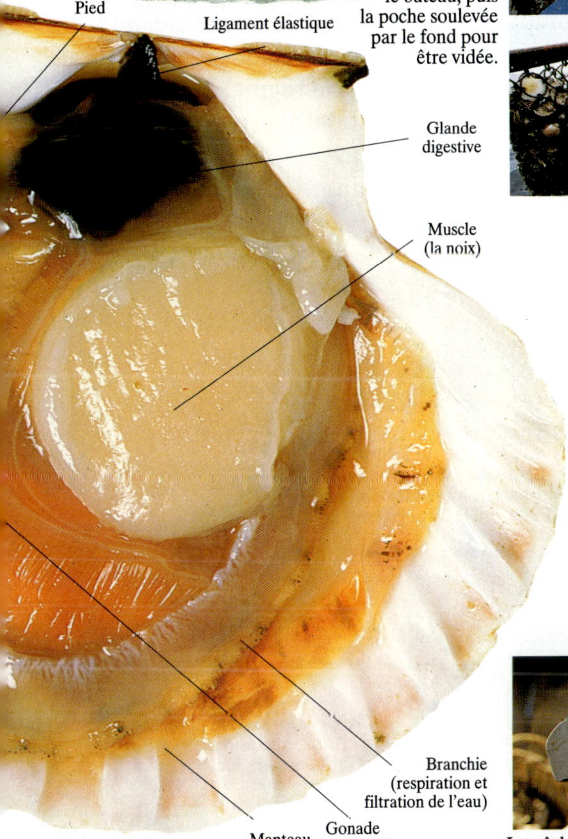

Vidée, la drague est aussitôt *filée* (immergée) pour un nouveau trait ; le tri peut alors débuter. Cailloux et coquilles hors taille sont remis à l'eau.

Le pêcheur doit contrôler la taille de ses captures. Une longueur minimale est définie avant chaque campagne (10,2 cm en 1992).

Produits congelés préparés à base de noix de coquilles Saint-Jacques importées.

La coquille Saint-Jacques, vendue entière, se consomme avec son corail. Poêlée au beurre ou flambée, pour ce produit exceptionnel, les recettes les plus simples sont les meilleures.

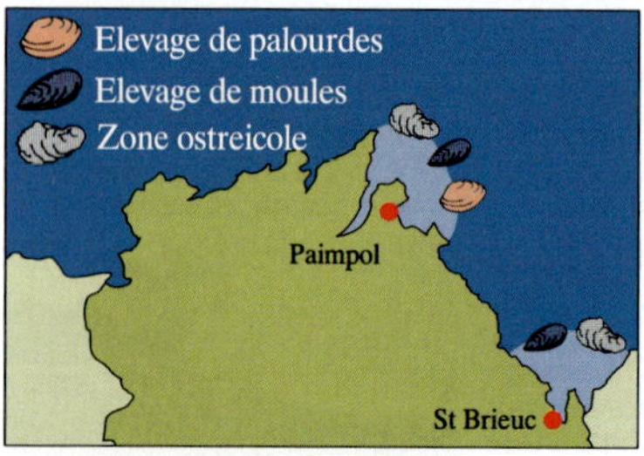

L'élevage des moules s'est développé sur les vastes étendues découvrantes du sud de la baie de Saint-Brieuc. Les pieux ou bouchots visibles depuis le rivage portent des boudins de jeunes moules qui, grâce à la richesse des eaux côtières, atteignent une taille commerciale en moins de deux ans. Autour de Paimpol, c'est l'huître, plate ou creuse, que l'on élève en zone découvrante ou en eau profonde. Si les moules bouclent leur cycle vital complet dans la région, les huîtres, par contre, ne rencontrent pas les conditions thermiques favorables au succès de leur reproduction et doivent être importées sous forme de naissain, de Bretagne Sud ou de Charente.

Vivant fixée, la moule crée un courant d'eau qui achemine les microalgues vers ses branchies pour se nourrir.

La mytiliculture aurait vu le jour en Charente, au XVIIe siècle. L'utilisation de pieux a permis d'augmenter les rendements tout en diminuant le travail d'entretien.

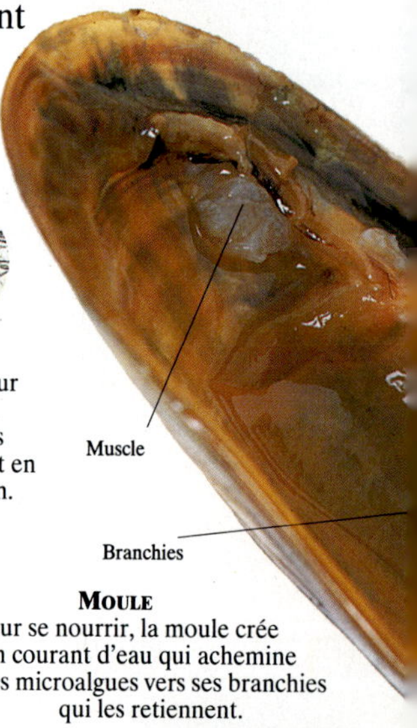

MOULE
Pour se nourrir, la moule crée un courant d'eau qui achemine les microalgues vers ses branchies qui les retiennent.

BOUCHOTS ET CORDES DE CAPTAGE
L'élevage des moules est pratiqué sur des pieux de bois plantés dans la zone de marée, les bouchots, ou en parcs, comme dans la région de Pénestin et du Croisic.

MOULES EN CAISSES
Avant expédition, les moules sont conservées en caisses dans la partie haute de l'estran.

Les jeunes moules sont captées sur des cordes horizontales ; le boudin de naissain est ensuite enroulé en torsade autour du bouchot.

Aujourd'hui, sur les barges, les grues hydrauliques ont remplacé les cordes et les poulies.

COQUE
Pas d'élevage véritable mais reparquage des jeunes naissains en zone favorable.

MOULE

HUITRE CREUSE
Portugaise jusque vers 1970, japonaise depuis.

HUITRE PLATE
Peu cultivée ici, affinée dans les claires vers Mesquer.

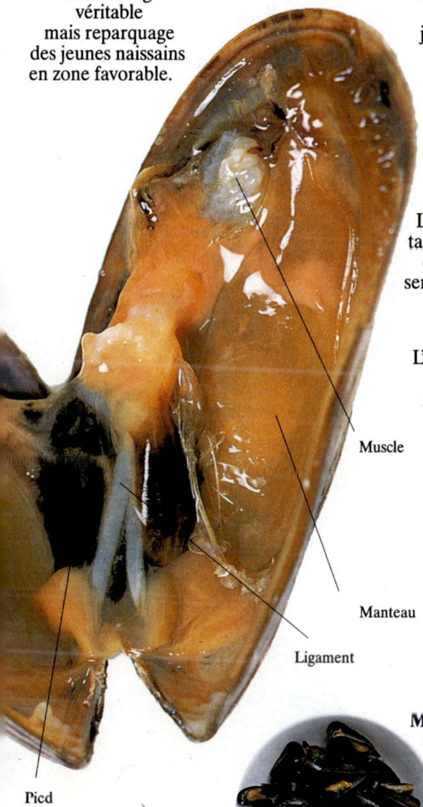

LARVE ET NAISSAIN
La larve de l'huître creuse est planctonique, tandis que celle de l'huître plate se développe dans la coquille de la mère. Agée de 3 à 4 semaines, la larve se métamorphose et se fixe.

POCHES D'ELEVAGE
L'huître creuse est cultivée en surélévation ; les jeunes huîtres sont placées dans des poches reposant sur des tables ostréicoles.

CIVIERE D'AFFINAGE
L'affinage doit progressivement habituer l'huître à l'émersion et lui donner le goût qui lui fera mériter son appellation.

MOULES MARINIERES
C'est généralement en été, lorsqu'elle accumule des sucres dans son manteau, que son goût est le meilleur.

OUVERTURE D'UNE HUITRE
Introduire la lame d'un fort couteau entre les valves, sectionner le muscle : l'huître est ouverte.

TRI, CALIBRAGE ET CONDITIONNEMENT

RIAS ET VASIERES

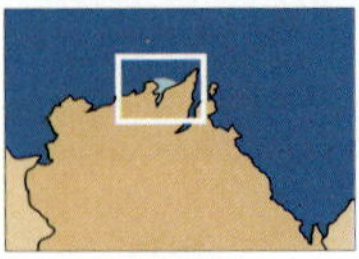

Les Galiciens les ont nommés «rias», les Bretons «abers» mais ce sont des estuaires où la marée se fait sentir profondément. Les vastes étendues de vase nue découvertes par le jusant portent le nom de slikke. Une microfalaise les sépare du schorre, prés-salés ravinés de chenaux et de flaques, couverts d'une végétation basse mais dense. Eau douce à basse mer, saumâtre à marée haute... Peu d'espèces sont capables de s'adapter ici, mais celles qui le font prolifèrent.

HERON CENDRE
A basse mer, on les voit arpenter lentement les chenaux, guettant petits poissons et crevettes.

CRABE VERT
Partout, des flaques sursalées à l'eau presque douce.

ARENICOLE
Vit dans le sable des plages comme dans la vase de la slikke.

MULET
Sa petite bouche dépourvue de dents (il se nourrit d'algues microscopiques) permet de le distinguer du bar. Il vit en bancs et peut remonter dans les fleuves.

NEREIS
Souvent utilisée comme appât sous le nom de «gravette».

SCROBICULAIRE
Profondément enfouie, elle pompe sa nourriture à la surface de la vase.

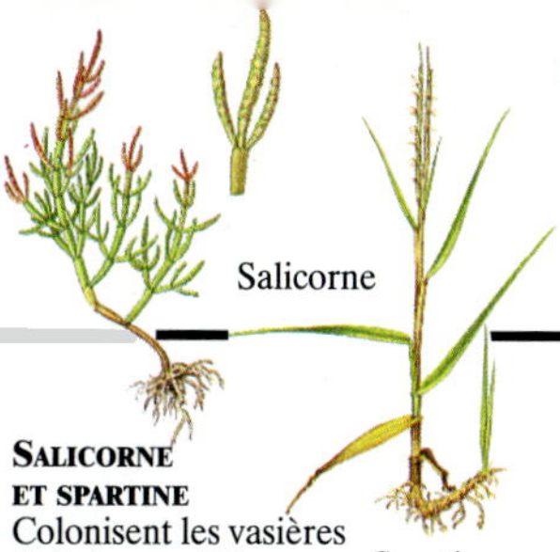

SALICORNE ET SPARTINE Colonisent les vasières de la haute slikke qu'elles contribuent à consolider en favorisant le dépôt de nouvelles couches de vase.

LAVANDE DE MER Le schorre n'est atteint par le flot que lors des marées de vives-eaux. L'été, couvert de lavandes de mer et d'asters, il est violet.

OBIONE Elle couvre parfois de vastes étendues du schorre. Ses feuilles charnues sont une adaptation classique à la vie en milieu salé.

MAREE HAUTE / MAREE BASSE A marée haute, la ria a souvent l'aspect d'un petit fjord. A basse mer, la rivière n'occupe qu'un lit mineur.

TADORNE Il niche dans des terriers, parfois loin de l'eau.

BERNACHE CRAVANT Petite oie arrivant dans les estuaires et les baies à la fin d'octobre. Elle s'y nourrit surtout de zostères.

GREBE CASTAGNEUX Petite boule de plumes sur l'eau du chenal.

COURLIS CENDRE Son long bec arqué lui permet de saisir divers animaux enfouis. Egalement grand consommateur de crabes verts.

CHEVALIER GAMBETTE Un des petits échassiers les plus caractéristiques des vasières.

BECASSEAU VARIABLE Ses bandes manifestent une activité incessante à la recherche de crustacés, de vers et de mollusques minuscules.

GRAND CORMORAN Il se nourrit de plies et d'anguilles. C'est surtout de l'automne à la fin de l'hiver qu'il fréquente les estuaires.

LANDE

BUSARD CENDRE
Au temps où les landes hautes occupaient de vastes étendues, les busards cendrés aimaient y installer leur couvée.

Rase sur le littoral venté de Fréhel ou les crêtes des monts d'Arrée, élevée sur les hauteurs intérieures de Lanvaux, sèche sur les buttes de Paimpont, humide sur les pentes tourbeuses des Montagnes Noires… La physionomie de la lande est aussi multiple que sa composition d'ensemble est uniforme, un mélange souvent dense d'ajoncs et de bruyères ; c'est probablement la végétation d'origine des hauts de falaises et de certaines crêtes intérieures. Ailleurs, elle fait la transition entre les cultures et la forêt. Elle a beaucoup perdu de la place importante qu'elle occupait naguère dans les paysages et l'économie rurale de la Bretagne.

AJONC ET GENET
L'ajonc a des épines pour feuilles.

BROYAGE DE L'AJONC
L'ajonc d'Europe était autrefois couramment employé pour l'alimentation des chevaux. Il était même cultivé pour cet usage.

LANDE FLEURIE
C'est au printemps que la floraison de l'ajonc d'Europe atteint son apogée : les landes forment alors d'impressionnantes étendues d'un jaune éclatant, à l'odeur délicate.

AJONC
Ces arbrisseaux épineux donnent à la lande son aspect. Des trois espèces de Bretagne, l'ajonc d'Europe est le plus répandu.

VERDIER
Construit souvent son nid dans les landes les plus hautes.

CALLUNE

BRUYERE CILIEE

BRUYERE CENDREE

Alors que la bruyère cendrée vit dans les parties les plus sèches, souvent sur les hauteurs, la bruyère ciliée occupe plutôt les pentes un peu humides. La callune s'adapte à ces deux milieux. Les zones les plus mouillées, voire tourbeuses, sont peuplées par la bruyère à quatre angles.

Femelle Mâle

LINOTTE Typique des landes, elle revient au début d'avril d'Espagne et du Maroc.

FAUVETTE PITCHOU
Un des rares oiseaux habitant aussi bien les garrigues et maquis méditerranéens que les landes bretonnes.

BRUANT JAUNE
Oiseau des lisières nichant dans ce type de végétation.

FAUCON CRECERELLE
Chasse petits mammifères et gros insectes.

1

PIPIT FARLOUSE (1) ET TRAQUET PATRE (2)
Nichent dans les landes rases.

2

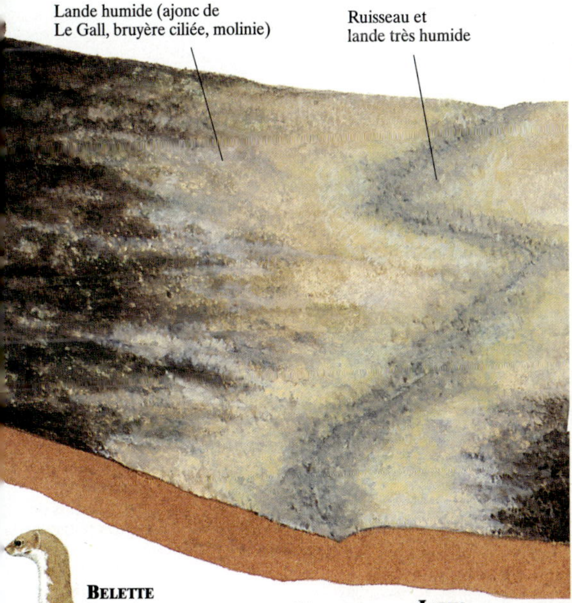

MYGALE
Une chaussette de soie dans le sol de la lande : le terrier d'une petite mygale.

BELETTE
Peut s'attaquer aux lapins, mais se contente le plus souvent de petits rongeurs et d'oiseaux.

MULOT
Habite tous les milieux, pourvu qu'il y trouve des graines.

LAPIN
En Bretagne, le lapin établit souvent ses garennes dans les talus et les grandes landes.

TOURBIERE

BUSARD SAINT-MARTIN
Sa première reproduction dans les landes et tourbières bretonnes ne date que d'une vingtaine d'années.

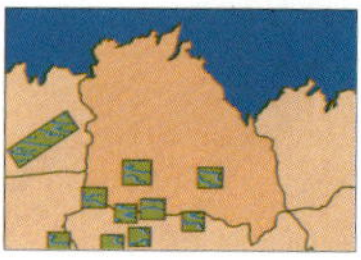

Une pluviosité marquée, un sol pauvre limitant l'écoulement et un climat frais, ce sont là les principales conditions permettant le développement d'une tourbière. Selon son âge et le degré d'humidité, ses vastes tapis de sphaignes se peuplent de toute une variété de plantes plutôt boréales, souvent délicates, parfois rares et protégées. Gorgée d'eau, la tourbière est le poumon humide de la région qui a la chance de l'abriter.

BRUYERE A 4 ANGLES
Dans les zones les plus humides.

CAREX ETOILE

MILLEPERTUIS AQUATIQUE

BRUYERE CILIEE

AJONC DE LE GALL
Fleurit en août et septembre.

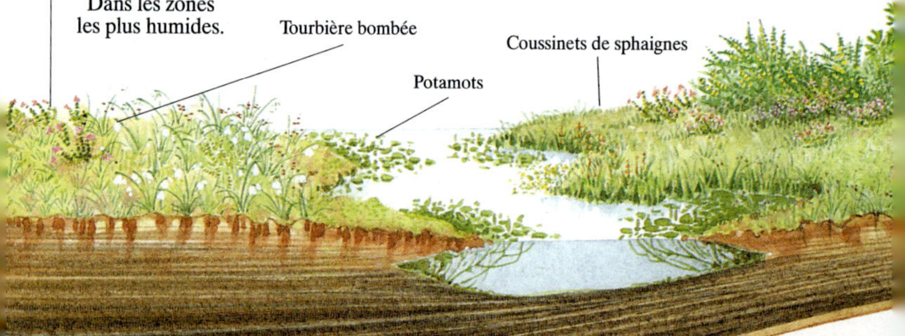

SPHAIGNES
Parmi les mousses, les sphaignes sont bien adaptées à la vie dans ces milieux. Elles peuvent emmagasiner jusqu'à 30 fois leur poids d'eau.

ROSSOLIS ET GRASSETTE
Sur les coussinets de sphaignes poussent plusieurs espèces de plantes carnivores dont les sécrétions leur permettent d'engluer et de digérer de petits insectes.

GRASSETTE DU PORTUGAL

Au XIXe siècle, puis de plus en plus localement au XXe, la tourbe fut traditionnellement utilisée comme combustible.

Depuis les années 1960, l'exploitation a repris son essor, surtout pour les besoins de l'horticulture et des champignonnières.

L'évolution de la mare vers la tourbière est centripète. Se dégradant très lentement, les végétaux morts s'accumulent au fond où ils forment la tourbe. La végétation gagne peu à peu vers le centre et finit par éliminer les zones d'eau libre.

LAUREAU

Dans nos régions, cet arbuste très aromatique est une relique des époques glaciaires ; on ne le trouve que dans les marais tourbeux.

TRITON MARBRE

CHARDON D'ANGLETERRE

MOLINIE

POTAMOT A FEUILLES DE RENOUEE
Premiers végétaux à coloniser l'eau libre sur le front de progression de la tourbière.

BRUANT DES ROSEAUX

HIBOU DES MARAIS
Le seul hibou de nos contrées qui chasse en plein jour.

PRAIRIE A TOURADONS

COURLIS CENDRE
Du printemps au début de l'été, son chant et ses cris flûtés ajoutent à la mélancolie des landes tourbeuses dans lesquelles il aime nicher.

LOUTRE SUR UN TOURADON

LEZARD VIVIPARE ET VIPERE PELIADE
De tous les reptiles d'Europe, ces deux espèces sont les mieux adaptées aux climats nordiques ; leur présence dans les tourbières n'est donc guère étonnante.

RIVIERES ET TORRENTS

Descendant des hauteurs de l'Argoat, la plupart des rivières bretonnes ont des trajets très courts, passant souvent sans transition du torrent à la ria. Sur la quasi-totalité de leur cours, ce sont donc des rivières dites de première catégorie, aux peuplements dominés par les salmonidés. Très menacées par les pollutions agricoles, elles sont défendues avec ardeur par l'association «Eaux et rivières de Bretagne».

RENONCULE AQUATIQUE

AULNE
Au bord des eaux courantes et stagnantes.

MUSARAIGNE AQUATIQUE
Nage, plonge et marche au fond des ruisseaux à la recherche d'invertébrés, de têtards et de petits poissons.

La rivière s'écoule de gauche à droite. Des zones rapides et plus calmes se succèdent, donnant lieu à des formes de vie différentes.

MARTIN-PECHEUR Son nid est un terrier horizontal creusé dans les berges hautes.

VISON La rapide extension des visons d'Amérique échappés d'élevages risque de nuire aux derniers représentants du rarissime vison d'Europe.

Zone rapide, eau bien oxygénée propice à la vie des salmonidés.

BERGERONNETTE DES RUISSEAUX Nulle part aussi abondante qu'au bord de certains ruisseaux bretons.

PUTOIS Quoique beaucoup moins aquatique que la loutre, il nage assez bien pour capturer poissons et petits animaux du bord des eaux.

Chantier de nettoyage de rivière afin de laisser passer la lumière.

LOUTRE Les rivières de Bretagne restent l'un des derniers bastions de ce superbe animal.

CAMPAGNOL AMPHIBIE Il se nourrit surtout de plantes des berges.

De l'oxygène et de la lumière : les conditions nécessaires à la vie.

SAUMON DE L'ATLANTIQUE Son existence ou son retour sont le symbole des eaux pures. Il est encore présent en Bretagne dans plusieurs cours d'eau.

LOCHE Poisson de fond sédentaire.

ANGUILLE Née dans la mer des Sargasses, elle passe au moins cinq ans en eau douce avant de regagner la mer.

TRUITE EN ROBE DE PARADE La reproduction a lieu à la fin de l'automne.

TRUITE FARIO Elle affectionne les rivières à l'eau pure et bien oxygénée. Elle vit en pleine eau et chasse activement larves d'insectes, crustacés (crevettes, etc.) et petits poissons.

CHABOT

GOUJON

VAIRON

CARABE A REFLETS D'OR
Une variété à reflets cuivrés habite les vieilles forêts bretonnes.

La Bretagne, l'une des régions les moins forestières de France, doit au bocage une apparence boisée. L'acidité des sols et l'influence atlantique ont toutefois donné à ses quelques massifs une physionomie originale : il s'agit pour l'essentiel de chênaies-hêtraies dont le charme est pratiquement absent et où l'if, relique des boisements primitifs, est inhabituellement répandu. La vie ne se résume pas aux seuls arbres, chevreuils et champignons… De l'humus aux plus hautes frondaisons, une foule d'animaux et de plantes participent chacun à sa mesure à la perpétuation de la forêt.

C'est aussi l'ambiance mystérieuse des sous-bois.

POLYPODE Petite fougère très commune sur les troncs moussus.

MYRTILLE
L'acidité des sols bretons lui convient.

POLYTRIC
Un des nombreux genres de mousses.

Jonquille

Sceau de Salomon

Euphorbe des bois

Beaucoup de plantes des sous-bois fleurissent au premier printemps, avant que le feuillage des arbres ne leur vole la lumière.

BLAIREAU
Ses terriers collectifs sont souvent impressionnants et remanient profondément le sol.

CAMPAGNOL ROUX
Les bruissements furtifs dans les feuilles mortes, c'est lui.

BECASSE
Nicheuse régulière, mais rare.

Amanites phalloide et tue-mouche
Volve à la base et anneau sur le pied : certains des champignons les plus dangereux partagent heureusement ces caractères évidents.

Russule charbonnière

Girolle
Commune et savoureuse.

Cèpe de bordeaux
Pousse plutôt sur les lisières qu'en pleine forêt.

Fougère femelle
Les spores rousses du dessous des feuilles permettent la dissémination de ces plantes sans fleurs que sont les fougères.

Pied-de-mouton
Dessous du chapeau orné d'innombrables aiguillons.

Encore vivant, l'arbre peut être attaqué par les scolytes, insectes creusant des galeries (1) sous l'écorce. Mort, le bois sert encore de nourriture à une foule d'animaux et de plantes. Chacun a sa place dans les chaînes alimentaires : larves de longicornes (2, 3), lucanes (4), vers (5), clausilies (6), scolopendres (7), iules (8), hypholomes (9) et bien d'autres contribuent à la dégradation des branches mortes et des vieux troncs, et à leur recyclage en humus.

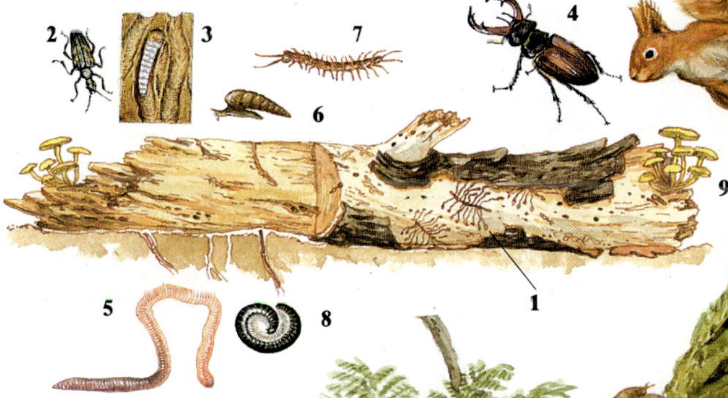

Orvet
Ne le jugez pas à sa mine, l'orvet est un lézard, et non un serpent.

Grenouille rousse
Une ornière suffit pour sa ponte hivernale.

Salamandre
Dans les feuilles et les mousses pendant la journée.

Escargot de Quimper
Vit dans les forêts de feuillus humides de Basse Bretagne.

Limace rouge Rouge ou noire, c'est une mangeuse de verdure, de champignons et de débris.

Animaux de la foret

Du sol à la cime des arbres, la vie de la forêt s'organise selon des strates de végétation, qui ne sont certes pas cloisonnées, mais dont chacune a ses habitués.

Strate arborescente Grands arbres, insectes, rapaces, pouillots, pics, écureuils, martres...

Strate arbustive Jeunes arbres et arbustes (noisetiers, bourdaines, sureaux, houx...), insectes, fauvettes, troglodytes...

Strates herbacées Arbrisseaux (genêts, ajoncs), myrtilles, digitales, fougères, mammifères...

Chevreuil Ses bois tombent à l'automne et repoussent en hiver.

Octobre Janvier Avril

Chevrette et son faon

Le chevreuil n'est pas à proprement parler un gros animal puisque les mâles ne dépassent généralement pas 25 kg. Il tend à devenir commun en Bretagne. Les faons, le plus souvent deux par chevrette, naissent en mai-juin.

Blaireau
Dans la famille des carnivores, il se distingue par un régime mixte : son alimentation peut comporter près de 50% d'éléments végétaux. Chaque individu appartient normalement à un clan dont le nombre ne dépasse guère une douzaine d'animaux.

Un noctambule, dont la sortie du terrier coïncide avec la tombée de la nuit.

Hermine
Elle est l'emblème de la Bretagne, mais n'y blanchit presque jamais en hiver. Le pinceau de poils noirs qui termine sa queue permet de la distinguer de la belette.

Renard
Habite la forêt, mais aussi le bocage, les landes, voire les falaises ou les abords immédiats des villes. Son odeur musquée persiste après son passage et permet de repérer les lieux qu'il fréquente. La portée la plus courante est de quatre renardeaux.

Son menu, très varié, inclut souvent des végétaux. Pour capturer mulots ou campagnols, il bondit et retombe sur sa proie.

MARTRE
Cousine germaine de la fouine dont elle n'est pas toujours facile à distinguer : la tache de sa gorge est en général plus jaune. Elle est répandue en Bretagne.

ECUREUIL
Ses effectifs ont beaucoup diminué depuis les années cinquante. C'est dans les bois de pins, dont il consomme les graines, qu'on a le plus de chance de le voir.

BUSE
Parce qu'elle y bâtit son nid, la buse est souvent considérée comme un oiseau de forêt. En réalité, elle y chasse très peu. Les petits mammifères, qui constituent son menu ordinaire, sont en général chassés à l'affût.

POUILLOT SIFFLEUR
Chante et chasse dans le feuillage des futaies, niche au sol.

PIC VERT
Dans la famille des pics, le pic vert est sans doute le moins dépendant des arbres, puisqu'il trouve le plus souvent sa nourriture au sol.

PIC EPEICHE
Trois espèces de pics bigarrés nichent en Bretagne. L'épeiche en est la plus commune.

TROGLODYTE
Un des chants les plus sonores du sous-bois.

HULOTTE
Ses hululements familiers accompagnent les nuits de la forêt, du bocage et même des villes.

FAUVETTE A TETE NOIRE

SITTELLE
Une acrobate des troncs, capable même de les redescendre.

GRIMPEREAU
Comme une souris grimpant le long des troncs et des branches, chassant de minuscules insectes dans les écorces et les fentes du bois.

SANGLIER
Ce gros animal dont le poids peut atteindre 150 kg est plutôt rare en Bretagne. Typiquement forestier, il sort souvent pour s'alimenter dans les cultures, notamment dans les champs de maïs. En forêt, il est surtout friand de racines, de glands et de faînes. Dépourvu d'ennemis naturels, il peut se multiplier rapidement.

Comme le porc, le sanglier se vautre souvent dans des souilles de boue.

MAISON A COLOMBAGE
Le bois peut constituer l'ossature complète d'une maison. Les «vides» sont alors comblés en maçonnerie selon les régions.

Les arbres qui aiment l'humidité atmosphérique et qui supportent les sols acides se plaisent en Bretagne. Le climat doux permet à des espèces frileuses, comme le pin maritime, de s'y adapter. On rencontre fréquemment chênes rouvres ou pédonculés, pins sylvestres et châtaigniers. Le chêne, bois noble, est utilisé par les fendeurs et surtout par les charpentiers ; le châtaignier, de dimensions plus modestes et de qualité moindre, par les fagotiers, les cercliers ou les feuillardiers. Il a l'avantage de se fendre plus facilement et, de son écorce, on extrait le tanin nécessaire à la conservation des peaux. Le hêtre est le bois des charbonniers, l'orme et le frêne ceux du charron.

Jadis la construction d'un vaisseau nécessitait plus de 2000 chênes.

Pour obtenir des bois de marine à forte courbure, on allait jusqu'à modifier la forme des arbres.

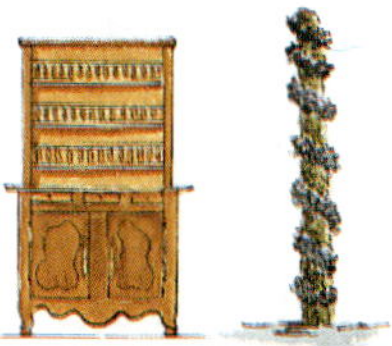

CHENE
Son bois solide et durable convient à de multiples usages. Apprécié pour son bel aspect, il est utilisé à la fabrication de meubles rustiques et d'objets sculptés.

En chêne ou parfois en châtaignier, les charpentes traditionnelles sont construites à partir de troncs de forte section.

Les scieurs de long débitent des planches destinées à la menuiserie.

Ce revêtement de bardeaux en châtaignier refendus protège les façades des intempéries.

BOIS TOURNE
Permet de fabriquer des manches, et des ornements pour le mobilier.

CHATAIGNIER
En forêt, on le cultive en taillis. Isolé, il fructifie abondamment et développe une large cime. Il se fend facilement, il est tendre à travailler.

If Les Celtes prêtaient à ce bois, dont furent faits les arcs jusqu'au Moyen Age, des vertus d'immortalité.

Orme champetre La plupart des ormes ont été tués par une maladie, due à un champignon propagé par un insecte dont la larve se nourrit de bois : le scolyte.

Hetre
Le temps pluvieux lui convient parfaitement. De multiples objets usuels sont faits en hêtre car son bois se travaille facilement.

Sabotier
Après avoir taillé une ébauche à l'aide de sa hache et de son paroir, le sabotier creuse l'intérieur de la pièce de hêtre avec une gouge (appelée aussi cuillère).

Frene
Grand arbre au feuillage léger, le frêne pousse rapidement pourvu que le sol soit frais. On réserve son bois résistant pour les avirons et les gaffes.

Traditionnellement, on pêchait les anguilles avec des fagots de châtaigniers ; de ce même bois, étaient faits des casiers.

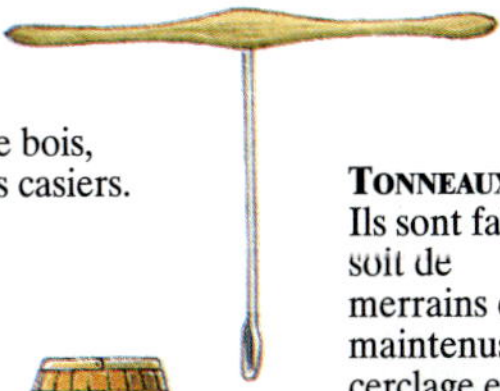

Tonneaux
Ils sont faits soit de merrains en chêne maintenus par un cerclage en fer, soit de merrains en châtaignier associés à un cerclage de feuillard en châtaignier.

Protection des cultures et du sol contre le vent, régulation de l'humidité, abri pour le bétail...

Si tu laisses ton champ ouvert
Aux bêtes sauvages, au vent de mer
Il ne te restera pas dedans
De quoi remplir l'escarcelle du barde.

On a tout dit sur les nombreux avantages et les quelques inconvénients des talus pour l'agriculture et l'environnement. Mais sans doute moins justement que ces quatre vers d'une chanson bretonne recueillie par J.-M. de Penguern vers 1835. Et qui se souviendra qu'avant le remembrement, le seul Finistère comptait 120 000 kilomètres de talus ? Trois fois le tour de la Terre de boisement linéaire dans un pays qui possède si peu de forêts.

Le talus est bien plus qu'une simple levée de terre : c'est une véritable construction.

PRIMEVERE A GRANDES FLEURS
Beaucoup de plantes des talus ont une origine forestière.

LIEVRE
Beaucoup de sociétés de chasse admettent qu'il vaut mieux favoriser la reconstitution de populations locales plutôt que de repeupler en lièvres étrangers mal adaptés.

HERISSON
Evitez d'écraser ce grand consommateur de limaces et d'insectes.

CAMPAGNOL AGRESTE
Se nourrit de pousses et de graines.

TAUPE
Mal aimée des jardiniers, utile dans les champs.

GRENOUILLE AGILE

MERLE NOIR
Forestier à l'origine, il s'habitue de plus en plus au voisinage de l'homme.

ETOURNEAU
On le distingue du merle à sa queue plus courte. Ses effectifs reproducteurs ont augmenté en Bretagne depuis quarante ans. Mais c'est la venue de gros contingents migrateurs qui suscite des problèmes.

GRIVE MUSICIENNE
Une chanteuse très inventive.

CHOUETTE EFFRAIE
95% de ses proies sont des mulots, des campagnols et des musaraignes.

CHOUETTE CHEVECHE
Espèce menacée : les poteaux métalliques non bouchés en ont piégé des milliers.

ROUGE-GORGE

EPERVIER
Les populations de ce prédateur d'oiseaux ont connu un déclin préoccupant jusque dans les années 1970.

POUILLOT VELOCE

BOUVREUIL ET MESANGE CHARBONNIERE

GEAI
A l'automne, les glands constituent 50% de son alimentation.

PIE ET CORNEILLE NOIRE
Les plus communs et opportunistes des corvidés bretons.

FOUINE
Une autre espèce forestière qui s'est bien adaptée à l'homme : elle adopte ses maisons, lui vole ses fruits et volailles... et le débarrasse de ses rats.

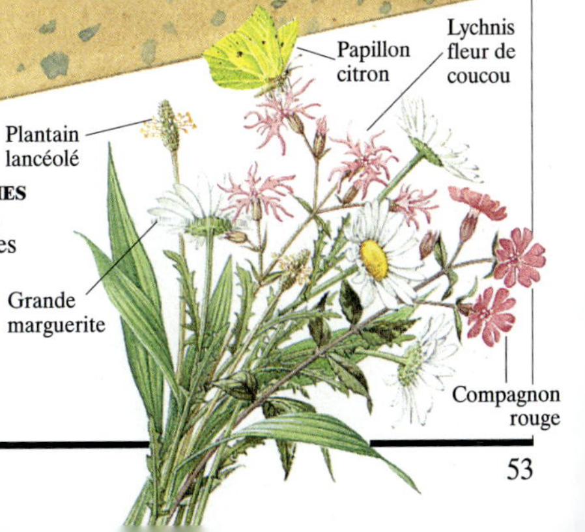

RENONCULE ACRE
L'une des trois espèces communes de boutons d'or.

ORCHIS A FLEURS LACHES
Fleurit en mai dans les prairies naturelles.

L'agriculture traditionnelle a subsisté jusque dans les années 1960, date à laquelle des techniques modernes sont apparues. Tandis que le cheptel bovin diminuait conformément à l'application des quotas laitiers, l'élevage du porc se muait au contraire en production industrielle. Les Côtes-d'Armor occupent d'ailleurs dans ce domaine la première place en effectifs et en tonnes de viande produites. La volaille fait également l'objet d'une production très diversifiée.

PIE NOIRE
La plus rustique des races bretonnes, principalement présente dans le Finistère Sud et dans le Morbihan.

TRAIT BRETON

Rustique, docile et courageux, souvent attelé en flèche avec deux ou trois autres chevaux pour tirer charrue et divers matériel de labour.

POSTIER BRETON
Cheval carrossier par excellence, utilisé pour les transports. Tend à disparaître au profit du trait qui fournit plus de viande.

FROMENT DU LEON
A l'est du Trégor, entre Lannion et Saint-Brieuc.

ARMORICAINE
Dans la région du Léon jusqu'aux monts d'Arrée.

LAITERIE INDUSTRIELLE
En organisant le ramassage du lait dans les fermes, elle a bouleversé la fabrication et la distribution des produits laitiers. Jusqu'au début des années 1960, chaque ferme était équipée d'une écrémeuse et d'une baratte, la fabrication du beurre étant alors encore purement domestique. Aujourd'hui, les paysans eux-mêmes sont livrés par la laiterie.

BARATTE

Les nitrates utilisés pour se débarrasser des lisiers provoquent une surfertilisation des sols, la pollution des nappes phréatiques et même du littoral.

Les nombreuses industries de transformation laitière bretonnes, qu'elles soient industrielles ou coopératives, ont diversifié leur gamme de produits jusqu'à des fromages comme le camembert ou l'emmenthal.

Moutons des landes
Les ovins, élevés avant tout pour leur laine, ont longtemps dû se contenter de la maigre nourriture des landes.

Au début du siècle, l'âne, le cheval du pauvre, rendait de multiples services au paysan breton, tirer la herse, porter les bidons de lait ou les fagots, par exemple.

A partir des années 1960, le marché au cadran se substitue à la foire aux bestiaux traditionnelle, lieu d'échanges, mais aussi de fête et de convivialité.

Blanc de l'Ouest
Race associée à l'élevage familial. De nos jours, ses effectifs déclinent au profit de races nouvelles, élaborées selon les critères de l'élevage industriel qui répondent à la demande en porc maigre.

Elevage industriel porcin
La Bretagne, et surtout les Côtes-d'Armor, figure en première place dans ce secteur agricole. Certaines exploitations sont désormais pilotées par ordinateur.

Abattage du cochon
Une fois par an, en hiver, l'abattage du cochon est l'occasion d'une fête (*fest an hoc'h*). Une fois ébouillanté, le porc est nettoyé de ses soies et pendu dans la grange une nuit durant, après avoir été vidé de ses viscères. Le lendemain, il sera découpé.

Les abats (*frikassen*) et quelques morceaux de viande douce sont consommés sur place. Le reste, dont le lard, sera salé ou fumé.

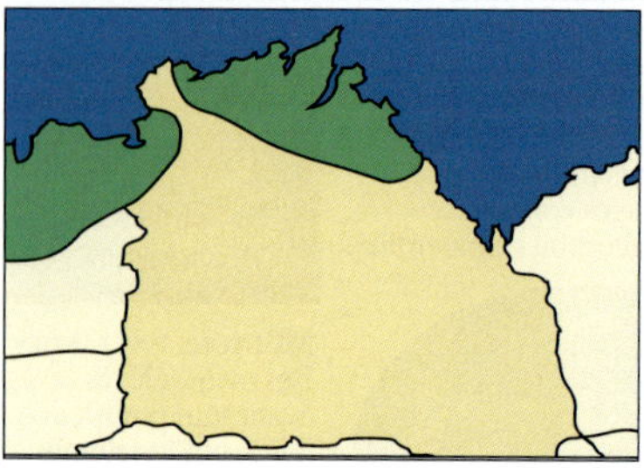

La majeure partie du littoral des Côtes-d'Armor, surtout autour de Paimpol, se prête bien à la culture des légumes et à l'élevage. Le climat y est tempéré. Les sols de limon ou de sable ont depuis longtemps été améliorés par l'apport de goémons et de calcaire marin (trez, maërl). En plein champ, sous tunnel en plastique ou sous serre, on cultive une quinzaine d'espèces exigeantes en main-d'œuvre, dont le haricot demi-sec tel le coco paimpolais, qui assurent 50 à 80% de la production française. Certaines zones traditionnelles ont disparu à cause de l'urbanisation. Comme ailleurs l'avenir reste incertain dans le cadre du Marché commun.

CHOU CABUS, FRISE OU DE MILAN
Utilisé dans les recettes régionales.

Sous serre, on produit toutes sortes de salades (laitues, scaroles...). De nouvelles cultures apparaissent, comme la laitue «Iceberg» pour les Fast-Foods.

CHOU ROUGE
Introduit récemment en Bretagne.

CHOU-FLEUR
Principale culture légumière de la région.

ARTICHAUT
Il est peu apprécié dans les pays étrangers. La quasi-totalité de la production est donc consommée en France. Les fonds sont utilisés en conserverie.

CHOU DE BRUXELLES
Ce sont les bourgeons que l'on consomme.

«CAMUS DE BRETAGNE» Il est large, presque globuleux, avec des feuilles vertes, charnues à la base et insérées dans un fond épais.

On cueille les têtes d'artichaut à la main, de mai à juillet sur les plantations âgées et d'août à octobre sur les plus jeunes.

Au printemps, on plante pour plusieurs années des œilletons prélevés sur les vieux pieds.

L'artichaut ressemble à un gros chardon dont on consommerait le bouton floral

Echalote
Elle est plantée en février sur un film en plastique noir qui réchauffe le sol et limite les mauvaises herbes. Les bulbes récoltés fin juillet, allongés (Jermor) ou ronds (Mikor), sont conservés dans un local sec et frais pour être vendus en hiver.

Pomme de terre primeur
Récoltée dès la mi-mai, elle a longtemps fait la renommée de la région. Aujourd'hui, la concurrence est dure avec les pays méditerranéens.

Oignon Aujourd'hui encore, les «Johnnies» partent en Angleterre avec leur vélo ou leur camionnette vendre leur production d'oignons, comme le «Rose de Roscoff».

Chou pomme
Le déclin de la pomme de terre primeur a favorisé le développement des cultures de choux pommés qui arrivent sur nos marchés en automne et en hiver.

Marche au cadran
Une grosse partie de la production y est vendue. Il permet d'accorder l'offre et la demande.

Faune et flore urbaines

Fouine
Installée dans les combles, elle n'a guère plus d'un pas à faire pour croquer volailles, fruits et rongeurs indésirables.

Cernées et pénétrées par un bocage omniprésent, les zones urbanisées, du hameau à la grande ville, ne sont évidemment pas dépourvues d'éléments naturels. A côté des animaux familiers, des plantes des parcs, des jardins ou des terrains vagues – qu'elles soient introduites ou non –, le village et la ville accueillent parfois des visiteurs plus inattendus : renard dans les faubourgs de Brest, hulotte au cœur de la ville de Rennes, genette fouillant les poubelles à Nantes...

Oreillard

Pipistrelle

Chauves-souris
La clôture hermétique des greniers et des combles les prive souvent de gîtes et de sites de reproduction.

Hortensia
Existe-t-il un hameau breton qui n'ait pas sa maison décorée d'un buisson d'hortensias ? Roses, bleus ou violets, ils nous viennent de Chine ou du Japon.

Chouette effraie
Même si elle confie parfois son nid à un grenier, elle préfère la vie à la campagne.

Hirondelle de cheminee
La Bretagne est une des régions où elle niche encore dans les cheminées.

Tourterelle turque Depuis son installation à Rennes en 1958, c'est par les cités, petites et grandes, qu'elle a conquis la Bretagne.

Rouge-queue noir
Les bâtiments des villes et villages lui offrent tous les trous qu'il lui faut pour installer son nid.

Martinet
Les rondes bruyantes des martinets animent les soirées de printemps et d'été dans tous les villages.

Bergeronnette grise
En hiver, elle arpente les rues et les parkings en quête de minuscules proies animales.

Moineau domestique
Comme son nom l'atteste, il est bien rare de le trouver loin des habitations

HISTOIRE ET LANGUE

LA PREHISTOIRE

3500 AV. J.-C.
Invention de l'écriture en Mésopotamie.

2700-2300 AV. J.-C.
Construction, en Egypte, des pyramides : Kheops, Khephren et Mykerinos.

1500 AV. J.-C.
Guerre de Troie. Ramsès II règne en Egypte.

8000 AV. J.-C. L'ARMORIQUE est peuplée dès le paléolithique de rares chasseurs qui poursuivent mammouths et cerfs. Entre 3000 et 1800 av. J.-C., la chasse et la cueillette cèdent la place à l'agriculture et à l'élevage. La civilisation mégalithique apparaît. Ses populations, organisées à l'abri de camps fortifiés, donnent naissance à l'art des pierres levées, qui s'accompagne d'un extraordinaire culte des morts. De très nombreux menhirs, dont certains pèsent 100 t, des cairns qui peuvent atteindre 70 m de longueur et des dolmens constitués de dalles de 20 t, sont érigés sur l'ensemble de la région. La fin de cette période se traduit par une ouverture sur le monde, le long de la vallée de la Loire ou par la mer.

1800 A 600 AV. J.-C. A L'AGE DU BRONZE, l'Armorique connaît une civilisation brillante qui commerce avec le Nord (Germanie et Scandinavie) et avec le Sud (péninsule ibérique). Elle produit entre autres des haches à talon et des épées à la facture originale. L'importance des dépôts d'objets en bronze retrouvés témoigne d'une incontestable prospérité.

L'ANTIQUITE

500 AV. J.-C.
Construction du temple d'Apollon à Corinthe.

Conquête de la Perse, par Darius Ier.

31 av. J.-C.
Cléopâtre et Antoine sont vaincus à Actium.

Rome est à son apogée.

500 AV. J.-C. LES CELTES, qui maîtrisent la métallurgie du fer, pénètrent en Armorique, après avoir déferlé sur l'Europe, et bouleversent son économie. Habiles en toutes choses, ils s'imposent aux autochtones et s'organisent en «cités». Ce sont les Namnètes dans le nord de la région nantaise, les Vénètes dans l'actuel Morbihan, les Osismes à la pointe du Finistère, les Coriosolites dans les Côtes-d'Armor, et les Redones dans le nord-est de la péninsule. Les Celtes, dont la société est hiérarchisée en classes, entretiennent des ateliers où l'on travaille à merveille les métaux précieux.

57 AV. J.-C. LES ROMAINS tentent d'achever la conquête de la Gaule, mais les puissants Vénètes, excellents marins, s'y opposent. Ils résistent également sur terre mais, contre toute attente, ils sont défaits sur mer un an plus tard. L'Armorique devient gallo-romaine. Elle va tirer profit de la *pax romana*. Les uns et les autres semblent vivre en bonne intelligence sans perdre leur identité. L'activité agricole est intense et le commerce florissant. Il se développe aussi bien sur mer que sur terre où des voies larges et nombreuses, jalonnées de bornes milliaires, quadrillent le pays.

Ve SIECLE. ARRIVEE DES BRETONS. L'Empire romain s'étiole progressivement entre 235 et 400, et des peuples barbares venus d'Europe centrale en profitent pour l'envahir. L'Armorique n'échappe pas aux destructions et aux pillages, occasionnels puis systématiques, qui mènent l'économie à la ruine. Cependant, la pression des Scots d'Irlande

et la colonisation de l'île de Bretagne par les Saxons vont provoquer l'immigration des Bretons vers la péninsule armoricaine. Déjà chrétiens, ils évangélisent l'Armorique, organisent les paroisses et fondent les premiers monastères.

400 A 938. NAISSANCE DE LA BRETAGNE. Une période de conflits entre les Bretons et les Francs, notamment les Carolingiens, s'ouvre en 751. Elle s'achève en 831, lorsque Louis le Pieux nomme un envoyé impérial, Nominoë, à la tête de la Bretagne. Cet aristocrate breton va très vite tirer profit de la mort de son protecteur, en 840. Il engage son pays vers l'indépendance, écrase les Francs près de Redon en 845, oblige Charles le Chauve à signer la paix et poursuit sa conquête vers l'est, donnant ainsi une identité à la Bretagne. Il meurt à Vendôme, en 851, ce dont Charles le Chauve tente de tirer parti. Mais le fils de Nominoë, Erispoë, entend bien poursuivre l'œuvre paternelle et son armée écrase une nouvelle fois les Francs. Erispoë est assassiné par son cousin Salomon (Salaün), qui étend son territoire jusqu'au Cotentin. A son tour, Salomon périt, victime des membres de sa famille qui se partagent la Bretagne avant de s'entre-déchirer. Les Normands, qui se sont déjà livrés à plusieurs incursions, en profitent, à partir de 913, pour envahir et ravager le pays, détruisant notamment l'abbaye de Landévennec. Ils sont chassés par Alain Barbe-Torte qui, fort de ses victoires, s'impose comme duc en 938. La Bretagne entre ainsi de plain-pied dans le système féodal. Nantes en est la capitale. La langue bretonne est parlée dans tout l'Ouest, suivant une ligne Dol–Rennes–Saint-Nazaire.

200-300
Invasions mongoles.

Ve SIECLE
Début de la civilisation maya.

500
Expédition des Vikings en Amérique.

571-632
Mahomet.

VIe SIECLE
Invasions arabes.

800
Charlemagne est couronné empereur d'Occident.

962
Constitution du Saint-Empire romain germanique.

LE MOYEN AGE

938 A 1213. BRETAGNE DUCALE. La période qui suit n'est que querelles et révoltes. Les prétendants au duché de Bretagne complotent, se font la guerre, s'assassinent et se déchirent jusqu'à ce que Philippe Auguste marie Alix, fille de Conan IV, à un prince capétien, Pierre Ier de Dreux, dit Mauclerc, qui s'empresse d'organiser le duché et d'en reconstituer l'unité. Il met en place une administration efficace, développe le commerce maritime, n'hésitant pas à s'allier à l'Angleterre. Ses successeurs œuvrent dans le même sens. La Bretagne est prospère et paisible mais pour peu de temps.

1341. GUERRE DE SUCCESSION. En 1341, à la mort de Jean III, Jean de Montfort, son demi-frère, et Jeanne de Penthièvre, sa nièce, épouse de Charles de Blois, rivalisent pour la succession du duché. Montfort obtient l'aide du roi d'Angleterre, Edouard III, déjà engagé dans la guerre de Cent Ans. En 1347, Charles de Blois est capturé par les Anglais et la guerre de Succession s'enlise jusqu'à ce que, en 1365, Jean de Montfort soit reconnu par le roi de France, Charles V, et devienne Jean IV. Mais l'accord est vite annulé car le duc se range à nouveau au côté des Anglais. Le conflit franco-breton prend fin en 1381 quand Jean IV prête hommage au roi de France. Le règne de Jean V (1399-1442) marque l'apogée de la civilisation bretonne.

982
Erik le Rouge (Viking) découvre le Groenland.

1099
Les chrétiens prennent Jérusalem.

1271
Premier voyage de Marco Polo.

1325
Fondation de Tenochtitlàn (Mexico) par les Aztèques.

1348
Grande peste.

LES TEMPS MODERNES

1488. ANNE DE BRETAGNE. Elle est la fille du duc François II, mort en 1488 et dont les troupes ont été battues à Saint-Aubin-du-Cormier par l'armée royale.
Alors qu'elle n'a que douze ans, elle épouse par procuration l'archiduc Maximilien de Habsbourg. Mécontent, Charles VIII envoie ses troupes en Bretagne et conquiert la plupart des villes. Réfugiée dans Rennes encerclée par les Français, la duchesse, abandonnant l'archiduc, accepte d'épouser le roi. Le mariage a lieu au château de Langeais en décembre 1491.
Charles VIII meurt en 1498. Anne en profite aussitôt pour frapper sa monnaie, rétablir la chancellerie et réunir ses états. En janvier 1499, elle épouse à Nantes un autre roi de France, Louis XII d'Orléans, qui lui laisse tout loisir pour s'occuper de son duché, lequel connaît paix et prospérité. Lorsqu'elle meurt,

1440
Gutenberg met au point l'imprimerie.

1453
Chute de Constantinople.

1492
Christophe Colomb découvre l'Amérique.

le 9 janvier 1514, Anne est devenue la figure emblématique dans laquelle se reconnaît le peuple de Bretagne. A la mort de Louis XII, en 1515, Claude, leur fille aînée , apporte le duché en dot à François Ier. Ce dernier s'empresse d'obtenir l'aval des états de Bretagne, moyennant la préservation de quelques droits spécifiques, dont un parlement. Le 21 septembre 1532, la Bretagne devient une province de la France.

1600. L'Ancien Regime. Dès lors, le pouvoir central contrôle et gère la Bretagne, qui bénéficie en contrepartie d'aides économiques. L'argent afflue, le commerce maritime et les industries se développent. La croissance démographique décolle. En 1561, Rennes devient le siège du Parlement, au détriment de Nantes, moins proche de Paris. Cette cour de justice a autorité sur les cours locales. Le ralliement de Mercœur, gouverneur de Bretagne, à la cause des ligueurs fait entrer le pays dans les guerres de Religion (1588-1598). Des brigands tels que La Fontenelle en profitent pour mettre le pays à feu et à sang. Au début du règne de Louis XIV, les exactions fiscales (impôts sur le papier timbré, le tabac et la vaisselle d'étain) provoquent les révoltes de 1675, celle du papier timbré dans les villes de Haute-Bretagne et celle des Bonnets rouges dans les campagnes de Basse-Bretagne. La répression est féroce. Elle laisse la Bretagne exsangue et s'accompagne de mesures qui détruisent son commerce, en particulier, à l'initiative de Colbert, celui des toiles de lin exportées vers l'Angleterre.

1789. La bourgeoisie rennaise, très au fait des idéaux en vogue et animée d'un sentiment anti-nobiliaire, entre en conflit avec la noblesse dès janvier 1789 à l'occasion de la session des états de Bretagne. Des heurts, qui font trois victimes, ont lieu les 26 et 27. Ce sont les premières violences de la Révolution. Rapidement pourtant, la Bretagne va faire marche arrière : le peuple, composé à 90 % de paysans, s'interroge sur le rôle réel des bourgeois dont il craint le comportement futur et réagit vivement à l'obligation du serment civil exigé du clergé et refusé d'emblée par 80 % des prêtres. L'annonce de la conscription obligatoire de trois cent mille hommes par tirage au sort met le feu aux poudres. La première émeute a lieu à Cholet le 2 mars 1793.

1497
Vasco de Gama découvre la route des Indes par le cap de Bonne-Espérance.

1517
Réforme luthérienne.

1520-1566
Règne de Soliman le Magnifique et apogée de l'Empire turc.

1588
Défaite de l'Invincible Armada (fin de la suprématie maritime espagnole).

1602
Fondation de la Compagnie hollandaise des Indes orientales.

1762-1796
Règne de Catherine II de Russie.

17 septembre 1787
Adoption de la Constitution américaine.

Lorsque la Vendée se soulève contre la République, elle est suivie par la chouannerie bretonne. Cette dernière se limitera au pays gallo et à quelques cantons bretonnants du Morbihan et des Côtes-du-Nord. Les uns et les autres seront rapidement vaincus.

XIXe ET XXe SIECLES

L'Empire, comme la Révolution avant lui, saigne l'économie bretonne et les classes ouvrière et paysanne. Le terrain est favorable à l'implantation du socialisme chrétien et au développement, à partir de 1884, année de sa légalisation, d'un syndicalisme ce qui provoque de nombreuses grèves et de violents affrontements dans les cinq départements bretons. Au même moment naît un courant régionaliste, le premier *Emzav*, qui s'exprime à travers des associations et des organisations culturelles et politiques : l'Union régionaliste bretonne, le *Gorsedd*, le *Bleun Brug* de l'abbé Yann-Vari Perrot, le Parti nationaliste breton, et bien d'autres encore qui vont disparaître lors de la Première Guerre mondiale.

1869
Inauguration du canal de Suez.

1917
Révolution russe.

1914. PREMIERE GUERRE MONDIALE

Lors de la Grande Guerre, la Bretagne paie à la nation un tribut particulièrement lourd : au bas mot cent vingt mille tués, peut-être le double, comme l'affirme le cénotaphe érigé en 1932 sur l'esplanade de Sainte-Anne-d'Auray. Cette hécatombe, égrénée comme une litanie, sur tous les monuments aux morts de Bretagne, donne naissance au deuxième *Emzav*, courant qui regroupe des mouvements politiques souvent fédéralistes, parfois nationalistes, voire indépendantistes. Le plus célèbre d'entre eux est *Breiz Atao*, fondé en 1918 par Morvan Marchal — créateur de l'actuel drapeau breton —, fédéraliste et pacifiste, dont les idéaux s'opposent bientôt à ceux d'Olier Mordrel, rédacteur en chef activiste du journal du parti, dont il se détache dès 1924. Les autres mouvements sont la revue *Gwalarn*, la Ligue fédéraliste de Bretagne de Marchal et Debauvais, le Parti national breton de Mordrel, la société secrète *Gwenn ha Du*, le *Bleun Brug* et enfin l'*Adsao* de l'abbé Madec. Les mouvements culturels, tels *Ar Falz* de Yann Sohier et *Gwalarn* de Roparz Hemon, s'efforcent de redonner vie à la culture et à la langue bretonnes en même temps que se développe un courant artistique brillant et moderne .

1918
Les Etats-Unis accèdent au rang de première puissance mondiale.

1922
Marche des fascistes italiens sur Rome.

1927
Charles Lindbergh effectue la première traversée aérienne sans escale de l'Atlantique.

1933
Hitler devient chancelier du Reich.

1939. Seconde Guerre mondiale. Dès juin 1940, des centaines de jeunes Bretons quittent la France pour rejoindre de Gaulle. Ils participeront, aux côtés des Alliés, aux campagnes d'Afrique et de France. D'autres mettent en place des mouvements de résistance qui jouent un rôle prépondérant lors de la libération de la Bretagne par les troupes américaines. D'autres enfin, issus pour la plupart des mouvements nationalistes de l'entre-deux-guerres, voient dans l'occupation allemande une occasion inespérée de faire aboutir leurs revendications et collaborent ouvertement, portant un grave préjudice à l'image du renouveau culturel. En juin 1941, Vichy sépare la Loire-Inférieure, l'actuelle Loire-Atlantique, de la Bretagne. Saint-Nazaire, Lorient et Brest, où l'occupant a construit des bases pour sous-marins, ainsi que Saint-Malo sont prises sous un déluge de bombes lâchées par les aviateurs alliés et sont pratiquement rayées de la carte.

1950. Apres-guerre. Le CELIB (Comité d'études et de liaison des intérêts bretons), qui naît en 1951 et que dirige Joseph Martray, le militantisme des cercles celtiques, des syndicats, paysans et ouvriers, ainsi que des petits partis politiques renforcent l'identité commune et transforment le pays, dont les électeurs restent modérés et conservateurs. L'agriculture traditionnelle fait place à une agriculture spéculative qui délaisse les emblavures pour les légumes. De grandes coopératives agricoles naissent, attirant les industriels de l'agro-alimentaire, la décentralisation industrielle est effective avec l'installation de Citroën à Rennes et du CNET à Lannion. Des routes, des ports, des voies ferrées sont aménagés et, en l'espace de seize ans, de 1951 à 1967, année de la mise en service de l'usine marémotrice de la Rance, la Bretagne sort de son isolement. Le régionalisme avoué des notables fait renaître provisoirement les mouvements autonomistes clandestins, tels l'ARB (Armée révolutionnaire bretonne) et le FLB (Front de libération de la Bretagne). Ces mouvements qui se signalent par des plasticages, dont celui de l'émetteur de télévision française du Roc'h Trédudon dans les monts d'Arrée, sont sévèrement réprimés. En 1965, le breton est admis parmi les épreuves de langue du baccalauréat, les Festivals celtiques prospèrent et, en 1977, l'école Diwan, qui dispense un enseignement bilingue, voit le jour. Un an plus tard, le pétrolier *Amoco-Cadiz* échoue devant le port de Portsall. Une marée noire de 230 000 t de pétrole léger pollue 400 km de côtes. Jugeant les indemnités proposées insuffisantes, soixante-seize communes sinistrées se constituent en syndicat pour intenter un procès à la compagnie Amoco. Elles obtiennent finalement gain de cause en mai 1992.

4 au 11 février 1945
Conférence de Yalta à laquelle participent Roosevelt, Churchill et Staline.

6 aout 1945
Hiroshima est détruite par la première bombe atomique américaine.

1947
Indépendance de l'Inde.

1948
Assassinat de Gandhi.

1963
Assassinat de J.-F. Kennedy.

1969
Le premier homme marche sur la Lune.

1975
Réunification du Viêt-nam après trente ans de guerre.

Novembre 1989
Chute du mur de Berlin.

1991
Création de la CEI (Communauté des États indépendants).

La toile et le lin

«On me met en terre, On me tire de terre,
On me met dans l'eau, On me tire de l'eau,

Du XVIe au XVIIIe siècle, la culture du lin et du chanvre, la fabrication des toiles et leur exportation vers l'Angleterre, l'Espagne et ses colonies d'Amérique occupent une main-d'œuvre considérable et font la richesse de toute la Bretagne.

Le travail du lin commence à la mi-juillet par l'arrachage des plants par la racine. Le lin est ensuite mis à rouir au ruisseau ou dans des cuves maçonnées. Cette opération consiste à faire tremper les plants durant une dizaine de jours afin que l'eau dissolve la gomme et agglutine les fibres. Ensuite on égrène le lin à l'aide d'un peigne en acier puis les tiges sont liées en petites bottes. L'égrenage se pratiquait parfois avant le rouissage. Les graines servent à la semence suivante ou à la fabrication de l'huile. Puis on procède à l'écouchage qui consiste à gratter les fibres avec un morceau tranchant de verre ou de fer pour en éliminer les impuretés. Les fibres courtes servent d'étoupe pour le calfatage des bateaux ou , mélangées à de l'huile, au bouchage des bouteilles de vin, à une

ON ME CASSE LES COTES, LES PETITES COMME LES GROSSES,
JE SERS A TABLE, LES GENS RESPECTABLES,
JE LES CONDUIS MEME JUSQU'AU TOMBEAU,
QUI SUIS-JE? LE LIN, BIEN SUR!»

époque où le bouchon de liège n'existe pas encore. Les filassiers vont ensuite, de ferme en ferme, mettre en place les filasses sur des cadre de bois. Les femmes filent au fuseau dans un champ où près de la cheminée et parfois au rouet à main ou à pédale. Les bobines sont alors mises bout à bout et posées sur un dévidoir qui permet de confectionner les écheveaux. Ces derniers sont acheminés chez le teilleur qui

confectionne la toile. A Merdrignac on fabrique les "Oléronnes", à Rennes les "Noyales", à Locronan les "Olonnes", dans le Léon les "Crées" et dans le Trégor,

entre Saint-Brieuc et Pontivy les "Bretagnes légitimes". La culture du lin continue dans le Trégor jusqu'aux années 1950 mais doit cesser, victime des prix imposés par les filatures du Nord.

UN NOUVEAU-NE ! Le 8 mars 1990, le département des Côtes-du-Nord était rebaptisé Côtes-d'Armor. Il aura fallu trente ans pour que cette démarche aboutisse. Une campagne de communication de plus de deux millions de francs saluait le baptême avec pour slogan : «Les Côtes-du-Nord à l'ouest, il y avait de quoi être déboussolé» !

En 1887, Joseph Le Bihan, ancien maître d'hôtel d'un restaurant situé près de l'Institut de France, à Paris, s'installe à Trestaou, sur la Côte de Granite rose, équipe la plage de cabines, et y reçoit bientôt le Tout-Paris : Waldeck-Rousseau, Maurice Barrès, Théodore Botrel ou Charles Le Goffic. En 1895, une société nautique se crée à Perros-Guirec, point de départ de la navigation de plaisance et des régates mondaines.

Dès 1845-1850, des familles aisées de Guingamp prennent l'habitude, pour des raisons médicales, de passer l'été à la mer dans le petit village de Saint-Quay-Portrieux. Mais c'est l'exemple des stations balnéaires de la région malouine qui incite véritablement des localités des Côtes-d'Armor à tirer parti de leur climat maritime et de leur pittoresque, à la fin du XIXe siècle. L'arrivée du chemin de fer à Saint-Brieuc puis à Lannion et l'aménagement de lignes d'intérêt local de part et d'autre de la baie et au nord du Trégor facilitent la venue des Parisiens. Ils découvrent le littoral, encouragés par des artistes de talent et des écrivains en vue, initiés par Ernest Renan, qui fait de Rosmapamon son lieu de villégiature.

A la fin du XIXe siècle, les touristes découvrent Bréhat et son climat exceptionnel. «On ne se croirait jamais dans un pays où la tempête est fréquente, à deux pas des rocs battus par les orages. Bréhat est vraiment l'île de beauté de la côte nord de Bretagne, le séjour préféré des peintres et des rêveurs», lisait-on dans l'un des premiers guides, *La Bretagne touristique.*

La vocation balnéaire de Saint-Quay est née en 1841 : deux Guingampaises vinrent y passer l'été sur les conseils de leur médecin. Elles prirent pension chez les religieuses des Sacrés-Cœurs de Jésus et Marie. L'évêque intervint même pour convaincre la mère supérieure, réticente, et lui recommanda de recevoir «toutes les familles honorables qui souhaiteraient être hébergées en présentant des références». Le premier hôtel ouvrit en 1845.

La renommée de Paimpol est l'œuvre de deux écrivains, Pierre Loti et Théodore Botrel, qui furent sensibles à l'épopée douloureuse des pêcheurs d'Islande. Quelques décennies plus tard, les sociétés de chemins de fer vantent la beauté du paysage, que les pouvoirs publics (Conservatoire de l'espace littoral et département) s'efforcent aujourd'hui de protéger : ils achètent des espaces naturels, les aménagent et les ouvrent au public.

“A peine débarqué, Bréhat vous offrait le charme de ses sentiers tortueux, de ses criques vermeilles, de ses vastes landes où tournait le grand vent. Vous l'aviez tout à vous, sans rencontre fâcheuse, du Port-Clos au phare du Pan, et du Pan au Guerzido.

L'odeur entêtante de ses figuiers et de ses myrtes vous saoulait, jointe à l'odeur, proprement bretonne, des ajoncs et des algues. Mais le soir, dans l'île silencieuse, était doux entre toutes les heures. [...] Les phares s'allumaient comme un beau feu d'artifice, blanc, vert et rouge depuis les Héaux jusqu'aux lointains Triagoz. La citadelle, entre les pins, était une fortification d'opérette dont il eût fait bon d'être le gouverneur. Les femmes rentraient de la pêche aux ormeaux, hiératiques sous leurs coiffes noires. La petite église et son cimetière marin, avec des tombes d'amiraux aux épitaphes d'épopée, se ramassaient dans leur mystère.”

Paul Beaufils

BRETON ET GALLO

«Perdez-vous donc en chemin !
- Est-ce bien loin la ville ?
- Ya.
- Quelle route faut-il prendre pour y arriver ?
- Ya. Vous êtes suffisamment renseigné.»

LE DRAPEAU GWENN HA DU fut créé en 1925 par Morvan Marchal.

Les deux couleurs symbolisent la partition linguistique de la Bretagne. «Au coin gauche du drapeau, un quartier d'hermines innombrables, neuf bandes égales, alternativement noires et blanches, couleurs traditionnelles, lesquelles bandes représentent, les blanches les pays bretonnants : Léon, Trégor, Cornouaille, Vannetais ; les noires les pays gallos : Rennais, Nantais, Dolois, Malouin, Penthièvre.»

AUX ORIGINES

Depuis des siècles, la Bretagne est partagée en deux zones linguistiques : à l'est, la Bretagne gallo, à l'ouest, la Bretagne bretonnante. Avant que le français ne devienne leur outil de communication, à l'époque moderne, ces deux groupes ne se comprenaient pas.
Une différence notable existe entre gallo et breton ou *brezhoneg* : le premier est un dialecte roman, issu de la langue d'oïl ; le second est une langue celtique, au même titre que le gaélique d'Irlande et d'Ecosse et le gallois.
Le breton doit en effet son origine à un apport brittonique : vers le Ve siècle, des Bretons insulaires originaires du Devon, de Cornouailles et du Pays de Galles, émigrèrent dans la péninsule et enrichirent le gaulois qui y était parlé.
A l'origine cantonné dans le nord et l'ouest de la péninsule, le breton progressa au fil des siècles. Vers 1050, on le parlait jusque dans la baie du Mont-Saint-Michel et dans la région de Saint-Nazaire. Mais il entrait déjà dans sa phase de régression. Le gallo, quant à lui, était prédominant dans les marches orientales du duché; dans le centre de la Bretagne, il coexistait avec le breton. Pendant le Moyen Age, l'usage du dialecte roman progressa sensiblement vers l'ouest, déplaçant la frontière linguistique (voir carte en page de droite). Depuis, celle-là est restée la même.

PREDOMINANCE DE L'UN, DIALECTALISATION DES AUTRES

Du fait de son prestige dans les milieux lettrés et administratifs, le français tint lieu à partir de la fin du XIIIe siècle de langue diplomatique; dès cette époque, les villes de basse Bretagne devinrent bilingues. Le breton, langue marginale des campagnes et du petit peuple, fut ressenti comme un lourd handicap. Par ailleurs, il se fragmenta en quatre dialectes répartis en deux groupes : le KLT (cornouaillais, léonais, trégorrois) et le vannetais (avec le breton de Batz-sur-Mer, au nord-ouest de la Loire-Atlantique, qui a disparu dans les années 1960-1970). Malgré les efforts de certains lettrés, la dialectalisation ne put être entravée ; peu à peu, chaque paroisse eut son breton et le clergé fut le seul à l'écrire, le corrompant à sa manière. Citons, parmi les tentatives

«NOTRE BRETON PARLE LUI-MEME ACHEVE DE S'ABATARDIR PARCE QU'UNE LANGUE QU'ON N'ECRIT GUERE MANQUE DE FORTIFICATIONS. C'EST UNE FALAISE RONGEE PAR LA MER.»

P.J. HELIAS

pour faire connaître la langue, l'œuvre de Jehan Lagadeuc, un Trégorrois qui composa en 1464, le *Catholicon*, premier dictionnaire trilingue breton-français-latin à l'usage des clercs bretons pauvres. En 1659, *Le Sacré Collège de Jésus*, un livre s'adressant aux recteurs et aux missionnaires, tenta de rationaliser et de codifier la langue commune.

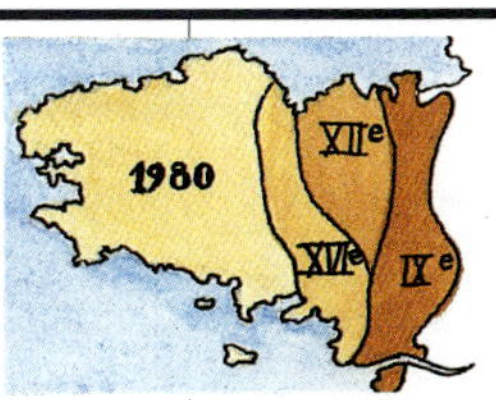

UNE FRONTIÈRE MOUVANTE
Cette carte illustre les reculs successifs de la langue bretonne du IXe siècle à nos jours.

LA JUSTE REVANCHE

Au début du XIXe siècle, il y eut cependant une réaction. Bannissant les emprunts au français, le grammairien et lexicographe Le Gonidec prôna une normalisation orthographique et grammaticale. Sa tentative, trop dogmatique et puriste, échoua. Elle fut néanmoins à l'origine d'un renouveau littéraire, comme en témoigne la publication du *Barzaz-Breiz* ou *Chants populaires de Bretagne* (Hersart de La Villemarqué, 1839). De veine religieuse et ecclésiastique à l'origine, la littérature se fit profane. La production écrite progressa, et cette tendance s'amplifia au XXe siècle. Le breton, bien que menacé, trouva enfin une place dans les media et dans l'enseignement ; l'école laïque qui l'avait proscrit le remit au programme en 1977. Apparurent alors les premières écoles *Diwan*, où l'enseignement se fait entièrement en breton dès la maternelle ; l'étude du français se faisant à partir du CE1. A la rentrée 1991, il existait 27 écoles dont l'effectif est d'environ 850 élèves répartis dans les cinq départements bretons. Actuellement, seul un tiers de la population de basse Bretagne est bretonnant.

Quant au gallo de haute Bretagne, il a connu un sort analogue. Peu à peu, les ruraux qui le parlaient se raréfièrent et son territoire s'en trouva réduit. C'est dans le Mené cependant, en Côtes-d'Armor, que sa transmission s'est le mieux opérée. Ecarté de l'écrit jusqu'à l'époque contemporaine, on ne le trouve dans les œuvres littéraires ou les documents rédigés en français que sous la forme d'emprunts lexicaux. Les textes administratifs et juridiques anciens emploient à l'occasion *claveure* pour «serrure», *glé* pour «chaume», *jan* pour «ajonc», etc.
Les écrivains originaires de haute Bretagne se plaisent parfois à utiliser des mots gallos : Chateaubriand écrivant *quant et lui* pour «avec lui», Paul Féval *vache de chêne* pour «hanneton»,

faine pour «malchance», Louis Guilloux *chômé* pour «dressé», *gargate* pour «gosier», etc. Il fallut attendre la fin du XIXe siècle pour que paraissent, timidement, des contes, des poésies, des pièces de théâtre composés en gallo.

Noms de lieux et noms de personnes

Les noms de lieux, très variés dans leur forme, reflètent la partition linguistique. Plus de la moitié des communes de la péninsule portent des noms d'origine bretonne, le reste se partageant entre mots gaulois, gallo-romains, bas-latins et français. Parmi les noms bretons antérieurs au Xe siècle, ceux formés avec *ploe* (du latin *plebem,* «communauté de fidèles, paroisse») subsistent aujourd'hui dans les formes plou-, plo-, plu-, plueu-, plé-, pli- et parfois poul-. Le mot *ploe* signale l'emplacement des paroisses primitives des VIe et VIIe siècles. Dans les trois quarts de ses emplois, il est suivi d'un nom de saint du haut Moyen Age, tout comme *lann*, terme qui signifie «ermitage, monastère». Dans les noms bretons du XIe au XIVe siècle, il faut surtout retenir *ker* (ferme, village), *caer* en vieux breton. C'est le terme le plus représenté : il est à l'origine de plus de dix-huit mille noms de lieux habités. Le Bihan (le petit); Le Coant (le joli); Le Coz (le vieux); Le Treut (le maigre); Le Guen (le blanc); Pennec (qui a une grosse tête); Pensec (fessu); Le Fur (le sage); Quéfellec (bécasse); Le Guével (le jumeau); Le Hénaff (l'aîné); Person (recteur)... Ces sobriquets familiers et affectueux, si typiquement bretons, se multiplièrent dès le XIe siècle et devinrent peu à peu héréditaires. Mais il fallut attendre le XVIe pour qu'ils se fixent, après que la tenue des registres d'état civil eut été rendue obligatoire, en 1539, par l'ordonnance de Villers-Cotterêts. Ils représentent aujourd'hui la majorité du corpus des noms propres.

La signalisation en breton
Le département des Côtes-d'Armor est le premier à avoir mis en place, depuis 1985, une signalisation routière bilingue.

Les panneaux des noms de communes ou de lieux-dits sont financés par les communes.

ARTS ET TRADITIONS POPULAIRES

Si les éléments du mobilier breton étaient à peu de chose près les mêmes dans toute la province, leur décoration différait d'une région à l'autre. Dans les Côtes d'Armor, les artisans itinérants adoptèrent souvent le style caractéristique du Trégor. Mais dès la seconde moitié du XIXe siècle, une production semi-industrielle vit le jour, celle de la maison Branthôme à Rostrenen. Très vite, les artisans indépendants adoptèrent ses modèles empruntés au répertoire néo-Régence. Le style Branthôme influença ainsi toute la production départementale.

LE MOBILIER TRADITIONNEL
Le style trégorrois est le plus typé du département. Les vaisseliers de cette région se reconnaissent à la présence d'un petit coffre, appelé «tabernacle», encastré au centre de l'étagère inférieure. On y rangeait les objets les plus précieux de la famille. Dans le Trégor morlaisien, les lits-clos avaient la particularité d'être en merisier rouge, un bois très peu utilisé en basse Bretagne.

DE NOUVELLES ARMOIRES
L'atelier Branthôme rompit avec une longue tradition rectiligne et imposa des traverses supérieures en «chapeaux de gendarme» ou chantournées. La base de l'armoire qui formait traditionnellement le coffre fut supprimée.

A la fin du siècle dernier, la fabrique Branthôme comptait une trentaine d'ouvriers.

Valentin BRANTHOME Fils

Successeur

UNE PRODUCTION SEMI-INDUSTRIELLE
Peu à peu, au cours du XIXe siècle, les artisans, jusque-là isolés dans la campagne, furent intégrés à des ateliers. Chaque menuisier faisait débiter ses bois à l'atelier Branthôme de Rostrenen, qui employait en permanence jusqu'à six scieurs de long. Les plus chevronnés emportaient le travail chez eux. Ils revenaient ensuite pour les travaux de finition : ponçage, teinture, pose de garnitures, etc. La maison Branthôme arrivait ainsi à fournir environ cinq cents meubles par an, qu'elle vendait par catalogue et au moyen de publicité.

L'APPARITION DE MODELES
Des gabarits ou patrons, préétablis par la Maison, facilitaient le tracé des pièces en série mais entraînaient une certaine uniformisation.

LE STYLE BRANTHÔME
Il puise essentiellement son inspiration dans le répertoire néo-Régence du Second Empire et dans le mobilier rennais des XVIIIe et XIXe siècles. Macarons, rosaces et décor végétal reviennent le plus fréquemment.

DES LITS-CLOS OUVERTS !
La maison Branthôme innova à la fin du XIXe siècle en remplaçant les panneaux de fermeture des lits-clos par une large ouverture formant une alcôve.
Ces innovations traduisaient le goût d'une nouvelle clientèle, plus urbaine et balnéaire, éprise de régionalisme.

Au cours du XVIIIe siècle, l'enrichissement du monde agricole entraîna une formidable diversification des costumes. Pour ces populations assez repliées sur elles-mêmes, le vêtement servait de signe de reconnaissance entre paroisses et pays traditionnels. L'influence de la mode française se fit très peu sentir dans la partie occidentale des Côtes-d'Armor, qui se rattachait à la basse Bretagne trégorroise et cornouaillaise. En revanche, la région de Saint-Brieuc joua un rôle de tampon, et les deux influences vestimentaires s'y mêlèrent.

RÉGION DE SAINT-BRIEUC
Les costumes masculins régionaux disparurent très précocement. L' «Homme de Plaintel» dessiné par Hippolyte Lalaisse vers 1843 porte l'habit long à la française.

EN CORNOUAILLE Rostrenen et Maël-Carhaix suivaient la mode *fisel* de Carhaix : la femme portait une coiffe sans ailes, l'homme une veste de drap noir, sans boutonnières, ouverte sur un gilet à double rangée de boutons.

A MONCONTOUR
L'habit se portait légèrement plus court qu'en région briochine.

«La Touken»

Coiffe de tous les jours (portée à gauche par trois jeunes femmes du Cercle celtique de Paimpol), la fameuse *touken* est dérivée d'une mode léonarde. On la reconnaît à sa simplicité qui exclut toute dentelle. Son fond pendait sur la nuque comme une poche affaissée et se terminait par deux pointes latérales. Plus de cent cinquante-trois communes l'avaient adoptée, ce qui en faisait l'un des modèles les plus répandus de Bretagne. La «touken» est la coiffe de l'ancien évêché de Tréguier. Elle s'est maintenue dans la campagne trégorroise jusqu'en 1970 environ.

Loudéac

Entre Mûr-de-Bretagne et Loudéac, zone carrefour et hétérogène sur le plan culturel et linguistique, on note paradoxalement une uniformité vestimentaire. (Ci-contre, costume de Loudéac, représenté par Hippolyte Lalaisse vers 1860).

Femmes du Trégor et du Goëlo (ci-dessus et ci-contre).

Saint-Brieuc et Quintin

Dans cette région, les femmes portaient la coiffe à amples boucles poétiquement appelées «ailes de pigeon», et un bonnet d'artisane, dont les brides étaient nouées à droite, à gauche ou sur la poitrine, voire même dénouées et pendantes. Les jours de fête, les femmes portaient un «châle-tapis» en cachemire, importé des Indes ou fabriqué à Nîmes et à Lyon.

Costume de Quintin dessiné par R.Y. Creston, vers 1942.

La vie religieuse en Côte d'Armor était rythmée, comme ailleurs, par de grandes fêtes : les rogations, l'Assomption, la fête patronale et la bénédiction des Islandais donnaient lieu à des processions spectaculaires où se rencontraient des paroisses rivales. Mais ici, plus qu'ailleurs, furent entretenus le culte des défunts et la sacralisation de la mort.

LA MORT, UNE COMPAGNE FAMILIERE
En ce pays de marins, la mort tient, dans la culture, une place très importante, mieux préservée que dans le reste de la Bretagne. C'est en Trégor qu'Anatole Le Braz a enquêté pour rédiger sa *Légende de la mort* et c'est à Kermaria-in-Isquit que l'on peut voir l'une des plus belles danses macabres ▲ *184*. On a beau savoir que la mort bretonne, l'Ankou (à droite), fait rire autant qu'elle terrifie, on oublie ses côtés aimables devant certaines de ses représentations.

SAINT YVES LE BIEN-AIME
Le saint le plus vénéré des Côtes-d'Armor est le bon Yves Hélori, souvent représenté en arbitre entre le riche et le pauvre. Sa popularité fut attestée dès sa mort, en 1303, et est encore très vive dans le Trégor, son pays natal, où l'on célèbre ses pardons le 19 mai et le 27 octobre ▲ *344*.

SAINTS GUERISSEURS
La chapelle Notre-Dame-du-Haut, près de Moncontour, propose un étonnant catalogue de saints guérisseurs. Cette médecine du pauvre s'accompagne de rites très précis, encore connus de tous au siècle dernier ▲ *236*.

Des ossuaires pour le manant
Dans certaines régions de Bretagne, la mort est intégrée dans la vie quotidienne avec un naturel étonnant. Aujourd'hui encore, trois ossuaires bretons ont gardé leurs ossements, dont celui de Trégornan, à Glomel.
Ces édifices furent bâtis aux XVIe et XVIIIe siècles, lorsque l'Eglise voulut sacraliser l'espace funèbre après le concile de Trente. Ils servaient de reliquaires aux ossements exhumés des cimetières surchargés. Un extraordinaire tableau conservé au musée de Saint-Brieuc nous montre les habitants de Trégastel, leur ossuaire étant plein, procéder à l'ensevelissement des ossements dans une fosse commune.

Des boites a chef pour les seigneurs
Les nobles et les notables avaient, eux, le droit d'être inhumés dans l'église. Quand la place venait à manquer, leur crâne était conservé dans une boîte dite à chef, souvent placée au-dessus du porche de l'église. Ils échappaient ainsi

à l'anonymat de la fosse commune. Au XVIIIe siècle, cette pratique fut étendue au reste de la population.

Le drapeau paroissial
Le patriotisme paroissial était très vif en Bretagne. Peu inquiété par l'autorité royale ou provinciale, il pouvait s'exprimer librement. Bannières flamboyantes et hauts clochers en étaient les emblèmes les plus visibles. Au début du siècle, l'Eglise dut même refréner ce sentiment exacerbé, qui dégénérait souvent en bagarres, quand les paroisses voisines se rencontraient lors des pardons.

La benediction des navires
A Paimpol, quelques jours avant le départ des marins pour l'Islande, fin février, la statue de Notre-Dame de Bonne-Nouvelle passait sur les quais devant les bateaux pavoisés, dont on sonnait les cloches ▲ *370*.

Les Côtes-d'Armor sont traversées du nord au sud par la frontière linguistique qui sépare la zone bretonnante de la zone gallésante. A l'ouest, la haute Cornouaille appartient à la région dite de *dañs tro*, de type gavotte, dominée par le chant et la clarinette ; au nord, le Trégor est marqué par une riche tradition chantée ; à l'est, le Goëlo, le Penthièvre, le Mené et le pays de Loudéac présentent un panorama de traditions allant de la vielle au couple biniou-bombarde et de la danse ronde aux danses par couples.

BINIOU, BOMBARDE ET TAMBOUR
Principalement concentrée dans le sud de la Cornouaille et dans le Vannetais, la tradition du biniou-bombarde est bien attestée également dans la région de Loudéac et dans le Penthièvre, où on a recensé plus de deux cents sonneurs en activité entre 1850 et 1940. Dans cette région, les sonneurs sont parfois accompagnés d'un joueur de tambour, comme c'est le cas sur cette photo (musiciens non identifiés) prise à Saint-Quay-Portrieux au début du siècle.

ELEMENTS DE BOMBARDE
La bombarde est une forme de hautbois rustique dont la facture peut être relativement élaborée. Ci-contre, un exemple d'incrustation en étain, ainsi que quelques modèles de clés.

SONNEUR DE CLARINETTE
La clarinette appelée *treujenn gaol* en haute Cornouaille (littéralement «tronc de chou») s'est implantée en Centre-Bretagne au XIXe siècle, mais elle s'est imposée comme instrument dominant en pays *fañch*, terroir de la suite de *dañs plin*. Son aire d'extension va de l'est des monts d'Arrée jusqu'en haute Bretagne et du Trégor aux limites sud des Côtes-d'Armor. Si on retrouve maintenant une majorité de clarinettes modernes (à 13 ou 24 clés), les sonneurs du siècle dernier utilisaient le plus souvent des clarinettes à cinq clés (illustrées ici).

LA TRADITION DE LA CLARINETTE
Bien que plus localisée que le biniou-bombarde, la tradition de la clarinette n'a pas connu de rupture même si elle est restée méconnue jusqu'à la fin des années 1970 : de nombreux sonneurs ont continué à animer bals et noces. La clarinette est aujourd'hui remise en valeur grâce à l'association «*Paotred an dreujenn gaol*» (les «Compagnons de la clarinette») qui organise chaque année dans le centre de la Bretagne les «Rencontres internationales de la clarinette populaire».

LES DONNIO, père et fils, célèbre famille de sonneurs de biniou (à gauche) et de bombarde (à droite) de La Motte en pays de Loudéac.

LES FEUILLES VOLANTES On retrouve le chant partout, à écouter et à chanter. Les «feuilles volantes», vendues sur les places des marchés, ont largement participé à l'insertion dans la pratique orale d'un répertoire extrêmement composite.

LA DÉROBÉE DE PLESSALA, dansée en cortège, apparait en Bretagne au XIXe siècle, où elle connaît un succès croissant dans le nord des Côtes-d'Armor, du Penthièvre à Guingamp.

LES ANCHES Comme les hautbois et les cornemuses, les bombardes et binious ont des anches doubles.

DANS FISEL. De toutes les formes de gavotte, la *dañs fisel* est une des plus spectaculaires, et la plus difficile sur le plan technique. Tous les ans, la Fédération Kendalc'h organise un concours *fisel* à Rostrenen.

VIOLON Comme partout en haute Bretagne, le violon fut, avec la vielle, l'instrument majeur à l'est du Penthièvre et dans le Mené.

GASTRONOMIE
LA MORUE DE VICTORINE RINGUENOIRE

Les marins du Goëlo qui partaient pendant de longs mois pêcher la morue à Terre-Neuve, puis en Islande, en avaient fait tout naturellement leur nourriture principale durant la campagne de pêche. La femme d'un armateur de Binic, Victorine-Marie Ringuenoire, mit au point une recette originale qui fit sa célébrité : elle accommodait ce poisson avec des épinards, du persil, de la ciboule et de l'ail.

2. Les hacher finement.

3. Laver et sécher la morue dessalée dans un torchon.

6. Ajouter le bouquet garni et la gousse d'ail nettoyés et finement hachés.

7. Faire revenir tout en tournant. Verser une bonne tasse de chapelure, mélanger, assaisonner et laisser mijoter 10 min.

10. Travailler légèrement à la cuillère puis rectifier l'assaisonnement.

11. Verser le tout dans un plat. Recouvrir avec le reste de la chapelure, parsemer de noisettes de beurre et faire gratiner au four.

INGREDIENTS : 600 g de morue dessalée, 600 g d'épinards, 1 gros bouquet de persil et de ciboules, 1 gousse d'ail, 2 tasses à thé de chapelure de pain grillé, 3 œufs entiers, beurre, huile, sel, poivre.

1. Laver soigneusement les épinards et bien les sécher dans un torchon.

4. Couper ensuite les 600 g de morue en gros morceaux.

5. Dans une cocotte en fonte, faire revenir les épinards et la morue dans l'huile.

8. Oter la préparation du feu et la hacher grossièrement au couteau sur une planche à découper.

9. Remettre la préparation dans la cocotte et y mélanger les 3 œufs battus.

12. On peut accompagner ce plat de salade, d'une légère béchamel ou d'une vinaigrette relevée d'échalotes et de persil ciselé.

La Madeleine d'Armor est confectionnée avec 25 % de beurre et des oeufs frais cassés à la biscuiterie (la marque existe depuis vingt-cinq ans).

Le Whisky Breton WB est élaboré par la distillerie Warenghem à Lannion depuis presque cent ans.

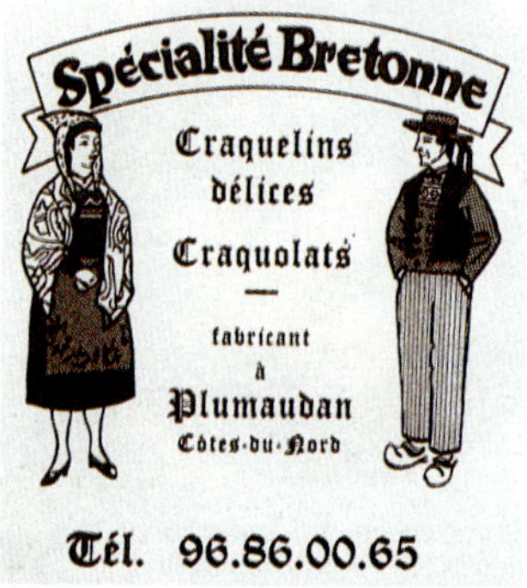

Les craquelins sont fabriqués artisanalement avec des produits frais. Ils se dégustent avec du beurre et de la confiture.

Les choquards d'Yffiniac, pommes de reinette enrobées de pâte feuilletée, se consomment à Saint-Brieuc.

Le pain plié, pain de campagne, vendu dans le Trégor, possède cette forme particulière : une partie de la pâte est pliée et relevée.

Les galettes Punchs, fabriquées depuis plusieurs générations à Uzel, sont des gâteaux pur beurre ...

Les quotidiens spécifiques à cette partie des Côtes-d'Armor sont *Le Télégramme* et *Ouest-France*. Ils publient chacun des éditions spéciales (Saint-Brieuc, Guingamp, Lannion).

Le brocoli est en passe de devenir aussi réputé que le chou-fleur ou que les «cocos paimpolais», variété de haricots.

ARCHITECTURE

Megalithes

On trouve en Bretagne de nombreux mégalithes. Ces menhirs, «pierres longues», et ces dolmens, «tables de pierre», édifiés entre le Ve et le IIe millénaire avant notre ère, servaient de sépultures ou, parfois, de lieux de culte.

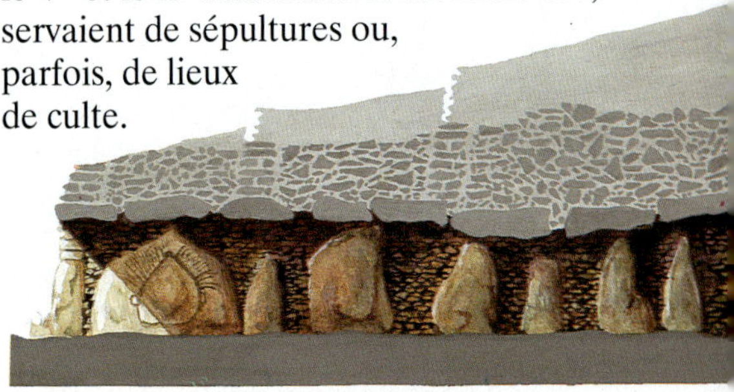

Les menhirs, isolés ou regroupés en cercles ou en alignements, peuvent remonter au Néolithique.

Le dolmen est un monument funéraire de construction complexe : un long couloir mène à une ou plusieurs chambres formées de grosses dalles et parfois d'une voûte en pierres plus petites. Ce tombeau, qui abrite le plus souvent des sépultures collectives, est soit construit d'abord en surface, puis recouvert d'une butte de terre (tumulus), soit creusé dans le sol ou aménagé dans une grotte artificielle. Une série de blocs ou un parement de pierres sèches enserre le monument.

Les pierres dressées ont été détruites ou christianisées. Sur le menhir de Saint-Uzec (Côtes-d'Armor), les instruments de la Passion furent gravés au-dessus d'un Christ peint, aujourd'hui effacé.

L'art megalithique permet de dater les monuments. Dès le IVe millénaire apparaît un décor gravé par piquetage léger : lignes brisées, serpents, haches et crosses. Au IIIe millénaire, poignards, palettes, haches, paires de seins ornées de colliers sont sculptés en relief dans les allées couvertes. Les idoles féminines groupées par deux dénotent une influence venue du Proche-Orient.

Chant des bardes sur le dolmen de Kenac'h-Laëron, aux environs de Gouarec (Côtes-d'Armor).

Les alignements L'astronomie a présidé à l'organisation de la composition de ces monuments orientés selon les solstices et liés aux rythmes de la vie agricole. Elevés vers 3500 av. J.-C. par les paysans du néolithique, ils comprennent des files de menhirs complétées, aux extrémités, par des cercles ou des hémicycles.

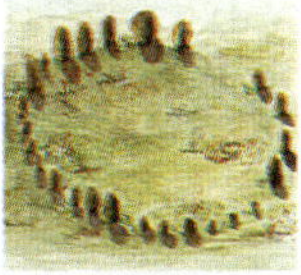

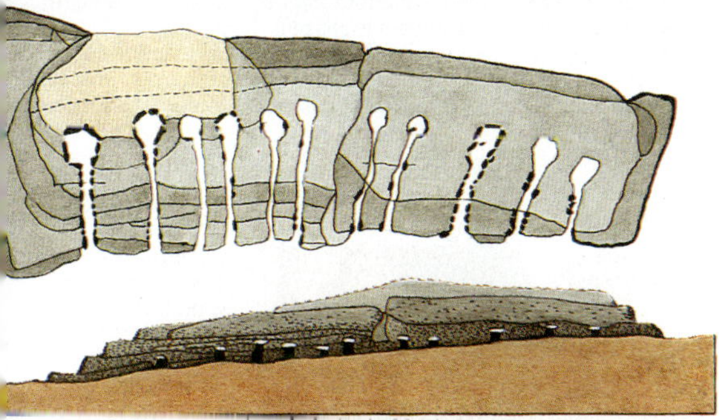

Le cairn de Barnenez, dans la baie de Morlaix, est une nécropole de onze dolmens, groupés au sein d'un agencement de pierres très précis.

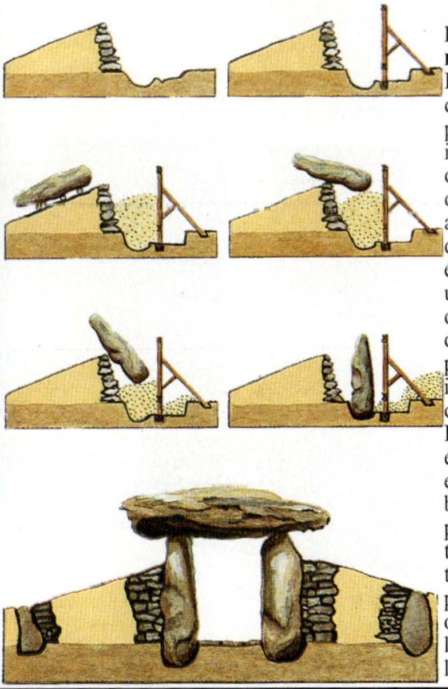

L'édification d'un dolmen
Les énormes blocs de pierre étaient poussés sur un plan incliné recouvert d'un chemin de rondins. Une fois acheminés en haut de la pente, ils étaient basculés dans une fosse, freinés dans leur chute par du sable ou des pièces de bois. On installait ensuite les dalles de couverture. Enfin l'ensemble était équilibré et consolidé par un blocage de pierres, puis entouré d'un tertre, qui recouvrait tout le monument pour les dolmens, ou arrivait sous les dalles pour les allées couvertes.

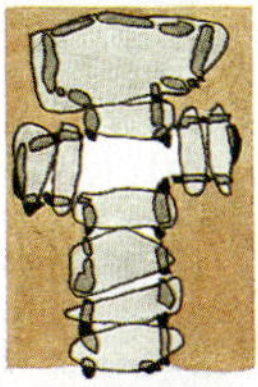

Dolmen transepte

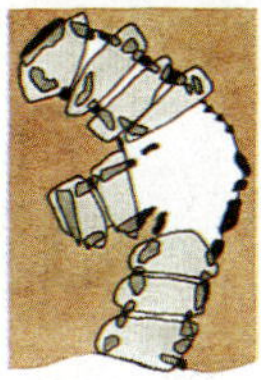

Dolmen coude

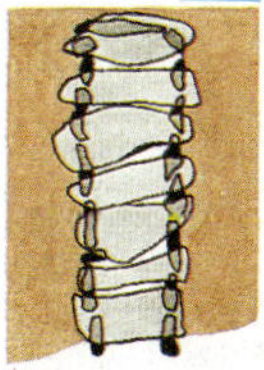

Allee couverte

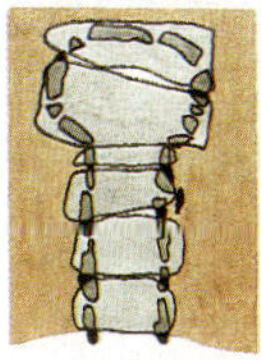

Dolmen a couloir

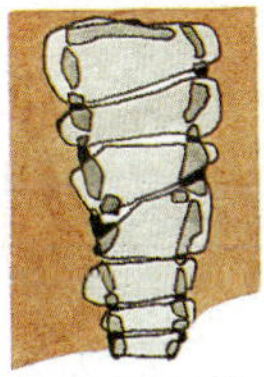

Dolmen en V

Château de
La Touche-Trébry.

L'architecture militaire bretonne se développe au XIVe siècle, avec de grands donjons habitables de plan complexe. Au siècle suivant, les châteaux sont bâtis sur les marches de l'Est, face à la France, et sur la façade maritime. Aux silhouettes élancées des premières forteresses (Suscinio, La Hunaudaye, Vitré) succèdent, après 1450, des masses plus compactes, conçues pour mieux résister aux progrès rapides de l'artillerie.

La motte feodale
La résidence seigneuriale fortifiée est longtemps restée une simple tour de bois, plantée au sommet d'un monticule de terre. Vers l'an mille, les premiers donjons de pierre, carrés ou rectangulaires, remplacèrent ces constructions fragiles. Deux cents ans plus tard, ils adoptèrent un plan circulaire afin de mieux faire front aux assauts des machines de guerre perfectionnées et de se défendre contre les attaques venues de toutes les directions.

Chatelet
Ouvrage défensif de la porte et du pont-levis, qui abritait une partie de la garnison.

Coupe sur le Chatelet

1. Pont-levis a fleches
Ce pont mobile est actionné par un contrepoids. Un seul homme suffisait pour le relever.

2. Breteche
C'est une construction en saillie au dessus du pont-levis, qui améliorait la défense grâce à des assommoirs.

3. Assommoirs
Ouvertures verticales pratiquées au-dessus du passage d'entrée, qui permettaient aux soldats de jeter des pierres et de la poix.

4. Salle des gardes
Lieu d'où était actionnée la herse.

5. Poterne
Par cette porte dérobée, les soldats restés à l'extérieur lors d'une attaque pouvaient quand même y rentrer alors que le pont-levis était fermé.

6. Meurtrieres ou Archeres
Ouverture pratiquée dans un mur pour le tir. Il en existe de plusieurs formes, pour les canons, les arcs et les arbalètes.

7. Courtine
Section de rempart entre deux tours.

COUPE SUR LE DONJON

DONJON

CHATELET D'ENTREE

CHEMIN DE RONDE
Coursière construite au sommet du donjon. Deux types existaient :

A. Chemin de ronde sur hourds. En bois.

B. Chemin de ronde sur mâchicoulis. En pierre.

ECHAUGUETTE
Construction en saillie, sur une courtine, pour garder et défendre un angle mort.

LE DONJON
C'est un bâtiment défensif et aussi le logis seigneurial. Chaque étage a une fonction précise. On y entrait par un petit pont-levis, au premier étage, où était installée la **SALLE DES GARDES**. Au niveau inférieur se trouvait le **MAGASIN**. Au deuxième étage, le seigneur recevait vassaux et visiteurs de marque dans la **SALLE DE L'HOMMAGE**. Le troisième étage abritait les appartements privés et parfois une chapelle. Le dernier étage faisait office de salle d'**ARCHIVES** (on y conservait livres et parchemins) et d'**ARSENAL** (où étaient stockées la poudre et les armes). De l'arsenal on avait accès au **CHEMIN DE RONDE**. On notera la présence, à plusieurs étages, de **LATRINES**. Cet agencement est révélateur de la société médiévale, qui oscille sans cesse entre son besoin de confort et sa nécessité de défense.

MANOIRS

Ancien manoir de Coat-ar-Frotter à Lanmeur.

Concentrés surtout dans le nord de la Bretagne, les premiers manoirs apparaissent à la fin du XIVe siècle. Le XVe siècle précise les particularités de cette architecture résidentielle volontiers ostentatoire, telles la grande salle au rez-de-chaussée et la tour d'escalier, devant ou derrière le logis.

L'influence de la Renaissance ne se manifeste en Bretagne que vers 1560 : symétrie des façades, nouveau décor des cheminées, rampes d'escalier droites. La guerre de la Ligue brise cet élan. Au XVIIe siècle, quand la construction reprend, la noblesse délaisse les manoirs au profit des châteaux.

LA CHATAIGNERIE, SAINT-NICOLAS-DU-TERTRE (MORBIHAN)

Ce manoir, construit en 1634, ne se dote que tardivement d'un décor Renaissance. Le cas est fréquent, car la Bretagne découvre avec un certain décalage la révolution artistique opérée au XVIe siècle : celle-ci touche la haute noblesse, avant de descendre l'échelle sociale et de se normaliser dans les logis plus modestes.

BOISSORCANT, NOYAL-SUR-VILAINE (ILLE-ET-VILAINE)

Ce fut la demeure d'un financier de la duchesse Anne. La suppression des quatre lucarnes, au siècle dernier, prive sa façade (XVe siècle) de l'harmonie et du faste qui ont, en revanche, été conservés à l'intérieur.

BLASON DU CHÂTEAU DE ROCHEFORT-EN-TERRE (MORBIHAN)

Les emblèmes de la noblesse ornent de nombreuses demeures : au XVIIIe siècle, 1 % des Bretons sont nobles.

OCULUS du manoir de Kerligonan, à Kergloff (Finistère).

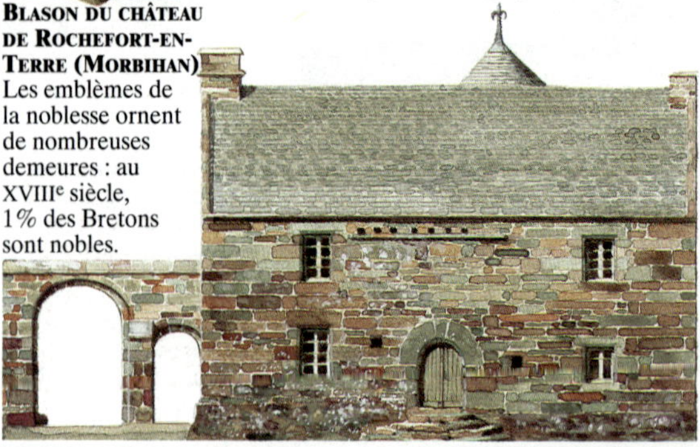

LE GOLLEDIC, LANRIVAIN (COTES-D'ARMOR)

C'est un manoir du XVIIe siècle. La symétrie, l'un des points forts du style Renaissance, aura une influence décisive et durable : désormais la porte d'entrée est centrale. A noter également le porche typique à double entrée, charretière et piétonne.

COATCOURAVAL, GLOMEL (COTES-D'ARMOR) Ce manoir, construit au milieu du XVe siècle par les Boutteville, peut être considéré comme l'archétype du manoir breton. A l'arrière de cet édifice isolé au milieu des bois se dresse la tour d'escalier, couronnée d'une pièce haute.

ECUSSON DU MANOIR DE KERIAR, PLONEVEZ-PORZAY (FINISTERE)

KERPONNER, NOYAL-PONTIVY (MORBIHAN) Même modeste, le manoir cherche à se démarquer de la simple architecture paysanne. Ici la façade, sobre, comme il se doit, est surmontée d'une lucarne à fronton et couronnée par un rang de boulins (poteries décoratives où nichent les pigeons, évoquant les privilèges des nobles, propriétaires d'un colombier).

PORTE DE STYLE GOTHIQUE DU MANOIR DE KERIAR

VASQUE RENAISSANCE DU MANOIR DE TRONJOLY La mode des fontaines italiennes gagne la Bretagne durant le XVIe siècle.

TRONJOLY, CLEDER (FINISTERE) Sur un bâtiment du XVe siècle se greffent, vers 1540, une aile et la tour d'escalier; au XVIIIe siècle, la façade est normalisée avec réemploi de la porte et de la lucarne.

Château de Catuélan.

L'architecture des châteaux bretons, après avoir conservé longtemps la marque du gothique, développe un style dépouillé inspiré de la seconde Renaissance. Aux XVIIe et XVIIIe siècles, la noblesse fait construire des demeures confortables au goût du jour, adaptées du classicisme français.

FENETRE RENAISSANCE

A meneau en pierre, elle est encadrée sur les côtés par des pilastres, au-dessous par un socle, et sur le dessus par un entablement.

UN CHATEAU RENAISSANCE, LA CHAPELLE-CHAUSSEE (ILLE-ET-VILAINE)

Ce petit château, situé près de Rennes, est un bel exemple de l'architecture de la Renaissance apparue dans le dernier quart du XVIe siècle : plan ramassé et complexe, avec de multiples décrochements et pavillons. Les élévations et les façades sont symétriques, rythmées par des travées, et quadrillées par des pilastres et des bandeaux.

FENETRE XVIIe SIECLE

A meneau en bois, à linteau droit et à bandeau plat, elle est ornée d'un mascaron.

UN CHATEAU DU XVIIe SIECLE, LE ROCHER-PORTAIL (ILLE-ET-VILAINE)

Construit en 1617, Le Rocher Portail est plus imposant qu'ornemental. Comme à Kerjean (1580), dans le Finistère, les divers bâtiments s'ordonnent autour d'une cour carrée, avec ailes en retour et galeries sur arcades.

Plan d'un jardin à la française.

Un chateau gothique, Josselin (Morbihan)

Construit par Jean II de Rohan de 1490 à 1505 contre la muraille d'une forteresse du XIIIe siècle, il est typique des demeures bretonnes édifiées jusqu'en 1550 : le plan simple et allongé (les pièces se suivent en enfilade) et l'attachement au style gothique flamboyant sont hérités du manoir médiéval. Le faux chemin de ronde somptueusement ajouré et les grandes lucarnes révèlent, quant à eux, l'influence du Val-de-Loire.

Fenetre gothique

A meneau et à traverses en pierre, elle est moulurée et surmontée d'une accolade sculptée.

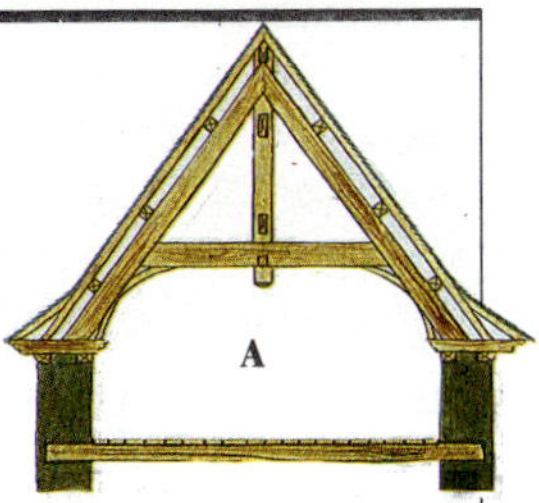

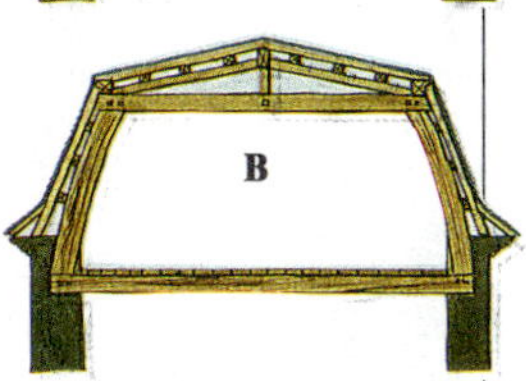

La forme des toits

La Bretagne est caractérisée par un attachement tardif aux grandes toitures à double pente (**A**) terminées à leurs extrémités par des pignons ou des croupes. Le toit brisé présente, sur le même versant, deux pentes différentes séparées par une arête (**B**). Dans la partie basse, appelée brisis, on peut installer un étage de comble carré aux murs verticaux. Ce toit «à la Mansart» est utilisé à partir de 1650 dans l'architecture savante.

3

Les signes distinctifs d'une demeure noble

Dès le XVIe siècle, une chapelle (**2**) prend place à l'un des angles de la cour du château. Au siècle suivant, on l'associe souvent à un colombier (**1**), privilège exclusif de la noblesse. Les deux bâtiments encadrent un portail à deux ou trois passages (**3**), que surmonte un fronton sculpté aux armes du seigneur.

Fenetre XVIIIe siecle

Emploi du tuffeau (pierre calcaire) dans la construction. Le meneau disparaît tandis que les nouvelles techniques de fabrication du verre permettent l'emploi des carreaux.

Le style militaire du XVIIIe siecle, Keranroux (Finistere)

Avec le XVIIIe siècle, les ingénieurs militaires introduisent en Bretagne un style sévère et imposant : toits à deux versants, avant-corps, fenêtres en arc segmenté, absence de sculpture sur les façades, sauf sur les frontons, souvent triangulaires.

HABITAT RURAL

L'architecture traditionnelle des campagnes bretonnes, dans sa grande variété, reflète l'originalité de chaque terroir. Elle est aussi révélatrice du cloisonnement et du conservatisme qui ont dominé la société rurale jusqu'aux lendemains de la Seconde Guerre mondiale.

La Bretagne n'est pas seulement le pays du granite, c'est aussi celui du schiste, du grès et du pisé (terre). Il arrive souvent que l'on utilise plusieurs matériaux pour la construction d'un seul et même bâtiment. Les toits, à forte pente, sont, depuis le siècle dernier, recouverts d'ardoises d'Angers, et non plus de chaume, jugé trop dangereux. De la ferme basse, à étage unique, où sont logés ensemble bêtes et gens, aux maisons d'artisans, de tisserands, de négociants ou même d'ecclésiastiques, qui constituent l'«aristocratie» rurale, l'éventail est large. Chaque région a ses traditions : maisons à avancée du Nord-Finistère, maisons basses de l'est du Morbihan, et maisons en pisé du bassin de Rennes.

MAISON DATEE DE 1567, SAINT-BRICE-EN-COGLES (ILLE-ET-VILAINE) La région du Coglès, au nord de Fougères, a conservé un habitat du XVIe siècle, remarquable par sa densité et sa qualité. Ce bâtiment sert à la fois de logement, d'étable et de grenier.

MAISON LE FRESNAY, FIN DU XVIe SIECLE, MELESSE, (ILLE-ET-VILAINE)
Elle est construite en pierre et pans de bois. En zone rurale, cette technique n'est utilisée que dans la périphérie de la ville de Rennes.

ARDOISES DE LIGNOLET DÉCOREES
Régions de Commana et de Sizun, Finistère (XIXe siècle).

FOUR A PAIN, TREGUNC (FINISTERE)
Sa voûte, en granite ou en brique, est recouverte de terre ou d'un toit d'ardoises.

MARQUE D'UNE MAISON DE PECHEUR
Reconnaissable à l'ancre de marine (Côtes-d'Armor).

MAISON DATEE DE 1622, CAULNES (COTES-D'ARMOR)
Elle comprend, sur deux étages, une salle, une étable et un grenier. Sa construction, en pierre et en terre, donne à la façade des tonalités plus chaudes que celles du granite. Ces matériaux sont caractéristiques de la région de Caulnes-Evran-Bécherel.

Ardoises de lignolet sculptées (ornement de faîtière) d'une maison du village de Ruffiac, Morbihan.

MAISON DU XVIIe SIECLE, SAINT-RIVOAL (FINISTERE)
Cette bâtisse à avancée (*kuz-taol*) et à appentis couvrant l'escalier de façade est typique des monts d'Arrée.

PORTE A HUSSET
Porte s'ouvrant en deux parties; la partie basse empêche le bétail de rentrer.

MAISON DU XVIIe SIECLE, PLEUMEUR-BODOU (COTES-D'ARMOR)
Maison haute en pierre de taille de granite, avec chambre et grenier à l'étage.

LINTEAU SCULPTE, 1722, KERGRIST (MORBIHAN)
Le calice signale la maison d'un prêtre.

PUITS, GUERN (MORBIHAN)
La traverse en granite ornée de boules caractérise les puits de la région.

MAISON A CLEDEN-CAP-SIZUN, 1858 (FINISTERE) Dans les régions côtières, on protégeait les façades des maisons avec un enduit.

FERME, XVIe ET XVIIe SIECLES, SAINT-NICOLAS-DU-PELEM (COTES-D'ARMOR)
Ce logis de cinq pièces comptait trois salles, une étable et un grenier.
A l'étage, desservi par un escalier extérieur, logeait un prêtre.

FERME, BRANDIVY, XVIIe SIECLE (MORBIHAN)
Plan allongé, avec grenier dans le comble. Les rangées de trous servaient d'abri à pigeons.
Les toits de chaume du Morbihan sont les mieux conservés.

La Bretagne fut le pays de prédilection des «moulins à eau bleue» à cause de la forte amplitude des marées et de la présence de très nombreux abers. L'énergie marémotrice est utilisée dans la région depuis neuf siècles environ : le plus ancien moulin de ce type fut installé en 1186 à Pen-Castel (Morbihan). Une soixantaine de ces édifices subsistent encore, mais la plupart sont en ruine. Comme ils ne fonctionnaient que six heures par marée, soit trois heures avant la basse mer et trois heures après, les meuniers possédaient souvent des moulins à vent à proximité afin d'éviter les heures creuses de la marée.

UN MECANISME ASTUCIEUX
Une digue ou chaussée formait à proximité du moulin une retenue d'eau qu'à marée haute, la mer venait alimenter. Le flot entrait par deux portes pivotantes, les «portes à mer», qui cédaient à la pression de l'eau et se refermaient d'elles-mêmes lorsque le réservoir était plein. Au reflux, il suffisait de lever une vanne à aubes pour que l'eau de l'étang artificiel s'écoule et entraîne la roue du moulin, placée en aval du réservoir .
Un engrenage de renvoi mettait en mouvement la meule courante placée au-dessus de la meule dormante.
De haut en bas, le moulin de Traou-Meur en Pleudaniel, celui du Dourduff en Plouézoch et le Grand Traouïero en Trégastel, tous trois situés en Trégor.

En 1375, Charles V autorisa le seigneur de Lannion à édifier ce moulin entre Perros-Guirec et Trégastel

A ROUE
. Marbre. Tronc de hêne vert 'environ 4 ou 6 m e long qui servait e moyeu à la roue. es extrémités taient cerclées our éviter que le ois n'éclate.
. Tourillon. Pièce nétallique solidaire u marbre qui ervait de pivot à 'ensemble de la oue.
. Paliers. Blocs de ranit situés à haque extrémité u marbre; ils taient entaillés

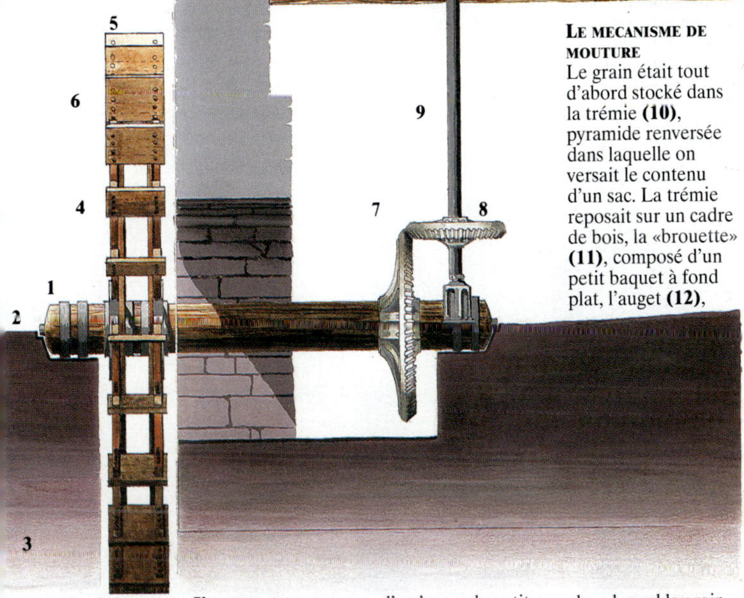

pour recevoir les pivots.
4. Bras de la roue. Généralement au nombre de huit, chacun mesurait l'équivalent du diamètre de la roue.
5. Couronne. La jante de la roue était formée de segments de cercle de chêne.
6. Palettes. Planchettes de hêtre chevillées, formant un butoir contre lequel l'eau venait frapper perpendiculairement.

L'ENGRENAGE
Le moulin à marée à roue verticale nécessitait un renvoi de transmission à 90°. Ce renvoi était composé de deux éléments qui jusqu'au début du XIXe siècle étaient taillés dans du bois.
7. Rouet. Couronne de bois fixée au marbre qui tournait dans le même sens que la roue. Ses dents en bois dur (pommier ou poirier) permettaient d'embrayer le petit pignon de renvoi situé au-dessus.
8. Lanterne. Pignon fixe monté perpendiculairement au rouet sur un axe vertical qu'il entraîne. Celui-ci, le «pied de fer» **(9)**, servait de pivot aux meules et leur communiquait un mouvement rotatif.
Au XIXe siècle, il entraînait par renvois successifs jusqu'à quatre meules (dessin ci-dessus).

LE MECANISME DE MOUTURE
Le grain était tout d'abord stocké dans la trémie **(10)**, pyramide renversée dans laquelle on versait le contenu d'un sac. La trémie reposait sur un cadre de bois, la «brouette» **(11)**, composé d'un petit baquet à fond plat, l'auget **(12)**, dans lequel le grain tombait. Son inclinaison réglait le débit du grain dans la toupie **(13)**, sorte d'entonnoir qui alimentait les meules. Les pierres meulières étaient formées d'une meule inférieure fixe, dite «dormante» **(14)** et d'une meule supérieure tournante **(15)**. Sous l'action de la force centrifuge, le grain était broyé, puis expulsé à l'état de farine dans une boîte à farine **(16)**.

Ces maisons étaient accolées à la cathédrale de Tréguier.

Les villes bretonnes connaissent deux étapes dans l'évolution de leur architecture. Le XVIIe siècle voit disparaître, avec les «grandes brûleries», les traditionnelles maisons à pans de bois médiévales, qui sont remplacées par des maisons et hôtels particuliers en pierre. Au XVIIIe siècle, sous l'impulsion des ingénieurs, leur urbanisme est rationalisé.

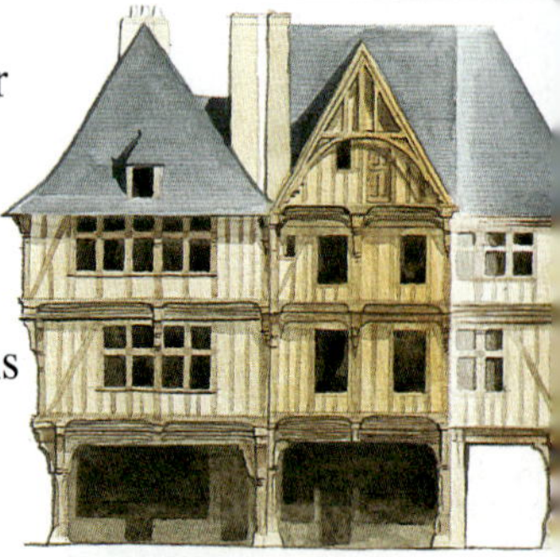

Maison a porche, Dinan (Cotes-d'Armor)
C'est le type même des plus anciennes maisons à pans de bois (XVe siècle) : construction soignée et ne comportant guère de sculptures.

Maisons, rue de la Victoire, a Saint-Malo (Ille-et-Vilaine)
A la suite des «grandes brûleries», des édits obligent à reconstruire en pierre. Les villes closes sont confrontées à un manque de place. Apparaît alors une architecture haute où les vides des baies sont plus importants que le plein des murs.

Niche d'angl
Fin XVIIe sièc
Saint-Mal

MAISON A DEMI-COLONNES RENFLEES, LAMBALLE (COTES-D'ARMOR)
Vers la fin du XVIe siècle et le début du XVIIe, chaque terroir se particularise : maisons à colonnes pour le Penthièvre, à baies ininterrompues dans le Trégor.

MAISON A VITRINES RUE PELICOT, SAINT-MALO
Ces maisons apparaissent dans la région dès la fin du XVIe siècle.

MAISON A ESSENTAGE, RUE KEREON A QUIMPER (FINISTERE)
L'essentage d'ardoise ou de bardeau protégeait les façades des intempéries.

MAISON DITE DE LA DUCHESSE ANNE, MORLAIX (FINISTERE)
A partir de 1500, il est fréquent que les maisons gothiques soient ornées d'un décor sculpté.

HOTEL HARDY, VITRE (ILLE-ET-VILAINE)
Vitré est l'une des premières villes bretonnes à construire, dès la fin du XVIe siècle, des demeures en pierre et la seule où l'on trouve des hôtels Renaissance.

HOTEL DE LIMUR, VANNES (MORBIHAN)
Au XVIIe siècle, les hôtels de pierre sont rares et restent l'apanage de l'aristocratie.

HOTEL DE CHÂTEAUGIRON, VERS 1730, RENNES (ILLE-ET-VILAINE)
Au XVIIIe siècle, les ingénieurs du roi imposent une architecture classique rigoureuse.

HOTEL DU QUAI BRANCAS, NANTES (LOIRE-ATLANTIQUE)
Ce style sévère s'applique aussi bien aux immeubles locatifs qu'aux manufactures et aux demeures privées. Ceux-ci ont alors l'allure de véritables palais. Cette architecture normalisée n'exprime plus la fonction des bâtiments qu'elle orne.

Une triple constante caractérise l'architecture religieuse bretonne : le savoir-faire de ses maîtres d'œuvre, l'intérêt qu'ils ont porté aux modèles étrangers et l'interprétation originale qu'ils ont su en donner à travers une structure et des volumes simples.

GARGOUILLE
Gouttière saillante en forme de canon ou d'animal fantastique qui rejette les eaux de pluie loin des murs.

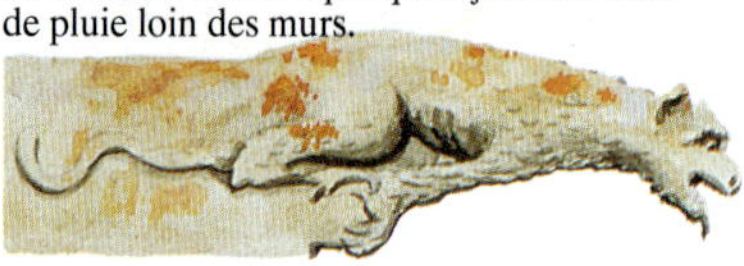

Implanté tardivement, l'art roman s'épanouit vers 1100. On édifie alors cathédrales (Nantes, Tréguier), abbatiales, établissements hospitaliers (Lanleff) et nombre d'églises sur la côte méridionale. Les moines venus des pays de Loire construisent abbayes et prieurés sur des modèles simples, à nef unique. Un siècle plus tard, le gothique s'installe, nourri des influences normande et anglaise (Dol, Beauport). Un nouveau type d'église s'impose, très simple : plan rectangulaire ou en T, chevet plat, grand clocher-tour…

MAITRESSE-VITRE
Vitrail du chevet, qui éclaire le maître-autel.

Au XVe siècle, le mécénat ducal et les grandes familles nobles favorisent l'émergence de l'art gothique flamboyant. Toute la Bretagne se couvre de chantiers : chapelles de pèlerinage, cathédrales (Quimper) et églises, dans les villes en plein essor économique.

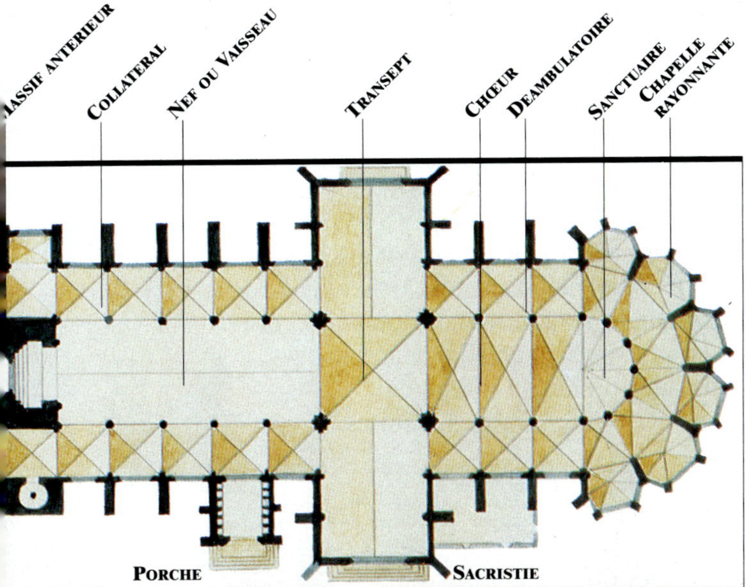

'ORTAIL ROMAN
.e portail de l'église ;aint-Sauveur XIIe siècle), à Dinan, :st inspiré des :xemples aquitains : ırcs à ressauts en ›erceau. Mais le ympan date de 1855.

PORTAIL GOTHIQUE
L'arc brisé du portail de la chapelle Kermaria-an-Isquit (XVe siècle), à Plouha, est orné de choux gothiques ; ses voussures retombent sur des colonnettes.

PORTAIL RENAISSANCE
L'église Saint-Malo (XVIe siècle),à Dinan, possède un portail Renaissance à deux portes en plein cintre, surmontées, chacune, d'un tympan sculpté.

PORTAIL BAROQUE
A la cathédrale Saint-Vincent de Saint-Malo (milieu du XVIIe siècle), la porte est inscrite dans une travée dorique couronnée d'un fronton sculpté.

La Renaissance renoue avec la simplicité et allège les volumes : les charpentes lambrissées ornées de sculptures remplacent souvent les voûtes de pierre. La réforme catholique qui suit le concile de Trente donne naissance, dans la seconde moitié du XVIIe siècle, à de grands couvents, qui marquent encore aujourd'hui le paysage urbain. Les ingénieurs de Louis XIV introduisent, au XVIIIe siècle, une architecture utilitaire, surtout autour de Brest, Saint-Malo et Guingamp. Enfin, le XIXe siècle agrandit et restaure dans le style néo-gothique.

1

De la cathédrale à la plus humble des chapelles, il n'y a pas une église de Bretagne qui n'ait mis quelque orgueil dans son clocher. Si la partie occidentale de la province a toujours choisi le granite, présent en abondance, le pays gallo lui a préféré la charpente recouverte d'ardoises.

Deux types de clochers sont à distinguer : le clocher tour et le clocher mur-pignon. Le clocher breton, souvent d'aspect monumental, reste cependant de petite taille en comparaison de ceux construits en France.

LE MUR-PIGNON SERT D'ESCALIER Dans les chapelles plus petites, comm à Saint-Yves de Lignol, Morbihan (1 l'escalier est à l'air libre sur le mur.

FLECHE DE CROISEE GOTHIQUE A Notre-Dame-de-Roscudon, à Pon Croix, Finistère (**4**), elle s'inspire de celle du Kreisker, à Saint-Pol de Léo

TOUR-PORCHE A Plonevez-du-Faou, Finistère, la chapelle Saint-Herbot (**5**) est dotée en 1516 d'une tour-porche imitant celles de la cathédrale de Quimper.

6

4

5

LE STYLE RENAISSANCE Un des clochers de l'église de Pleyben, Finistère (**6**), adopte dès 1588 le style nouveau de la seconde Renaissance.

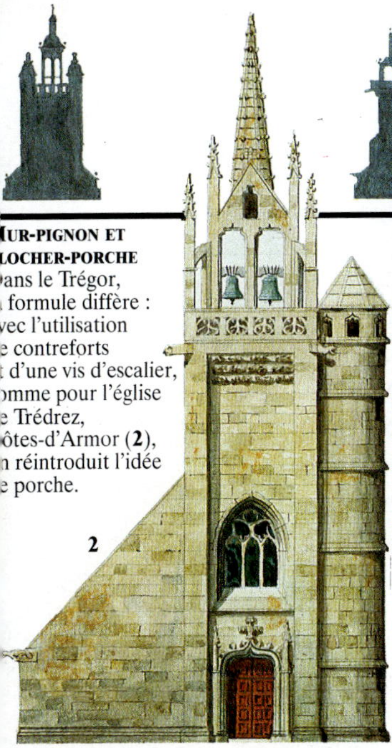

ŧUR-PIGNON ET ŁOCHER-PORCHE
ʼans le Trégor,
ı formule diffère :
ʋec l'utilisation
ɛ contreforts
ɫ d'une vis d'escalier,
ɔmme pour l'église
ɛ Trédrez,
ôtes-d'Armor (**2**),
ɲ réintroduit l'idée
ɛ porche.

2

FAÇADE FRONTISPICE
A la chapelle Saint-Fiacre du Faouët, Morbihan (**3**), un véritable clocher cerné à sa base par une coursière en encorbellement est relié par des arcs à un ou deux escaliers à vis, abrités dans des tours-clochetons latérales.

3

8

9

LES CLOCHERS EN CHARPENTE
En haute Bretagne, l'emploi de la charpente s'impose. L'église de Chavagne du XVᵉ siècle, en Ille-et-Vilaine (**7**), présente un exemple simple de flèche polygonale. Au XVᵉ siècle, pour l'église Saint-Etienne de Rennes, Ille-et-Vilaine (**8**), les charpentiers transcrivent en bois les dômes et lanternons qui sont couverts de plomb dans le reste de la France. D'autres exemples, comme l'église paroissiale du Faouët, Morbihan (**9**), témoignent de la riche diversité de formes que peuvent avoir les clochers bretons.

«BRETONS TETUS»
ʼDe votre obscur passé quand nous fendrons les voiles
Vos fiers clochers à jours baiseront les pavés!...
Nous prierons devant les étoiles :
Abattez-les, si vous pouvez!!!ʼʼ

Théodore Botrel

Le terme d'enclos s'explique par l'existence d'un muret dressé autour de l'église et de ses dépendances. L'enclos réunit l'équipement cultuel de la paroisse : son église, son baptistère et son cimetière, pour célébrer l'entrée dans la vie et dans la mort. Du XVIe siècle jusqu'au décret royal de 1695, interdisant toute nouvelle construction religieuse sans nécessité, il a symbolisé le triomphe de la foi, tout particulièrement en basse Bretagne.

L'enclos redessiné ici fait la synthèse des éléments caractéristiques des enclos paroissiaux bretons.

4. PORCHE SUD
C'est un narthex (vestibule). Les délibérations de la fabrique (voir plus bas) se tenaient jadis sur ses bancs de pierre. Une chambre d'archives était parfois ménagée au-dessus.

1. BAPTISTERE
Installé à l'entrée de l'église, il peut s'abriter, comme dans le Finistère, sous un baldaquin de bois.

2. OSSUAIRE
Jusqu'au XVIIIe siècle, on inhumait les morts autour de l'église ou à l'intérieur. Quand la place venait à manquer, on transférait les ossements dans l'ossuaire.

3. ECHALIER
Les accès, sauf celui de l'arc de triomphe, sont obstrués par une marche ou une pierre dressée de chant : l'échalier. Il peut être enjambé par l'homme, mais empêche le passage du bétail.

L'église Saint-Jean-du-Doigt a conservé un enclos paroissial complet : ossuaire, fontaine, baptistère, cimetière et calvaire sont enclos de murs.

5. Vitraux
Au XVIe siècle, les vitraux dits « de la Passion» évoquent la crucifixion. Chaque moment du récit y est représenté dans de petits compartiments.

6. Retables
Ces panneaux peints ou sculptés, placés au-dessus ou en retrait des autels, reprennent les thèmes de la Passion, du Rosaire ou des Mystères.

Placitre et cimetière
Le *placître* est, en Bretagne, l'espace cultuel autour de l'église. Il faisait souvent office de cimetière. De nos jours, la plupart des communes ont transféré les tombes dans un cimetière situé à l'écart.

7. Calvaire
Il est situé au levant, à droite du porche sud. A partir du XIVe siècle, il prend parfois des proportions monumentales. Les personnages figurés à ses différents étages relatent la passion du Christ et affirment la Rédemption. Un prédicateur pouvait, lors des missions, en commenter les scènes. Le calvaire était la seule croix du cimetière avant que l'habitude ne soit prise, au XIXe siècle, d'en dresser unc sur chaque tombe.

8. Arc de triomphe
Avec sa porte triomphale, s'ouvrant entre deux ou quatre piliers, l'enclos fait fonction d'atrium. Les cortèges de mariage, de baptême ou d'enterrement passent sous son arcade principale (d'où son autre nom, *pors ar maro*, porte de la mort). Celle-là symbolise l'accueil dans la demeure de Dieu.

La fabrique
Au XVIIe siècle, l'assemblée des paroissiens élisait pour un an deux de ses membres au poste de «marguillier». La fabrique avait en charge la gestion des biens de la paroisse pour assurer le fonctionnement du culte et l'entretien des bâtiments. L'augmentation de ses recettes, liée à la prospérité des XVIe et XVIIe siècles, permit d'engager des travaux somptuaires et de doter ainsi les campagnes d'un patrimoine architectural exceptionnel.

Construits entre 1450 et 1650, les calvaires sont une création originale de la basse Bretagne. Œuvres anonymes d'architectes, de sculpteurs et d'«ymageurs», transformées au cours de l'histoire, elles sont sans équivalent en chrétienté. Si la Passion en est le thème central, de nombreuses scènes de la vie du Christ et des figurations de saints honorés localement viennent s'y ajouter. Autant que la mort, c'est la vitalité de la foi qu'ont voulu figurer les riches paroisses qui les ont commandées.

Calvaire de Sainte-Noyale (Morbihan)

Les tout premiers calvaires sont ceux de Kerbreudeur en Saint-Hernin et de Tronoën (vers 1450). L'âge d'or se situe au milieu du XVIe siècle, avec la construction des monuments de Plougonven (1554), Pleyben (vers 1550), Quilinen et Saint-Sébastien (1547), suivis à la fin du siècle par Cléden-Poher (1575) et Guimiliau (1581-1588). Même si Bastien et Henry Prigent, «ymageurs», signent le calvaire de Plougonven, les autres demeurent, pour la plupart, des œuvres anonymes, qui subissent au cours du temps divers remaniements ou bouleversements : ainsi Pleyben, commencé vers 1550, est-il déplacé et complété en 1650 par Ozanne, puis repris encore en 1738.

Un scenario biblique modele
Ci-dessous, un éclaté de la face ouest du calvaire de Cléden-Poher, Finistère (1575), en montre la construction.

Croix en panneau, Maure-de-Bretagn[e] (Ille-et-Vilaine)
Elle date du XVe-XVIe siècle; sa face ouest est représenté[e] en cabochon, en hau[t] à gauche.

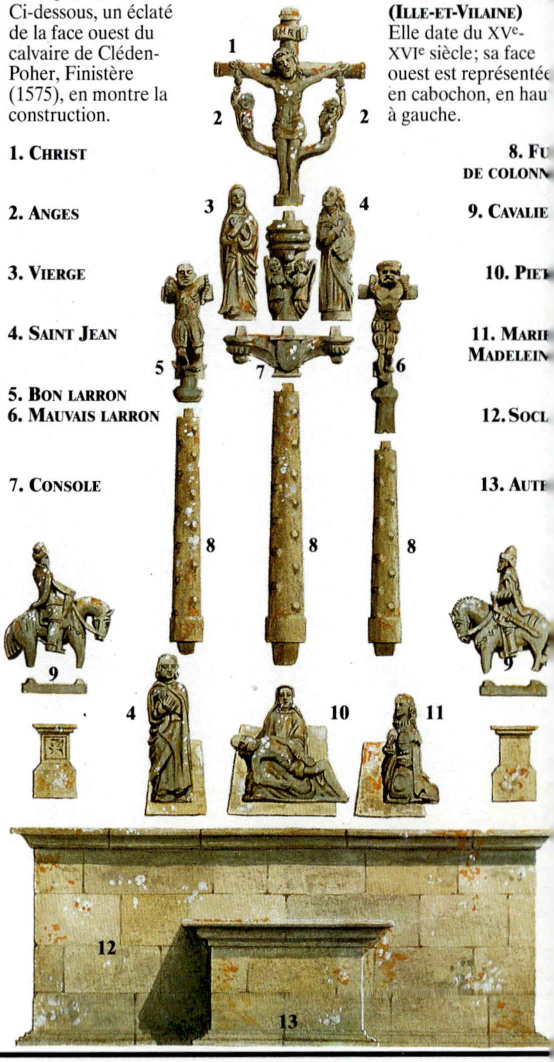

1. Christ

2. Anges

3. Vierge

4. Saint Jean

5. Bon larron
6. Mauvais larron

7. Console

8. Fu[ts] de colonn[e]

9. Cavalie[rs]

10. Pie[tà]

11. Mari[e]-Madelein[e]

12. Socl[e]

13. Aut[el]

:s trois blocs de la face nord du calvaire de Tronoën latent la Nativité. Epuisé de fatigue, Joseph dort ec son bâton de pèlerin. La Vierge est alitée, la itrine découverte ; à côté d'elle, l'enfant Jésus, bout et déjà grand, tient dans sa main le globe rrestre. Les mages, figurant l'hommage des nations, portent l'or, l'encens et la myrrhe.

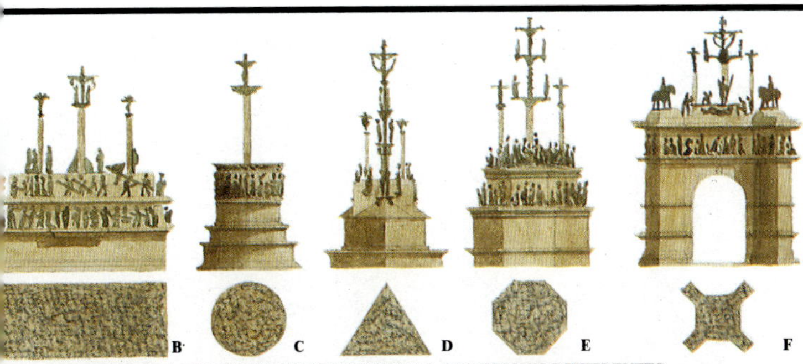

.E SOCLE, OU MASSE, DES CALVAIRES PEUT PRENDRE DES FORMES DIFFERENTES
l est réalisé avec le granite local, contrairement aux scènes, sculptées dans un granite au grain in et tendre, dit de «Kersanton». Il peut être carré comme à Coëtlogon (A), rectangulaire omme à Tronoën (B), rond comme à Pleubian (C), triangulaire comme à Quilinen (D), octogonal comme à Plougonven (E) ou cruciforme comme à Pleyben (F).

DETAIL DE CONSOLE A SAINT-HERBOT (FINISTERE)
Cet ange (à gauche) est un élément de la partie haute du calvaire représentant la Crucifixion. Il tient dans une main le marteau, dans l'autre les trois clous : les instruments de la Passion.

SAINT-SEBASTIEN :N SAINT-SEGAL (FINISTERE)
.es croix les calvaires ont toujours la nême orientation : u couchant, a Crucifixion, u levant, le Christ :n gloire et d'autres cènes, comme ici, e martyre le Saint-Sébastien.

STATUES GEMINEES
Sculptées par Roland Doré en 1630, elles représentent, sur une face, saint Yves et, sur l'autre, une femme. Leur état actuel laisse supposer qu'autrefois les calvaires étaient peints.

LE CALVAIRE DE GUIMILIAU, FINISTERE (1581), OU LE TRIOMPHE DE LA RESURRECTION
Sa masse est, comme celle du calvaire de Pleyben, cruciforme. L'ensemble, curieusement compliqué, fait office de chaire à prêcher laquelle devait être utilisée lors des pardons et des missions. Il est remarquable aussi par la dramatisation baroque de son registre supérieur : le Christ, sorti de son tombeau, domine les soldats endormis, tandis que les deux personnages de droite et de gauche semblent repoussés par un souffle puissant.

● Mobilier d'eglise

. Maître-autel
. Tabernacle
. Autel secondaire
. Poutre de gloire
. Lutrin
6. Jubé
7. Sablière historiée
8. Ex-voto
9. Retable
10. Lavabo
11. Gisant
12. Bannière
13. Chaire
14. Bénitier
15. Statue
16. Poinçon pendant
17. Entrait à engoulants
18. Fonts baptismaux
19. Enfeu
20. Dalle funéraire

L'intérieur de cette église reconstituée intègre les différents éléments de l'architecture religieuse bretonne.

MOBILIER D'ÉGLISE

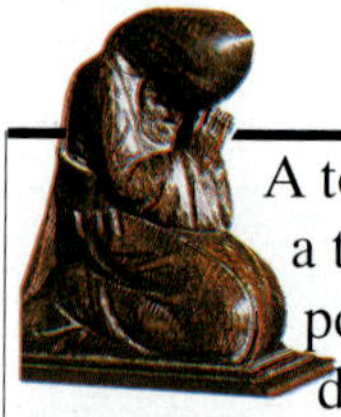

A toutes les époques, le mobilier religieux breton a traduit le mélange intime des croyances populaires et de la doctrine officielle au travers d'œuvres artisanales aussi bien que savantes, encouragées par le mécénat ducal et la richesse des paroisses.

1. MAITRE-AUTEL
Situé dans le chœur, il est constitué d'une table consacrée, où le prêtre célèbre le sacrifice de la messe.

2. TABERNACLE
Petite armoire posée sur le maître-autel, qui abrite la réserve eucharistique.

3. AUTEL SECONDAIRE
En général dédié à certains saints.

4. POUTRE DE GLOIRE
Souvent historiée, elle fait la séparation entre le chœur et la nef. Elle supporte un Christ en croix, parfois entouré de la Vierge et de saint Jean.

5. LUTRIN
Pupitre élevé qui sert à porter les textes lus ou chantés debout.

6. JUBE
Clôture monumentale du chœur, surmontée d'une tribune accessible par un escalier.

7. SABLIERE HISTORIEE
Poutre de rive de charpente qui porte fréquemment des scènes sculptées, allant de la scène biblique aux sarabandes infernales.

8. EX-VOTO
Offrandes symboliques déposées en remerciement d'une grâce divine. Dans ce pays de marins, ils prennent souvent la forme de bateaux.

9. RETABLE
Ouvrage orné de représentations peintes ou sculptées servant de décor à un autel. De Quimper à Morlaix, ils sont en bois. Autour de Rennes, Vitré, Vannes et Pontivy, ils sont exécutés par les architectes lavallois, en marbre et tuffeau.

10. LAVABO
Sorte d'évier placé dans une niche-crédence dont l'étagère porte les burettes.

11. GISANT
Effigie sculptée d'un défunt représenté couché.

12. BANNIERE DE PROCESSION
Emblème d'une paroisse ou d'une confrérie, elle circule hors de l'église au moment des pardons.

13. CHAIRE
Sorte de tribune d'où le prêtre enseigne aux fidèles.

14. BENITIER
Cuve contenant l'eau bénite.

15. STATUE DE PROCESSION
La statuaire bretonne a su traduire dans les matériaux les plus variés (bois, granite, kersanton, marbre, calcaire) les thèmes traditionnels (vie du Christ, Vierge à l'Enfant, apôtres), les nouvelles dévotions proposées par la réforme

catholique (rosaire, saint Joseph, etc.) et les saints intercesseurs.

16. POINÇON PENDANT
Pièce de charpente ouvragée apparaissant au sommet d'un lambris de couvrement.

17. ENTRAIT À ENGOULANTS
Poutre horizontale maintenant l'écartement de la charpente. Ses extrémités sont décorées à la façon des gargouilles.

18. FONTS BAPTISMAUX
Cuve sur pied servant à l'administration du baptême ; elle est parfois abritée par un baldaquin.

19. ENFEU
Niche allongée dans laquelle est placé un monument funéraire.

20. DALLE FUNERAIRE
Grande plaque de pierre souvent gravée qui recouvre une tombe.

Le pays vu par les peintres

Denise Delouche

Ces trois tableaux sont les témoins des partis picturaux adoptés dans les années 1870, une décennie particulièrement riche dans l'histoire de la peinture française. Eugène Boudin (4), l'impressionniste, refuse l'anecdote pour ce *Retour des terre-neuvas à Portrieux* (1). Surtout attentif à la suggestion des formes dans la lumière, il procède par taches de couleur. Suggérant sans décrire, il use de quelques touches plus vives — des blancs pour les coiffes — afin d'éveiller les gris bleutés que le ciel nuageux impose. Le peintre académique Paul-Louis Chardin décrit avec minutie la *Chapelle des pêcheurs près de Plouha* (2),

mais dramatise sa composition en y montrant la veuve et l'orphelin en prière. Paul Sébillot peint en réaliste traditionnel cette *Embouchure du Trieux* (3) dans un très grand format, aussi attentif aux formes, aux contours et aux volumes qu'à la lumière.

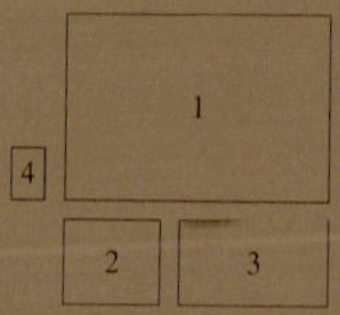

«C'est le Trieux qui, dans son admirable estuaire,
en Goelo, offre plus de vrai pittoresque que la Rance
et plus que l'Odet de rudesse sauvage»

François Menez

59
Lapicque

«LA MER EST, A BREHAT, D'UN BLEU DE NAPLES ;
UNE DOUCEUR Y PLANE SOUS LE CIEL TENDU D'ARGENT,
PLEIN DES QUADRILLES D'OISEAUX DE MER»

FRANÇOIS MENEZ

Longue serait la liste des peintres amoureux de Bréhat. Charles Lapicque (2) a passé presque tous ses étés au fond de la baie de Launay. Il y a joué, rêvé, et il ne se lasse pas dans ses séries graphiques de traduire la mer par des arabesques infiniment reprises, comme en 1952 dans *Jolie brise* (3). Pendant l'été particulièrement

chaud de 1959, c'est la lumière à la fois éclatante et feutrée par la brume de chaleur qu'il tente d'exprimer. Il transpose alors le paysage observé en une harmonie de couleurs tendres, aux marges de l'abstraction : *Lagune bretonne* (1) est composé de taches colorées, imbriquées les unes dans les autres, sans trait aucun, sinon de forts pointillés qui suggèrent les galets. En 1897, Francis Auburtin, le symboliste, reste plus proche du réel, mais pour noter la complexité des *Rochers près du phare du Paon* (4), son pinceau s'oublie dans des arabesques quasi abstraites.

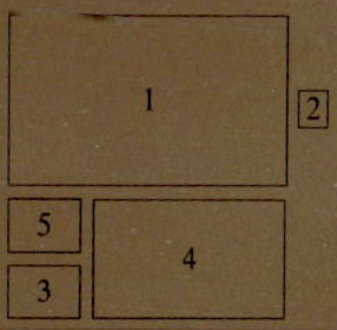

De 1829 aux années 1860, Corot (3) est venu sept fois en Bretagne, peut-être plus. Il avait des amis à Mûr-de-Bretagne et y allait souvent. C'est là qu'il a peint cette grande fontaine monumentale, dite de Sainte-Suzanne (4). On pense à Maud — l'héroïne de *Pêcheur d'Islande,* écrit par Pierre Loti en 1886— en regardant *Départ des Islandais en baie de Paimpol* (2) que peignit Henri Dabadie en 1901. Au centre de ce grand paysage, les femmes sont regroupées sur la colline pour voir plus longtemps les navires qui s'éloignent ; l'une

d'elles, enveloppée de son châle noir, est montée plus haut pour s'isoler, symbolisant la destinée de ces Paimpolaises, sur lesquelles toute la vie familiale va reposer pendant six mois. La nature magnifique ignore le drame latent. Une pâle lumière allonge les ombres sans y insister. Dans le même réalisme sage, avec *Après l'orage à Portrieux* (1), Henri Saintin centre son attention sur l'effet lumineux.

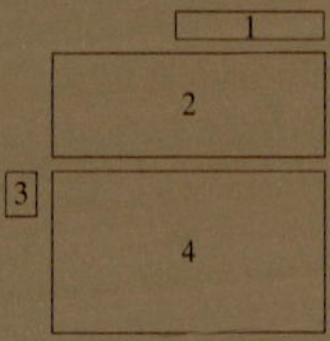

Henri Davadie

COROT.

«Les cailloux ont tout vu, tout su.
Ils ont cent millions d'années. Il y en a qui possedent
au ventre une goutte de cataclysme»

Gabrielle Marquet

L'inépuisable variété de la côte bretonne, associée aux bleus profonds de la mer, arrête les peintres, les fait rêver. Henri Le Fauconnier,

à Ploumanac'h, en 1913, confronte son cubisme tout récent aux formes étranges des rochers roses : ses *Maisons dans les rochers* (1) concilient réalisme et cubisme dans une gamme retenue. Emile Bernard, quant à lui, met au point une nouvelle formule picturale en 1888, à Saint-Briac, sur la Côte d'Emeraude : formes simplifiées, couleurs haussées et quasi planes. Une formule qui fera école à Pont-Aven (2). J. M. Whistler (4), venu se refaire une santé en Bretagne en 1861, peint cette plage solitaire (3), sables nus et rochers acérés, où une jeune fille est venue cacher sa mélancolie, seule avec le flot. Maurice Denis (6) situe dans les rochers de granit rose de Ploumanac'h — où il a une maison — cet étonnant combat de saint Georges contre le dragon (5). Le sujet fait écho à la fameuse *Vision après le sermon* de Gauguin, qui évoque

le fabuleux combat de Jacob et de l'ange. Comme Gauguin, Maurice Denis confronte le mythe à la réalité contemporaine, mais ces Bretonnes qui regardent et fuient le combat n'ont pas la même fonction d'intercesseurs vers l'imaginaire ; au champ abstrait rouge de Gauguin, M. Denis substitue le paysage naturellement fantastique de Ploumanac'h.

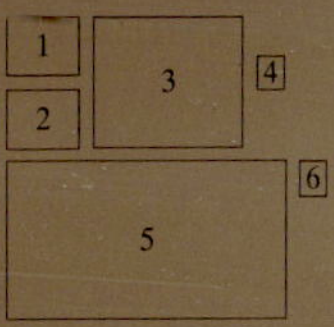

La lieue de Grève à Plestin,
parcourue pendant son enfance,
est sans doute le modèle
des étranges paysages marins
du surréaliste Yves Tanguy.
L'Inspiration fut peinte en 1929.

LE PAYS VU PAR LES ECRIVAINS

Louis Guilloux et Saint-Brieuc

L'œuvre capitale de Louis Guilloux (1899-1980), LE SANG NOIR, *met en scène Cripure, un professeur de philosophie hanté par l'absolu mais dégoûté du monde, persuadé que tous les hommes, autour de lui, jouent à vivre alors qu'ils sont déjà morts. Ce personnage fut inspiré par Georges Palante* ● *130.*

« Avec des peines infinies il arriva sur la petite place où habitait Moka. Curieux désert. Rien. Pas même un chien. Une église, au centre – des pierres carrées, sans l'ombre d'une sculpture ou le commencement d'un sourire. Si l'on avait pu rêver que les bœufs aient jamais vécu en société à l'image des hommes, et qu'eût germé dans leur cervelle de bœufs, l'idée de construire une église à leur image de bœufs, cette bâtisse opaque eût fourni un merveilleux exemple d'architecture bovine, sur quoi la sagacité des petits archéologues bovins eût pu s'exercer. Deux courtes tours, nues et carrées, péremptoires comme deux commandements du décalogue, figuraient assez bien les cornes aveugles de la bête et, entre les tours, le porche bas – c'était pourtant bien un porche – ne pouvait signifier autre chose qu'un front immense, épais, carré, obscur, avec, au-dessous, des piliers énormes, seules rondeurs dans cette carrière, et qui évidemment étaient les pattes. La croupe s'étendait, immense, formidable, occupait plus du tiers de la place dans une immobilité dont le spectacle engendrait la frayeur. Telle était la bête. Comme pour les foires elle était décorée. On lui avait mis partout des petits drapeaux et sur toute la largeur de son front se déroulait une banderole portant une inscription patriotique. Or, ce bœuf, il n'y avait pas si longtemps qu'il était là. Les plus vieilles gens de la ville se souvenaient d'avoir connu à la place un cimetière. Un beau jour, le bœuf était arrivé dans le cimetière, il s'y était rué, grattant la terre de ses sabots et faisant sauter les morts. Plus de cimetière. Mais les morts s'étaient vengés : ils avaient aussitôt transformé les maisons qui entouraient la place en tombeaux et c'est là qu'ils demeuraient depuis sous des déguisements divers. »

Louis Guilloux, *Le Sang noir*, Gallimard, Paris, 1935, Gallimard, «Folio», 1969

Pierre Loti et Paimpol

La relation de Pierre Loti (1850-1923) à Paimpol est tout à fait inattendue. Ce fils de la bonne bourgeoisie, né à Rochefort, ne sera attiré par la Bretagne que lorsqu'il embrassera la carrière d'officier de marine, Brest étant son port d'attache. C'est là qu'il rencontre le Paimpolais Guillaume Floury, qui sera Yann, le héros de Pêcheur d'Islande. *Dès lors, pour Loti, l'exotisme, c'est le pays de Paimpol, le pays des Islandais. Si* Pêcheur d'Islande *décrit peu la pêche en mer, ce roman met en scène la vie des femmes d'Islandais faite d'attente et d'angoisse. Voici à travers la lande ensoleillée la grand-mère qui court, sans le savoir, au-devant de la nouvelle de la mort de son petit-fils Sylvestre, le coéquipier de Yann.*

« Et tout cela, qui est sans âme, continuait de sourire à cette vieille grand-mère qui marchait de son meilleur pas pour aller apprendre la mort de son dernier petit-fils. Elle touchait à l'heure terrible où cette chose, qui s'était passée si loin sur la mer chinoise, allait lui être dite; elle faisait cette course sinistre que Sylvestre, au moment de mourir, avait devinée et qui lui avait arraché ses

dernières larmes d'angoisse : sa bonne vieille grand-mère, mandée à l'*Inscription* de Paimpol pour apprendre qu'il était mort! – Il l'avait vue très nettement passer, sur cette route, s'en allant bien vite, droite, avec son petit châle brun, son parapluie et sa grande coiffe. Et cette apparition l'avait fait se soulever et se tordre avec un déchirement affreux, tandis que l'énorme soleil rouge de l'Equateur, qui se couchait magnifiquement, entrait par le sabord de l'hôpital pour le regarder mourir. Seulement, de là-bas, lui, dans sa vision dernière, s'était figuré sous un ciel de pluie cette promenade de pauvre vieille qui, au contraire, se faisait au gai printemps moqueur. »

PIERRE LOTI,
PECHEUR D'ISLANDE,
CALMANN-LEVY, PARIS, 1886,
GALLIMARD, «FOLIO», 1988

CHARLES LE GOFFIC ET LANDRELLEC

Remarquable chroniqueur d'une Bretagne qui va disparaître, Charles Le Goffic (1863-1932) dépeint dans Le Crucifié de Keraliès *les croyances et superstitions, quelquefois terribles, d'une paysannerie attachée à ses saints locaux. Il évoque ici un personnage traditionnel, la «pèlerine par procuration» - une femme qui accomplissait les pèlerinages pour ceux qui ne le pouvaient pas –, entrée en conflit avec la nouvelle politique du clergé.*

« Quand tu m'as vue, ce soir d'hiver, sur la grande route de Tréguier, ma baguette blanche à la main, qui me hâtais vers Saint-Yves-de-Vérité, j'étais encore pèlerine de mon métier. Que de chapelles et d'églises j'ai visitées ainsi, non pour moi, quoique je sois pieuse dans le fond du cœur et attachée aux pratiques de ma religion, mais, comme tu le disais tout à l'heure, ma fille, je n'aurais point trouvé l'argent nécessaire à tant de pèlerinages, si je les avais accomplis à mon compte. D'autres m'en chargeaient : des invalides, des femmes aux approches de leur terme ou des hommes que la moisson retenait aux champs jusqu'à l'automne. Et pour eux et en leur nom je déposais l'offrande sur l'autel, la prière au pied du saint, et pas un, tu peux le demander à tout Servel, n'a eu à se plaindre que Cato Prunennec l'ait trompé d'un liard ou d'un *Pater* dans ses pèlerinages... Mais j'ai vieilli, ma fille, et la foi, chaque année qui vient, s'est faite plus vacillante dans le cœur des hommes. On ne m'employait plus qu'à des missions rapprochées et qui ne me donnaient point de quoi vivre; et puis, je ne sais pas si tu l'as remarqué, les prêtres, on dirait qu'ils sont maintenant contre la religion. Va Doué!... Qu'est-ce que nos saints nationaux leur ont donc fait? Nous les connaissions depuis si longtemps et ils nous connaissaient si bien! Gonnery était tout-puissant contre les maux de tête, et Kirech mariait dans l'année les filles qui, à l'aide d'une épingle, faisaient descendre l'esprit dans sa statue; mais Gonnery n'a plus d'autel et Kirech maintenant est en pierre : va donc le réveiller! J'ai vu pire encore : à Pleumeur, un prêtre, oui, un clerc à peine tonsuré, qui, sous prétexte que la statue d'Uzec était trop vermoulue pour figurer sur l'autel, l'a fait enlever et remplacer par la statue d'un saint étranger, dont les attributions nous sont inconnues et qui ne peut pas nous aimer ni nous servir, certes, puisqu'il n'est pas du pays... »

CHARLES LE GOFFIC, *LE CRUCIFIE DE KERALIES*,
CALMANN-LEVY, PARIS, 1891,
SLATKINE, PARIS, 1980

FRANÇOIS MENEZ ET GUINGAMP

L'œuvre de François Ménez (1887-1945) est multiple dans ses formes (poésies, romans, chroniques, etc.) mais une dans son inspiration, qu'il tire de sa Bretagne natale. Pourtant François Ménez n'est pas un auteur régionaliste au sens étroit du terme; il se situe à la croisée des chemins d'Ernest Renan - celui des Souvenirs d'enfance et de jeunesse *- et d'Anatole Le Braz.*

« C'était une taverne de boucaniers, disaient les gens, plutôt qu'une honnête auberge, accotée aux ruines grises des remparts, dans une ruelle du Trotrieux, le bas quartier de Guingamp, quartier des maisons borgnes, des brocanteurs et des *pilhaouers*. Elle comptait, dans sa clientèle ordinaire, toutes sortes de gens sans lieu fixe et parfois sans aveu; des maquignons de Pleyber-Christ et de Landivisiau, qui se distinguaient par leurs joues glabres et leurs *pen-braz* en bois de houx; des marchands de complaintes, à l'affût des crimes retentissants qu'ils versifiaient dans le dialecte du terroir; des charbonniers aux faces noires de Coat-an-Noz ou du Beffou, qui portaient dans leurs yeux la rudesse des grands bois; toute la tourbe vagabonde des chemins et des foires; et puis aussi des

bourgeois de Guingamp, grainetiers cossus et gros tanneurs qui faisaient tinter haut leurs pièces blanches et dépensaient là leur surabondance de sève.
Tout ce monde buvait sans compter, payait avec largesse, criait, gesticulait, frappant de coups de poing furieux les tables boiteuses.
Ainsi, dans l'auberge de Jeanne-Marie, deux Bretagne se donnaient la main : la Bretagne des monts et celle de la mer. Celle ci, joyeuse, expansive, battue depuis cinquante ans déjà par les courants d'idées neuves; l'autre plus renfrognée, plus grise, retranchée dans sa mélancolie farouche, façonnée par des siècles de solitude et de vie méditative. »

FRANÇOIS MENEZ, L'ENVOUTE, PLON, PARIS, 1923.

PAUL BEAUFILS ET BREHAT

Issu d'une famille rennaise, Paul Beaufils (1873-1938) fut d'abord représentant de commerce. Lié au directeur de La Bretagne artistique, *il devint secrétaire de rédaction de la revue, puis rédacteur en chef du* Moniteur des Côtes-du-Nord. *Venu tardivement à la littérature, il évoque dans ses romans une Bretagne «celtique», idéalisée, où la pureté de l'homme est liée à celle des éléments naturels, la terre, le vent, la mer.*

« L'heure crépusculaire survenait, l'heure des rêves que font les gardiens de phare au sommet des tourelles avant de prendre leur quart. Tels des muezzins, ils se tournent vers le même point de l'horizon; bien rares sont ceux qui peuvent, dans cette brume mauve où s'estompe le profil des terres, discerner la maison blanche où des yeux fixés sur leur cierge nocturne brillent aux feux du soir comme

de purs diamants, mais les messages d'amour y parviennent cependant, portés de phare en phare. Car cette heure mélancolique et douce est chargée d'un fluide qui relie par étapes tous les sanctuaires marins, du grand large à la côte. Les appels de l'âme et des sens venus des stylites du Léjon, des Sept-Iles, des Triagoz, des Douvres, sont recueillis par la haute tour des Héaux, déesse du carrefour marin. Elle les croise, les renvoie dans différentes directions tout en gardant pour son secteur ceux qui lui sont destinés : la Croix, Coat-Mer et Bodic, ses vassales, les diffusent sur le Goëlo. Heure rose, heure de pureté, de calme, de recueillement, traversée du mystérieux sillage des ondes amoureuses.»

PAUL BEAUFILS, *A BREHAT, L'ILE ROSE*,
SAINT-BRIEUC, LES PRESSES BRETONNES, 1933

HENRI POLLES ET TREGUIER

Ernest Renan a représenté l'amour breton sous la forme d'une volupté qui «use et tue». Henri Pollès n'oublie pas la leçon de son aîné. L'héroïne de son premier roman, Sophie de Tréguier, *écrit à vingt-trois ans, meurt d'amour. Une des originalités de Pollès est d'avoir voulu transcrire pour le lecteur la façon de parler des habitants. Aussi faut-il savoir écouter cette curieuse musique.*

«La maison en haut de la rue Neuve qui contient les commerces du monde Kerguénou, cinq mille francs a été achetée, les gens disent.
On la décrit par des négations : comme les autres, vieille sans être ancienne, grise comme le temps du ciel, régulière comme le temps de la pendule : un mur avec des ouvertures; la figure géométrique de l'ennui... «Une belle maison, s'il vous plaît», les gens disent : c'est-à-dire une grande maison.

Pas d'enseigne. De tout dans la devanture : des bas, des bocaux de bonbons, des paquets de chicorée : l'épicerie-bazar de la mère; de petits meubles : le métier du père. Tout près est le puits public dont la rencontre incessante des chercheuses d'eau fait une source de commérages. Là se forment les «bruits» dont le réseau une heure après descend jusqu'au quai, enserre la ville. [...]

– Du savon vous n'avez pas besoin, Mariec? demande la mère Kerguénou à une passante, comme une entremetteuse.
Du nouveau j'ai reçu qui fait de l'avantage.

– Non, Rosec, merci à vous, une demi-barre du sec j'ai encore.

– La pluie il y aura, Phélie?

– Une mine grasse est avec le temps, mais le coq regarde vers le beau...

Et les yeux cherchent l'oiseau-girouette que l'on voit partout dans le ciel gris, sur la flèche de la cathédrale. Tréguier de 1890, Tréguier éternellement, «la lande de Tréguier», est une sublime âme de granit sur un bourg de trois mille corps.

... Une coiffe entre dans la boutique :

– Du sel une livre, Rose !

Une coiffe entre dans la boutique, et l'on parle de ce dont on parle en ville.»

HENRI POLLES,
SOPHIE DE TREGUIER,
PARIS, GALLIMARD, 1932

«DE GRANDES FIGURES DE ROCHERS
AU SOCLE ENLISE AU FOND DES MERS MONTENT
LA GARDE AUTOUR DE MON ENFANCE.»

LOUIS GUILLAUM

KENNETH WHITE ET TREBEURDEN

D'origine écossaise, Kenneth White vit depuis 1983 à Trébeurden. Il a écrit de nombreux poèmes d'inspiration celtique et quelques romans de voyage poétiques. Le Voyage de Brandan *rappelle celui d'un moine irlandais du Moyen Age, Brandan, héros de l'imaginaire celte, dont la circumnavigation fi grand bruit, et qui fut sanctifié par l'Eglise.*

Il est des hommes toujours prêts
à larguer leurs amarres, des hommes
qui regardent la vie d'un œil froid
et savent tout miser sur un geste
Brandan était de ceux-là
Dieu pour lui était le grand geste
qui avait mis le monde en branle
mais aussi une grande idée
voguant à travers l'espace
plus brillante que la lune et le soleil [...]

Ah, que c'était beau, le bleu du nord
et les claires volutes blanches de l'écume!
chaque mille était un grand parchemin bleu
et Brandan cherchait les mots

il pensait en latin, il pensait en gaélique
murmurant «farspag», «in deserto», «muir»
en quête d'une fraîcheur inédite

Brandan le voyageur serait Brandan le poète
s'il pouvait écrire un poème
plus éclatant et plus fort que tous les autres
un poème plein de mer rude et de lumière

oh, les mots pour cela, les mots pour une aurore!

KENNETH WHITE, *LE VOYAGE DE BRANDAN*,
STROPHES IV ET XI,
PARIS, LES PRESSES D'AUJOURD'HUI, 1981

ALFRED JARRY ET SAINT-BRIEUC

Il a beau s'appeler Alfred Jarry (1873-1907), sa mère est bretonne. Il entre au lycée de Saint-Brieuc à six ans et le quitte à la sortie de seconde. Et c'est non seulement le lycée et son personnel, mais également la ville et ses habitants qui excitent en lui une verve de caricaturiste et de poète. Ses petits vers et ses saynètes sont rassemblés en un recueil, dont le titre, Saint-Brieuc-des-Choux, *passera à la postérité. Il forge là l'esquisse de celui qui deviendra le Père Ubu à la légendaire «gidouille» celtique.*

A Saint-Brieuc-des-Choux tout est plus ou moins bête,
Et les bons habitants ont tous perdu la tête.
A deux lieues est la mer, à deux pas les fumiers,
Et, du matin au soir, d'innombrables pompiers
Promènent en tous lieux leur pompe brevetée.
Grâce à Rouget, pourtant, l'odeur est supportée.
Parlons donc du lycée! Au premier rang,
les pions.
Combien dit-on contre eux de malédictions,

Ontogénie

Quand le méchant Sicca, d'une voix bien revêche,
Gronde, l'un après l'autre, et la Tête-de-Seiche,
Autrement dit Roupias, et son ami Pasfort.
Pasfort s'en gêne peu : pas plus mal il n'en dort. […]
Ce qui me plaît le plus, c'est, pendant les vacances,
D'aller me promener, mais non d'aller aux danses;
Et, si vous m'en croyez, répétez avec nous :
«Ah! quel triste pays que Saint-Brieuc-des-Choux!»

ALFRED JARRY, *ONTOGENIE*, MERCURE DE FRANCE, PARIS, 1964,
GALLIMARD, PARIS, «BIBLIOTHEQUE DE LA PLÉIADE», 1972.

LOUIS GUILLAUME ET BREHAT

Enseignant parisien d'origine bretonne, Louis Guillaume (1907-1971) passe son enfance dans l'île de Bréhat, chez sa grand-mère maternelle, et revient souvent y séjourner. De tous les poèmes que renferme La Nuit Parle, celui-ci, qui renvoie à Rembrandt, est le plus évocateur de l'âpreté rocheuse de l'île.

« De grandes figures de rochers au socle enlisé au fond des mers montent la garde autour de mon enfance.
Vêtues d'algues et de lichens, elles clament leur silence dans le vent,
elles courent dans le rêve immobile des îliens.
Au sein des terres, au creux des flots, nos statues de sang se dissolvent,
mais ces âmes de pierre savent rester debout, prêtes à toutes métamorphoses.
Mille fois, les marins les saluent de noms étranges dont ils ne comprennent le sens,
jusqu'au jour où s'impose une ressemblance qui les étonne jusqu'à la mort.
Parfois, émergent au ras de l'eau des visages labourés de naufrages, qui sourient avant de disparaître. Ils ne sont ni chair ni roc, ni dieux ni diables, ni défunts ni vivants, et il n'en faut parler qu'avec prudence, même si ce sont là des mirages.
Si vrais, par contre, sont mes veilleurs de granit qu'il me suffit de fermer les yeux pour déclencher leur ronde. »

LOUIS GUILLAUME, *RONDE DE NUIT*, *POEMES CHOISIS*, SUBERVIE, 1961,
ROUGERIE, MORTEMART, 1977

YVON LE MEN ET TREGUIER

Né en 1953 près de Tréguier, au pays même où est né Ernest Renan et enterré Anatole Le Braz, Yvon Le Men est l'un des meilleurs représentants de la jeune génération des poètes bretons. Il puise son inspiration, au jour le jour, dans les paysages familiers de cette Bretagne simple et nostalgique qui lui est chère.

PETITE CHAPELLE

Petite chapelle
dépouillée
qui nous laisse seuls
avec le ciel
avec juste ce qu'il faut
d'ardoises, de bois, de
pierres
petite croix
dont le Christ recule dans le gris
Nous invite à le suivre
Que se passera-t-il
quand son visage aura disparu ?

YVON LE MEN, *QUAND LA RIVIERE SE SOUVIENT DE LA SOURCE*,
JEAN PICOLLEC, PARIS, 1988

ARMAND ROBIN ET ROSTRENEN

Dernier enfant d'une famille paysanne de Plouguernével, Armand Robin (1912-1961) exprime très tôt le don qui fera son bonheur et son tourment : une perméabilité instinctive aux langues. A son retour désespéré d'URSS, en 1933, cet homme engagé n'a plus qu'une passion : devenir la voix des souffrants du monde entier. Après les poèmes de Ma vie sans moi *(1940) et un roman,* Le Temps qu'il fait *(1942), il se consacre à la rédaction de bulletins d'information consacrés aux pays de l'Est, et à la traduction des poètes russes pour lesquels il éprouve le plus de compassion. Ruiné, miné, il mourra dans des circonstances non éclaircies le 29 mars 1961.*

JE VOUS PARLE...

Je vous parle d'un buisson très éloigné,
On ne peut travailler pour vous qu'en vous quittant
tous,
Et sans rien expliquer,
Je regarde tendrement votre monde que j'ai quitté.

Venu de rien, je vais partout, sans guide;
La poésie,
Herbe très vieille, qui tant de fois fut ruminée,
Et qui se penche à droite à gauche
Dans la même ferme bovinement je la pais.
Sous l'oiseau qui chante se tait la branche,
La rosée ne demande pas à briller.

Je suis soumis aux nuits étoilées,
Ma parole me vient des joncs remués.
Innocent de village avec des doigts maladroits,
Je cueille dans mon sous-bois l'innocente myrtille de ma voix,
Oscillante.

Au plus tendre des landes me détendant en feu de bois,
Dormant, songe allongé sous la longe des plantes,
J'ai laissé ma voix, myrtille innocente,
Flotter très bas dans mon sous-bois.

Un nue en guingois très loin de moi me représente.

ARMAND ROBIN, *LE MONDE D'UNE VOIX*,
«POESIE GALLIMARD», PARIS, 1970

ANJELA DUVAL ET LE VIEUX-MARCHE

Poétesse et conteuse d'expression bretonne, Anjela Duval (1905-1981) incarne le combat pour la défense de sa langue natale. Cette fervente chrétienne, qui se considéra toute sa vie comme une paysanne, sut transmettre la mémoire vivante d'une terre et d'une communauté. Sa maison de Traon-an-Dour devint ainsi le lieu d'un pèlerinage aux sources, où l'on venait écouter «La vieille fontaine», comme elle se nommait. Les thèmes forts de son œuvre sont la communion avec la nature, la méditation solitaire, la foi et la fidélité aux racines bretonnes.

PREDER

– Va-unañ! – 'Vel bemnoz. – Sioul an ti
Va-unañ gant pouez va soñjoù
Va soñjoù o klask ur c'han da c'horreiñ
Ha da vleuniañ.
Preder...

Selaou 'ran, klevout 'ran :
Mouezh an tan : va c'henseurt bemnoz.
Ha n'on ket deuet a-benn c'hoazh
Da intent e yezh
Bemnoz disheñvel.
Gwech e seblant ur bedenn : pedenn an oaled,
Aoter sakr an ti.
Gwec'h e kav din eo kan
Gwec'h eo klemmvan. Pe kroz. Pe hirvoud...
E vogidell c'hlas o sevel 'vel un ezañs
Dre gan du ar siminal,
Da'n em goll en noz du-dall.
Tarzhadennoù rusk ar c'histin pe an efl
O strewiñ fulennoù ruz steredheñvel.
Flammenoù glas an haleg sec'h o sevel
Uhel ha Iaouen.
Flammoù melen-aour ar faou 'vel bannoù heol
O koroll, o koroll 'n ur ganañ.
Arouezioù hon mennozioù bemdez o kemmañ.

Padal. Kalon an derv aet da c'hlaou ruz
A chom bev betek ar beure, sebeliet el ludu...
– Ha pad' a ray Feiz ar Gelted en o Flanedenn
Betek ar Beure?
Preder...

Seule ! Comme chaque soir. Silencieuse la demeure.
Seule sous le poids de mes pensées,
Quêtant le chant qui les soulèvera,
Qui les fleurira.
Méditer…
J'écoute, j'entends :
La voix du feu, compagnon du soir
Dont je ne suis parvenue encore
A déchiffrer le message
Chaque soir différent.
Parfois, je le crois prière, prière de l'âtre,
L'autel sacré du foyer.
Parfois, chant; parfois, gémissement,
Ou grondement, ou soupir…
Son épaisse fumée bleue monte comme encens
Et, par le noir conduit de la cheminée,
Va se perdre dans la nuit d'encre.
Explosions dans l'écorce du châtaignier ou du peuplier,
Dispersant comme étoiles des étincelles rouges,
Flammèches bleues jaillissant du saule sec,
Hautes et gaies.
Flammes dorées rayonnant du hêtre comme d'un soleil,
Dansant, dansant et chantant.
Symboles de nos pensées chaque jour changeantes.

Cependant ! Le cœur du chêne, braises rougeoyantes,
Vit jusqu'au matin, en sa sépulture de cendre…
Mais tiendra-t-elle jusqu'à l'aurore
La foi des Celtes en leur destinée ?
Méditer…

ANJELA DUVAL, *TRAON AN DOUR, AL LIAMM,* 1964,
QUIMPER, NATURE ET BRETAGNE,
TRADUCTION ROGER LAOUENAN, 1982

Georges Palante et Saint-Brieuc

Georges Palante (1898-1971) est une des figures majeures de l'étonnant réseau d'intellectuels briochins de l'Entre-Deux-Guerres. Ce philosophe particulièrement travaillé par les thèmes de l'individualisme, de l'athéisme social et du pessimisme, fut professeur à Saint-Brieuc de 1890 à 1893 et de 1898 à 1925. Il devait inspirer à Louis Guilloux, qui fut son élève, le personnage de Cripure (comme lui, il devait se suicider). Palante dépeint ici une sensation d'étouffement intellectuel et moral propre au personnage de Cripure.

L'Esprit de petite ville

« On voit assez combien les influences de la petite ville sont oppressives de l'individualité. Dans une grande ville, la multiplicité des relations, la vie affairée, la diversité mouvante de la vie sociale, la variété des types sociaux coudoyés au hasard des rencontres de la rue, tout cela sert de stimulant à la mentalité de l'individu. La diversité des impressions extérieures, l'intense différenciation sociale procurent à l'individu cette sorte de libération intellectuelle que produisent aussi les voyages. Elles l'arrachent aux dogmatismes étroits et font germer en lui cet esprit de scepticisme, d'ironie et de blague qu'on voit se développer si aisément dans les grandes villes telles que Paris ou Berlin, par exemple. – Au contraire, faute de différenciation et de complication sociales suffisantes, l'habitant de la petite ville reste confiné dans les mêmes horizons, il demeure immuablement l'*homo unius societatis*, il ne vit que par sa petite caste qui lui impose tyranniquement ses tristes dogmatismes.

De là l'ennui proverbial de la petite ville. »

Georges Palante, *Combat pour l'individu*,
Felix Alcan, Paris, 1904, Folle Avoine, Romille, 1989

Jean Grenier et Saint-Brieuc

Jean Grenier (1898-1971) est un grand ami de Louis Guilloux, qu'il rencontre à Saint-Brieuc au cours de ses vacances. Ce dernier lui fait découvrir Palante, dont l'œuvre influencera sa pensée, comme en témoigne L'Essai sur l'esprit d'orthodoxie *(1938). Il consacre sa vie à l'étude de la philosophie de Jules Lequier et à l'édition de ses écrits. Toute son œuvre enseigne un art d'être libre, abolit les mythes historiques pour restaurer l'homme et la dignité d'une pensée libre. Nommé au lycée d'Alger, il a pour élève Albert Camus, qui l'appelle «mon maître et mon meilleur ami» et lui dédie* L'Homme révolté.

L'Attrait du vide

« Le caractère illusoire des choses fut encore confirmé en moi par le voisinage et la fréquentation assidue de la mer. Une mer qui avait un flux et un reflux, toujours mobile comme elle l'est en Bretagne où elle découvre dans certaines baies une étendue que l'œil a peine à embrasser. Quel vide! Des rochers, de la boue, de l'eau... Puisque tout est remis en question chaque jour, rien n'existe. Je m'imaginais la nuit sur une barque. Aucun point de repère. Perdu, irrémédiablement perdu; et je n'avais pas d'étoiles.

Ces rêveries n'avaient rien d'amer; je les entretenais avec complaisance. Ce n'était pas un «mal littéraire» puisque je n'avais rien lu qui s'y rapportât. C'était un mal inné dont je faisais mes délices. Le sentiment de l'infini n'avait pas encore de nom pour moi, pas plus que n'en avait celui du néant. Il en résultait une quasi parfaite indifférence, une apathie sereine – l'état du dormeur éveillé. Je parcourais jour après jour ces prairies mornes, ces grèves arides où rien jamais ne germerait. J'avançais porté par un flot qui, reculant et avançant, me laissait finalement sur place, pareil à une bouée accrochée au fond de la mer par un câble solide. Il est bien difficile de s'arracher à cette torpeur. Je ne puis pas dire que je l'aimais; je la subissais, non sans plaisir. A quoi cela menait-il? A rien. N'importe quoi mène à quelque chose; cela seul n'avait pas d'issue. Si la mort était au bout, ma vie lui ressemblait tellement que je n'en aurais pas vu la différence, n'eût été cet instinctif sursaut de l'animal. ❞

JEAN GRENIER, *LES ILES*, GALLIMARD, PARIS, 1933

RENAN ET TREGUIER

Ernest Renan (1823-1892) est, à juste titre, l'écrivain breton le plus connu avec Chateaubriand. Maître à penser de son temps, il écrit deux des œuvres clés du XIXe siècle, LA VIE DE JÉSUS (1863), qui est une bombe, et L'AVENIR DE LA SCIENCE, rédigé dès 1848 mais publié en 1890. Il est aussi l'écrivain providentiel de Tréguier et de la Bretagne. Elève doué du collège ecclésiastique de Tréguier, il est attiré à Paris par l'abbé Dupanloup. Il passe sept ans au séminaire, où il traverse une effroyable crise spirituelle, intellectuelle et morale : ses connaissances en hébreu, l'influence de la philosophie allemande, son impossibilité à croire et à obéir à une vérité imposée, sa difficulté à prier, l'arrêtent au seuil d'un engagement définitif. Il consacre sa vie à l'histoire critique et rationnelle du christianisme. Dès lors il s'exile et, en 1883, publie les Souvenirs d'enfance et de jeunesse. Il revient au pays et, de 1885 à sa mort, passe les mois d'été à Rosmapamon en Louannec, près de Perros-Guirec, qui devient le lieu de rendez-vous de l'intelligentsia bretonne : Le Braz, Luzel, Le Goffic et Barrès, qui en ramena ses Huit Jours chez M. Renan, y séjournèrent.

❝ C'est dans ce milieu que se passa mon enfance, et j'y contractai un indestructible pli. Cette cathédrale, chef-d'œuvre de légèreté, fol essai pour réaliser en granit un idéal impossible, me faussa tout d'abord. Les longues heures que j'y passais ont été la cause de ma complète incapacité pratique. Ce paradoxe architectural a fait de moi un homme chimérique, disciple de saint Tudwal, de saint Iltud et de saint Cadoc, dans un siècle où l'enseignement de ces saints n'a plus aucune application. Quand j'allais à Guingamp, ville plus laïque, et où j'avais des parents dans la classe moyenne, j'éprouvai de l'ennui et de l'embarras. Là, je ne me plaisais qu'avec une pauvre servante, à qui je lisais des contes. J'aspirais à revenir à ma vieille ville sombre, écrasée par sa cathédrale, mais où l'on sentait vivre une forte protestation contre tout ce qui est plat et banal. Je me retrouvais moi-même, quand j'avais revu mon haut clocher, la nef aiguë, le cloître et les tombes du XVe siècle qui y sont couchées ; je n'étais à l'aise que dans la compagnie des morts, près de ces chevaliers, de ces nobles dames, dormant d'un sommeil calme, avec leur levrette à leurs pieds et un grand flambeau de pierre à la main. [...] Le digne patron des avocats est né dans le minihi de Tréguier, et sa petite église y est entourée d'une grande vénération. Ce défenseur des pauvres, des veuves, des orphelins, est devenu dans le pays le grand justicier, le redresseur de torts. En l'adjurant avec certaines formules, dans sa mystérieuse chapelle de Saint-Yves-de-la-Vérité, contre un ennemi dont on est victime, en lui disant : «Tu étais juste de ton vivant, montre que tu l'es encore», on est sûr que l'ennemi mourra dans l'année. ❞

ERNEST RENAN, *SOUVENIRS D'ENFANCE ET DE JEUNESSE*, CALMANN-LEVY, PARIS, 1883, GALLIMARD, PARIS, 1983

AR C'HEMENER TAPET (LE TAILLEUR ATTRAPÉ)

Le métier de tailleur était à la fois méprisé et jalousé autrefois en Bretagne. Ne travaillait-il pas toujours à l'abri et en compagnie des femmes, quand les autres peinaient par tous les temps? En outre, on le craignait, car on le savait prompt à composer quelques rimes acérées à l'adresse de ceux qui s'avisaient de lui nuire. La chanson qui suit n'a d'autre but que de le tourner en ridicule. Cette satire fut recueillie en 1980 par Daniel J. Giraudon auprès de Catherine Le Jollu, originaire de l'Ile-Grande, qui avait à l'époque quatre-vingt-quatre ans.

Tosteet holl, kozh ha yaouank, tosteet hag e klevfet
Un chanson divertisant a nevez kompozet,
Zo graet d'ur c'hemener yaouank pehini oa re friant
Tromplet gant e vestrez pa oa oc'h ober al lez;

Homañ zo ur plac'hig fur hag ivez ur plac'h koant
ha ma ouie nem fichañ ma plije ekselant.
Un devezh oa arri hardiz ha eñ o laret dezhi :
Me a garje, ma mestrez, gallout ho possediñ.

Mont ganeoc'h da gousket, me brenje deoc'h un habid,
Pewar pistol ouzhpenn, ma dous, en arc'hant gwenn.

Ar ver'h-mañ hep nem fachañ dezhañ neus respontet :
Re dreitour eo ar baotred, ennoc'h na fizven ket,
Ma mije krog en habit hag ivez barzh en arc'hant,
Neuze ma servijer, nimp a raje an afer.

Ar c'hemener, pa neus klewet zo diskennet en ker,
Ewit prenañ un habit deus ar c'haerañ mezher.
Pa neus an habit prenet, paket n'ur serviedenn,
Hag e bewar pistol, ma krede oa sur e daol.

Entre dek hag unnek eur, 'mei, eomp da gousket,
An norojoù vez serret, antren na n'hallfet ket
Met me rayo ar voien sezissañ gant ur gordenn
Ma gwele zo uhel bras barzh en pedervet estaj.

Entre dek hag unnek eur ec'h eo bet arriet,
E vestrez a oa ivez er prenestr o sellet
Ha hi o laret dezhañ : ma dous, ret vo diwiskañ
Ho tilhad da gentañ, ewit ma vefet-hu skañv.

Bragoù, chupenn ha loeroù, justikor, ma mestrez,
Ha laket zo er baner ma vo hisset souden.
Pa diskennas ar baner, eas enni ar c'hemener,
Ma vo chaset gant poan vras betek an drivet estaj.

Ma daouarn-me zo gwall rivik, n'hallan ket ken chasañ,
Ha ma n'hallez digrapañ, dit-te vo ar gwasañ.
Hi o amariñ ar gordenn er prenestr deus ar varrenn,
Ar prenechoù a serras, ma chomas enno en noazh.

Pa oa antronoz vintin, homañ zo bet savet
Wit diskourmañ ar gordenn ma gallje mont er maez.
Pa diskennas ar baner, e sortias ar c'hemener,
Ma savas warnañ an hu partout dre ar ru.
Met a neva da dreujiñ dre ru ar gigerien,
Darbet oa d'ar paour kaezh noazh bezañ devoret gant ar chas.

Setu aze ar rekompans neus bet ar c'hemener,
Na deus e bewar pistol hag e habid mezher,
Bezañ pad an noz bredouillet er baner en e roched,
O vriata war voger, tapet eo ar c'hemener.

Approchez tous, jeunes et vieux, approchez et vous entendrez,
Une chanson divertissante, nouvellement composée,
Qui est faite à un jeune tailleur qui était trop ardent,
Il a été attrapé par sa maîtresse quand il lui faisait la cour.

Elle est jeune fille sage et aussi belle,
Toujours bien mise, et donc plaisait beaucoup.
Un jour, il lui dit avec hardiesse :
J'aimerais, mon amie, pouvoir vous posséder.

Coucher avec vous, je vous achèterais un bel habit,
Et quatre pistoles en plus, ma douce, en argent blanc.

Cette fille-ci, sans se fâcher, lui a répondu :
Les garçons sont trop traîtres, je n'ai pas confiance en vous.
Si je tenais l'habit ainsi que l'argent,
Alors, mon serviteur, nous ferions affaire.

A ces mots, le tailleur est descendu en ville
Afin d'acheter un habit du plus beau tissu.
Quand il a acheté l'habit, enveloppé dans une serviette,
Avec ses quatre pistoles, il croyait l'affaire faite.

Entre dix et onze heures, dit-elle, nous allons nous coucher,
Les portes sont fermées, vous ne pourrez pas entrer,
Mais je trouverai le moyen en saisissant une corde,
Mon lit est bien haut au quatrième étage.

Entre dix et onze heures, il est arrivé,
Son amie était aussi à regarder par la fenêtre,
Elle de lui dire : mon doux ami, il faut enlever
Vos vêtements d'abord afin d'être plus léger.

Pantalon, veste, chaussettes, justaucorps, mon amie,
Sont mis dans le panier pour être bientôt hissés.
Quand le panier redescendit, le tailleur monta dedans,
Pour être tiré à grand peine jusqu'au troisième étage.

J'ai très froid aux mains, je ne puis plus tirer,
Et si tu ne peux grimper, c'est toi qui en sera pis.
Elle attache la corde à la barre de la fenêtre,
Elle ferma les fenêtres et il resta là nu.

Le lendemain matin, elle s'est levée
Pour dénouer la corde afin qu'il puisse sortir.
Quand elle descendit le panier, le tailleur en sortit
Sous les huées de tout le monde dans la rue.
Mais il devait traverser la rue des bouchers
Il s'en fallut de peu qu'il ne fût dévoré, tout nu, par les chiens.

Voilà la récompense donnée au tailleur,
Pour ses quatre pistoles et son bel habit de toile :
Une nuit passée à trembler, bredouille, en chemise dans son panier,
A embrasser le mur, il est bien pris le tailleur!

THÉODORE BOTREL «LA PAIMPOLAISE»

La lecture de Pêcheur d'Islande *devait bouleverser un obscur chansonnier de Montmartre, natif de Dinan. Une nuit de 1895, à trois heures du matin, Théodore Botrel (1828-1925) se met à paraphraser le célèbre roman de Loti. Il ne connaît pas Paimpol, mais devient très vite un enfant du pays. Chaque été, il vient à Port-Blanc de Penvenan vivre au milieu des marins-pêcheurs et dans le voisinage d'Anatole Le Braz.*

Quittant ses genêts et sa lande,
Quand le Breton se fait marin,
En allant aux pêches d'Islande
Voici quel est le doux refrain
Que le pauvre gâs
Fredonne tout bas :
J'aime Paimpol et sa falaise
Son église et son grand pardon;
J'aime surtout la Paimpolaise
Qui m'attend au pays breton.
Quand leurs bateaux quittent nos rives,
Le curé leur dit : Mes bons fieux,
Priez souvent monsieur saint Yves
Qui nous voit, des cieux toujours bleus.
Et le pauvre gâs
Fredonne tout bas :
Le ciel est moins bleu, n'en déplaise
A saint Yvon, notre patron,
Que les yeux de ma Paimpolaise…
Qui m'attend au pays breton!
Le brave Islandais, sans murmure,
Jette la ligne et le harpon :
Puis, dans un relent de saumure,
Va se coucher dans l'entrepont…
Et le pauvre gâs
Soupire tout bas :
Je serais bien mieux à mon aise,
Devant un joli feu d'ajonc,
A côté de la Paimpolaise
Qui m'attend au pays breton.
Mais souvent l'Océan qu'il dompte
Se réveillant lâche et cruel,
Le soir venu, si l'on se compte,
Bien des noms manquent à l'appel :
Et le pauvre gâs
Soupire tout bas :
Pour grossir la flotte islandaise
Puisqu'il faut plus d'un moussaillon
J'épouserai ma Paimpolaise
En rentrant au pays breton !
Puis, quand la vague le désigne,
L'appelant de sa grosse voix,
Le brave Islandais se résigne
En faisant un signe de croix…
Et le pauvre gâs,
Quand vient le trépas,
Serrant la médaille qu'il baise,
Glisse dans l'Océan sans fond
En songeant à la Paimpolaise
Qui l'attend au pays breton!…

THEODORE BOTREL, *LA PAIMPOLAISE*, «CHANSONS DE CHEZ NOUS», G. ONDET, 1898

VILLIERS DE L'ISLE-ADAM ET SAINT-BRIEUC

L'œuvre d'Auguste Villiers de l'Isle-Adam (1838-1889), né à Saint-Brieuc, eut une grande influence sur le courant fantastique du XIXe siècle et sur le genre de la nouvelle. Dans ce conte au titre annonciateur, Intersigne, *Villiers décrit un paysage nocturne qui se métamorphose sous l'effet de la peur et du souvenir d'un songe prémonitoire.*

« Il eut un frisson. Nous étions l'un auprès de l'autre, immobiles, nous regardant fixement comme deux voyageurs pressés. En ce moment la lune s'éleva sur les sapins, derrière les collines, éclairant les landes et les bois à l'horizon. Elle nous baigna spontanément de sa lumière morne et pâle, de sa flamme déserte et pâle. Nos silhouettes et celle du cheval se dessinèrent, énormes, sur le chemin. Et, du côté des vieilles croix de pierre, là-bas, du côté des vieilles croix en ruine qui se dressent en ce canton de Bretagne, dans les écreboissées où perchent les funestes oiseaux échappés du bois des Agonisants, j'entendis, au loin, un cri affreux : l'aigre et alarmant fausset de la freusée. Une chouette aux yeux de phosphore, dont la lueur tremblait sur le grand bras d'une yeuse, s'envola et passa entre nous, en prolongeant ce cri.

– Allons! continua l'abbé Maucombe, moi, je serai chez moi dans une minute; ainsi prenez, prenez ce manteau! J'y tiens beaucoup!...beaucoup! ajouta-t-il avec un ton inoubliable. Vous me le ferez renvoyer par le garçon d'auberge qui vient au village tous les jours... Je vous prie.

L'abbé, en prononçant ces paroles, me tendait son manteau noir. Je ne voyais pas sa figure, à cause de l'ombre que projetait son large tricorne : mais je distinguai ses yeux qui me considéraient avec une solennelle fixité.

Il me jeta le manteau sur les épaules, me l'agrafa, d'un air tendre et inquiet, pendant que, sans forces, je fermais les paupières. Et, profitant de mon silence, il se hâta vers son logis. Au tournant de la route, il disparut.

Par une présence d'esprit – et un peu, aussi, machinalement –, je sautai à cheval. Puis je restai immobile. Maintenant j'étais seul sur le grand chemin. J'entendais les mille bruits de la campagne. En rouvrant les yeux, je vis l'immense ciel livide où filaient de nombreux nuages ternes, cachant la lune – la nature solitaire. Cependant, je me tins droit et ferme, quoique je dusse être blanc comme un linge.

«Voyons! me dis-je, du calme! J'ai la fièvre et je suis somnambule. Voilà tout.»

Je m'efforçai de hausser les épaules : un poids secret m'en empêcha.

Et voici que, venue du fond de l'horizon, du fond de ces bois décriés, une volée d'orfraies, à grand bruit d'ailes, passa, en criant d'horribles syllabes inconnues, au-dessus de ma tête. Elles allèrent s'abattre sur le toit du presbytère et sur le clocher dans l'éloignement; et le vent m'apporta des cris tristes. [...] Donc, en silence, j'ensanglantai les flancs du pauvre cheval, et sur les yeux fermés, les rênes lâchées, les doigts crispés sur les crins, le manteau flottant derrière moi tout droit, je sentis que le galop de ma bête était aussi violent que possible; elle allait ventre à terre ; de temps en temps mon sourd grondement, à son oreille, lui communiquait à coup sûr, et d'instinct, l'horreur superstitieuse dont je frissonnais malgré moi. Nous arrivâmes, de la sorte, en moins d'une demi-heure. Le bruit du pavé des faubourgs me fit redresser la tête et respirer! »

VILLIERS DE L'ISLE-ADAM, *INTERSIGNES* IN *CONTES CRUELS*,
CALMANN-LÉVY, PARIS, 1883, GALLIMARD, «FOLIO»,PARIS, 1983

ANATOLE LE BRAZ ET LE TREGOR

Ce fils des monts d'Arrée adopté par la mer ▲ 368 *est connu comme le folkloriste majeur de la Bretagne qui prend le parti de s'effacer devant ces conteurs afin de restituer l'authenticité de la culture orale. Avec* La Légende de la mort chez les Bretons armoricains, *son chef-d'œuvre, Anatole Le Braz (1859-1926) a su traduire la poésie des récits bretons.*

« Mon père était gabarier. Tous les jours, il descendait la rivière de Jaudy jusqu'à la mer, pour aller chercher du goémon ou du sable. C'était un dur métier, quoiqu'il ne rapportât guère. Un soir, la gabare s'échoua dans les vases. Mon père, malgré la température – on était en décembre – se mit à l'eau pour essayer de la dégager, et en rentrant à la maison, se coucha malade d'une fièvre qui ne le quitta plus. De semaine en semaine, il alla s'affaiblissant.

«Je suis fichu, nous dit-il, un matin. Je n'ai plus quatre jours à vivre.»

Notez que c'était, avant ce malheur, un homme robuste, dans toute la force de l'âge. Et cela le désespérait de mourir si jeune, surtout qu'il savait dans quelle misère nous allions rester.

Il y avait pourtant des moments où nous reprenions confiance, parce que lui-même semblait reprendre vie et couleur. Ma mère lui disait :

«Avoue que tu vas mieux, Tual?»

Alors, il riait d'un rire triste.

«C'est qu'il est flot à cette heure, Marivonne, répondait-il en hochant la tête mais tu verras après, quand il sera jusant.»

Et c'était vrai. La vie allait et venait en lui tantôt plus et tantôt moins, selon que la mer montait ou descendait. Il nous disait de ne pas nous en étonner, que cela était habituel chez les marins, quand ils étaient, comme lui, sur le point de quitter ce monde. A l'aube du quatrième jour, comme je lui apportais de la soupe chaude il me demanda :

«C'est grande marée aujourd'hui, n'est-ce-pas, Bétrys?

– Oui, père, fis-je. Pourquoi?

– Parce que c'est la fin qui approche, mon enfant. Remporte cette soupe : je n'a de goût à rien.»

Il avait des larmes dans les yeux, et moi aussi j'avais beaucoup de peine à m'empêcher de pleurer. Ma mère s'était approchée :

«J'avais l'intention d'aller jusqu'au lavoir, dit-elle, mais, si tu as besoin de moi, je m'abstiendrai de sortir.

– Non, non répondit-il. Va laver. Il suffira que tu sois de retour pour midi. Je n'a besoin que du prêtre, et Bétrys ira me le chercher, quand il sera temps. [...]

De temps à autre, il me disait :

«Bétrys, va regarder où est arrivée la mer.»

Comme notre logis n'était qu'à une quinzaine de pas de la berge, je n'avais qu'à ouvrir la porte pour voir jusqu'où l'eau avait monté dans la rivière. Je revenais vers le lit, en annonçant :

«La bouée noire est à flot.» [...]

Quand il sut que l'eau touchait aux premières pierres du débarcadère, il me dit :

«C'est le moment d'aller chercher le recteur.»

J'aurais voulu attendre que ma mère fut rentrée, mais il ne le permit pas. Je ne fus d'ailleurs pas longue à faire ma tournée, car je courus tout d'une haleine jusqu'à Troguéry, et, moins d'une demi-heure plus tard, je ramenais le prêtre. Mon père se confessa, reçut les sacrements et pria le recteur de nous recommander aux bonnes âmes de la paroisse, quand il ne serait plus. Après quoi, il ajouta d'un ton presque gai :

«Vous pouvez avertir Yann Gam de mettre pioche en terre, monsieur le recteur.»

Yann Gam était le fossoyeur du bourg.

Quand ma mère arriva du lavoir avec la marmaille, mon père lui dit :

« Voilà, Marivonne : le recteur sort d'ici ; tous mes comptes sont en règle.»

Et, s'adressant à moi :

«La mer doit être étale, Bétrys ?

– Oui, répondis-je, elle est bien haute.»

[...] Et tout se passa comme il avait prédit : aux approches de la marée basse, il cessa de vivre. ”

ANATOLE LE BRAZ, *LA LEGENDE DE LA MORT CHEZ LES BRETONS ARMORICAINS*, HONORE CHAMPION, PARIS, 189[illegible]

ITINERAIRES EN COTES-D'ARMOR

▲ Plateau des Triagoz à l'est des Sept-Iles.

Ilot à l'embouchure du Trieux. ◀

▼ Ancien moulin à marée de Bréhat.

▲ L'îlot de Costaéres au large de Ploumanac'h.

▲ Récifs des Héaux au large du sillon de Talberv

Porz Bugate à Plougrescant. ▼

▲ Les côtes découpées de Bréhat.

▼ Paysage marin d

L'archipel des Sept-Iles au large de Perros-Guirec. ▼

uguélès à marée basse.

▲ Méandres du Jaudy.

Anse d'Yffigniac près de Saint-Brieuc. ▼

▼ Vasière au large de Perros-Guirec.

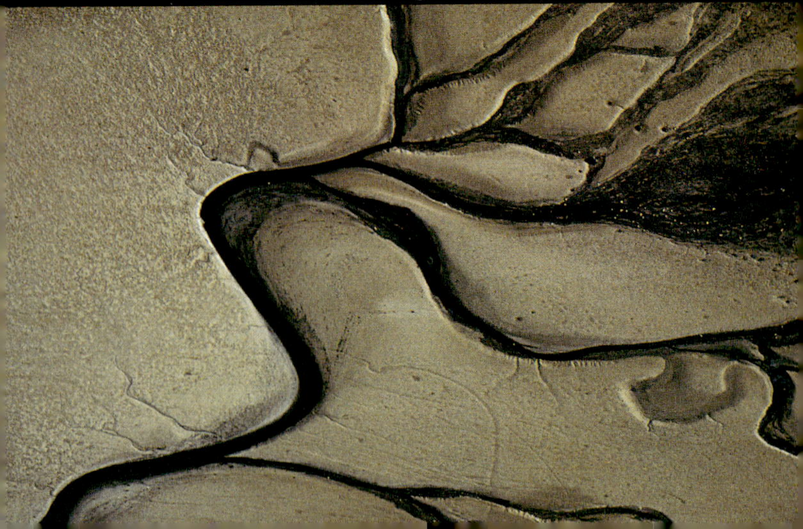

▲ Bouchots dans la baie de Saint-Brieuc.

Champs bordant l'abbaye de Beauport, près de Paimpol.

Estuaire du Jaudy. ▼

▲ Château de la Roche-Jagu sur le Trieux.

▲ Carrière près du lac de Guerlédan.

Champs le long du Trieux.

Saint-Brieuc
et ses environs

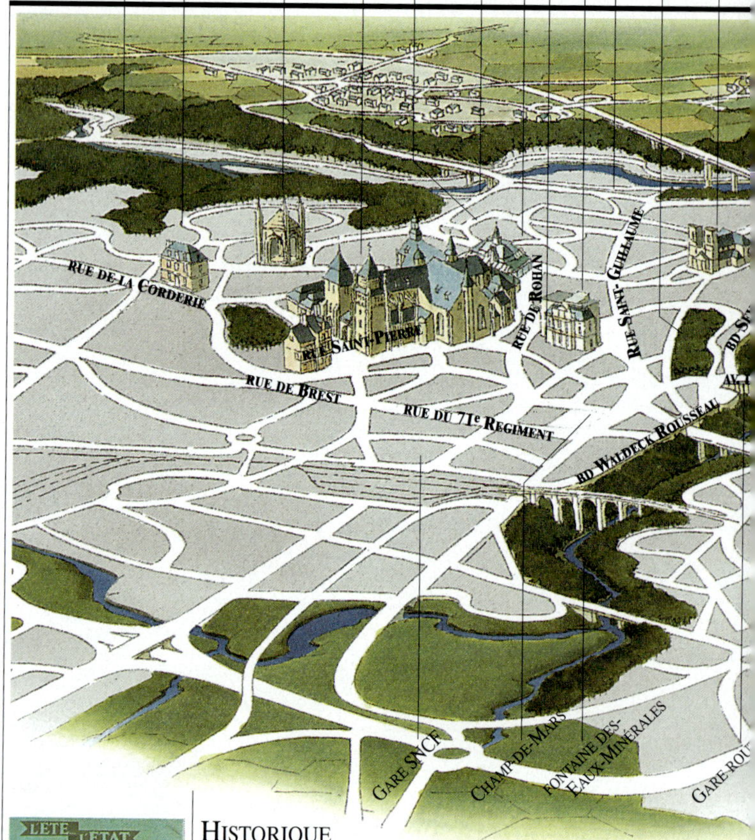

La cathédrale et le port de Saint-Brieuc, le Légué, ont longtemps été considérés comme les principales curiosités touristiques de la ville. Ci-dessus, le port, sur une affiche publicitaire de l'entre-deux-guerres conservée au musée de la Publicité de Paris.

HISTORIQUE

UNE VILLE-EVECHE. Le destin de Saint-Brieuc fut longtemps indissociable de son histoire religieuse. Jusqu'à la Révolution, l'actuel chef-lieu des Côtes-d'Armor, ville de petite importance, abritait le siège de l'archevêché. Le nom de la ville est celui d'un moine né au pays de Galles à la fin du VIe siècle, saint Brieuc, qui devint l'un des sept saints fondateurs des évêchés bretons. Après avoir évangélisé son pays natal, il fonda un premier monastère à l'embouchure du Jaudy. Saint Brieuc remonta ensuite jusqu'à la baie qui devait plus tard prendre son nom, où ses successeurs établirent un premier évêché, vers 848. Si une cathédrale de bois fut sans doute construite à cette époque, elle fut remplacée au XIIIe siècle par une «église-forteresse» : la ville ne possédant ni château ni remparts, l'édifice religieux servait de refuge à la population. L'édification tardive des fortifications ne fut entreprise que vers 1628-1641 pour protéger la ville des troubles de la Ligue. A cette période, la ville souffrit d'épidémies de peste puis, plus tard, de famine (1770) et d'inondations (1773).

UN NOUVEL ESSOR. Lors de l'Assemblée constituante de 1790, les parlementaires, soucieux de soustraire la région à l'influence des grandes familles du Penthièvre et de Quintin, choisirent Saint-Brieuc comme chef-lieu de département

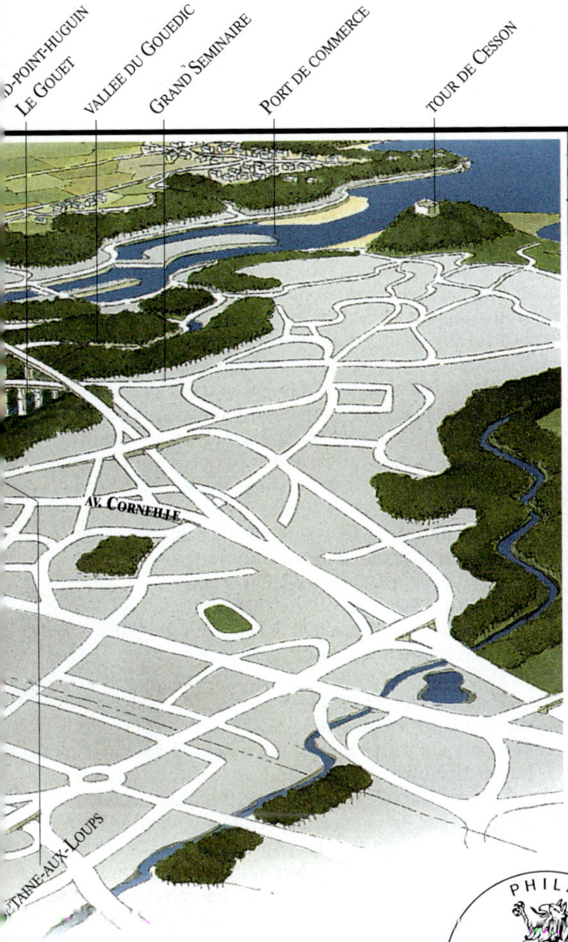

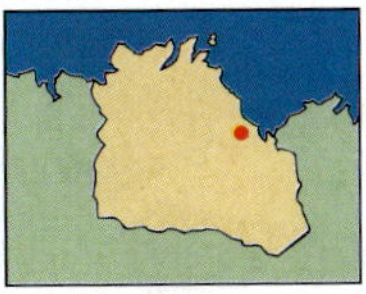

◷ 5 heures

SAINT-BRIEUC

en raison de sa position géographique centrale. La ville était alors moins peuplée que Quintin, puisqu'elle ne comptait que six mille trois cent quatre-vingt-seize habitants. Après la Révolution, Saint-Brieuc la «bleue» fut prise par les chouans (1799). Au XIXe siècle, des locaux administratifs, des habitations, un réseau de communication et d'assainissement furent aménagés. Avec l'installation du chemin de fer, en 1868, et l'expansion industrielle, Saint-Brieuc délaissa bientôt le littoral pour s'étendre aux plateaux du sud et du sud-est. Cité administrative et centre pédagogique (lycée en 1860, écoles normales entre 1884 et 1886), Saint-Brieuc prit son essor industriel et commercial à la fin du siècle, grâce à l'installation d'unités métallurgiques (forges, aciéries et laminoirs, en 1873) et à l'implantation

Le griffon comme emblème
Animal fabuleux de l'Antiquité, moitié aigle et moitié lion, le griffon est l'emblème de Saint-Brieuc. Stylisé ou flamboyant, il orne les drapeaux et les écussons. Il illustre aussi le timbre postal de la ville.

L'actuel chef-lieu des Côtes-d'Armor, qui apparaît sur cette gravure colorée, doit son nom à un moine gallois, saint Brieuc, né à la fin du VIe siècle.

PONTS ET VIADUCS
Pour faciliter la circulation entre la vieille ville et les nouveaux quartiers, les versants de Saint-Brieuc sont reliés par de multiples viaducs.

LA «GREVE DU JOINT»
En 1972, le conflit partage la une du quotidien régional *Ouest-France* avec la guerre du Viêt-nam.

de brosseries, dont celles de la société familiale Max Sauer, en 1925. Créée à Paris en 1793, cette entreprise est aujourd'hui devenue le plus gros fournisseur du pays en pinceaux haut de gamme pour les beaux-arts et le cosmétique : 70 % des pinceaux utilisés par les peintres français sont inscrits à sa palette (Raphaël, Berge et Joris, Isabey-et-Renaissance) et 40 % de sa production est exportée. Les produits sont confectionnés à partir de fourrures animales : poils de veaux ou de bœufs, queues de martres de Russie et de Chine, d'écureuils du Canada ou de poneys japonais.

LE TRIOMPHE DES ORDRES. Malgré sa tradition radicale et franc-maçonne, la ville connut durant son histoire une forte présence militaire (dont témoignent encore les casernes Charner et Guébriand) et religieuse. La Contre-Réforme avait déjà encouragé l'installation de nombreux ordres qui lotirent au XVIIe siècle les espaces demeurés vacants au cœur de la ville. Après le Concordat de 1801, prêtres et religieuses se réinstallèrent dans les couvents abandonnés pendant la Révolution. Ce fut l'époque du triomphe des ordres consacrés à la charité et à l'éducation. Le Grand Séminaire ▲ *157* fut reconstruit entre 1837 et 1847, tandis que de nombreux lieux de culte étaient édifiés.

LA GREVE DU JOINT FRANCAIS. En 1972, Saint-Brieuc fut le lieu d'une lutte ouvrière de huit semaines avec la grève du personnel du Joint français, une entreprise de fabrication de joints en caoutchouc. Le conflit éclata en mars. «On prend la population bretonne pour une main-d'œuvre coloniale», lançaient les grévistes, qui exigeaient un rattrapage salarial par rapport aux ouvriers de la maison mère, située à Bezons, dans la région parisienne. Après trois semaines de débrayage, le personnel déclara une grève illimitée. La région lui manifesta son soutien (voir, ci-contre, la manchette du quotidien *Ouest-France*). Après sept jours de négociations, les ouvriers obtinrent une augmentation du tarif horaire de 65 centimes.

UN URBANISME TUMULTUEUX. Depuis la fin de la Première Guerre mondiale, architectes et urbanistes ont réalisé des projets intéressants (plateau piétonnier, îlot du Chai, îlot Saint-Vincent) et d'autres plus discutables (nouvelles Halles). Dépourvu d'éléments forts, exception faite de la cathédrale, Saint-Brieuc ne parvient aujourd'hui que difficilement à imposer son image. Les décideurs et les publicitaires locaux tentent pourtant de dynamiser la ville en lançant des slogans tels que «La ville qui bouge». Ils insistent également sur la présence dans la ville de jeunes créateurs, dont Roland Fichet et le théâtre de la Folle-Pensée, et la construction du Centre d'art contemporain... Malgré l'implantation d'un zoopole ▲ *166* et le développement de technologies de pointe, la population de Saint-Brieuc s'est amoindrie de quatre mille habitants entre les deux derniers recensements. Les anciennes menaces de fermeture de l'aéroport de Saint-Brieuc-Armor et la faible activité du port du Légué sont les signes de ces difficultés.

JOINT FRANÇAIS
LA REPRISE RAPIDE DES NÉGOCIATIONS ENVISAGÉE
Une rencontre dès aujourd'hui n'est pas exclue
Environ 6000 personnes à la manifestation de Saint-Brieuc
Sept autres rassemblements en Bretagne

SEULE LA CATHEDRALE FORME UN POINT FORT. ELLE DESIGNE LE SITE DU PLUS ANCIEN PEUPLEMENT, LA CUVETTE DU ROURE, QUI CONSTITUAIT DES LE HAUT MOYEN AGE UN ABRI CONTRE LES VENTS DOMINANTS.

LE QUARTIER DE LA CATHEDRALE

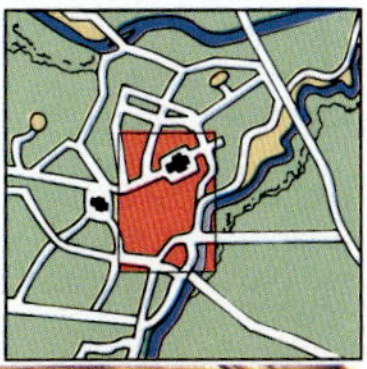

CATHEDRALE SAINT-ETIENNE. Peu après 848, les reliques du saint patron durent être transportées à Saint-Serge d'Angers au temps des invasions normandes. La cathédrale, incendiée, fut reconstruite, comme celle de Tréguier, vers 970. Les reliques furent rapatriées à l'achèvement des travaux, vers 1235-1248. La légende veut qu'elles aient «tressailli» en franchissant le seuil de l'édifice. L'évêque de l'époque fit construire à cet endroit une chapelle, dans laquelle il fut inhumé à sa mort. De cette première cathédrale romane, ne subsistent que les fondations ; en 1346, en effet, les Anglais occupèrent et saccagèrent la ville. Mais le chœur fut reconstruit en moins de trois ans, de 1354 à 1357, par le vieil évêque de Montfort, qui s'efforça de réemployer des matériaux anciens. La cathédrale était sans doute déjà achevée en 1375, puisque le duc Jean IV la qualifia de «mâlement forte» lorsqu'il fit le siège de Saint-Brieuc. Durant les deux siècles suivants, la cathédrale confirma ce rôle d'édifice-forteresse. En 1592, des Ligueurs la pillèrent après s'y être réfugiés pendant trois jours. Au début du XVIIIe siècle, la nef menaçant de s'écrouler, Mgr Frétat de Boissieu confia, à ses frais, sa réfection à Jean Pouillier, l'architecte de la chapelle des Bénédictins de Saint-Malo. Sous la Révolution, la cathédrale de Saint-Brieuc abrita le culte de la Raison et de l'Etre suprême, avant d'accueillir une fabrique de salpêtre, puis de servir de remise à canons et d'étable... ses statues et boiseries étant utilisées comme bois de chauffage.

Le jeu d'orgue de la cathédrale est un grand Cavaillé de 1848.

UN ASPECT DE FORTERESSE. La façade est composée d'une nef, reconstruite en 1712-1715, et de deux tours (ci-contre). A l'intérieur, la chapelle de l'Annonciation, située dans le bas-côté sud de la nef,

Les deux tours de la cathédrale, la tour Brieuc et la tour Marie (XIVe et XVe siècles), dépourvues d'ornements, sont dotées de meurtrières.

LE CHEF-D'ŒUVRE D'YVES CORLAY
Le retable de la cathédrale (1745) est considéré comme le chef-d'œuvre du sculpteur trégorrois Yves Corlay (1700-1776), qui introduisit en Bretagne une esthétique rocaille.

est remarquable par son exécution. La petite porte de sa tourelle, surmontée des armes épiscopales soutenues par deux angelots, donnait accès à la librairie. Le chœur, à chevet polygonal, est d'influence anglo-normande.
LE MOBILIER. Malgré des destructions lors de la Révolution, la cathédrale a conservé quelques chefs-d'œuvre. Outre le buffet d'orgues (une menuiserie datée de 1540), la CHAPELLE DE L'ANNONCIATION abrite l'un des plus beaux retables en bois des Côtes-d'Armor, dû à l'atelier d'Yves Corlay. Le tableau central du retable représente le Christ aux côtés de l'ange Gabriel faisant l'annonce à Marie. Il est surmonté d'une gloire illustrant Dieu le Père et le Saint-Esprit. Les figures sculptées sur les côtés figurent un ange gardien (à droite) et l'archange saint Michel (à gauche).
Le transept sud est illuminé d'une magnifique fenêtre du XVe siècle, dont les vitraux, du siècle dernier, représentent les symboles de l'eucharistie. Le chœur est dominé par une très belle statue de saint Etienne datant du XIVe siècle. La chapelle absidale (1343) est consacrée à la Vierge. Enfin, un chemin de croix contemporain, réalisé par l'école des beaux-arts de Rennes en 1958, entoure la nef.
PLACE CHARLES-DE-GAULLE. A la sortie de la cathédrale, elle constitue un carrefour architectural surprenant, puisque sont réunies une cathédrale du Moyen Age, une mairie du XIXe siècle et une préfecture des années 1970. Les ANCIENNES HALLES de la place du Martray sont dotées de fines arcatures métalliques et d'une verrière d'excellente qualité acoustique. Ces dernières années, lors des récentes éditions de la fête de la Musique, les anciennes halles ont accueilli, outre les traditionnels saltimbanques, clowns et cracheurs de feu, des charpentiers des îles Féroé construisant une embarcation ou un sculpteur tronçonnant un cèdre de 8 m de manière à en faire un long serpent.
LE VIEUX SAINT-BRIEUC. Né à Saint-Brieuc en 1899, le romancier Louis Guilloux, auteur du *Sang noir* (1935) et du *Jeu de patience* (1949), écrivit sur sa ville natale : «Derrière la cathédrale, de petites rues obscures et tortueuses, ouvertes comme par violence entre d'anciennes maisons de bois formaient le bas quartier de la ville. Là vivait une population de petits marchands, de brocanteurs et d'ouvriers.» Aujourd'hui encore, les ruelles sont décorées de façades très travaillées, que le touriste peut admirer. Postées en angle, effacées dans l'ombre (rue Fardel, place au Lin) ou serrées l'une contre l'autre sous leurs toits en auvent (place du Martray), les maisons à pans de bois du vieux Saint-Brieuc ne manquent pas de pittoresque. Certaines colorent la place Louis-Guilloux, la rue Notre-Dame (n °4) et la rue Quinquaine (n °4, hôtel des Ducs de Bretagne). D'autres demeures, plus anciennes, sont ornées de chevrons obliques ou en croix de Saint-André aux couleurs vives ou

LES HALLES ET LE QUARTIER DU MARTRAY
Les anciennes halles de la place du Martray, dotées d'arcatures métalliques, accueillent les artistes lors de la fête de la Musique. Elles jouxtent la silhouette moderne et plus contestable des nouvelles halles.

de teintes naturelles. De robustes colonnes, aux chapiteaux parfois sculptés de feuilles, agrémentent la décoration. Même si les sujets sculptés sont rares – seuls l'hôtel des Ducs de Bretagne et le Ribeault (1, place au Lin) en sont dotés – le promeneur peut parfois observer ici ou là une ancre de marine renversée, une croix ou un cœur gravés. Les rez-de-chaussée sont occupés par des commerçants ou des boutiques d'artisans locaux, verriers, peintres et orfèvres. Le visiteur rencontre également des petites places, des rues courbes, des hôtels de pierre. Rue Henri-Servain, à proximité de la cathédrale, l'HOTEL DE BELLESCIZE (XVIIIe siècle), du nom du dernier évêque de Saint-Brieuc sous l'Ancien Régime, adopte un plan en ovale, avec un beau perron curviligne (ci-contre). Avant la Révolution, le bâtiment était un hôtel épiscopal. Dans le jardin de la préfecture, l'extérieur du manoir des chanoines du Saint-Esprit, datant du XVe siècle, offre le même intérêt architectural. Autrefois, les vieilles rues de Saint-Brieuc regorgeaient de cabarets et d'auberges, dont les noms évocateurs ont été conservés : L'Ecu de France, Le Croissant d'or, Le Dauphin, La Couronne, L'Hermine, La Tête noire, etc.

RUE DES TROIS-FRERES-LE GOFF. C'est l'une des artères les plus animées de Saint-Brieuc. En pente, la rue des Trois-Frères-Le Goff, qui descend vers le Légué, arbore aujourd'hui des façades aux couleurs harmonieuses. Le soir, elle s'illumine des néons de nombreux restaurants, à la cuisine traditionnelle ou exotique. Dans la RUE DE GOUET, parallèle à la rue des Trois-Frères-Le Goff, de vieilles demeures (aux nos 6, 16, 27 et 48) alternent avec des bars d'ambiance et des hôtels plus récents. En soirée, les places résonnent des commérages des oiseaux de mer, mouettes et goélands, attirés par la lumière.

PLACE DU CHAI. C'est un exemple relativement réussi du réaménagement du vieux Saint-Brieuc. Un porche et un passage, où sont installés l'office du tourisme et de petites boutiques, permettent d'y accéder. De la place du Chai, un passage couvert permet de se rendre dans la RUE HOUVENAGLE, où trois baies en ogive ont été dégagées. Quelques demeures anciennes

JOYAUX DU VIEUX-SAINT-BRIEUC
Quelques unes des plus belles maisons à pans de bois situées près de la cathédrale : les n° 6 et n° 9 de la rue Quinquaine, le n° 32 de la rue Fardel et la petite maison située à l'angle de la rue Quinquaine et de la rue Notre-Dame.

Le Ribeault est l'une des maisons à pans de bois les plus richement ornées.

Située à quelques mètres du vieux Saint-Brieuc, la fontaine Saint-Brieuc, de construction ogivale, fut bâtie au XVe siècle. Elle est adossée à une chapelle plus récente.

HOTEL DE 1572, DIT DES DUCS DE BRETAGNE
Selon la légende, Jacques Stuart II, de la famille royale d'Ecosse et d'Angleterre, aurait logé dans cet hôtel, situé au n° 9 de la rue Quintaine. Sur la façade, on peut lire l'inscription suivante : «Ce present bastiment fut commencé par Yvon Coulon le 7 mai 1572».

subsistent dans cette rue : au n° 4, la maison de la Coquille, datant du XVIIe siècle, au n° 6, une façade du XVIIe siècle dont les deux portes à fronton, sont encadrées de pilastres, au n° 20, une maison à encorbellement, et au n° 22, une demeure à colombage. La ville offre également un accès à de nombreux vieux passages. Le plus ancien est celui qui relie le Champ-de-Mars à la place de la Poste : le passage de la Poste. A l'entrée

de celui-ci se trouvait le magasin Bogrand qui fournissait l'équipement du cycliste Louison Bobet. Sur la place de la Poste, le passant peut découvrir une pharmacie aux boiseries sculptées en chêne de Hongrie, de la fin du XIXe siècle. En face de la poste, une sculpture de néons roses du plasticien Kapéza dirige le passant vers le Petit Théâtre, rouge et or, de 1884, qui a conservé sa machinerie d'origine.

FONTAINE SAINT-BRIEUC. La rue Notre-Dame conduit, par la rue Ruffet, à la fontaine Saint-Brieuc. De construction ogivale, elle date du XVe siècle. Toute proche, une descente mène vers la vieille côte du Gouët, dont le pont du même nom est une arche en forme d'anse de panier. LA VALLEE DU GOUET et celle de son affluent, le Gouëdic, qui signifie en breton le «petit Gouët», sont d'ailleurs liées à la naissance de Saint-Brieuc. Etablie à l'origine entre ces deux profondes vallées, la cité a ensuite débordé de son site initial, la cuvette du Rouvre, pour former

une agglomération de près de cent mille habitants. Afin de faciliter la circulation entre la vieille ville et les nouveaux quartiers, il a fallu relier les versants, par de multiples ouvrages, dont le PONT DE GOUEDIC est le plus ancien (XVIIe et XVIIIe siècles). Plus récents, deux autres ouvrages sont encore plus impressionnants : le viaduc S.N.C.F. de Gouédic (1862) et les ponts Harel de la Noë, construits au début du siècle ▲ *359*. Non loin de la fontaine Saint-Brieuc, les promeneurs peuvent gravir les deux cents marches du grand escalier qui conduit au boulevard Arago et au tertre Notre-Dame, dominant le vieux Saint-Brieuc. Louis Guilloux, enfant, l'appréciait : «Un de ces endroits élevés d'où l'on découvrait la mer et où nous passions de longs moments à suivre du regard une barque de pêcheurs» ● *122*.

RUE DE LA CORDERIE. Au n° 20 de cette rue, la façade d'une maison est composée d'une mosaïque d'écailles disposées en éventail (page suivante).

«Derriere la cathédrale, de petites rues obscures et tortueuses, ouvertes comme par violence entre d'anciennes maisons de bois, formaient le bas quartier de la ville».

Louis Guilloux

Maisons à pans de bois

Dans le vieux Saint-Brieuc, juste derrière la cathédrale Saint-Etienne, ces superbes maisons colorent «les petites rues obscures et tortueuses, ouvertes comme par violence», décrites par Louis Guilloux dans *Le Sang noir* et *Le Jeu de patience*. Elles étaient autrefois beaucoup plus nombreuses, mais l'urbanisation de Saint-Brieuc leur fut fatale : «Il existait bien encore, dans la vieille rue Saint-Jacques, deux ou trois vieilles maisons de nobles, chevronnées, encorbellées, qui rappelaient le pittoresque des rues de Quimper, ou à Dinan, du quartier du Jerzual. On les a proprement abattues, pour élever, à la place, de bonnes et solides maisons de rapport» (François Ménez). Le décor des sablières et des poteaux d'angle retient surtout l'attention. Certaines de ces bâtisses sont ornées de chevrons obliques ou en croix de Saint-André, d'autres sont décorées de colonnes aux chapiteaux sculptés de feuilles. L'hôtel des Ducs de Bretagne et la maison du Ribeault figurent parmi les plus belles.

Celles-ci sont reproduites à l'infini dans une évolution de taille croissante. Sur un fond de couleur bleu ciel, de petits cercles (voir détail) courent le long de la corniche. Au nº 24 de cette même rue, une autre façade, moins spectaculaire, présente une devanture recouverte de carreaux cassés en pâte de verre, le tout dans un dégradé de bleu. Ces deux façades furent réalisées, sur les plans du mosaïste rennais Odorico ▲ *157*, par l'entrepreneur Le Diset, entre 1928 et 1930.

LE QUARTIER COMMERÇANT

CHAMP-DE-MARS. Ce vaste espace était autrefois occupé par une caserne et un couvent. Plus tard, des épreuves sportives s'y déroulèrent (athlétisme, cyclisme). Aujourd'hui, un marché aux puces se déroule tous les dimanches sur le toit du parking du Gouëdic. Chaque année, à la Saint-Michel (29 septembre), le Champ-de-Mars et les rues avoisinantes, Saint-François et Sainte-Barbe, accueillent également une immense foire durant trois jours. Entre deux étalages, le passant peut s'arrêter à l'une des petites buvettes pour avaler une bolée de cidre, déguster une galette-saucisse ou un casse-croûte à la morue.

LES RUES PIETONNES. La PLACE DU GUESCLIN était autrefois, avant la construction du pont d'Armor, l'entrée de Saint-Brieuc. Dans les annés 1920, l'hôtel d'Angleterre accueillait les voyageurs fortunés. Et, tandis que les hommes prenaient un verre au café du Commerce, les femmes se rendaient au bazar des Nouvelles Galeries, véritable «Bonheur des dames» baroque de stuc blanc, qui a été édifié au XIXe siècle et a fermé ses portes récemment. A l'ombre de la chapelle Saint-Guillaume (milieu du XIXe siècle), sur la petite place, des poissonnières, accompagnées de leurs bardots, vendaient de petits maquereaux «de sous la Tour». Depuis la place Du Guesclin jusqu'aux rues Saint-Gouëno, de la Charbonnerie et Houvenagle, s'étend une belle artère commerçante, dont la rue Saint-Guillaume est le principal lieu de chalandise. D'où l'expression «Faire la Saint-Gui.» Les potins de la vie locale sont d'ailleurs toujours rapportés dans *Ouest-France*, sous le titre évocateur «Les pavés de la Saint-Gui».

UNE MOSAIQUE D'ECAILLES
Le décor de cette façade, rue de la Corderie, est inspiré par l'atelier Odorico, une famille de mosaïstes talentueux, d'origine italienne.

FOIRE SAINT-MICHEL
Appelée aussi Foire aux puces, elle a lieu chaque année, le 9 septembre et dure trois jours.

a maquette de la fête des Islandais
ci-dessous) et le plan-relief de Saint-
rieuc (à droite) sont de Roland Gestin.

Musée d'Histoire. Installé dans une ancienne caserne depuis 1986, ce musée présente l'histoire sociale, économique et artistique du département des Côtes-d'Armor au XXe siècle. Sous un éclairage judicieux, des maquettes au 1/20, des diaporamas et des reproductions de décors d'intérieurs et d'ateliers de tisserands reconstituent les coutumes et la vie quotidienne des paysans, artisans et marins. Un parcours de visite retrace les grandes aventures techniques et économiques régionales : défrichement de la lande, construction navale, pêche en Islande, industrie toilière... Tous les nouveaux moyens sont mis en œuvre pour rendre attrayante et pédagogique la présentation des métiers traditionnels et de leur évolution. Les maquettes en réduction sont tout particulièrement mises à l'honneur. Lors de la rénovation du musée, Roland Gestin, un Finistérien originaire de Landerneau, réalisa la plupart d'entre elles : moulin pour le teillage du lin, travail du poisson à bord des goélettes, four du village de la Poterie, forges du Vaublanc... Ses ouvrages se situent dans la grande tradition des plans-reliefs. Formé à l'Ecole des beaux-arts de Paris et dans l'atelier du sculpteur Zadkine, Roland Gestin utilise de préférence des matériaux synthétiques légers, sur lesquels il colle des poussières de terre et de minéraux pour donner à son œuvre la couleur et la matière des bâtiments réels. Il élabore ses maquettes d'après une documentation ou, si le bâtiment à reproduire existe toujours, en se rendant sur les lieux. Des expositions temporaires sont organisées dans un pavillon situé de l'autre côté de la cour. Il s'agit le plus souvent de manifestations régionales qui font le tour des grands musées bretons, telle l'exposition *Bretons ou Chouans* qui révéla en 1989 la peinture régionale d'inspiration révolutionnaire.

La maison de Kerguistiou (ci-dessous) a été réalisée par R. Leslu et M. Roussia.

La maquette du *Jeanne d'Arc,* bateau de pêche du port du Légué (1895) est une œuvre de J. Ollivier.

Cette maquette de la place Saint-Symphorien, au Val-André, rappelle les premières heures du tourisme balnéaire de la côte du Goëlo.

EGLISE SAINT-MICHEL
«Le voisinage tranquille de l'église Saint-Michel attirait davantage les rentiers, les robins et les professeurs ; des fenêtres de leurs maisons à marquises ou à panonceaux, discrètement

entr'ouvertes, montait une odeur de vieux dossiers et de bouquins poussiéreux »
François Ménez

LES GRANDES PROMENADES
Le long des allées de ce vaste jardin public, le flâneur découvre des sculptures d'artistes briochins, dont celles de Paul Le Goff ou de Francis Renaud.

LES HAUTEURS DE SAINT-BRIEUC

QUARTIER SAINT-MICHEL. Le «beau quartier» de Saint-Brieuc possède, avec la place Saint-Michel, la seule place dessinée de la ville. L'église (1841) est de style basilical à colonnes. Elle abrite des peintures d'inspiration italienne, en particulier une *Mort de sainte Anne,* rarement représentée, et une chaire à prêcher du sculpteur Yves Corlay (1736) ▲ *150*.
Des boulevards bordés d'arbres conduisent à plusieurs tertres reliés par des sentiers ou par des escaliers.
LES POINTS DE VUE. Du ROND-POINT HUGUIN, l'observateur aperçoit la VALLEE DU GOUEDIC, Cesson et la baie de Saint-Brieuc. Le monument élevé à la mémoire d'Anatole Le Braz (1859-1926) par le sculpteur briochin Armel Beaufils représente l'écrivain écoutant la vieille conteuse trégorroise dont il recueillit les récits dans ses écrits. Au nord, à l'extrémité du boulevard de Plélo, bordé d'arbres de Judée, LE TERTRE AUBE, planté de cyprès, de pins parasols et de chênes verts, ouvre l'horizon sur la vallée du Gouët et le Légué. A l'ouest, le ROND-POINT ALFRED-DE-MUSSET domine le vallon du Lingoguet. La rue du Champ-des-Nues conduit au ROND-POINT MORGAN, sous lequel s'étend la vallée du Gouët.

LES LIEUX DE PROMENADE

LES GRANDES PROMENADES. C'est ainsi qu'est appelé le vaste jardin public aménagé au XIXe siècle sur les anciennes fortifications. «Sur plus de 2 km de longueur, un boulevard suspendu surplombe la luxuriante vallée du Gouédic et épouse les gonflements et les creux du coteau dont les multiples assises s'étalent en pente douce sous la verdure des prairies, jusqu'au bord du ruisseau qui "saute, léger, sur les pierres, en sifflotant ce qui lui plaît"... Le coup d'œil est féerique. La vallée au loin s'élargit. Ses murs tapissés d'ajoncs rugueux paraissent s'écarter pour laisser entrevoir un plus large espace du bleu miroir de la mer. Et dans l'entrebâillement des collines et des falaises, sur un monticule, telle une œuvre d'art sur son piédestal, se dresse la ruine imposante de la vieille tour de Cesson, dont près de dix siècles d'existence n'ont pas diminué l'auguste fierté» (O.-L. Aubert). Au détour des allées surgissent quelques statues de sculpteurs briochins célèbres : *La forme se dégageant de la matière,* de Paul Le Goff, le monument d'Elie Le Goff dédié à l'écrivain Villiers de l'Isle-Adam, qui naquit à Saint-Brieuc en 1838, *La Bretonne du Goëlo*, émouvante sculpture de Francis Renaud, auteur également de la figure casquée et ailée de l'imposant monument aux morts de la ville. Le JARDIN DES PROMENADES possède aussi de beaux parterres, des arbres magnifiques, une petite pièce d'eau et un théâtre de verdure, en granite rose, inemployé. C'est le rendez-vous des joueurs de pétanque.

VALLEE DE GOUEDIC. Des Promenades, le flâneur accède à la vallée du Gouédic par le passage de la Fontaine-aux-Loups. Celui-ci débouche sur une vallée agrémentée d'aires de détente, de terrains de jeux et de sports. C'est ici que se déroulera désormais le traditionnel concours hippique de la Pentecôte. Le promeneur en quête d'insolite doit se diriger en amont. En empruntant la rue de Trégueux, il rejoint le chemin du Moulin-du-Chai, traversant le jardin de Beauvallon. Il parvient ensuite au CHEMIN DES EAUX-MINERALES, qui doit son nom à la présence d'une fontaine, rendez-vous autrefois de nombreux curistes. Se dévoilent alors, bordant le ruisseau, des maisons surprenantes. Les résidents, pour y accéder, doivent utiliser un pont surplombant le Gouédic.

LE DEPOT BESSECHE. En 1937, plusieurs centaines de réfugiés espagnols s'installèrent dans une usine désaffectée de la vallée, appelée le «dépôt Bessèche»; ils ne survécurent que grâce à l'aide du Secours rouge.

CHAPELLE DU GRAND SEMINAIRE. Edifiée en 1927 par l'architecte Lefort, cette chapelle monumentale, au n° 24 de la rue de Genève, est une vaste construction en béton armé dont la décoration, de style Arts déco, fut conçue par Isidore Odorico (voir ci-contre). Son père, originaire du Frioul (Italie du Nord), après avoir travaillé à l'Opéra de Paris sous la responsabilité du créateur de la mosaïque moderne, G.D. Fachina, avait réalisé, après son installation à Rennes, en 1882, des seuils de boutiques et des entrées d'immeubles en mosaïque d'émail. L'architecture et l'aménagement intérieur de la chapelle du Grand Séminaire, le chef-d'œuvre de décoration religieuse d'Odorico fils, reposent sur la recherche d'un dualisme systématique entre l'espace aérien des parois et du plafond (peints dans une gamme de roses, d'ocres et de blancs) et un sol décoré d'éléments géométriques, dont le carrelage noir et blanc est la pièce maîtresse. Les motifs du tapis – spirales et croix géométriques – sont d'inspiration celtique. La graphie recouvrant les piliers et leurs chapiteaux mosaïqués est néo-romane. Le mobilier du chœur se détache sur une gigantesque baie en dentelles, de béton. L'autel, en granite rose, est incrusté de verre et de nacre. Il est également surmonté d'un retable peint, composé de deux oiseaux disposés tête à tête. L'œuvre est marquée par le style Arts déco qui jouissait alors d'une grande vogue et dont l'exposition de Paris en 1925 se fit le porte-drapeau.

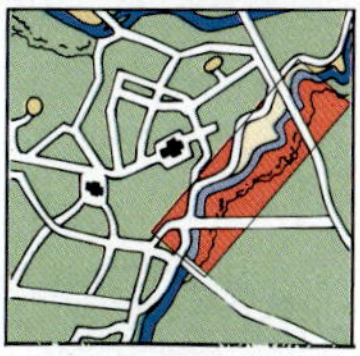

DES MOSAISTES HORS PAIR
Originaire de l'Italie du Nord, Odorico père s'installa à Rennes en 1882, où il réalisa grand nombre de seuils de boutiques. Son fils Isidore Odorico (1893-1944), formé à l'école des beaux-arts de Rennes, découvre les Arts décoratifs à l'Exposition Universelle de 1925. Ses œuvres les plus personnelles sont «la Maison bleue» et l'école de pilotage d'Angers.

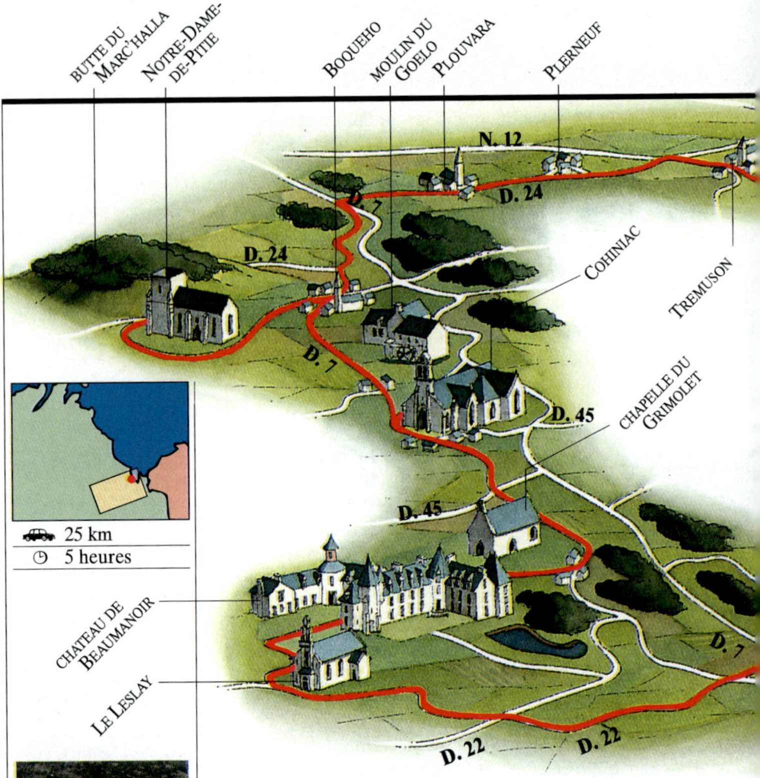

25 km
5 heures

LE VILLAGE MINIER DE TREMUSON
Bâti à la hâte à flanc de coteau, il n'en subsiste que des ruines. Chaque tonne de minerai extraite sur le site contenait en moyenne 50 % de plomb et 1,150 kg d'argent.

LA BANLIEUE BRIOCHINE

VALLEE DU GOUET. Elle s'étire du pont de Gouët au pont des Isles, avec ses prairies, ses méandres nonchalants, ses moulins reconvertis en blanchisserie, ses déversoirs, parfois son capharnaüm. Beaucoup plus sauvage que la vallée du Gouédic, «on dirait le cratère éteint d'un volcan au sein duquel la nature aurait repris ses droits» (O.-L. Aubert). Les noms des lieux-dits sont évocateurs : Tosse-Montagne (*tosser* signifie heurter, buter), le Pigeon-Blanc, la Vallée-aux-Chiens, la Roche-Suhart, entaillé par une carrière aux à-pics vertigineux. Le site, l'une des dernières lignes vertes de Saint-Brieuc, mériterait d'être classé.

MINES DE TREMUSON. Situé en pleine banlieue briochine, le lieu en lui-même présente peu d'intérêt touristique, mais ses ruines, des restes de constructions dont on aperçoit la silhouette fantomatique depuis la route, éveillent la curiosité. Cette ancienne cité minière fut édifiée au début des années 1920.

Les mines de Trémuson, dont voici un puits incliné, ont connu une période faste mais courte dans les années 1920-1930.

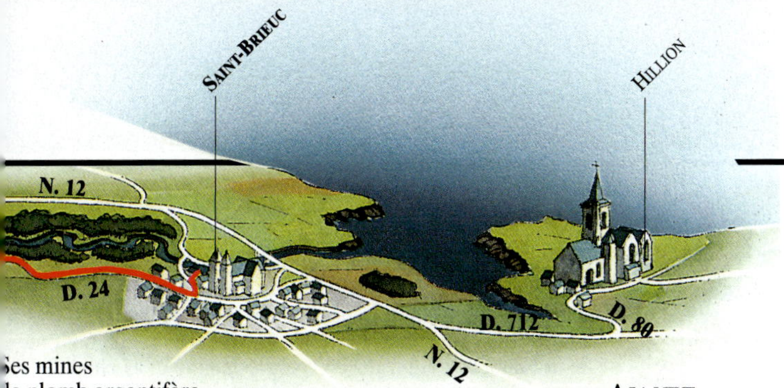

ies mines
le plomb argentifère,
lont on tirait de la galène (un minerai de plomb), ont connu
ıne histoire tumultueuse, et une période de gloire très brève.
Après plusieurs tentatives infructueuses en 1765, en 1865
:t en 1913, le gisement sembla enfin rentable vers 1920.
.es installations de surface (laverie, broyeurs, concasseurs,
onderie, ateliers et magasins) se multiplièrent. Plus de
a moitié des mineurs, polonais en majorité, étaient étrangers
:t recrutés dans le bassin houiller du Nord. Nombreux
à venir s'installer dans la cité – quatre cents emplois
nouveaux furent créés à cette

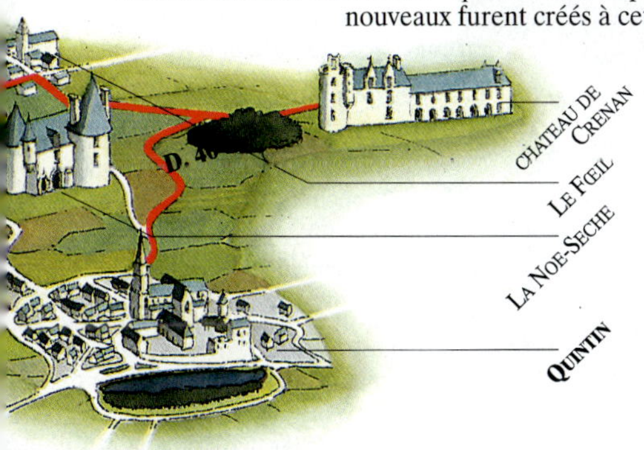

ɔériode – ils habitaient avec leur famille dans de petits
ɔavillons. L'affluence était si forte que chaque jour il s'en
:onstruisait deux nouveaux, en moyenne. C'était l'époque
ɔù «Les Mines» bourdonnaient, où le café de la Combe
ıe désemplissait pas. En 1926, on parvint à extraire
le la mine jusqu'à 2 500 t de minerai marchand, riche
:n plomb et en argent. Mais en 1931, la mine périclita.
Avant la fin de l'année, ses puits avaient fermé et ses
alariés, licenciés, avaient quitté le village sans que
'on sache si la fermeture des mines résultait
l'une crise plus générale en France, ou si
:lle était due à une nouvelle stratégie de la
lirection, qui avait trouvé de la galène
neilleur marché ailleurs. Aujourd'hui, il ne
ubsiste que quelques fleurs de printemps dans un
vagonnet rescapé du désastre et transformé en
ardinière. Et, au fond, des kilomètres de galeries
ıoyées et parcourues de veines exsangues.

3OQUEHO

Ce nom, qui vient du mot breton *botskao*, et qui
ignifie buisson de sureau – une plante dont
:ertaines espèces sont médicinales –, se prononce
3occo. La commune retient surtout par son paysage
rès vallonné et son bocage préservé, qui s'étend sur

A LA MINE
1 h : l'équipe de nuit, s'entasse dans le monte-charge . Il faut un quart d'heure pour descendre jusqu'au puits du Cavalier, 220 m sous terre. Plus de deux cents mineurs divisés en trois équipes se relaient toutes les huit heures, équipés de perforeuses, marteaux-piqueurs, de dix à douze mines et d'une lampe à carbure. L'eau ruisselle de partout. Protégés par un ciré et un chapeau, sabots aux pieds, les mineurs se démènent deux, parfois trois quarts d'affilée. Sans être un eldorado, le travail au fond paie bien.

Cette très belle pietà, dorée en 1691 par Le Moyne, de Saint-Brieuc, a donné son nom à la chapelle Notre-Dame-de-Pitié de Boqueho.

Le jubé, du XVe siècle, de la Chapelle Notre-Dame-de-Pitié a subi les dommages du temps. Seul subsiste un panneau sculpté en bas-relief, sur lequel on devine encore la silhouette des douze apôtres.

plus de 400 km de talus. On estime qu'avant le remembremen les talus du bocage breton mis bout à bout couvraient la distance de la terre à la lune !

BUTTE DU MARC'HALLA. Du haut de ce mamelon de 253 m, un vaste panorama sur le Trégor et le Goëlo s'offre à la vue du visiteur. Le nom évoque une très ancienne foire aux étalons créée par les Templiers. Elle a disparu au momen de la Ligue et a été transférée sur le *placître* de la chapelle Notre-Dame-de-Pitié, fondée à cette époque.

CHAPELLE NOTRE-DAME-DE-PITIE. Joliment située en contrebas, cette petite chapelle du XVe siècle, à la silhouette ramassée, demeurée longtemps en ruine, a été récemment remise en état grâce à une association de bénévoles. En 1978, leur action a été couronnée du sixième prix du concours Chefs-d'œuvre en péril. Il faut dire que la qualité de la pierre de taille et les nombreuses sculptures extérieures sont remarquables. Sur la façade méridionale, avant le deuxième contrefort, un joueur d'instrument à vent (ci-contre), de facture très naïve, semble souffler pour l'éternité. Comme souvent, les gargouilles, appelées les «paresses de Pitié», représentent les sept péchés capitaux . La façade nord est percée de deux fenêtres à réseaux de pierre flamboyants et d'un petit porche à accolade et à pinacle, orné de crochets et de fleurons. A l'intérieur, la grande verrière a retrouvé des vitraux modernes, dus à une création du maître verrier de Quintin, Hubert de Sainte-Marie. Un fragment du XVe siècle, miraculeusement conservé, subsiste au croisillon sud. Du retable lavallois du XVIIe siècle, commandé en 1694 à Rosmor, sculpteur de Quintin, il ne reste plus que deux statues grandeur nature, la Vierge et l'ange Gabriel, qui formaient à l'origine un groupe de l'Annonciation. Au-dessus de la porte, un élément du jubé du XVe siècle laisse voir, malgré l'usure du temps, la silhouette des apôtres sculptés en bas-relief. A proximité de l'église coule une petite fontaine toute simple, ornée d'un fronton triangulaire.

L'édifice de Notre-Dame-de-Pitié est composé d'une nef, sur laquelle s'ouvre au nord une chapelle seigneuriale datant de 1486, et à l'ouest d'un clocher, dont le rez-de-chaussée sert de porche.

MOULIN DE GOELO. Situé à 2 km au sud du bourg, sur la rive gauche du Leff, ce moulin du XVIIIe siècle (en photo ci-dessus), restauré au siècle passé, séduit par son site encaissé, son bief et sa roue à godets.

Dans le hameau de Grimolet, près de Cohiniac, se dresse une chapelle construite il y a cinq siècles, dont on aperçoit ici le porche.

COHINIAC

En gallo, le nom du village se prononce *Cohinia* ● *70*. Il faut dépasser le bourg et prendre la direction du hameau de Grimolet, à 2 km au sud. Au loin se dresse le clocheton de la chapelle, entourée de vieilles fermes. Construite à la fin du XVe siècle par les propriétaires du manoir de La Ville-au-Vé, elle abrite un lavabo, surmonté d'un ange de la même époque ● *110* et de nombreuses statues : une Vierge à

UNE ARCHITECTURE UNIQUE
L'architecture du château de Beaumanoir est très originale : c'est le seul ensemble hygiéniste achevé et complet du département.

l'Enfant, dotés respectivement d'un sceptre et d'un globe terrestre, un saint Nicodème et une sainte Hélène et, tout récemment restauré, un très beau Christ en croix auquel on a redonné sa polychromie d'origine.

CHATEAU DU RUMAIN. Le logis, bien visible de la route qui conduit de La Ville-du-Moulin à Keppery, à 1 km au nord du bourg, comprend de belles ouvertures et de hautes cheminées Renaissance.

SILENCE, ON TOURNE
Pour son film *Tess,* interprété par Nastassja Kinski, Roman Polanski a choisi le cadre victorien des communs de Beaumanoir.

CHATEAU DE BEAUMANOIR AU LESLAY

CINEMA AU CHATEAU. Entre son manoir, ses communs et son parc à l'anglaise, Beaumanoir est un lieu exceptionnel. Son cadre incomparable, fait de forêts et d'étangs, aurait transporté René, le héros de Chateaubriand, et envoûté le grand Meaulnes, celui d'Alain Fournier. Roman Polanski y a été sensible et a choisi Beaumanoir en 1979 pour tourner *Tess*. Régis Wargnier, tombé lui aussi amoureux du site, y a filmé en 1987 *Je suis le seigneur du château,* son deuxième long-métrage (ci-contre, une scène du film). Les dégâts causés par l'ouragan qui avait dévasté le domaine cette année-là donnaient au parc une dimension tragique, dont le réalisateur sut tirer parti.

UN MANOIR FEODAL. Le logis, construit selon un plan en L, n'a cessé d'évoluer au cours des siècles. Un premier manoir fut construit vers 1420, à proximité de l'ancienne motte féodale et de la rivière du Leff par un descendant du célèbre

L'étang de Beaumanoir n'est pas soumis à la législation commune ; on peut y pêcher en toute saison. Il est dit «fondé en titre» comme toutes les pièces d'eau figurant sur la carte de Cassini, dressée en 1780-1785.

Visage, huile sur toile exécutée en 1952 par Jacques Villon, et conservée à Beaumanoir.

Jean de Beaumanoir qui gagna le combat des Trente en 1351 ■ 62. Les maîtres de Beaumanoir, les Eder, comptaient parmi les principaux vassaux de cette cité e jouissaient de pouvoirs de haute, moyenne et basse justices. Le domaine était alors entouré de sept étangs et de fortifications redoutables. De cette époque subsiste la monumentale cheminée de la salle des Gardes, construite en 1535. Son manteau et son linteau arborent les initiales, les armes et les écussons des Eder et de leurs épouses. Lors des guerres de Religion, Guy Eder de Lavardin de Beaumanoir, plus connu sous son nom de guerre, La Fontenelle, participa activement à des sacs et à des pillages dans tout le Trégor, la haute Cornouaille et la région de Douarnenez. Dès lors, le domaine subit les représailles royales. L'aile droite et l'enceinte furent démolies, les écussons martelés, et le propriétaire des lieux roué en place de Grève en 1602. Soumis au jeu des alliances, le château passa ensuite de main en main. Le corps de logis fut remanié aux XVIIe et XVIIIe siècles, période de réalisation des superbes décors intérieurs, peints sur bois et sur pierre. Pendant la Révolution, Beaumanoir fut épargné car sa propriétaire Adélaïde de Béthune, belle-fille de l'Electeur Palatin, le duc de Deux-Ponts, était étrangère. Par la suite, le château, demeuré inhabité, tomba lentement en ruine. En 1895, le comte et la comtesse de Saint Pierre décidèrent de le remettre en état. Ils choisirent le style néo-gothique pour rénover le manoir et le réaménager entièrement à l'intérieur.

Au XVIe siècle, le château de Beaumanoir s'agrandit d'une aile. Vers 1895, une deuxième lui est adjointe, qui ne figure pas encore sur la photographie ci-dessus.

UNE COLLECTION PARTICULIERE. Ouvert depuis l'été 1991, le château de Beaumanoir dispose d'une collection privée d'art contemporain que le visiteur découvre, chose rare, dans son cadre naturel. Sur fond de boiseries, les portraits des propriétaires peints par Hans Bellmer côtoient une sculpture de César ou de Niki de Saint-Phalle, des toiles d'Olivier Debré, d'Eugène de Kermadec, de Robert Combas, de Jean Degottex ou de Jacques Villon. Désormais, M. et Mme de Saint Pierre ouvriront chaque année leur domaine à un jeune créateur et commanderont un reportage à un photographe de talent. Le temps du mécénat succède ainsi à celui de l'exploitation hygiéniste.

UN DOMAINE VICTORIEN. La comtesse de Saint Pierre, originaire de Montdidier, dans la Somme, marqua fortement la réorganisation du domaine. Son élaboration s'étala sur toute une décennie, de 1895 à 1905.

Bien conservés, la tour d'angle du manoir et son escalier à vis remontent au XVe siècle, l'époque des premiers seigneurs de Beaumanoir, les Eder.

Personnalité dynamique et entreprenante, Mme de Saint Pierre recensa les archives du domaine et confia à un architecte de Saint-Brieuc, Auguste Courcoux (1871-1956), la construction des communs puis la restauration du château. Le paysagiste Charles Singlis fut choisi à l'issue d'un concours pour dessiner un parc à l'anglaise entouré de 500 ha de terres et de bois. L'aménagement du parc, la restauration du domaine traduisent bien le nouveau mode de vie d'une aristocratie bretonne qui, à la fin du XIXe siècle, revient à la terre. Elle imitait ainsi, avec un demi-siècle de retard, ses voisins de l'Anjou et du Maine, en construisant de vastes fermes modèles. Signes de modernité, l'eau courante, l'électricité, le chauffage central, installés dès cette période, fonctionnent encore aujourd'hui. Le domaine, adapté à un mode de vie campagnarde qui disparaîtra en 1914, pouvait alors vivre entièrement replié sur lui-même, en autarcie. Son exploitation était soumise à une rationalité industrielle, à des soucis d'hygiène et à une organisation sociale très victorienne. Maîtres et domestiques ne se mélangent plus comme au XVIIIe siècle : les serviteurs travaillent à l'abri des regards, dans les cuisines et l'arrière-cuisine, une salle à manger qui leur est propre. Toutes ces pièces sont installées au sous-sol. Le personnel célibataire loge loin des maîtres, aux étages supérieurs, femmes et hommes séparés. Les familles du jardinier et du garde sont logées à l'extérieur, dans des pavillons indépendants.

Des communs peu ordinaires.
Cette organisation victorienne, si fonctionnelle, n'exclut ni monumentalité ni fantaisie, comme en témoignent les écuries et les dépendances. Leur architecture, résolument moderne, associe brique, charpentes métalliques, verre, granite rose de Perros-Guirec et bois. Elle choqua à l'époque une région demeurée passéiste et quelque peu hostile à la modernité. Les écuries, la ferme modèle et le complexe jardinier constituent les trois grands ensembles de ces communs. Ils ont été bâtis sur le modèle de ceux du château de Ferrières, propriété du baron de Rothschild en Seine-et-Marne. Les bâtiments monumentaux des grandes écuries servaient à abriter les véhicules de locomotion tractée ou motorisée. Sur les deux écuries construites, l'une était réservée aux habitants du domaine, l'autre aux hôtes de passage. Cette séparation avait été prévue dans le but d'éviter tout risque d'épidémie.

Les écuries
Afin d'éviter tout risque de contagion, deux écuries furent construites : l'une réservée aux chevaux des habitants de Beaumanoir, l'autre à ceux de leurs invités. Le hall à la Baltard permettait d'atteler à l'abri des intempéries.

Le réservoir et le pressoir pour le cidre (en haut), la basse-cour et la cuisine des porcs (au premier plan, en bas) ne sont que quelques-uns des bâtiments constituant la ferme modèle.

En médaillon, Auguste Bonable de Méherenc, marquis de Saint Pierre (1742-1827), qui combattit pour l'Indépendance des Etats-Unis.

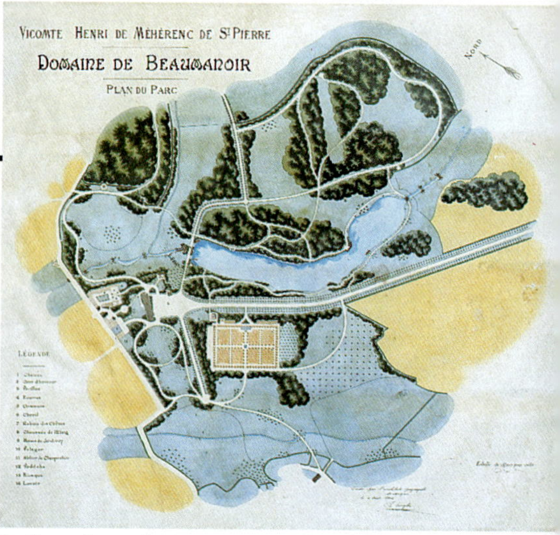

Ce plan aquarellé du domaine de Beaumanoir, exécuté en 1904, montre bien comment le parc à l'anglaise est entouré d'un immense écrin de verdure constitué par 500 ha de terres et de bois.

A la pointe du progres
Le poulailler ne manque pas de confort. Le pondoir est équipé d'un couloir qui permet de collecter les œufs sans déranger les poules. En dessous, le chenil abritait une meute dressée pour la chasse au lièvre. Une passerelle extérieure leur permettait de prendre de l'exercice et de se distraire.

Stalles et boxes furent conçus sur le modèle des écuries du prince de Condé, à Chantilly. Les mangeoires, en fonte émaillée blanche, sont bordées d'un parement en marbre rose, et un tapis-brosse recouvre les lambris de chaque stalle. Une cour vitrée à la Baltard, encadrée de deux fontaines monumentales en granite, permettait d'atteler à l'abri des intempéries. Devant la cour, une piste avait été aménagée afin d'y faire tourner les chevaux.

A l'étage, au-dessus de la remise et des écuries, des greniers à paille et trois chambres servaient aux palefreniers et aux cochers. Ces communs se distinguent donc de la ferme modèle, composée de onze maisonnettes, disposées autour d'une cour sablée rectangulaire, au milieu de laquelle se dresse une fontaine monumentale, dotée de deux auges pour les chevaux. Dans cette ferme modèle, magasin à fourrage, écurie pour les chevaux de trait, infirmerie, atelier, cellier, habitation du gardien, etc., se succèdent en enfilade. Particulièrement soigné, le poulailler dispose de volières, de perchoirs, de trappes à œufs, d'une cuisine et d'un magasin.

Le jardin potager. Situé au sud du domaine, ce jardin, où domine le souci de la perfection et du détail, se divise en carrés de plantation, entourés de buis puis d'une seconde bordure de fleurs et d'arbres fruitiers taillés en quenouille.

A Beaumanoir, on cultivait, quand on ne surproduisait pas, toutes les variétés de fruits et de légumes, y compris des asperges et des melons en saison. Le mur d'enceinte garni d'espaliers possédait des rideaux qui permettaient au printemps de protéger les arbres fruitiers des gelées tardives. Chauffée au chauffage central, agrémentée de rocailles et de palmiers, une serre équipée d'un dôme servait de jardin d'hiver. Elle vient d'être remise en état.

Le parc
Charles Singlis remporta le concours en 1904 pour son projet de jardin à l'anglaise. Grands massifs d'arbres et pelouses composent un ensemble romantique de 25 ha.

Le parc a l'anglaise. Entouré de bois, ce parc doit son charme à un étang de 3 ha alimenté par le Leff. Un petit embarcadère permet d'y canoter et un chemin de desserte

de le longer. Les six autres étangs du Moyen Age furent asséchés sous la Convention à cause des fièvres. Malgré les ravages de l'ouragan de 1987, de très beaux arbres – séquoias, chênes verts, hêtres pourpres, cyprès chauves de Louisiane, cryptomères du Japon, etc. – s'y dressent encore.
Des barrières blanches, au nord-est du château, signalent le pré au kiosque, idéal pour laisser paître les chevaux, à côté des cressonnières et du lavoir.

LE FŒIL

CHATEAU DE CRENAN. Fortement endommagé par un incendie en 1927, cet élégant manoir a été récemment sauvé. Conservées dans le parc, les ruines de ce splendide exemple d'architecture bretonne se visitent lors de la journée annuelle des Monuments historiques. Composé de deux bâtiments disposés en équerre, le château de Crenan, bâti à la fin du XVe siècle, était un ancien manoir de style gothique. La tour d'angle et ses lucarnes à crochets, admirables, sont toujours

en place. La façade, construite dans un beau granite gris, est décorée avec soin. Les hautes cheminées montées dans les vastes salles à ciel ouvert offrent des proportions étonnantes : un homme peut se tenir aisément sous leur manteau armorié et leur largeur fait environ un tiers de la pièce.
L'aile du château, construite vers 1600 par les Perrien, famille de hauts officiers bretons, est de style beaucoup plus sévère. Sa porte d'entrée est encadrée de pilastres et surmontée d'une frise meublée de triglyphes et de spires.
Construits un siècle plus tôt, les communs ont été restaurés.
LA NOE-SECHE. Ce manoir se situe dans un admirable cadre vallonné et boisé où les promenades pédestres sont autorisées. Une belle allée conduit au porche fortifié, construit au XVe siècle. Ce bâtiment d'entrée, imposant, présente davantage d'intérêt que le logis du manoir en lui-même. Dans ses combles sont logées trois pièces habitables, qui surmontent le passage.
Porte charretière et porte piétonne, ornées d'arcs en accolade et de fleurons, s'encastrent entre la grosse tour et la tourelle, autrefois utilisée comme escalier. Toitures, pignons et tourelle forment un enchevêtrement étonnant. Derrière le porche, la cour du logis est fermée sur trois côtés et s'ouvre sur une terrasse qui domine l'étang.

LE FŒIL
Au siècle dernier, le bourg, dont pointe le clocher de l'église, était réputé pour ses blanchisseuses et ses toiles de lin.

Le manoir du Crenan, dans son état actuel, ci-dessous, et dans son état ancien, ci-contre, a subi un grave incendie en 1927.

MANOIR DE LA NOE-SECHE.
Le porche fortifié, du XVe siècle (en bas au centre) en est la principale parure. Autrefois, le rez-de-chaussée de la grosse tour servait de salle de garde.

▲ Saint-Brieuc vers Quintin par Ploufragan

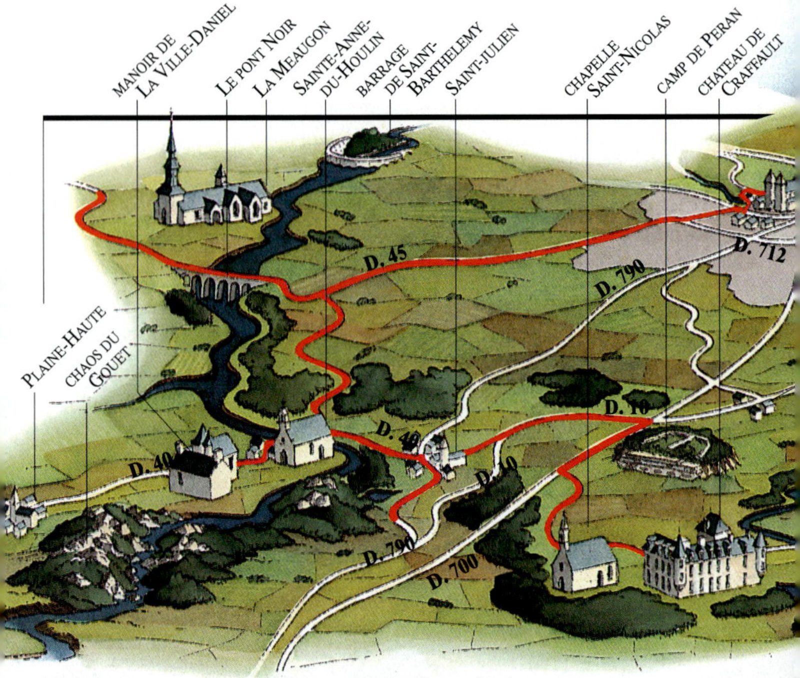

Zoopole de Ploufragan
Derrière cette dénomination se cache un pôle de recherche dans le secteur agro-alimentaire, vétérinaire et pharmaceutique. Le premier laboratoire, une station expérimentale d'aviculture, vit le jour en 1958. Depuis, plus de quatre millions d'expériences par an sont réalisées par les chercheurs, qui étudient les nouvelles maladies de l'élevage industriel. Le «zooïde» qui se cabre sur la pelouse du site aurait été du goût d'André Breton (1896-1966), qui passa à Ploufragan les premières années de son existence.

En sortant de Saint-Brieuc

La ferme de la Ville-Oger. Chaque matin les habitants de la vallée du Douvenantune sont réveillés, en pleine banlieue briochine, par le braiment des ânes et le chant des coqs de la Ferme pour enfants de la Ville-Oger. Cette ferme, véritable base nature, est située entre Saint-Brieuc et Trégueux. Grâce à son aménagement (asinerie et basse-cour) et à ses activités, les enfants de la ville y découvrent les mystères de l'élevage et la vie quotidienne à la ferme.

Le pont Noir. Il constitue le point de départ de deux petites randonnées autour du plan d'eau du Gouët : vers le nord, un circuit pédestre de 7 km environ permet de remonter jusqu'au barrage de Saint-Barthelemy. De là, au terme d'un circuit qui dure en moyenne 1 h 45, le promeneur découvre une très belle vue sur les deux rives et un paysage encore très sauvage. Vers le sud, un sentier pédestre mène à Sainte-Anne-du-Houlin (13 km, soit environ 3 h 15 de marche).

Pour plus de détails, se reporter au topoguide *PR entre Manche et Guerlédan*. Les automobilistes peuvent également accéder au barrage : après le pont Noir, prendre la première route sur la droite, qui traverse le bourg de La Méaugon.

La Meaugon

Ce petit village, fleuri avec soin par ses habitants, est juché au-dessus d'un bras du plan d'eau de Saint-Barthélemy. Il doit son nom à un disciple de saint Brieuc, saint Méaugeon (ou Maugon). L'église, un calvaire et une fontaine toute simple située à proximité forment un ensemble intéressant. Le clocher, selon un modèle très courant en Ille-et-Vilaine, possède un dôme en ardoises surmonté d'une flèche.

La façade méridionale de l'église est percée d'une fenêtre à remplage fleurdelisé ; ce motif décoratif s'est répandu après le mariage d'Anne de Bretagne et du roi de France, Charles VIII (1491). Le porche sud présente une curiosité : au-dessus de la porte est logée une série de «boîtes à chef» dans lesquelles étaient placés les crânes des défunts les plus chers lorsque le cimetière ou l'ossuaire manquaient de place ● *78*. Jusqu'au XVIIIe siècle, seuls les nobles et les personnages importants bénéficiaient de cette pratique. Mais elle fut adoptée peu à peu par le reste de la population. Après s'être procuré la clef de l'église, le visiteur pourra découvrir l'intérieur de l'édifice, qui renferme un mobilier de qualité. Si les quatre retables sont tous du XVIIe siècle, celui de la CHAPELLE NOTRE-DAME-DE-BON-SECOURS se distingue par sa décoration de statuettes de saints polychromes (voir ci-contre). Sur l'escalier de la chaire, de beaux panneaux peints (XVIIIe siècle) représentent les quatre évangélistes. L'église a également conservé son jubé du XVIe siècle, dont la tribune en bois naturel est sculptée des visages des douze apôtres. Chacun d'eux est reconnaissable à ses attributs ▲ *220*. Enfin, l'église renferme une chasuble du XVIIIe siècle superbement brodée : «Le décor de la chasuble de La Méaugon est entièrement constitué de fleurs au naturel qui reproduisent sans aucun doute les modèles diffusés par les *Livres de fleurs* que l'on édite à partir du XVIIe siècle. Des bouquets de roses que rassemblent de légers rubans sont disposés régulièrement dans l'espace laissé libre entre la fine bordure de fleurettes et la colonne, devant, ou la croix dans le dos. Aucun bouquet n'est semblable ni par la forme des fleurs, ni par leurs nuances ou celle de rubans. [...] Leur réalisme est dû à la virtuosité de la brodeuse qui a su mettre en relief les subtils dégradés de la laine par l'éclat des fils de soie qui soulignent délicatement bordures et nervures. Le tout repose sur un taffetas dont les reflets de la moire donnent du mouvement à la gerbe» (Odile Valensot et Marie-Dominique Menant).

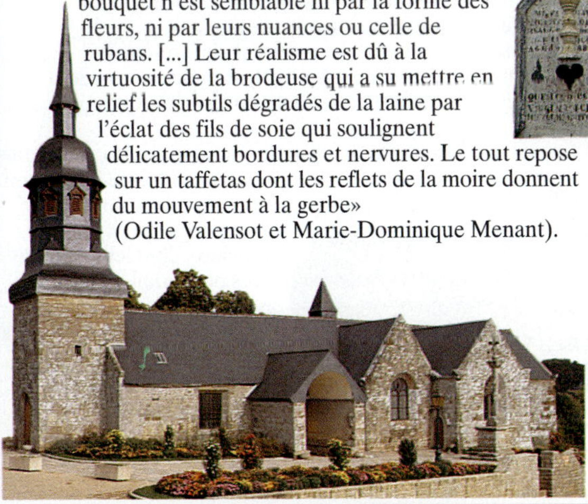

20 km
4 heures

Un retable latéral de l'église de La Méaugon, datant du XVIIe siècle, est orné de statuettes polychromes, de style naïf : saint Christophe, l'archange Gabriel, etc.

LES BOITES A CHEF
Dans ces boîtes, disposées au-dessus du porche sud de l'église de La Méaugon, étaient conservés les crânes des défunts lorsque le cimetière ou l'ossuaire ne pouvaient les accueillir, faute de place.

Les morts échappaient ainsi à la fosse commune. Réservée jusqu'au XVIIIe siècle à la noblesse, cette pratique fut ensuite peu à peu adoptée par le reste de la population.

L'église de La Méaugon possède un clocher au dôme d'ardoises surmonté d'une flèche ; une architecture caractéristique de l'Ille-et-Vilaine.

Le jubé de l'église de La Méaugon, sculpté au XVIe siècle, possède une tribune en bois naturel décorée des douze apôtres.

SAINTE-ANNE-DU-HOULIN

CHAPELLE SAINTE-ANNE. Sainte-Anne-du-Houlin est un petit hameau niché au fond de la vallée du Gouët, relié à La Méaugon par une jolie route passant à travers bois. Le mot «houlin» viendrait de l'ancien scandinave *hol,* qui signifie «caverne». En pays gallo, les houles sont des grottes creusées dans les falaises ou, comme ici, à flanc de vallée. Dans l'imagination populaire, elles sont peuplées de fées. Deux groupes de marronniers, quelques maisons, une auberge, un pont jeté sur la rivière constituent le décor entourant la PETITE CHAPELLE SAINTE-ANNE (ci-contre), dont la porte est toujours ouverte.

Le sanctuaire respire la paix. Une litanie d'ex-voto tapisse les murs. Un ensemble sculpté de sainte Anne trinitaire associe l'Enfant Jésus, sa mère et sa grand-mère. Le culte de Sainte-Anne se développa en Europe occidentale pendant les XIVe et XVe siècles. Il connut un renouveau important en Bretagne après la découverte, près d'Auray, en 1623, d'une statue païenne, identifiée comme étant celle de la mère de Marie. A Sainte-Anne-du-Houlin, la procession du 26 juillet attire chaque année de nombreux fidèles.

MANOIR DE LA VILLE-DANIEL
Situé à la sortie de Sainte-Anne-du-Houlin, il fut achevé en 1559. Le manoir est aujourd'hui utilisé comme bâtiment d'exploitation agricole.

LE MANOIR DE LA VILLE-DANIEL. La construction de ce bâtiment, édifié à la sortie du hameau, à l'extrémité d'un promontoire, a été achevée en 1559 par Nicolas Le Voyer et par Peronnelle de Perrien, dont les armes sont représentées au sommet de la tour fortifiée. Outre la superbe porte ogivale de sa façade, le manoir est orné, aux deux tiers de sa tour, près de la toiture, d'un curieux feston. Le GR 37 traverse le bois qui entoure Sainte-Anne-du-Houlin et emprunte en milieu de parcours un petit sentier de rive qui mène, au bout de 6,5 km de marche (environ 1 h 30 de randonnée), aux chaos du Gouët.

Parvenu au barrage de Saint-Barthélemy, le randonneur découvre les deux rives du plan d'eau du Gouët.

SAINT-JULIEN

CHAPELLE SAINT-GILLES. Cette petite chapelle du XVe siècle apparaît en bordure du chemin menant aux chaos du Gouët. Récemment restaurée, elle renferme des fresques contemporaines et son plafond est peint des scènes de la vie du Christ. Son saint patron était autrefois invoqué contre la peur et l'impétigo.

LES CHAOS DU GOUET. Le visiteur y accède par le CHEMIN DES PRETOQUIS, qu'il emprunte juste avant le hameau du même nom. La fin du parcours se fait à pied. La rivière, dont les méandres et les petits rapides sont très spectaculaires en hiver, se fraye un passage au milieu des chaos. Le circuit des Chaos (2 h), réalisé par l'association «Le Griffon randonneur», permet de découvrir, sur 8 km, les rives du Gouët, le MENHIR DE LA COTE, la PORTE CHAMBRIN (6,50 m de hauteur) et, sur une butte voisine, trois blocs de granite appelés «PIERRES DU SACRIFICE».

CHAPELLE SAINT-NICOLAS
Cette chapelle, près de Plédran, a conservé sa porte aux quinze panneaux scupltés et, à l'intérieur, sa verrière du XVIe siècle.

PLEDRAN

CAMP DE PERAN. Ce site peut décevoir le touriste peu féru d'archéologie : il n'est pas évident au premier abord de distinguer les vestiges de cette enceinte médiévale. Les premières fouilles furent entreprises vers 1820. Les recherches n'ont repris que depuis 1983, grâce à l'initiative d'une association de sauvegarde. Le plus grand diamètre de ce site en forme d'enceinte ovale mesure environ 160 m (nord-sud). En l'état actuel des fouilles, le camp semble avoir été occupé durant quatre grandes périodes. La plus ancienne, dont témoignent les fosses, les fossés et un abondant matériel céramique, remonte à la fin de l'époque gauloise (Ier et IIe siècles avant J.-C). L'aménagement carolingien est le plus connu. La forteresse protégeait alors plusieurs bâtiments en pierre (granges et écuries) ou en bois et en argile, dans lesquels furent retrouvés des objets domestiques et agricoles (voir ci-contre). Toutes les recherches concordent pour dater de cette époque l'immense incendie qui ravagea Péran : analyses menées par les physiciens sur la vitrification du rempart principal, découverte d'un denier d'argent frappé à York par les envahisseurs vikings vers 905-925, textes de la *Chronique de Nantes* célébrant un raid d'Alain de Barbetote en 936 contre des Normands retranchés près de Saint-Brieuc... Mais la présence de bâtiments agricoles ne saurait faire oublier le rôle militaire du camp. Sous une couche de cendre, un ensemble important d'armes a été découvert : pointes de lance à ailettes, boucliers, épée dans son fourreau, baudrier, pièces de harnachement... Après la destruction du camp, des constructions furent élevées au XIIIe siècle dans le périmètre de l'enceinte, quelquefois sur les fondations des anciens bâtiments. Quelques ruines et le cadastre du siècle dernier indiquent enfin une habitation tardive du site, occupé par des fermes et un petit manoir transformé en métairie.

UN PETIT PATRIMOINE DISPERSE. Des circuits pédestres et forestiers permettent de découvrir les autres curiosités de la commune : allée couverte de la Roche-Camio, menhir du fuseau de Margot, PONT CHERA (époque gallo-romaine) enjambant l'Urne, et une ancienne commanderie de Malte, édifiée au XIVe siècle sur les ruines d'un établissement templier du XIIe siècle, la CHAPELLE SAINT-JEAN-DU-CREAC'H.

LES TRESORS DU CAMP DE PERAN
Dans les bâtiments de l'enceinte carolingienne de Péran, détruits dans le premier tiers du Xe siècle par un immense incendie, furent retrouvés sous la cendre nombre d'armes et d'objets agricoles, tels ce chaudron en fer, ces cardes à laine, et ce denier d'argent, frappé par les Vikings vers 915 à York.

LE PERE TANGUY
Ce natif de Plédran fut immortalisé par Van Gogh dans un célèbre tableau où on le voit posant devant sa collection d'estampes.
Né en 1825, il monta à Paris et devint broyeur dans une maison de couleurs avant de créer son propre commerce.
Dès 1873, il fournit en couleurs les impressionnistes Gauguin, Cézanne, Monet, Pissarro.
Il aurait été le premier en France à importer des estampes japonaises.

CHATEAU DE CRAFFAULT
On le découvre dans un hameau de Plédran, Craffault. Cette demeure du XVIIe siècle arbore deux belles tourelles d'angle en façade.

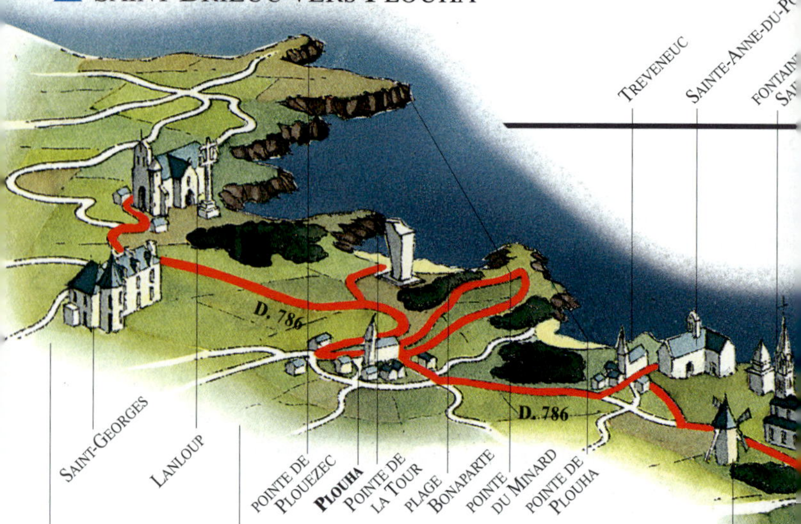

LE PORT DU LEGUE

UN PORT MENACE. Du quartier de la cathédrale de Saint-Brieuc, la rue des Trois-Frères-Le Goff mène vers la rue du Légué. Après une longue descente, le Gouët est franchi à l'amont des bassins du Légué, le port de Saint-Brieuc. Cet itinéraire conduit alors sur la rive gauche. Soumis aux marées, quelquefois envasé, le Légué n'est accessible qu'aux bateaux de faible tonnage. Quelques belles maisons d'armateurs sur le QUAI CHAMOINE (aux nos 24, 26 et 32) et un antique grenier à sel (au nos 1-5, rue de la Poste) témoignent du passé maritime du Légué, qui armait pour la pêche à la morue, exportait des toiles, importait du vin et du sel… Malgré des projets d'aménagement, l'activité de ce port à écluses, dont le trafic annuel est d'environ 400 000 t, risque de diminuer, au profit du port en eau profonde de Saint-Quay-Portrieux. La pêche à la coquille Saint-Jacques – dont la baie de Saint-Brieuc est l'un des principaux gisements français – est l'une de ses vocations ; de nombreux chalutiers sont spécialement équipés pour cette activité.

LA COQUILLE SAINT-JACQUES. Célèbre depuis le Moyen Age, quand elle devint le symbole du plus illustre de tous les pèlerinages, la coquille Saint-Jacques est considérée comme l'un des meilleurs coquillages comestibles. La baie de Saint-Brieuc lui doit une partie de sa réputation depuis les années 1960, où commença son exploitation à la drague. Plusieurs centaines de «coquilliers», dont certains viennent du Finistère et du Cotentin, participent à cette pêche. Le Légué, mais aussi

VILLAGE DE SOUS LA TOUR
Partant de ce village situé à l'entrée du Légué, le port de Saint-Brieuc, un circuit de randonnée a été aménagé par l'association locale Le Griffon voyageur. Un sentier de 14 km (quatre heures) permet aux marcheurs de découvrir le secteur compris entre Plérin et la pointe du Roselier.

On pêchait autrefois le mulet sur les grèves de Cesson, près de la tour qui marque l'entrée du port du Légué.

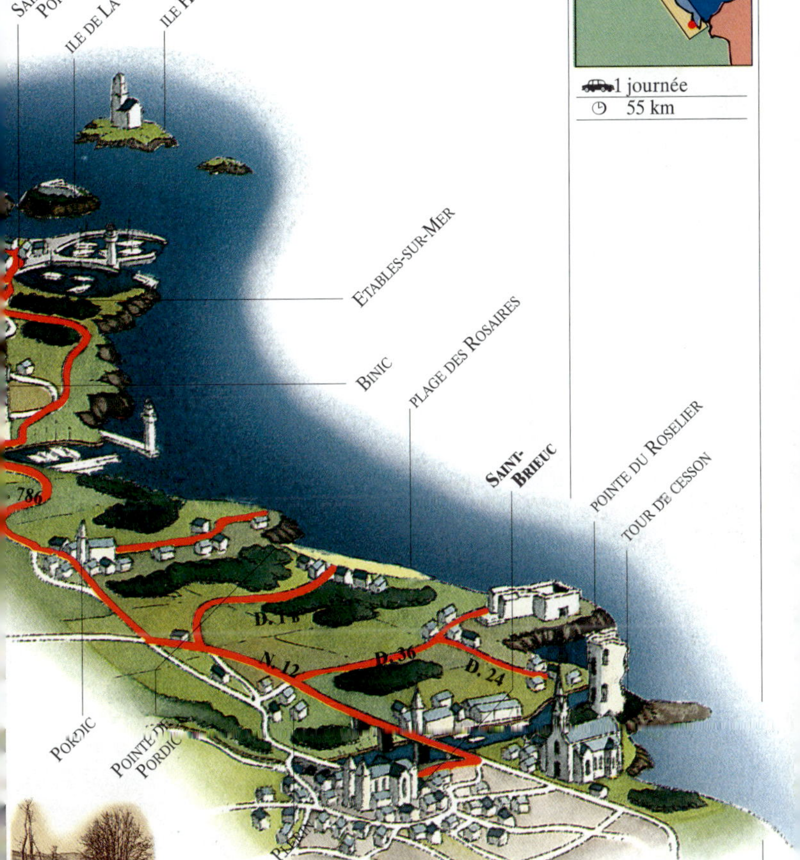

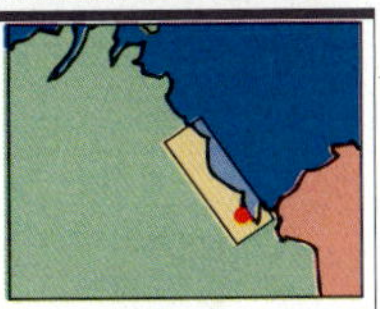

1 journée
55 km

Les quais du Légué étaient autrefois bordés de maisons d'armateurs, de greniers à sel ou de moulins, comme celui du Souzin (à gauche).

Binic, Saint-Quay-Portrieux, Loguivy-de-la-Mer, Dahouet et Erquy en sont les principaux ports de pêche. Cette activité s'échelonne, selon les années, de novembre à mars. Les captures ont culminé à plus de 12 000 t par an mais, notamment en raison d'une pêche trop intensive et de mortalités dues à des causes mal connues, elles ont chuté à environ 1 500 t par an. Pour tenter de limiter les risques dus à la surexploitation du gisement, une réglementation sévère, aussi souvent controversée qu'enfreinte, a été instituée par la Direction des affaires maritimes. Cette réglementation peut être modifiée chaque année, selon l'état des stocks étudiés par les scientifiques de l'Ifremer (Institut français pour l'étude et la protection de la mer). La pêche peut ainsi être limitée à une heure par jour ou à trois jours par semaine. Des vedettes et des hélicoptères de la gendarmerie maritime

Le Légué partage son activité entre le cabotage, la pêche et la plaisance.

exercent un contrôle très strict. La licence de pêche peut être également retirée aux contrevenants. Le ramassage des coques, activité traditionnelle des femmes de marins-pêcheurs, après avoir été longtemps interdit pour insalubrité, connaît aujourd'hui une certaine reprise ■ *26*. Cependant, les rues de Saint-Brieuc ne sont plus encombrées de charrettes tirées par des ânes, menées autrefois par des femmes qui venaient vendre leur cueillette.

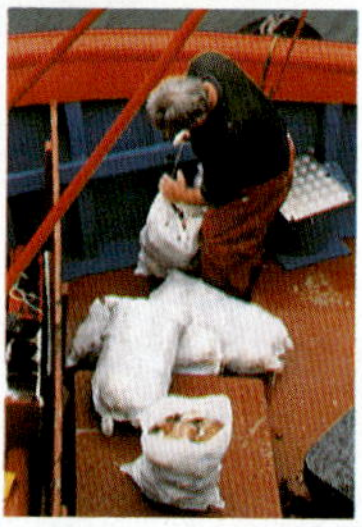

ANSE D'YFFINIAC ■ *24*

RICHESSES NATURELLES ET POLLUTION. Entre l'île de Bréhat, à l'ouest, et le cap Fréhel, à l'est, la vaste baie de Saint-Brieuc est un élément essentiel de l'écologie de la Manche occidentale. Avec ses hautes falaises de schiste, ses dunes, ses grèves, ses plages et ses vasières, elle renferme une importante richesse naturelle. En fond de baie, chaque marée dévoile les milliers d'hectares de l'anse d'Yffiniac et de l'anse de Morieux. Lors des grandes marées, la mer se retire sur plus de 7 km. L'Urne et le Gouessant qui se jettent dans la baie se divisent en de multiples filières découpant des vasières, dans lesquelles il est quelquefois dangereux de s'aventurer. Paysage paisible, changeant au gré des lumières et des nuages, ce fond de baie est composé de vases, de limons, de sables et d'herbiers peuplés par quelque soixante-dix espèces de coquillages et une multitude de petits organismes marins (arénicoles, vers marins, crevettes, crabes, etc.).

La pêche aux coques, autrefois traditionnelle et conviviale, connaît ici aussi une renaissance après une longue période d'interdiction pour insalubrité. En revanche, la mytiliculture (élevage des moules) ■ *36* s'est beaucoup développée depuis les années soixante, sous l'impulsion d'éleveurs charentais en quête de nouveaux territoires. La baie de Saint-Brieuc, riche en plancton, convient à l'élevage des moules sur bouchots. Elle représente aujourd'hui 10 % de la production nationale. Nettement visibles à marée basse, les bouchots sont constitués d'un alignement de pieux de chênes recouverts de cordages destinés à fixer les moules. Ils s'étendent sur plusieurs centaines d'hectares au large de Morieux. L'apparition, dans les années soixante-dix, des algues vertes a révélé l'enrichissement excessif de la baie en nitrates et en phosphates, générés principalement par les élevages industriels de porcs et de volailles. Aujourd'hui, l'augmentation des teneurs en pesticides suscite de nouvelles préoccupations. C'est pourquoi une

JOURNEE DE PECHE
La pêche à la coquille Saint-Jacques se déroule en hiver, car les coquilles supportent mal la chaleur ; elle se fait au moyen d'une drague, lourd râteau de 2 m de large sur lequel est fixé un sac formé d'anneaux métalliques. Deux dragues sont autorisées par bateau. Strictement réglementée, la saison ne dure que de novembre à mars, et souvent les bateaux ne peuvent partir en mer que deux heures par jour.

Après un dernier regard sur la TOUR DE CESSON, le promeneur quitte l'estuaire du Légué, dont l'entrée est signalée par deux petits phares. Il peut alors emprunter une rue en corniche bordée de quelques villas Belle Epoque et de restaurants ouverts sur la baie.

L'ANSE D'YFFINIAC
Le crabe vert, le bigorneau, les berniques et le mulet gris (représentés en frise) se trouvent en abondance dans la baie de Saint-Brieuc. A Yffiniac, la côte est encore bien préservée : prés et champs donnent directement sur la mer.

;rande importance est attachée à la réussite du «contrat de baie» élaboré par les pouvoirs publics pour garantir la qualité les eaux. Au-delà des coquillages, c'est toute la biologie de la baie qui est en péril ; notamment son rôle de conservation de nombreuses espèces de poissons (poissons plats, mulets, ançons, orphies, maquereaux, bars ou lieus). Mais aujourd'hui, la baie doit surtout sa réputation à son avifaune. L'hiver notamment,elle est fréquentée par de multiples oiseaux.

DES OISEAUX PAR MILLIERS. Depuis qu'en 1973, l'anse d'Yffiniac est devenue une réserve de chasse de 650 ha, l'approche des oiseaux a été facilitée. Sur l'estran, il est possible d'observer à la jumelle des hérons, des goélands, des oies, des cormorans, des aigrettes et des tadornes ▲ *28*. Le long de la frange côtière, plus de deux cents espèces ont été recensées. Les passionnés se rencontrent à la MAISON DE LA BAIE, où sont organisées des sorties accompagnées.

LA PLAGE DES ROSAIRES
Comme au début du siècle (ci-dessous), c'est toujours l'une des promenades favorites des Briochins.

L'hiver, quelques passionnés de char a voile s'y entraînent.

LA POINTE DU ROSELIER

UNE RANDONNEE ENTRE MER ET CAMPAGNE. Partant de SOUS LA TOUR, un sentier de 14 km longe la côte jusqu'à la PLAGE DES ROSAIRES avant de revenir par des chemins campagnards bordés de chapelles : celle de NOTRE-DAME-D'ARGENTEL (XVe siècle), récemment restaurée et celle de COUVRAN.

LA POINTE. Les automobilistes quittant Sous la Tour peuvent emprunter la D 24 jusqu'à la Ville-Agen avant de continuer sur la droite (D 36), en direction de la POINTE DU ROSELIER (ci-contre). Inscrite depuis 1942 à l'inventaire des Sites pittoresques, la falaise, qui s'élève à plus de 70 m au-dessus de la mer, domine toute la baie de Saint-Brieuc, depuis le cap d'Erquy, à l'est, jusqu'à l'île de Bréhat, au nord-ouest. De là, on peut reprendre sous un couvert végétal dense le chemin des douaniers. Un sentier mène au FOUR A BOULETS (XVIIIe siècle).

«A BOULETS ROUGES»
Ce four à boulets fut construit en 1794 à la pointe du Roselier, à Plérin. Il permettait de chauffer les boulets destinés à incendier les vaisseaux. Son système est à l'origine de l'expression «tirer à boulets rouges». Non de loin de là, un monument du sculpteur Arojeau est érigé à la mémoire des disparus en mer.

La Grande Peche
Depuis la seconde moitié du siècle dernier, les quelque mille huit cents marins allant pêcher la morue sur les bancs de Terre-Neuve embarquaient du port et de la jetée de Binic (ci-dessus). Ils utilisaient des voiliers dont les équipages, une trentaine d'hommes, comprenaient des mousses âgés de douze ans. Le départ se déroulait à la fin de l'hiver. Il donnait lieu à une procession (voir médaillon) et à la bénédiction des navires ● *78*. Les Binicains sont demeurés fidèles au culte de la Vierge, invoquée sous le vocable Notre-Dame-du-Bon-Voyage.

Binic

Un port morutier. Cette localité n'était à l'origine qu'un havre dépendant de la paroisse d'Etables. Dès le début du XVIIe siècle, les navires binicais pêchaient la morue sur les bancs de Terre-Neuve. En 1845, Binic, qui armait une cinquantaine de voiliers pour la pêche, était l'un des premiers ports français. Quelques maisons d'armateurs, quai Jean-Bort, et l'ancienne Auberge du Cheval Blanc, du XVIIe siècle, témoignent de cette activité maritime. La station s'est aujourd'hui orientée vers le tourisme. En 1990, une campagne de publicité l'a présentée comme le «grain de beauté des Côtes-d'Armor» (ci-dessous). Disposant de 1 km de quais construits entre 1750 et 1860 et d'un bassin à marées, le port de Binic est devenu l'un des plus importants de la côte nord pour la plaisance. Ses plages et le plan d'eau de la Banche en font une station balnéaire réputée.

Des vestiges antiques. L'histoire de Binic et de sa région remonte au néolithique ; plusieurs menhirs et dolmens furent alors érigés. Subsistent encore un menhir christianisé au Moyen Age, au lieu-dit Cullerette (entre Binic et Lantic) et, sur la butte des Bernais, les vestiges du camp de Cesar. Occupé par les Romains en 56 av. J.-C., il ne reste plus de ce camp, situé sur la falaise de la Banche, que les ruines d'un mur long de 600 m.

Etables-sur-Mer

Une tres ancienne paroisse. Située sur un plateau fertile longtemps voué aux céréales, Etables-sur-Mer est aujourd'hui considérée comme une station «familiale». Etables avait déjà le titre de paroisse au début du XIVe siècle et constituait un prieuré rattaché à l'abbaye de Beauport. La localité se serait autrefois appelée Etables-les-Grottes en raison des anfractuosités de la falaise : entre la plage du Moulin et celle des Godelins, sept grottes sont dénombrées. A la fin du siècle dernier, un industriel versaillais, M. Legris, s'engagea à créer, près du bourg, une station balnéaire. Un des personnages les plus célèbres de la commune est le peintre René-Yves Creston : ce militant régionaliste et membre fondateur du mouvement des *Seiz Breur* ▲ 246 accompagna avant la Première Guerre mondiale Jean Charcot dans le Grand Nord et découvrit l'ethnologie en étudiant la vie des pêcheurs ; après guerre, il organisa les musées bretons de Rennes et de Quimper avant de devenir conservateur du musée de Saint-Brieuc. Ses activités ne lui firent pas oublier son talent de peintre : il participa, entre autres, à la décoration du *France*.

La croix du Calvaire. Cette croix de chemin date du XVe siècle. Erigée rue Louais, à la limite de Saint-Quay-Portrieux et d'Etables, elle fit récemment l'objet de polémiques, lorsqu'il fut question de

Femme du Trégor, de René-Yves Creston (1898-1964). Familier d'Etables, ce peintre-ethnologue étudia après guerre les costumes bretons.

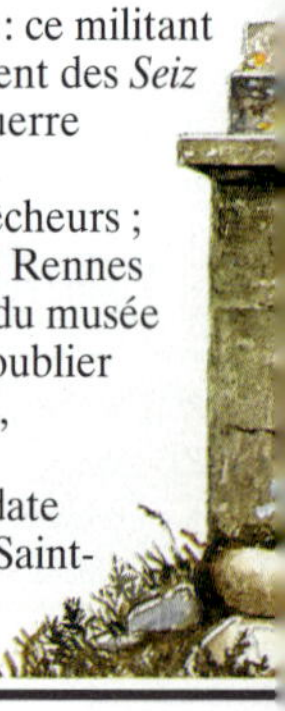

la déplacer. Son passé est également mouvementé : lorsqu'elle fut démontée en 1789, pour éviter son saccage, les fidèles découvrirent dans une pierre creuse des parchemins stipulant les indulgences accordées à ceux qui viendraient faire leur dévotion auprès de cette croix. Bien que mal remonté après le Concordat, ce monument est spectaculaire. Son soubassement devait vraisemblablement être décoré à l'origine d'un ange à chacun des quatre angles. A la base du fût sont accolées une Pietà et une statuette de sainte Catherine. Sur le chapiteau, orné de feuilles et d'angelots, reposent, à l'ouest, un Christ en croix entouré de deux Saintes Femmes, et, à l'est, une Vierge à l'Enfant.

Ce calvaire faisait l'objet d'une grande vénération : les fidèles s'y rendaient en pèlerinage lors des épidémies. Ils y récitaient des neuvaines lorsque la sécheresse ou la pluie menaçaient, et y allumaient des chandelles quand un malade était en danger de mort.

LE CARUHEL (propriété privée interdite au public). Cette villa de style moderniste, située au-dessus du port, est inscrite à l'inventaire des Monuments historiques pour sa façade, sa toiture et son décor de ferronnerie. Elle appartenait à un riche importateur de papier à tabac, M. Fricotelle, qui la fit décorer en 1925 par le mosaïste rennais Isidore Odorico ▲ *157*.

EGLISE SAINT-JEAN-BAPTISTE. Si le chœur en rotonde et le clocher datent du XVIIIe siècle, les fondements de l'édifice remontent au XVe siècle. L'intérieur renferme une chaire sculptée, un beau retable de style lavallois, consacré à sainte Anne, un maître-autel en marbre polychrome, et une curieuse statue dite de Maria-Santissima Bambina, de provenance italienne.

LES ESPACES VERTS. Malgré une forte urbanisation, Etables-sur-Mer a su préserver deux sites naturels : le PARC DE LA BELLE ISSUE, au centre duquel la mairie a été construite, fut classé en 1922 ; l'espace boisé de PORTS-ES-LEU, propriété du Conseil général depuis 1980, constitue l'un des îlots de verdure ouverts au public sur le littoral.

NOTRE-DAME-DE-L'ESPERANCE. Le visiteur ne peut quitter Etables sans monter à cette chapelle d'où il découvrira les «ROCHERS DE SAINT QUAY». A l'intérieur, on admirera de beaux vitraux, à dominante bleu, et une tapisserie qui représente une *Vierge à l'Enfant*.

LES FASTES DU CARUHEL
Les grilles protégeant les portes et les fenêtres de la façade sud de la villa ont été réalisées par Edgar Brandt et Raymond Subes d'après des dessins du peintre Mathurin Méheut (1882-1959) ; elles représentent un crabe, un homard, des algues.

Le sol du hall d'entrée de la villa, en grès cérame, dévoile un monde marin : couleur de sable, semis de coquillages et de mollusques. La terrasse nord, face à la mer, est ornée de raies et de poulpes.

LA PORTE D'ENTREE
«Du côté de la charnière, une longue algue se déplie, à la manière d'une palme dressée, encastrée entre deux barreaux [...] ; deux raies plates, disposées en vis-à-vis, servent de poignées. L'effet global est saisissant.»
Hélène Guéné

LES BAINS DE MER
La vocation balnéaire de Saint-Quay est née en 1841 lorsque deux Guingampoises de la bonne société vinrent y passer l'été, sur les conseils d'un médecin. Elles prirent pension dans la communauté des religieuses des Sacrés-Cœurs de Jésus et Marie, également à l'origine du développement touristique de Trégastel et du Val-André. Le premier hôtel ouvrit en 1845. C'est aujourd'hui une station dont les plages de la Comtesse, du Châtelet, du Casino et de la Grève noire sont réputées.

LA VILLA KERMOOR
Avec son clocheton à bulbe et ses baies, cette villa (12, rue Le-Sénéckal) illustre la vogue fin de siècle de l'orientalisme. Ses sols en mosaïque de marbre, œuvre exceptionnelle d'Isidore Odorico père, furent réalisés en 1909 ▲ *157*.

SAINT-QUAY-PORTRIEUX

UN PORT DE PECHE ANCIEN. Selon la légende, saint Ké, un moine irlandais, aurait débarqué en ce lieu, au Ve ou VIe siècle de notre ère. S'il donna son nom à la localité, le mot Portrieux, lui, suscite controverse. Pour les uns, il viendrait d'un filet de pêche local appelé rieu. Pour les autres, il dériverait de rieux, mot gallo ● *70,* mot qui désigne les feux allumés par les habitants de la côte pour servir d'amers aux marins. Saint-Quay dut sa prospérité à son port de pêche, qui armait pour Terre-Neuve et l'Islande. Le culte rendu à NOTRE-DAME-DE-LA-GARDE, dont la chapelle se trouve à Kertugal, est lié aux périls encourus par ces marins qui venaient, nu-pieds, demander à la Vierge de les protéger. Le pardon de cette chapelle a lieu le deuxième dimanche de juillet ; celui de la chapelle de Portrieux, dédié à sainte Anne, le 26 juillet. Il comporte une procession aux flambeaux, un feu de joie avec embrasement de la jetée et une bénédiction de la mer.

UN COMBAT HISTORIQUE. Saint-Quay et les alentours du manoir de la Ville-Mario, à 2 km du centre-ville furent le théâtre d'un combat important de la chouannerie. Deux cents chouans s'étaient rassemblés pour aider au débarquement d'un important envoi de munitions et d'émigrés, qui devait s'opérer dans la baie du Palus. Malheureusement, le commandant des troupes républicaines avait été prévenu. Dans la nuit du 15 au 16 mars 1795, les chouans furent arrêtés.

LE PORT. La première digue fut construite en 1726, en partie grâce aux cotisations des habitants. La création d'un nouveau port en eau profonde, conçu pour mille postes d'amarrage, va renforcer la position de Saint-Quay sur le plan de la plaisance et développer les activités de pêche (maquereau, lieu, bar, coquille Saint-Jacques et crustacés). Après une randonnée sur le SENTIER DES DOUANIERS, le visiteur pourra apprécier la FONTAINE DE SAINT-QUAY, une petite pyramide de granite gris construite en 1861, et le MOULIN SAINT-MICHEL (1875), qui se dresse sur le tertre Saint-Michel, face à la mer. Il pourra également visiter l'ILE DE LA COMTESSE, ainsi nommée à cause d'une maîtresse

Les arméries fleurissent en mai le long des falaises de Plouha. Le nom de l'armérie viendrait du breton *ar mor* (la mer).

Le littoral de Plouha est bordé de 15 km des plus hautes falaises de Bretagne (104 m au point culminant).

femme qui répandit la terreur de la fin du XVIIIe siècle au début du siècle dernier sur tout le littoral qui s'étend de la Priauté (début du sentier des Douaniers) au Sémaphore. La ville est devenue propriétaire de cette île en 1975.

TREVENEUC

L'église paroissiale de ce petit bourg abrite trois retables en bois doré. Dans l'axe de l'église se dresse le CHATEAU DE POMORIO, édifié au XVIIIe siècle. La GREVE DE SAINT-MARC, dont le petit port abrite quelques dizaines de barques de pêche et de bateaux de plaisance, est à découvrir, ainsi que l'ANSE DU PALUS, où un cordon naturel de galets sépare la plage d'un marais côtier marquant le débouché du Corzic.

LE LONG DES FALAISES
Le sentier de Gwin Zégal est l'une des plus belles promenades des Côtes-d'Armor. Du village de La Trinité, et de sa belle chapelle du XVe siècle, le marcheur y accédera facilement. Ce sentier de randonnée, long de 4 km, est parfaitement balisé et aménagé, mais il convient d'être prudent si l'on emprunte des sentes plus étroites. Plusieurs chemins de traverse offrent des raccourcis. En l'empruntant, on accède au port et à l'îlot de Gwin Zégal, à la pointe de Beg Hostel et à la pointe de Plouha.

PLOUHA

UN PATRIMOINE NATUREL. Le port de Gwin Zégal, simple mouillage sur pieux de bois, est avec celui de Porspoder, dans le Finistère, le dernier de ce type en Bretagne et relève du Patrimoine maritime européen. L'ILOT DE GWIN ZEGAL, situé un peu à l'écart de la falaise, abrite de nombreuses espèces végétales adaptées à ces rudes conditions ■ *24* : la criste-marine, l'armérie maritime, etc. La POINTE DE BEG HASTEL, constituée de granite, est un site propice à l'observation des oiseaux marins nichant sur les îlots de la Mauve et du Pommier, qui lui font face. LA POINTE DE PLOUHA, avec ses 104 m au-dessus du niveau de la mer, est la plus haute de Bretagne. Le secteur de la PLAGE BONAPARTE s'appelait autrefois l'Anse Cochat. Durant la Seconde Guerre mondiale, elle servit de lieu d'embarquement clandestin à cent trente cinq aviateurs alliés qui étaient dirigés vers l'Angleterre. Les rendez-vous étaient fixés dans une maison du village de Keruzeau, appelée la Maison d'Alphonse.

▲ Saint-Brieuc vers Paimpol

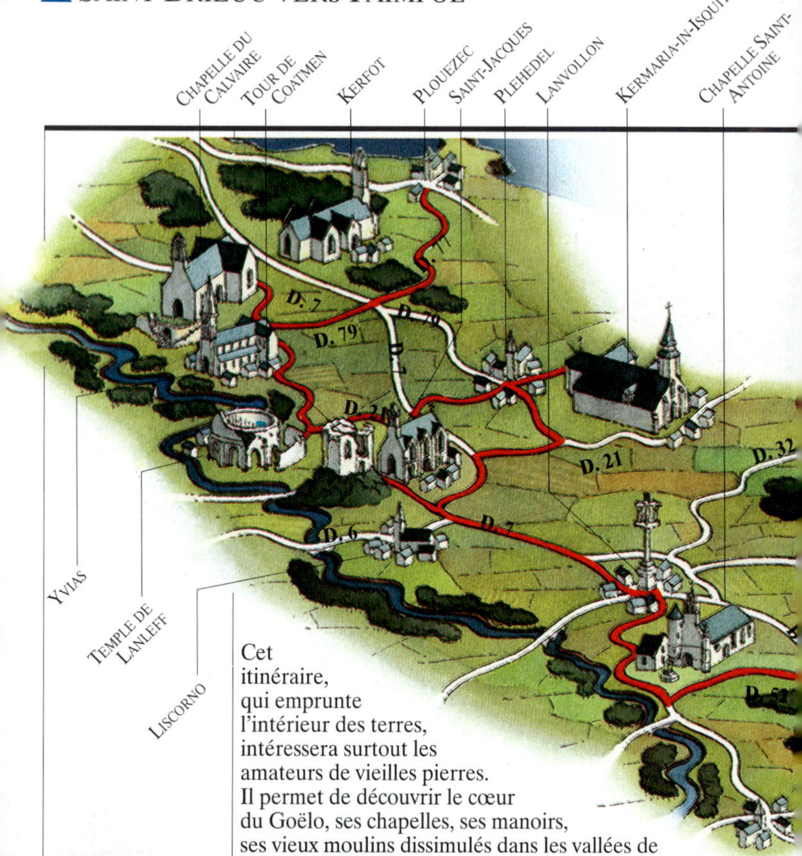

Cet itinéraire, qui emprunte l'intérieur des terres, intéressera surtout les amateurs de vieilles pierres. Il permet de découvrir le cœur du Goëlo, ses chapelles, ses manoirs, ses vieux moulins dissimulés dans les vallées de l'Ic, du Languidoné ou du Leff. Un monde rural qui n'est parfois distant que de quelques kilomètres de la côte.

Le Goelo

Mais ou sont les arbres d'antan ? Le Goëlo intérieur était autrefois très représentatif du bocage, avec ses haies, ses talus, ses prairies permanentes, ses vergers. Mais le paysage s'est profondément modifié au cours des trois dernières décennies. Après le remembrement, l'horizon, parsemé d'élevages industriels, s'est élargi. Les arbres se sont raréfiés, y compris les pommiers, dont la production de cidre était jadis réputée. La graphiose, maladie affectant l'orme, et l'ouragan de 1987 ont achevé de saccager le paysage. Le Goëlo, désormais privé d'harmonie, a ainsi perdu une grande partie des arbres qui ombrageaient ses villages, ses hameaux et son entrelacs de routes. En revanche, le patrimoine bâti fait l'objet de beaucoup d'attention.

Entre mer et rivieres. Cette petite région côtière, qui s'étend sur une trentaine de communes réparties entre Saint-Brieuc et Paimpol, sépare le pays gallo du pays bretonnant. S'il n'est guère facile de connaître l'origine exacte du nom Goëlo, qui pourrait venir du mot breton *gouel* (voile) ou de *goued*, dérivé

En Goëlo, les arbres ont beaucoup souffert, décimés par la maladie, les ouragans et l'homme. Heureusement, quelques villages ont su résister à la fureur du remembrement. Talus et haies constituent les mailles d'un immense réseau, dont les fonctions sont multiples : régulation du cycle de l'eau, préservation des sols contre l'érosion, effet de brise-vent, influence sur le climat local et sur les cultures ■ *52*.

le *gouad* (sang), il est tout aussi complexe de cerner l'identité lu pays. Frontières naturelles, le littoral, le Trieux maritime et e Gouët délimitent le Goëlo. Le long de sa côte, assurément 'une des plus belles de Bretagne, fourmillent, au fond des riques, des plages de sable fin entourées de hautes falaises. Elles sont surmontées d'un vaste plateau fertile, la vallée lu Leff, sorte de frontière entre l'*armor* (la mer), tourné vers le tourisme et les cultures légumières ■ *54*, et l'*argoat* (le bois), plus traditionnel.

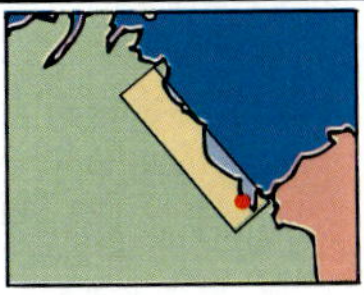

1 journée
50 km

Le Goelo
Ce petit pays côtier fut organisé au Ve siècle par des communautés originaires du Devon, (Grande-Bretagne). Les villages portent souvent le nom de ces premiers évangélisateurs : Budoc, Brioc, Iry, Vollon, Ké, etc.

Histoire d'un petit pays. L'homme vivait déjà en baie de Saint-Brieuc, il y a trois cent mille ans. Les archéologues ont retrouvé des traces de peuplements remontant au paléolithique, dans l'archipel de Bréhat et la région de Paimpol.

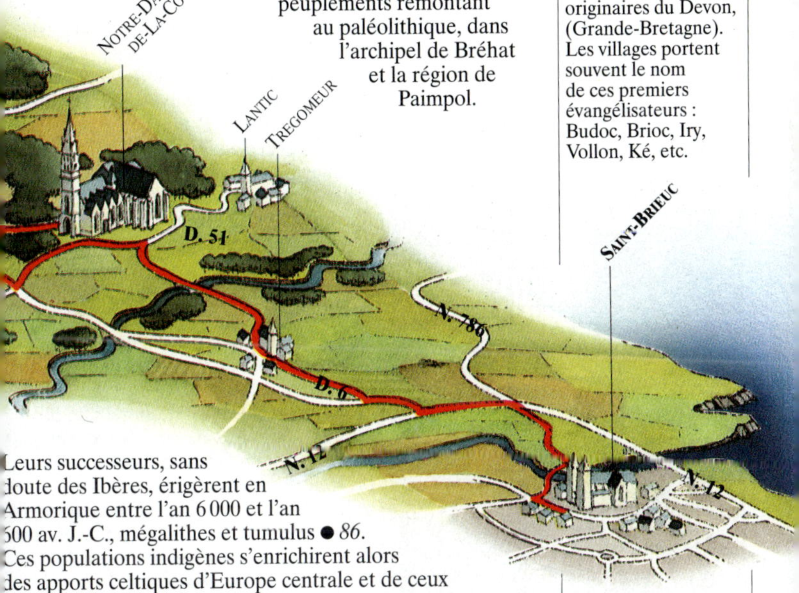

Leurs successeurs, sans doute des Ibères, érigèrent en Armorique entre l'an 6 000 et l'an 500 av. J.-C., mégalithes et tumulus ● *86*. Ces populations indigènes s'enrichirent alors des apports celtiques d'Europe centrale et de ceux introduits par les navigateurs méditerranéens lancés à la recherche de l'étain et du plomb. De l'époque romaine à celle des premiers siècles de notre ère subsistent des armes, des pièces de poterie et de monnaie. L'occupation romaine ayant été mal tolérée, les traditions perdurèrent jusqu'à l'arrivée des Bretons – venus de Grande-Bretagne – qui fuyaient par communautés entières l'envahisseur saxon. A leur tête se trouvaient des moines fondateurs, qui évangélisèrent le pays et l'organisèrent en paroisses. Un christianisme original se superposa alors peu à peu au paganisme local. Partout, les croix et les oratoires se multiplièrent. Partie intégrante de la «Petite Bretagne» unifiée avec peine, le Goëlo connut dès 850 les dévastations des envahisseurs normands. Il fallut attendre la victoire d'Alain Barbe-Torte, à Lancerf, sur les bords du Trieux ▲ *386*, pour que le pays renoue avec la paix. En 1202, le comte Alain du Goëlo fonda dans la baie de Paimpol l'abbaye de Beauport, dont l'influence sur toute la région fut considérable. A cette époque, Châtelaudren, la capitale, prit son essor ▲ *102*.

Le Goëlo est une région très rurale : on y cultive des produits maraîchers sur la côte et, à l'intérieur des terres, les agriculteurs se consacrent plutôt aux céréales et à l'élevage intensif (porcs, volailles).

EN SEMI-LIBERTE A 3 km de Trégomeur, de nombreux panneaux indicateurs illustrés signalent le parc zoologique du Moulin de Richard.

TREGOMEUR

Au départ de Saint-Brieuc, emprunter le viaduc qui enjambe le Gouët : il dégage une intéressante perspective sur le port du Légué ▲ *171* et, au-delà, sur la baie de Saint-Brieuc ■ *24*.

LE ZOO. La première partie de l'itinéraire, un plateau voué à l'agriculture intensive, offre peu d'intérêt, si ce n'est la présence d'un parc zoologique d'une dizaine d'hectares, situé au Moulin de Richard, dans la vallée de l'Ic.

LANTIC

CHAPELLE NOTRE-DAME-DE- LA-COUR. On la découvre en empruntant la D4 à partir du lieu-dit La Corderie. Son architecture soignée ne justifierait pas le détour, si elle n'avait conservé deux très beaux vitraux du XVe siècle. Edifiée en 1440 grâce aux largesses du duc de Bretagne Jean V, la chapelle subit d'importantes restaurations au siècle dernier (nef et clocher). Le premier vitrail, situé dans le transept , œuvre des maîtres verriers trégorrois Olivier Le Coq et Jean Lavenant, représente les principales scènes de la vie de la Vierge et du Christ. Dans le chœur, la verrière illustre la légende de saint Bernardin de Sienne, reconnaissable à son outil de prédication, un blason portant le nom du Christ, et celle de saint Nicolas de Tolentino. Né en 1249, ce dernier était réputé comme l'un des plus grands thaumaturges de son époque. Conduit par un fantôme dans la vallée profonde du royaume des morts, où se lamentaient les âmes du purgatoire, il accepta de dire une messe en leur faveur. Il devint ainsi le patron des âmes du purgatoire et des agonisants. La chapelle collatérale, ajoutée en 1464, est dédiée à saint Sébastien, imploré lors des épidémies. On remarquera aussi : un gisant, datant de 1608, de Guillaume de Rosmadec, gouverneur de Vitré, grand veneur et grand maître des eaux et forêts de Bretagne, une belle pietà et la statue de Notre-Dame-de-la-Cour (ci-contre), dont le pardon a lieu le 15 août. Au nord de l'édifice, le CALVAIRE à croix cylindrique est une fondation signée Guillaume de Rosmadec. Derrière le Christ, une Vierge à l'Enfant tend un globe terrestre «avec la coquetterie d'Eve offrant la pomme» (Olivier Pages). Au visiteur de juger si une construction aussi moderne que celle de la mairie s'accorde avec cet ensemble architectural. Non loin de la chapelle (à gauche), au milieu des bois, le CHATEAU DE BOURGOGNE (fin du XVIIIe siècle) est ouvert l'été au public.

VITRAUX DE LANTIC La verrière du chœur dépeint les épisodes les plus marquants de la vie de saint Bernardin (à gauche), et de saint Nicolas de Tolentino, grande figure des Augustins, ici représenté lors de sa descente au purgatoire.

TRESSIGNAUX

CHAPELLE SAINT-ANTOINE. Elle a conservé une belle poutre de gloire et quelques statues. Celles du roi David et de saint Nicolas, évêque de Myre, sont particulièrement réussies. Ce dernier est identifiable aux trois enfants ressuscités qui sortent d'un saloir posé à ses pieds. Cette représentation est due sans doute à une mauvaise interprétation de la légende du saint, qui délivra trois officiers de l'empereur Constantin injustement emprisonnés. «Conformément aux habitudes de l'art du Moyen Age qui, en Orient comme en Occident, témoigne sa déférence aux saints en leur donnant une taille surhumaine, saint Nicolas fut représenté très grand, tandis que les trois officiers apparaissaient à ses pieds plus petits que des enfants. Pour marquer qu'ils avaient été délivrés de prison, on figura, avec la naïveté de ces temps, leurs trois têtes émergeant du sommet d'une tour» (Emile Mâle). Mais les fidèles ignorant les détails de cette histoire, imaginèrent que les trois officiers étaient des enfants, et la tour un saloir… Près de la chapelle, un puits est surmonté d'un bel ouvrage en ferronnerie. Le pardon de saint Antoine se célèbre chaque année le troisième dimanche d'août.

LA CROIX DE PIERRE. Ce calvaire monumental du XVIIIe siècle a donné son nom au hameau. A chacun des angles, son socle à double soubassement est orné de quatre anges porteurs de phylactères. Une Vierge de pitié repose au pied du fût écoté. A quelques mètres du calvaire se dresse une stèle datant de l'âge de pierre.

EGLISE PAROISSIALE. Tressignaux comptait au XVIe siècle une dizaine de manoirs. Son église mérite une visite pour son beau retable lavallois en marbre et tuffeau.

La chapelle Saint-Antoine réserve une heureuse surprise : une très belle poutre de gloire.

L'architecture fort composite de la chapelle résulte de réaménagements successifs des XIIIe, XVIe et XVIIe siècles.

LANVOLLON

UN GLORIEUX PASSE. Les Romains s'installèrent dans cet actuel chef-lieu d'un canton rural et, au VIIIe siècle, un moine nommé Wollon fonda une communauté religieuse. La cour ducale du comté du Goëlo y fut établie en 1482 avant d'être transférée à Saint-Brieuc. De ce glorieux passé, Lanvollon n'a guère conservé de traces et même son admirable hôtel de Keraty a été vendu à la ville de Dinan en 1938 et reconstruit là-bas. Il faut voir son petit PARC BOTANIQUE (rue des Fontaines), un étonnant ABREUVOIR À CHEVAUX cylindrique, près de l'hôtel de ville et goûter ses fameux craquelins, dont la recette fut élaborée en 1880 par Francois Le Page (page suivante) ● *84*.

Lanvollon, où siégea au XVe siècle la cour ducale du Goëlo, n'est plus aujourd'hui qu'un gros bourg actif, qui s'anime tout particulièrement le jour du marché, le vendredi. La commune a conservé peu de monuments anciens, mais il reste quelques manoirs, tel celui des Avaugour.

Craquelins de Lanvollon, une biscuiterie typique du pays gallo ● *70* ● *84*.

MOULINS DU LEFF
Le premier vit le jour en 1592.
Au début du siècle, on en comptait encore soixante-dix-neuf : quarante-trois sur le cours principal, trente-six sur les divers affluents. Ces établissements, généralement de dimensions modestes, ont nécessité la création de barrages et de biefs. Ils ont ainsi modifié le cours de la rivière et l'ont assagie en la domestiquant.

Ces moulins sont dotés d'une ou de deux roues à aubes. La qualité des eaux du Leff, autrefois très fréquenté par les saumons remontant par l'estuaire du Trieux, s'est beaucoup altérée ces dernières années. En 1975, des sociétés de pêche se sont regroupées pour s'atteler au nettoyage de la rivière (comme ci-dessous). Les premiers résultats sont concluants : la population de truites a considérablement augmenté.

La tour de Coatmen fut construite au XIIIe siècle pour surveiller la rivière du Leff, qui servait de frontière naturelle au comté du Goëlo.

LA VALLEE DU LEFF

SEIGNEURIE DE COATMEN. Cette toute-puissante famille féodale contrôlait la vallée du Leff. Ses membres construisirent la chapelle de Liscorno, dans le hameau de Lannebert. L'édifice, reconstruit en 1720, surplombe la rivière (beau panorama). Un peu plus loin, en direction de Tréméven-Pléhédel, une petite route permet de découvrir la tour de Coatmen (ci-dessous). Ce donjon de forme pentagonale est l'un des plus anciens monuments de la région : il fut édifié au XIIIe siècle. N'ayant fait l'objet d'aucune mesure de protection, c'est aujourd'hui une ruine envahie par la végétation. A sa base, une carrière grignote peu à peu la colline.

LE LEFF. «Rivière des pleurs», «rivière des larmes», ou «eaux chantantes», l'origine du nom de ce cours d'eau modeste, qui a servi de frontière au comté du Goëlo, est mal connue. Grâce à ses nombreux moulins spécialisés dans le broyage des céréales, le Leff a joué un rôle économique essentiel. Doublés d'une ferme, la plupart d'entre eux exploitaient des «pêcheries» aménagées en vue de la capture d'anguilles et quelquefois de saumons. Seuls quelques-uns ont pu être modernisés à l'issue de la Première Guerre mondiale. En 1965, il n'en restait plus qu'une dizaine en activité et, en 1983, le dernier meunier du Leff a cessé son travail. Désormais, les roues ne tournent plus que pour les fêtes ou le plaisir des propriétaires de ces moulins aménagés en résidences secondaires. Autrefois, le Leff était une excellente rivière à saumons et à truites. Le 27 mars 1973, un pêcheur y a ferré un saumon marqué le 5 août 1972 dans les eaux occidentales du Groenland ! Hélas, la qualité de l'eau, en dépit d'un nettoyage encourageant, n'est plus ce qu'elle était. Dans toute la vallée du Leff, le souvenir de Charles Le Caër, dit Charlot, est encore très présent. Formidable pêcheur de saumons, ce charcutier de Lanvollon attrapait les poissons au ver, au lancer, à

a mouche. Il savait en parler avec passion tout en taisant alousement la couleur des plumes de ses mouches et les coins oissonneux. Il affirmait avoir capturé quelque mille deux ents saumons, à raison de vingt à quarante par saison. Un xploit qu'il ne serait plus en mesure de réaliser aujourd'hui.

'REMEVEN

'HAPELLE SAINT-JACQUES. Situé sur la petite commune e Tréméven, Saint-Jacques est un hameau niché au fond e la vallée du Leff, dont le site jalonnait autrefois l'antique oie romaine de Cesson au Yaudet, dans l'estuaire du Léguer ▲ *170, 333*. Il abrite un ensemble architectural remarquable, onstitué d'une fontaine, d'un calvaire et d'une chapelle. aint-Jacques fut sans doute une étape sur e chemin de Compostelle, entre Beauport et aint-Brieuc. A preuve, le superbe saint Jacques ui orne la fontaine. Cette statue en kersanton st considérée comme l'un des plus beaux xemples de la statuaire bretonne u XVe siècle. L'apôtre est représenté vec un bourdon, une panetière et n manteau garni de coquillages ci-dessous). Il faut y voir l'influence es confréries de Saint-Jacques, qui vaient entrepris le voyage en Galice. Construite dès 1542, a CHAPELLE fut remaniée à plusieurs reprises, ce qui lui onne aujourd'hui une allure hétéroclite. Ce bel édifice u gothique flamboyant abrite de nombreuses statues naïves, lus particulièrement une pietà et un groupe en bois olychrome du XVIe siècle, représentant sainte Anne rinitaire. «C'est encore à la tradition romane que se rattache a grande régularité du plissé cependant qu'on ne peut en xclure une certaine maladresse en particulier dans le traitement des mains, signe d'une exécution artisanale, rachetée par l'expressivité des visages, ferme et serein pour sainte Anne, empreint de douceur pour la Vierge» (Catherine Toscer). Le Christ aux outrages est peut-être du même artiste. Très abîmé, le CALVAIRE supporte un groupe de statues représentant la Mise au tombeau. La disposition des personnages, avec la Vierge et saint Jean au centre, indique, selon l'historien Olivier Pages, que le groupe a été conçu à l'origine pour orner le pied de la croix. Joseph d'Arimathie soutient la tête couronnée d'épines ; à ses pieds se tient Nicodème. Tous deux arborent le même costume : une robe-houppelande à manches ajustées, bordée de fourrure. Ce calvaire n'est pas unique en son genre : il s'inspire de l'une des premières œuvres de ce genre connues en Occident, celle de la ville de Tonnerre, en Bourgogne.

CHAPELLE SAINT-JACQUES
Elle devait autrefois son importance aux quatre foires annuelles et au marché hebdomadaire qui s'y tenaient, grâce à un privilège féodal de la baronnie de Coatmen. Après l'abolition des privilèges, la foire a été supprimée et la chapelle a perdu de son importance.

La fontaine est mieux conservée que la chapelle ou le calvaire. Sa superbe statue de saint Jacques (ci-contre), sculpté en costume de pèlerin, est aux yeux des spécialistes l'un des plus beaux exemples de la statuaire bretonne du XVe siècle.

Sur le porche de Kermaria figurent les douze apôtres (détails ci-contre et ci-dessous). A gauche saint Pierre, saint André, saint Jacques, saint Jean, saint Barthélemy et saint Philippe. A droite, saint Paul,

saint Matthieu, saint Simon, saint Thomas et saint Jude. La statue de saint Luc fut volée en 1907. Au-dessus des apôtres, quatre anges portent les instruments de la Passion. Sur la voûte, autrefois parée d'une fresque, des anges arborent des banderoles.

La chapelle de Kermaria-in-Isquit en Plouha

Du premier édifice, érigé par le seigneur Henry d'Avaugour à son retour de croisade, en 1240, subsistent les quatre travées de la nef et les collatéraux. Un pèlerinage très suivi et des foires importantes – les plus importantes du Goëlo – entraînèrent des agrandissements successifs de la chapelle.

Le porche. C'est l'un des plus beaux de Bretagne. Il s'ouvre par une grande baie ogivale s'appuyant de chaque côté sur quatre colonnettes. L'entrée est surmontée d'une galerie sur laquelle, sous l'Ancien Régime, après l'office du dimanche, le sénéchal (officier) de la juridiction et le procureur rendaient la justice. Accusés et plaideurs prenaient place au pied de la croix qui se dresse sur le parvis. Sous le porche se trouvent les statues des douze apôtres ▲ *220*.

La mort, cette compagne. La chapelle de Kermaria doit sa renommée à ses fresques datées de la seconde moitié du XVe siècle, et notamment à sa Danse macabre, qui aurait inspiré le compositeur Camille Saint-Saëns. C'est peut-être l'un

des seuls édifices religieux où les memento-mori – la Danse macabre, le Dit des trois morts et des trois vifs, le Combat des vices et des vertus – sont réunis. Ces peintures témoignent de l'esprit nouveau apparu en littérature au XIVe siècle, et en art cent ans plus tard. A cette époque, sans doute à la suite d'effroyables épidémies de peste, la brièveté de l'existence, la destinée et l'égalité devant la mort devinrent les thèmes de réflexion dominants. On commença par jouer des drames macabres sur les tréteaux des parvis ou en intermèdes lors des processions. Les personnages de ces pièces symbolisent toutes les couches de la société médiévale et apparaissent par ordre d'importance décroissant : le pape, l'empereur, le roi, le cardinal, le laboureur, le cordelier, l'enfant sont tour à tour apostrophés par un squelette, représentant en même temps la Mort et la préfiguration de l'état prochain de la victime. Chaque cadavre s'adresse ainsi à son vif en termes ironiques et mordants, rarement avec respect et compassion. Le vif s'étonne, s'indigne, se récrie, se lamente en énumérant ses mérites et les satisfactions qu'il va devoir abandonner. La réplique de l'Amoureux est ainsi très poignante : «Hélas ! or n'y a secours contre mort. Adieu amourettes. Moult tôt va jeunesse à décours. Adieu chapeaux, bouquets, fleurettes. Adieu amans et pucelettes.
Souvenez vous de moi souvent.»

LA CHAPELLE DE KERMARIA
Elle serait l'œuvre du seigneur Henry d'Avaugour. En 1240, sain et sauf au retour d'une croisade, il manifesta sa reconnaissance à la Vierge en faisant édifier cette chapelle.

Elle est depuis vénérée sous le vocable Marie-qui vient-en-aide ou Notre-Dame-qui-rend-la- santé. De ce premier édifice du XIIIe siècle subsistent les quatre premières travées de la nef et les collatéraux. Le sanctuaire fut agrandi deux cents ans plus tard : la nef, ses trois dernières travées, la chapelle seigneuriale et le porche surmonté de la salle des Archives datent du XVe siècle, tandis que le chœur à trois pans et le clocher octogonal sont postérieurs. Aujourd'hui, bien restaurée, elle est toujours entourée de son placître boisé et de son calvaire. Ci-dessus, détail de gargouilles.

UNE TROISIEME FRESQUE
Autrefois, la chapelle comportait une fresque murale, aujourd'hui disparue, représentant le Combat des vices et des vertus. Elle nous est connue grâce aux relevés d'un dessinateur envoyé sur place en 1861 par les Monuments historiques. L'artiste du XVe siècle s'était inspiré d'un manuscrit, *La Somme du roi*, dont un exemplaire est conservé à la bibliothèque de l'Arsenal, à Paris (ci-contre).

La chapelle a conservé une très riche statuaire. Cette Vierge à l'Enfant (XVIe siècle) est étonnante : l'enfant Jésus refuse le sein que sa mère lui présente, signifiant ainsi qu'il boit une nourriture spirituelle, la parole divine.

Les tourments de l'enfer ou les joies du paradis ne sont pas abordées dans ces dialogues, où le clergé est parfois duremen pris à parti. Sans doute s'agit-il là d'une autocritique, car le rédacteur présumé du drame était un clerc de l'université de Paris. En 1585 un éditeur parisien, Guy Marchant, imprima une Danse macabre sous forme de poème illustré. Au-dessus de chaque échange de deux quatrains figurent le mort gesticulant et le vivant figé qu'il agrippe. Un acteur invite à la lecture et réapparaît, après l'apparition d'une trentaine de couples mort-vif, pour tirer une conclusion tandis qu'à ses pieds le roi mort résume la pièce : «Tous estats sont aux vers donnés.» Cette Danse macabre fit l'objet de plusieurs rééditions et inspira de nombreux imprimeurs, graveurs et décorateurs jusqu'au XVIIe siècle.

L'APPARITION DES DANSES MACABRES. La Danse de Guy Marchant est le seul témoignage iconographique précis d'une peinture réalisée en 1424. Elle reprenait la fresque exécutée sur les murs intérieurs des galeries entourant le cimetière des Saints-Innocents à Paris. Cette longue peinture légendée a disparu en 1786, lors de la démolition des charniers de ce cimetière. Ce fut sans doute la première représentation picturale de la Danse macabre en Europe. Le clergé, tant séculier que régulier, en fit exécuter des copies, plus ou moins fidèles. On en trouve dans les nefs d'église, dans les chapelles funéraires, dans les galeries de cloîtres conventuels ou de cimetières paroissiaux. La Suisse et le nord de l'Italie en conservent plusieurs exemples. L'Allemagne n'a cessé d'en produire. Il ne subsiste pratiquement que sept peintures murales de la Danse macabre en France. Dans bien des cas, leur survie est due à un badigeon derrière lequel, oubliées, elles ont échappé à la modernisation et à la détérioration. D'autres vestiges de Danses macabres subsistent en Bretagne. A Kernascleden (près de Guémené-sur-Scorff, dans le Morbihan),

Boîte à chef,
où l'on plaçait
le crâne du défunt.

quelques personnages se distinguent encore sur une paroi, effacés peu à peu par l'humidité. Quelques représentants de la hiérarchie sociale y figurent à côté d'un squelette. Le bénitier du porche de l'église de la Martyre (Finistère) montre un couple de la Danse macabre : le mort emportant le petit enfant.

Le Dit des trois morts et des trois vifs. Les Danses macabres peintes, dessinées ou gravées sont parfois accompagnées du Dit des trois morts et des trois vifs. Cet autre memento-mori, une œuvre littéraire qui fut illustrée par la suite, est également fondé sur un dialogue mais ne fait pas allusion à l'égalité face au trépas. Le thème traité est le suivant : trois jeunes seigneurs sont soudainement arrêtés au cours d'une partie de chasse par trois cadavres surgissant de leur tombe. «Nous avons été ce que vous êtes et vous serez ce que nous sommes», leur annoncent-ils. Ce Dit est présent à Kermaria, même s'il est aujourd'hui difficile à déchiffrer. On peut encore apercevoir sur le mur du collatéral nord, face au transept, le profil de deux des trois vifs couronnés et de leur monture. Cette fresque de 7 m de long était à l'origine surmontée d'un Combat des vices et des vertus, dont il ne subsiste aujourd'hui que les relevés faits en 1861 par le dessinateur Denuelle. Ce thème récurrent de l'architecture romane trouva au XIVe siècle une formulation nouvelle dans la littérature. Les Vices, identifiés bientôt aux sept péchés capitaux, s'incarnaient en sept personnages qui, enchaînés les uns aux autres, en partance pour l'enfer, chevauchaient des animaux symbolisant leur péché.

Le mobilier. Les statues de saints, tels saint Eloi en habit de forgeron ou saint Fiacre, le patron des jardiniers, relèvent d'une tradition naïve. Le grand crucifix du XVe siècle devait à l'origine s'élever sur une poutre de gloire. La chapelle possède également cinq panneaux en albâtre représentant l'Annonciation, l'Adoration des mages, l'Assomption et le Couronnement de la Vierge, ainsi qu'une Déposition de croix, provenant sans doute d'un ancien retable anglais, tel qu'il en fut exporté dans toute l'Europe. Ces panneaux, qui étaient moins coûteux, sont souvent d'excellente qualité. Le principal centre de production était Nottingham, qui exploitait le gisement d'albâtre de Chellaston.

Panneau en albâtre provenantd'un ancien retable de Kermaria, aujourd'hui démonté. Ce type de mobilier était importé de Nottingham (Angleterre).

Danse macabre et ankou

Les Danses macabres armoricaines, inspirées de la Danse du cimetière des Saints-Innocents de Paris, n'ont pas de rapport direct avec l'ankou (la mort) celtique, lui-même simple avatar de l'allégorie européenne de la Mort. La fresque macabre ci-contre est l'œuvre de Mathurin Méheut. En France, les plus célèbres se trouvent à Meslay-le-Grenet en Eure-et-Loir, à La Chaise-Dieu en Auvergne, à la Ferté-Loupière dans l'Yonne, et dans la petite église de Brianny en Côte-d'Or.

De loin, vue sous un autre angle, la chapelle de Kermaria.

En France, seules sept peintures murales représentant une Danse macabre ont survécu. Celle de Notre-Dame-du-Roncier à Josselin, en Bretagne, a été détruite vers 1860.

Mais son souvenir subsiste grâce à une aquarelle. Celle de la chapelle de Kermaria, assez bien préservée, déroule ses différents tableaux au-dessus des arcades de la nef. Ses quarante-sept personnages, morts comme vifs, sont logés individuellement dans une arcade peinte. La Danse commence au sud près du chœur, et se termine en face, au nord. Cette fresque, réalisée sans doute entre 1488 et 1500, fut longtemps dissimulée sous un enduit. Ce n'est qu'en 1856 qu'elle a été redécouverte.

«ADIEU CHAPEAUX, BOUQUETS, FLEURETTES.
ADIEU AMANTS ET PUCELETTES.
SOUVENEZ-VOUS DE MOI SOUVENT, ET REGARDEZ-VOUS SI VOUS ETES SAGES. PETITE PLUIE ABAT GRAND VENT»

Le badigeon l'avait protégée. Sous les arcades, dans les écoinçons, on distingue, sur fond de fleurettes, les prophètes de l'Ancien Testament. Les couples mort-vif

apparaissent selon un ordre social décroissant : l'acteur, censé expliquer chaque image, a disparu ; aussi le roi entre-t-il directement dans la danse, suivi du patriarche, du connétable, d'un archevêque, d'un chevalier et d'un évêque. Sur l'autre mur, on identifie un robin, puis la ronde s'interrompt : quatre vifs suivent sans squelette. Il s'agit sans doute de l'usurier et de son débiteur, d'un marchand et d'un chartreux. Plus loin, l'amoureux, le laboureur et l'ermite achèvent cette sombre farandole.

LANLEFF

LE CHATEAU-HOTEL DE COATGUELEN. En reprenant la direction de Lanleff, le visiteur se doit de passer devant le bois Gelin (ou Boisgelin), qui sert de cadre au château de Coatguelen. Agrémentée d'un golf, cette demeure fait également office d'hôtel. Le site ne manque pas de charme, la cuisine est réputée et la décoration raffinée. Le propriétaire est en effet un collectionneur de peintures anciennes.

LE TEMPLE DE LANLEFF. C'est à tort que les ruines de cette ancienne église romane de plan circulaire ont été baptisées par les habitants de la région TEMPLE DE LANLEFF, car cet endroit, dont l'architecture a suscité bien des interrogations, ne fut jamais une possession templière. En réalité, il existe d'autres églises ayant adopté un plan circulaire et à rotonde centrale, imitant la basilique du Saint-Sépulcre de Jérusalem. L'exemple le plus célèbre en est bien sûr la rotonde Charlemagne à Aix-la-Chapelle. Mais il existe, en Bretagne, un édifice similaire : l'église Sainte-Croix de Quimperlé. Ailleurs, en France, la chapelle de la Trinité à Saint-Emilion ou l'église de Charroux en Poitou ont été construites dans le même style. La chapelle de Lanleff, construite en granite rose à gros grains friables, comprend douze arcades en plein cintre, dont les claveaux (pierres taillées en forme de coin fermant la plate-bande d'une voûte) retombent sur des piliers carrés. Le bas-côté de l'église, de forme circulaire, forme un déambulatoire courant autour de la rotonde. Trois de ses travées sont encore couvertes. L'ensemble de l'aire devait être autrefois garni d'une coupole ou d'une calotte de pierre, éclairée au sommet par un lanternon central. Il ne subsiste plus qu'une chapelle, à droite, qui ouvre sur le déambulatoire par un arc en plein cintre, c'est-à-dire ayant l'aspect d'un demi-cercle régulier. On discerne encore sur les corbeilles des chapiteaux des sculptures géométriques en bas

LE TEMPLE DE LANLEFF
Il s'agit en réalité d'une ancienne église romane. Ses ruines laissent encore parfaitement entrevoir sa rotonde centrale, qui rappelle la rotonde Charlemagne à Aix-La-Chapelle. Le modèle de ces églises est la célèbre basilique du Saint-Sépulcre à Jérusalem.

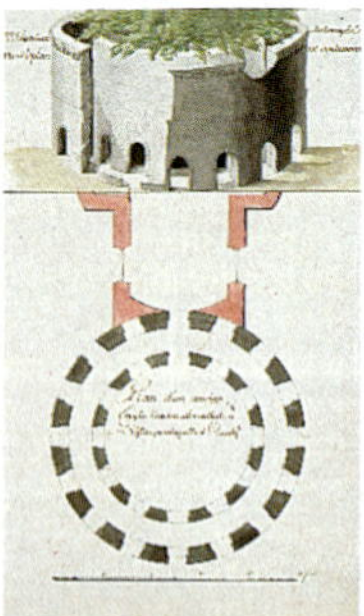

Les relevés qui ont été faits du temple sont l'œuvre du président Christophe Paul de Robien. Ils datent du XVIIIe siècle.

«A LA PREMIERE VUE DE L'APPAREIL IRREGULIER DU MONUMENT, IL ME FUT BIEN DEMONTRE QUE JE NE VOYAIS PAS UN TEMPLE ROMAIN MAIS UN EDIFICE DU MOYEN AGE»

PROSPER MERIMEE

relief, des losanges, des chevrons, des damiers, des motifs de vannerie, des chevaux ou des figures humaines aux longs bras et aux mains énormes. Il serait dommage de quitter le petit village de Lanleff sans descendre jusqu'au PONT qui, quelques centaines de mètres en contrebas, franchit le Leff. La rivière, à cet endroit, a pris une certaine importance et faisait tourner jadis, en amont, un moulin. Aujourd'hui mis en valeur par une restauration réussie, il a été transformé en résidence. En se penchant au-dessus du pont, on peut apercevoir avec un peu de chance une truite portée par le courant ou, mieux encore, l'un des rares saumons qui s'obstinent à remonter le Leff… Enfin, rive gauche, en amont du pont, une fontaine voisine avec les restes d'un vieux lavoir.

L'église d'Yvias abrite ce Christ de la Passion ainsi que (en haut de la page) une bannière de saint Erwan (saint Yves)

YVIAS

L'EGLISE. De Lanleff une petite route, qui flirte avec le Leff, mène à Yvias. Cette localité mérite le détour, pour son église, qui abrite une chaire provenant sans doute de l'abbaye de Beauport ▲ 378 et une Mise au tombeau datant du XVIIIe siècle, constituée de sept personnages en bois polychrome.

LA CHAPELLE DU CALVAIRE. En sortant du bourg, en direction d'Yvias (par la D 82) se trouve la chapelle du Calvaire. Cet édifice du XVIIIe siècle présente la particularité d'être construit sur deux étages, à l'emplacement d'un ancien tumulus – un amas de terre et de pierres élevé au-dessus d'une sépulture. A côté se dresse une antique croix plate monolithique.

Construite sur deux étages, la chapelle du calvaire d'Yvias, dont l'édification remonte au XVIIe siècle, surprend au premier regard.

KERFOT

Avant de gagner Paimpol, un crochet par Kerfot s'impose. Ce bourg paisible, aujourd'hui un peu à l'écart du trafic routier, possède une jolie CHAPELLE du XVe siècle, dont on admirera le porche sud. Non loin de là, une crypte débouche sur une remarquable fontaine dont l'eau avait jadis la réputation de guérir les rhumatismes. Introuvable, le souterrain auquel la crypte donnait accès doit relever de la légende. Les habitants de Kerfot ont longtemps eu la réputation d'être des voleurs. Réputation héritée d'une bande de malfaiteurs, surnommée la clique des voleurs de Kerfot, qui opérait dans la région entre 1782 et 1783, pillant églises, chapelles et châteaux. Tous ces bandits finirent leurs jours aux galères.

Sur la route de Pléhédel, on croise de surprenantes statues M René Raoult en est l'auteur et il accepte de guider les curieux en semaine pour leur faire découvrir ce peuple de géants.

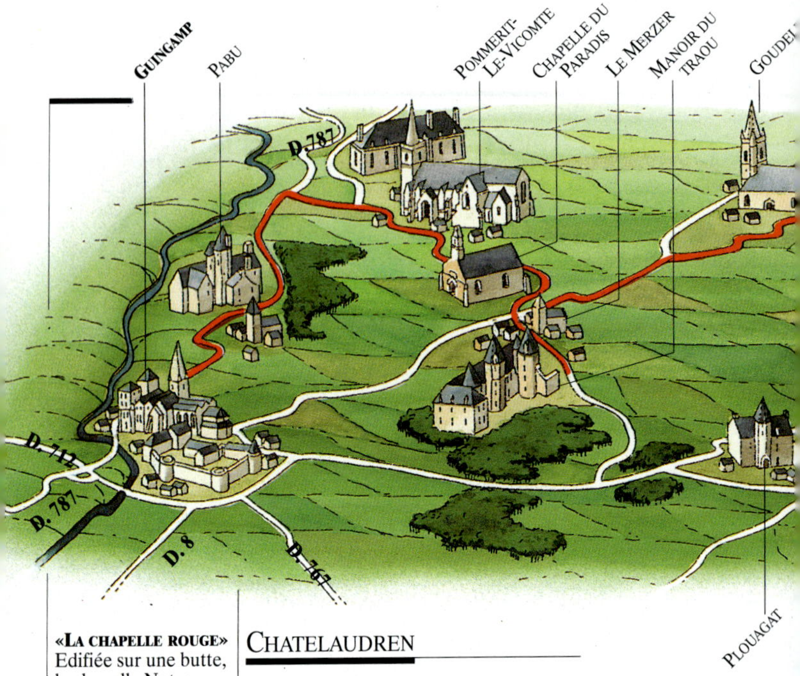

«LA CHAPELLE ROUGE» Edifiée sur une butte, la chapelle Notre-Dame-du-Tertre – principale curiosité de Châtelaudren – doit son surnom aux étonnants lambris peints de la fin du XVe siècle qui ornent son chœur et sa chapelle méridionale.

L'étang, formé par la retenue du Leff, a été aménagé sur les anciennes fortifications.

CHATELAUDREN

LA CAPITALE DU COMTE. Autrefois capitale du Goëlo, la cité doit son nom au comte Audren : en breton, elle s'appelait *Kastell-Aodren* (le château d'Audren). La première forteresse fut construite sur une hauteur dominant la vallée du Leff, probablement au XIe siècle. A l'abri derrière une enceinte fortifiée, le bourg profita de sa situation médiane, entre pays gallo et pays breton, pour se développer. Ancrée au cœur d'une région fertile, l'agglomération devint très vite un important centre commercial grâce aux marchés et aux foires. Celle de Saint-Magloire durait une semaine. La guerre de Succession de Bretagne troubla un temps cette prospérité : de Nantes, où il résidait, le puissant duc Jean V, qui centralisait l'organisation du duché, fit raser le château vers 1420 et offrit à son frère la ville et la châtellenie de Châtelaudren. Au XVIIIe siècle, la cité devint un important relais de poste sur la route Brest-Paris et un actif marché au fil. Mais en août 1773, une catastrophe naturelle la bouleversa : la digue de la retenue d'eau se rompit après de violents orages. Les flots dévastèrent la ville. Une cinquantaine de personnes périrent lors de ce drame, que les Châtelaudrinais nomment encore aujourd'hui le «déluge». A la Révolution, la ville, ralliée aux idées de la République, fut épargnée malgré sa prise par les chouans en 1795. L'arrivée du chemin de fer, au milieu du XIXe siècle, marqua le début d'un nouvel essor.

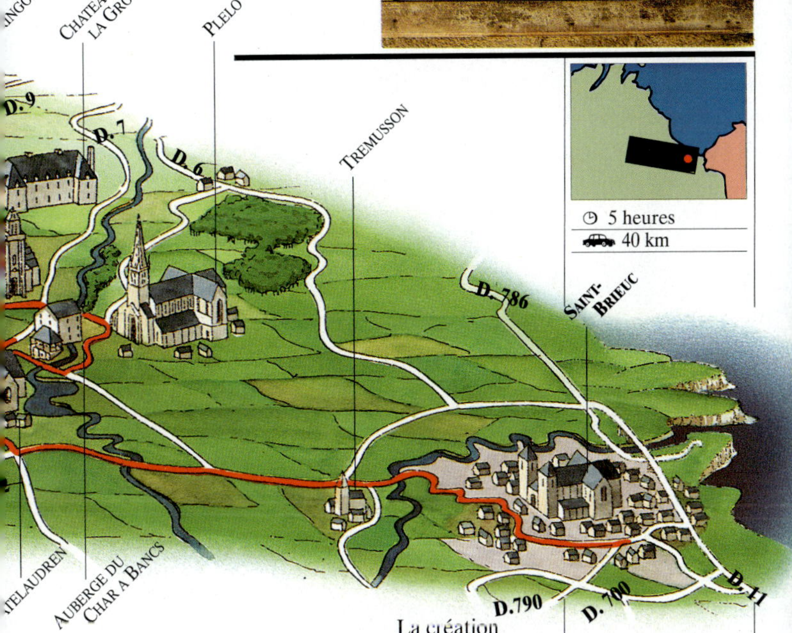

◷ 5 heures
🚗 40 km

La création de l'imprimerie du *Petit Echo de la mode* s'inscrivit dans une tradition locale des métiers du livre : le premier atelier d'imprimerie à Châtelaudren remonte sans doute au XVIe siècle. Cette longue prospérité a permis à la ville, consacrée aujourd'hui «petite cité de caractère», de s'enrichir d'édifices civils non dénués de charme. Le QUARTIER LATIN, ceinturant l'église Saint-Magloire, en est sans doute la partie la plus pittoresque, protégée avec passion par l'association des Amis du Vieux-Châté. Construite en 1715 sur un ancien sanctuaire du XIIe siècle, l'EGLISE SAINT-MAGLOIRE abrite un retable du sculpteur Yves Corlay ▲ *150*.

NOTRE-DAME-DU-TERTRE. Le joyau de la ville ne se distingue pas par son architecture, somme toute assez commune et composite (XVe-XIXe siècle). En revanche, les peintures qui ornent les lambris du chœur et de la chapelle sud sont exceptionnelles. L'ensemble est composé de cent trente-deux panneaux, vraisemblablement réalisés par deux artistes dans le troisième quart du XVe siècle. Les quatre-vingt-seize panneaux du chœur forment une «véritable encyclopédie religieuse» (Marc Thiboult), qu'il faut lire en commençant par le registre supérieur sud, au fond du chœur : à la création de l'Univers succèdent, au nord, l'histoire d'Adam et Eve, à celle de l'arche de Noé, celle du sacrifice d'Abraham et celle de Moïse recevant les tables de la Loi. Les registres médians sont consacrés à l'enfance du Christ et à son baptême. Les registres inférieurs

UN PLAFOND HAUT EN COULEUR
Les lambris du chœur et de la chapelle sud de Notre-Dame-du-Tertre se composent de cent trente-deux panneaux peints. Ci-dessous, une vue d'ensemble de la voûte de la chapelle. Des détails de la sablière sont représentés en frise.

LE LAMBRIS DE LA CHAPELLE MERIDIONALE DE L'EGLISE NOTRE-DAME-DU-TERTRE EST ENTIEREMENT PEINT. DU COTE EST TRENTE-SIX PANNEAUX RELATENT LA VIE DE SAINTE MARGUERITE. LE COTE OPPOSE EST CONSACRE A SAINT FIACRE.

COLLECTIONNEUR DE SABOTS
Le propriétaire de la ferme des Aïeux, à Plélo, possède une très belle collection d'outils et de sabots. Le dégrossissage à la hache sur un billot était une étape essentielle de l'ébauchage de la forme du sabot. Celui-ci était ensuite creusé à la vrille, le talon fait à l'aide d'un mandrin et le tout fini à la plane.

racontent ses miracles, sa Passion et sa Résurrection. Le lambris de la chapelle sud comporte trente-six panneaux. Côté est, ils sont consacrés à la vie de sainte Marguerite, dont le culte connut une grande popularité à partir du XIIe siècle. Cette citoyenne d'Antioche, noble de naissance, fut reniée par son père à quinze ans pour s'être convertie au christianisme, avant d'être décapitée par le préfet Olibrius, qui voulait l'épouser contre sa volonté. A l'ouest, trois registres content la légende de saint Fiacre, depuis le mariage de ses parents, futurs rois d'Irlande, jusqu'à son installation en ermite sur le continent. Le mobilier de la chapelle comprend un maître-autel (XVIIe siècle), un banc (fin du XVe siècle ou début du XVIe siècle), une Vierge d'albâtre (XVe siècle) et une chaire à prêcher (fin du XVIe siècle).

PLELO

Fondée en 1225, Plélo est l'une des plus anciennes paroisses des Côtes-d'Armor. Cette commune rurale, située dans les vallées de l'Ic et du Leff, est environnée d'une campagne où moulins et chapelles, manoirs et châteaux demeurent encore nombreux. Si aucun des quatorze manoirs et châteaux recensés n'est classé monument historique, celui de La Villeneuve, à l'est de la commune, garde le souvenir d'Anne-Louise de Réal, fille naturelle de Louis XV. Le CHATEAU GOELO, édifié au XIVe siècle et restauré au XVIIIe siècle, serait construit sur l'emplacement d'une ancienne forteresse, considérée comme le chef-lieu du Goëlo. Des vestiges de l'âge de bronze y furent découverts.

AUBERGE DU CHAR A BANCS. Cette ferme-auberge, aménagée dans un ancien moulin (fléchage à partir du bourg), est située en contrebas de la VALLEE DU LEFF. On y déguste de très bons produits du terroir et une cuisine au feu de bois. Les propriétaires ont reconstitué à proximité, dans la ferme des Aïeux (ci-dessus), un logis paysan traditionnel, entouré d'un fournil, d'un cellier, de granges et de forges.

LES CURIOSITES DE BRINGOLO
Le château de la Grandville et sa ferme attenante, tous deux du XVIIIe siècle, figurent avec le clocher-pignon de l'église parmi les monuments les plus intéressants.

BRINGOLO

De Plélo, une route sinueuse, souvent bordée de hauts talus couverts de fougères, permet de rejoindre Bringolo. Le nom du village a pour origine la contraction de deux mots bretons : *broenn* (jonc) et *kolo* (paille). Cette étymologie s'explique par la présence de nombreux marécages et de prés humides favorables à la pousse de joncs, longtemps utilisés pour la confection de litières. L'EGLISE DU BOURG possède un beau clocher-pignon, construit en 1727 et classé monument historique. A l'est du bourg, en se promenant le long du Leff, on découvre le CHATEAU DE LA GRANDVILLE, édifié à la fin du XVIIIe siècle.

LE PARDON DES CHEVAUX
Chaque année, le deuxième dimanche de juillet, les fidèles viennent baigner leurs chevaux dans un lavoir bâti à côté de la chapelle Notre-Dame-de-l'Isle.

GOUDELIN

\OTRE-DAME-DE-L'ISLE. Située en contrebas de la route
.auvollon-Guingamp, cette chapelle de la fin du XVIIIe siècle
ı conservé un clocher et un porche couvert Renaissance
le toute beauté. La flèche fut, quant à elle, ajoutée en 1717.
'édifice se dresse au centre d'un ensemble que l'on peut
ualifier de sacré. Il comprend une belle croix du XVIIIe siècle,
ituée dans l'axe du clocher, et, un peu plus loin, une jolie
ontaine, probablement la plus récente des fontaines
retonnes. Un curieux lavoir a été bâti à côté de l'église,
lans lequel, lors du pardon qui se déroule chaque année
e deuxième dimanche de juillet, les fidèles baignent leurs
hevaux. Ce jour est également l'occasion d'une fête nocturne
lurant laquelle on fait descendre du clocher un ange porteur
l'une torche. Celle-ci est utilisée pour allumer un traditionnel
eu de joie, appelé *tantad*.

A l'écart du bourg, la petite chapelle Saint-Yves, de Trohubert (XVIe – XVIIIe siècles) est le second

édifice de la commune inscrit à l'inventaire des Monuments historiques.

LE MERZER

.e nom de la paroisse trouve son origine dans le mot
reton *ar merzher* signifiant «martyr» (elle s'appelait
utrefois *Regina Martyrum*). L'EGLISE PAROISSIALE
enferme encore des enfeus et des fonts baptismaux
lu XVIe siècle, mais c'est surtout le très beau
MANOIR DU TRAOU (privé) qui fait la renommée de la
ommune. Situé à quelques centaines de mètres de
a sortie du bourg, il offre une façade qui ne manque
ı d'allure ni d'originalité malgré les ajouts successifs,
ythmée par trois superbes
ourelles, véritables
ymboles ostentatoires du
ouvoir de la noblesse
errienne.

LE MANOIR DU TRAOU
Trois tourelles lui donnent une silhouette peu commune. Leurs styles et leurs décors diffèrent, signalant ainsi plusieurs campagnes de construction.

POMMERIT-LE-VICOMTE
Le calvaire de la chapelle du Paradis, est considéré comme l'un des plus beaux du Goëlo (ci-dessus).
Le clocher de l'église paroissiale date, quant à lui, du XVIIIe siècle.

UN ARBRE EN PERIL
La toxicité des feuilles de l'if et à un moindre degré, de ses fruits et de son bois a manqué de le faire disparaître. En 1636, l'évêque de Rennes ordonna que tous les ifs soient ôtés des cimetières.
Le parlement de Bretagne s'y opposa car son bois était utilisé pour la fabrication des affûts de canons.

POMMERIT-LE-VICOMTE.

Le nom de Pommerit-le-Vicomte (*Pomrid-ar-Bescont,* en breton) fut donné à cette paroisse au XVIIe siècle, à l'époque prospère de l'industrie du lin. De belles demeures de tisserands témoignent encore de cette activité passée.

CHAPELLE DU PARADIS. Une halte s'impose pour découvrir ce bel édifice commencé en 1398 et achevé en 1405. Son mobilier comprend d'anciennes statues de la Vierge et de sainte Anne. Un tableau du XVIIe siècle représentant la descente de la Croix est classé monument historique. Le calvaire, du XVIe siècle, est l'un des plus beaux de toute la région.

EGLISE NOTRE-DAME. L'église paroissiale, bien que récente, mérite une visite. On y découvre avec surprise un retable en albâtre du XVe siècle, des confessionnaux du XVIIe siècle et des statues anciennes de saint Michel et de saint Antoine.

UN IF MILLENAIRE. C'est sur le placître de l'église que l'on peut voir le plus viel if des Côtes-d'Armor ; il aurait plus de mille ans selon les botanistes. Mais le désherbant employé pour le cimetière a failli lui coûter la vie récemment. Cet arbre symbolise l'éternité et la résurrection, un peu à la façon du cyprès dans le monde méditerranéen. Au Moyen Age, les Irlandais déposaient des branches d'if sur le corps des défunts.

PABU

Jusqu'à la Première Guerre mondiale, la commune était renommée pour ses potiers et son filon d'argile. Mais Pabu est surtout connu pour être le berceau de la fameuse fête de la Saint-Loup, véritable institution guingampoise depuis cent ans. Saint Loup est traditionnellement vénéré en Trégor et dans le Goëlo. A Pabu, sous l'Ancien Régime, son pardon, ayant lieu à l'issue des grands travaux de la moisson, se terminait par une dérobée devant le château de Runvarec. Après la Révolution, la fête prit de l'ampleur : au bal de Runvarec succédait en soirée un bal sur la place du Centre de Guingamp. Et la fête recommençait le lendemain, déclaré jour chômé...

Saint Loup est l'un des saints les plus vénérés du Trégor et du Goëlo. Son pardon est célébré le dimanche suivant le 15 août et donne lieu à deux jours de fête.

Quintin et ses environs

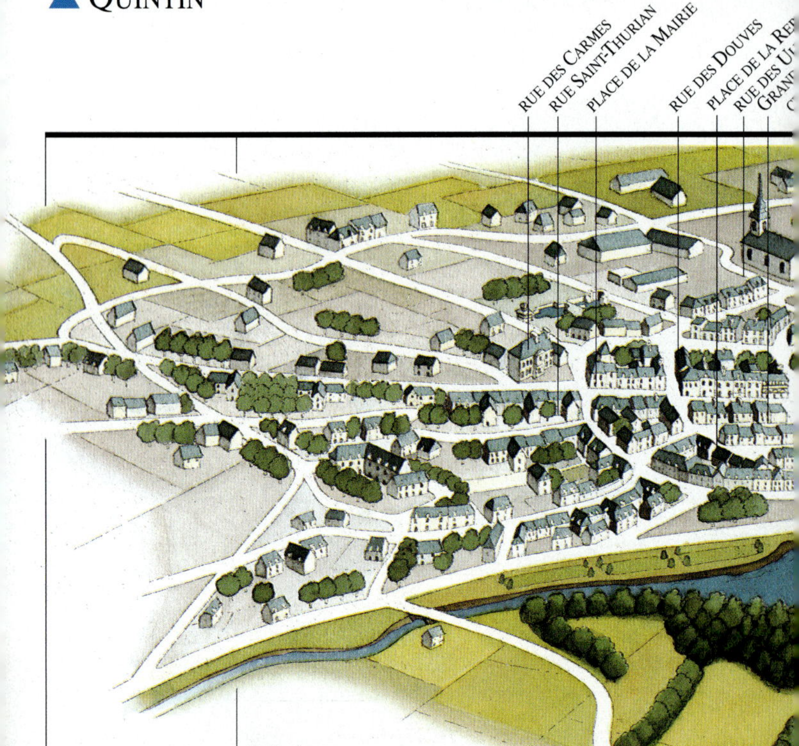

Quintin est l'archétype des petites cités bretonnes d'origine féodale dont la prospérité fut assurée aux XVIIe et XVIIIe siècles par l'industrie des toiles. De cette richesse passée, la ville a conservé un patrimoine architectural, qui lui vaut le titre de «Petite cité de caractère».

L'ETANG
Formé par un barrage érigé sur le Gouët, ce plan d'eau était autrefois riche en brochets. L'été 1773 le fit entrer dans les annales de la ville : ses eaux débordèrent et emportèrent les moulins à grains qui le bordaient ainsi que quinze personnes qui furent noyées. Ce lieu de promenade est dominé par un ancien calvaire de granite du siècle dernier, où s'achève la procession aux flambeaux le vendredi saint.

LES RICHES HEURES D'UNE CITE TOILIERE

A L'ORIGINE, UNE VILLE CLOSE. Le nom Quintin vient sans doute de Quistin (*Kistinn* en breton), qui signifierait le «pays des châtaignes». A l'origine, il désignait tout le territoire compris entre le Gouët et le Blavet et qui chevauche la ligne de partage des eaux entre Manche et Océan. L'appellation fut également reprise par plusieurs localités des environs (Vieux-Bourg-Quintin, Plounévez-Quintin, Peumerit-Quintin) et portée par de nombreuses familles de la région. Ce pays de Quintin fut au Moyen Age un fief puis une baronnie, avant d'être érigé en duché-pairie en 1691. La ville close semble avoir été à ses débuts un marché protégé par le château, où les paysans-

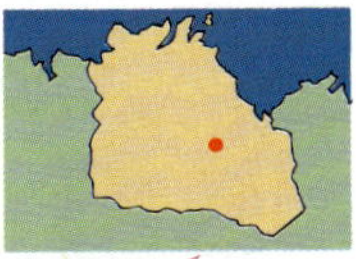

◷ 2 heures

éleveurs du pays bretonnant tout proche venaient vendre leurs bestiaux aux acheteurs des pays gallo et normand. Mais les guerres de Succession puis la Ligue eurent raison des murailles, qui servirent de carrières. **UNE CITE DE TISSERANDS ET DE NEGOCIANTS.** La ville prit son essor aux XVIIe et XVIIIe siècles grâce à la fabrication des toiles de Bretagne, de qualité et de grain plus grossiers que les célèbres toiles fines dites Quintin, exportées plus tard vers les colonies espagnoles. La région transformait le lin, importé du Trégor et du Léon, encore en bois mais déjà roui ; des caravanes de trente à quarante chevaux l'acheminaient à travers le pays ● *60*. La petite cité était également un centre judiciaire important : de nombreux magistrats municipaux appartenant à la riche bourgeoisie des négociants excercèrent leur charge à Quintin jusqu'à la Révolution. Les événements de 1789 rompirent ce bel équilibre et c'est en vain que l'on essaya de faire revivre l'industrie de la toile au XIXe siècle. Anglais et Prussiens détenaient désormais le marché, déjà fortement concurrencé par le coton. Aujourd'hui, les navettes des tisserands ne figurent plus que sur les armoiries de la ville. Moulins et lavoirs se sont tus et il n'y a plus de marché aux bestiaux ni de foire Saint-Thurian.

UN ARTISANAT DE QUALITE. La ville a cependant conservé un important marché le mardi (ci-contre), un commerce attractif et une belle tradition d'artisanat : ébénisterie, taille de la pierre, horlogerie, poterie. Deux verriers d'art s'y distinguent : Jean-Michel Baladi, qui a restauré l'église Saint-Magloire de Châtelaudren, et l'atelier Hubert de Sainte-Marie, qui a refait de nombreuses verrières (église de la Martyre, cathédrale de Dol, etc.).

FILEUSES AU ROUET
A la veille de la Révolution, plus de neuf cents tisserands œuvraient à domicile pour la traditionnelle industrie du lin, célèbre pour ses toiles fines, dites Quintin, dont on faisait coiffes, cols et manchettes ● *66*.

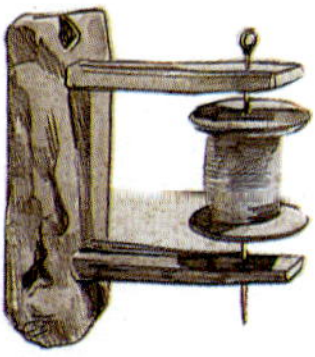

Navette de tisserand, dessinée par Mathurin Méheut.

LE CHATEAU

C'est une belle construction inachevée, qu'il faut découvrir depuis le champ de foire (l'ancienne «carre aux vaches»). Le premier château fut construit au début du XIIIe siècle (vers 1202) par Alain de Penthièvre pour défendre la voie romaine Carhaix-Alet (devenu Saint-Servan). L'édifice devait se trouver beaucoup plus à l'ouest des vestiges de la forteress du XVe siècle dont on peut encore admirer les tours (elles encadrent la porte Neuve et la muraille qui domine le Gouët). Ce deuxième château, pillé et incendié par les troupes du prince d'Orange, car le seigneur de Quintin avait pris parti contre le duc de Bretagne ● *82*, fut de nouveau assailli un siècle plus tard par les hommes du duc de Mercœur lorsque, pendant la Ligue, le seigneur de Quintin se rangea du côté d'Henri IV. Lorsque Amaury Goyon, marquis de La Moussaye, acheta à son beau-frère la seigneurerie en 1638, les bâtiments étaient donc en piteux état. Ce gentilhomme appartenait à l'une des plus riches familles de la province, par ailleurs acquise à la Réforme, comme les Rohan. Leur domaine principal, où ils avaient fait construire dès 158 le château de La Moussaye, se trouvait à la lisière des contreforts du Méné. Leur volonté de prosélytisme ayant reçu un piètre accueil dans cette région de paysannerie pauvre, ils espéraient trouver un terrain plus favorable dans le comté prospère de Quintin. C'était sans compter avec la vigilance de l'évêque de Saint-Brieuc et du prince de Condé, qui, inquiets des progrès de la Réforme, imposèrent au marquis des conditions d'établissement draconiennes. Fort de ses appuis à la cour, celui-là obtint le poste de gouverneur de Rennes en 1653 et enfreignit les ordres en construisant un nouveau château, dont on admire aujourd'hui les bâtiments inachevés.

A sa mort, les travaux, l'entretien coûteux de la communauté réformée

UNE INNOVATION ARCHITECTURALE
La taille très élevée de l'aile sud-est (en haut) masque le reste des constructions et remplace la traditionnelle galerie basse de l'entrée : une anomalie qui traduit clairement une volonté de dominer l'espace urbain. Le traitement des façades trahit une influence maniériste : bâtiments latéraux et corps de logis sont décorés de bossages à anglet et d'une corniche moulurée. Le projet étudié par Gabriel Androuet Du Cerceau (ci-dessus, une élévation de la façade ouest réalisée vers 1604 qui lui est attribuée) ne fut jamais mené à bien.

de Quintin et celui de prêches répartis dans les environs, joints aux innombrables procès avec l'évêque de Saint-Brieuc, avaient profondément entamé la richesse familiale.
On a longtemps attribué l'interruption des travaux à un mémorable soufflet que la femme du marquis, Henriette de La Tour d'Auvergne, avait administré à Mgr Denis de La Barde, évêque de Saint-Brieuc ; cet incident, en réalité, ne fit qu'envenimer la situation.

LE CHATEAU INACHEVE DU XVIIe SIECLE. Henriette de La Tour d'Auvergne fit appel vers 1640 à Gabriel Androuet Du Cerceau, parent du célèbre architecte de la galerie du Louvre et du pavillon de Flore des Tuileries, Jacques Androuet Du Cerceau. Ils adoptèrent le modèle du château à cour carrée, flanqué de quatre pavillons en décrochement aux angles. Ce type de construction, assez rare en Bretagne présente certaines analogies avec le palais du Luxembourg. Un seul pavillon fut achevé, mais il reste les soubassements des autres bâtiments d'angle ainsi que les courtines qui les relient.

LES BATIMENTS DU XVIIIe SIECLE. Couvert de dettes, le nouveau marquis de La Moussaye vendit en 1681 la seigneurie de Quintin à son cousin Guy de Durfort, maréchal de Lorge. Le fils de ce dernier utilisa les pierres du chantier pour construire le château des Lorge dans la forêt voisine ▲ *216*, transforma les écuries du XVIIe siècle en résidence et ajouta deux tours ainsi que des orangeries. Une partie du rez-de-chaussée des bâtiments est aménagée en une galerie-musée retraçant l'histoire de la ville et de ses seigneurs. De rares et beaux objets y sont exposés : collection d'éventails, pièces d'orfèvrerie ancienne et porcelaines.
Le château accueille par ailleurs, chaque été, une exposition thématique originale : collections de pipes, de pots de chambre, d'automates, etc.
Le parterre, situé à l'arrière du logis, devrait être redessiné suivant les plans originaux.

Ci-contre, le corps de logis du XVIIIe siècle et la salle à manger du château.

UNE VERITABLE PLACE FORTE
Les soubassements du château du XVIIe siècle, auxquels on peut accéder, sont redoutables par l'épaisseur de leurs murs et par leurs étroites embrasures. De nombreuses salles voûtées forment sur plusieurs niveaux un ensemble architectural assez rare. Un projet de musée du Jardin devrait y voir le jour.

LE «POTAGER»
Dans les anciennes cuisines, le fourneau du XVIIIe siècle,

tout en granite et percé de sept trous, est l'un des derniers de France.

Ci-dessus, deux détails du logis des chanoines et le tympan néo-roman de la basilique.

La basilique Notre-Dame

Edifiée à la fin du XIXe siècle à l'emplacement de l'ancienne collégiale, l'imposante basilique néo-gothique (le coq du clocher s'élève à plus de 75 m) se dresse dans l'axe de la rue Notre-Dame, où l'on peut voir au n° 7 le LOGIS DES CHANOINES qui la desservaient (début du XVIIe siècle).

Notre-Dame-d'Entre-les-Portes
La fontaine miraculeuse du XVe siècle, ornée d'une Vierge couronnée par les anges, se trouvait à l'origine non pas rue Notre-Dame mais dans une chapelle proche de la Grande-Rue.

La ceinture de la Vierge
Ce culte repose sur une légende apocryphe, très populaire au XIIIe siècle, surtout en Italie. Saint Thomas serait arrivé trop tard pour assister à l'Assomption de la Vierge. A son retour, il aurait refusé de croire au miracle, même devant le tombeau vide. La Vierge, pour le convaincre, lui aurait jeté sa ceinture du haut du ciel. La relique de Quintin fut l'objet d'un miracle : en 1600, un incendie détruisit tout le trésor de l'église et n'épargna que la ceinture, depuis lors conservée dans un reliquaire (ci-dessus).

Une ceinture sacree. La basilique est consacrée à Notre-Dame-de-Délivrance, dont le culte aurait été introduit au XVe siècle par Isabeau de Montauban, femme du seigneur de Quintin, qui aurait obtenu un fragment de la ceinture de la Vierge conservée et vénérée au Puy-Notre-Dame, en Anjou. Notre-Dame fut longtemps appelée la Vierge à la quenouille car les apprenties filandières venaient lui offrir leur première quenouille de lin. La Révolution interrompit quelque temps ces coutumes, qui reprirent sous l'Ordre moral : la population fit le vœu solennel de rétablir le culte de Notre-Dame et les femmes firent don de leurs bijoux pour la réalisation d'un nouveau reliquaire en vermeil. C'est sans doute à l'occasion de sa bénédiction que l'on offrit la statue de Notre-Dame-de-Délivrance datée de 1875 (chapelle de l'abside, au-dessus de l'autel). C'est une statue de bois recouverte de fines feuilles d'argent incrustées de fausses pierres, d'esprit néo-gothique, inspirée par Viollet-le-Duc. Le reliquaire et la statue servent de doublure à la statue ancienne située sous le porche (dont seule la tête est d'origine), et sont portés en procession le jour du pardon (deuxième dimanche de mai). De nombreuses familles demandent ce jour-là des rubans bénits, ayant touché la relique, pour favoriser une heureuse naissance.

Un mobilier original. Le chœur présente un ensemble de style néo-gothique de bonne facture constitué de peintures murales et de la verrière du Sacré-Cœur, conçues à la même époque que la statue de Notre-Dame. Les fonts baptismaux, de la fin du XIVe siècle, proviennent de l'ancienne collégiale. Le couvercle (ci-contre), dessiné par Jeanne Malivel ▲ *251* en 1921, traduit les leçons de Maurice Denis sur le renouveau du décor religieux : délaissant les représentations classiques du baptême du Christ, l'artiste loudéacienne a illustré les versets 2-4 du Psaume 41 «Comme un cerf altéré/cherche l'eau vive/ainsi mon âme te cherche/ toi mon Dieu.» Typographie et motifs décoratifs sont inspirés du répertoire ornemental des Celtes d'outre-Manche.

La Grande-Rue de Quintin, encore bordée de vieilles maisons à pans de bois.

LE VIEUX QUINTIN

LA PLACE 1830 ET LES RUES ENVIRONNANTES. La cité mérite qu'on s'attarde dans ses rues bordées de belles maisons patriciennes ou dans ses ruelles escarpées. La place 1830, où se tenait autrefois la halle ou cohue, et ses rues adjacentes ont conservé quelques beaux exemples de maisons à pans de bois.

A L'ANGLE DE LA RUE AU LAIT ET DE LA RUE BELLE-ETOILE (N° 2), une longue maison à deux étages en encorbellement arbore deux belles tourelles aux massifs d'angle. Leurs chapiteaux sont sculptés ainsi que les poutres et leurs supports. La façade qui donne sur la rue au Lait est percée d'une porte à fronton et pilastres. A L'ANGLE DE LA PLACE 1830 (N° 6) ET DE LA RUE AU LAIT, on peut voir grimacer une figure humaine (ci-contre) dite du Papa au Lait ou Bonhomme Quintin, sur une maison de la fin du XVIe siècle abritant le syndicat d'initiative. Cette figure représenterait une allégorie narguant la Justice. Corbeaux et sablières ont été remarquablement sculptés. Au N° 5 DE LA PLACE, à l'angle de la rue Emile-Nau, se dresse une maison à pignon, toujours revêtue d'ardoises, dite auberge de la Porte à la Rose (XVIe siècle) – porte qui s'ouvrait au nord de la Ville-Close. Enfin, PLACE DU MARTRAY (N° 37) on peut admirer une autre façade à pans de bois du XVIIe siècle.

MAISONS A COLOMBAGE
De plan rectangulaire, elles tournent en général leur petit côté vers la place ; leurs deux étages en encorbellement sont coiffés d'une toiture à croupe. Leurs poutres moulurées étaient souvent recouvertes aux XVIIe et XVIIIe siècles d'un enduit fait d'argile ou de chaux, ou d'une garniture d'ardoises, afin de limiter les risques d'incendie.

LA VILLE BOURGEOISE DU XVIIIe SIECLE

LES HOTELS COSSUS. Le reste de la petite cité arbore une architecture de granite plutôt austère et très homogène. Dans la Grande-Rue, qui fut toujours l'un des axes de la ville reliant la place 1830 et la place du Martray, d'anciens hôtels en pierre de taille témoignent de l'aisance des familles qui alliaient le commerce de la toile aux fonctions judiciaires ou municipales. PLACE DU MARTRAY, plusieurs maisons du XVIIIe siècle ont été construites sur les anciennes douves et, PLACE DE LA MAIRIE, un hôtel de 1740 est devenu hôtel de ville. On y voit aussi une maison datée de 1728, construite par l'échangeur du roi (le percepteur).

LE COUVENT DES CARMES. La rue des Carmes doit son nom à l'important couvent qui y fut construit entre 1621 et 1624. Les religieux s'y installèrent en 1619 à la demande des notables et des responsables religieux de Quintin, inquiétés

Les nombreuses maisons de négociants toiliers, construites au XVIIIe siècle, font le charme de Quintin. Les couvents de la même époque ont souffert d'avantage, tel celui des Carmes (ci-dessous).

Cordonniers, tisserands, tanneurs, forgerons et autres artisans exerçaient leur métier dans les faubourgs de Quintin, à proximité du Gouët.

par les troubles de la Ligue et par les progrès du protestantisme. Le choix de l'ordre fut sans doute guidé par la personnalité du père Philippe Thibault (1572-1638), carme et prieur de Rennes, venu prêcher à Saint-Brieuc. Les religieux s'étaient engagés à fournir des prédicateurs à la collégiale Notre-Dame, à instruire les enfants de la ville et à célébrer des messes à la mémoire des seigneurs défunts de Quintin. A la Révolution, le couvent, ayant perdu une partie de ses ressources, était déjà en plein déclin. La ville a acheté la propriété en 1978 et transformé en jardin public la partie basse du parc (3 ha), ceinturée par un mur de clôture. On peut à loisir s'y promener au milieu d'arbres rares et centenaires et y lire en toute tranquillité. De l'ancien couvent il ne subsiste qu'un grand bâtiment conventuel et surtout un ensemble unique en Côtes-d'Armor, situé au bas du jardin : il s'agit de la fontaine des Carmes, datant du XVIIIe siècle (ci-dessus), composée d'une nymphée et de trois bassins en granite dont un à exèdre (banc en demi-cercle). La fontaine proprement dite comporte un pignon surmonté d'un pot et percé d'une niche par laquelle arrive l'eau. Un texte de 1756 décrit ce lieu comme une «prairie plantée de pommiers et autres arbres fruitiers dans laquelle est une fontaine avec petit et grand viviers».

LA PLACE DE LA REPUBLIQUE. Revenir en ville en laissant à droite la RUE SAINT-THURIAN, où de beaux hôtels du début XVIIIe se trouvent aux nos 1 et 3. La RUE AU LIN – on y vendait le fil de lin apporté par les filotiers de Lanvollon et la cendre qui servait au blanchiment de la toile – mène à la PLACE DE LA REPUBLIQUE (ancienne place du Château-Gaillard). Trois des plus belles maisons de Quintin s'y trouvent aux nos 16, 14 et 4 (fin du XVIIIe siècle). On peut poursuivre la promenade par le Rochonen, en forte pente, ou rejoindre la place 1830 par la RUE AU BLE (la halle au blé s'y trouvait au XVIIe siècle) et la RUE BELLE-ETOILE, qui tire son nom d'un calembour, la «belle tèle» (toile).

LES FAUBOURGS ET LA VALLEE DU GOUET

LA PORTE-NEUVE
Les tours encadrant la Porte-Neuve ont toutes conservé leur toit en poivrière (ci-contre). Au hasard d'une promenade dans les faubourgs, on aperçoit çà et là des petits coins verts où s'épanouissent quelques fleurs à l'ombre de vieux murs.

DES RUES PENTUES. Toutes les rues situées au nord de la place 1830 et qui rejoignent le Gouët ont conservé beaucoup de caractère ; elles étaient autrefois très animées : tisserands, tanneurs, forgerons, bouchers et autres artisans y vivaient et y travaillaient, à proximité de l'eau claire de la rivière. Dans la RUE DES DOUVES, l'on découvre derrière les hauts murs de paisibles jardins agrémentés de glycines et de lilas. Gravir deux rues fortement escarpées, celle des Forges et la RUE DES DEGRES, où se cache un très bel hôtel particulier de 1759. A deux pas de là, la petite CHAPELLE SAINT-YVES (XVIIe siècle) aurait, selon la tradition, offert une halte au saint homme dans la dure montée de Quintin à Cohiniac. Elle aurait été

-contre :
a fontaine du jardin
es Carmes.

édifiée en 1606, la date de 1701, inscrite ur la façade, ne correspondant en fait qu'à une estauration. La Congrégation de Saint-Yves, appelée aussi Frairie des glorieux, parce que oute la bourgeoisie voulait en faire partie, 'y réunissait autrefois. L'édifice aurait également servi de salle d'école ou de bureau le vote pendant la Révolution. Il conserve encore un retable, une belle chaire en chêne du XVIIIe siècle. L'immense crucifix que l'on porte aux flambeaux, sous un dais rouge et noir, ors de la procession du vendredi saint appartenait à l'origine à la chapelle. Un peu plus loin, dans la RUE DES URSULINES, la chapelle de l'ancien couvent offre une façade oute sobre et soignée, qui ne manque pas d'originalité. Les Ursulines créèrent ce couvent en 1707 ; ce fut le dernier établissement fondé en Bretagne par leur ordre. Des bâtiments construits entre 1713 et 1719, il ne reste plus que l'aile sud-ouest et l'église, simple rectangle surmonté de deux étages de dortoirs. Pendant cent ans toutes les jeunes filles de la région y furent éduquées ; la Terreur transforma le couvent en résidence surveillée pour les adversaires de la Révolution, puis en 1904 la municipalité le convertit en logements sociaux. Redescendre vers le Gouët par la RUE DE LA BERLICHE (ou berlinge, étoffe de lin et de poil de vache), habitée jadis par des tisserands, et faire une petite incursion jusqu'au vieux séchoir à peaux situé à proximité du Vau-du-Gouët dans la RUE DES DOUVES. On se trouve alors au cœur de l'ancien quartier des tanneurs et des bouchers.

Carte postale ancienne représentant le Gouët à la sortie de l'étang.

LA VALLEE DU GOUET. Les amateurs de promenade peuvent continuer et franchir le Gouët en suivant le chemin de La Perche. Au lieu dit de Pissopré, on croise l'ancien moulin à foulon, qui précède celui de La Perche (nom désignant une petite planche qui permet le passage au-dessus d'un ruisseau), daté de 1702.

A droite du moulin à eau, un sentier étroit en plein bois, permet de dominer toute la charmante vallée du Gouët.

La rue des Forges. On remarque au sol les nombreuses scories issues des fours où furent forgés des canons au XVe siècle

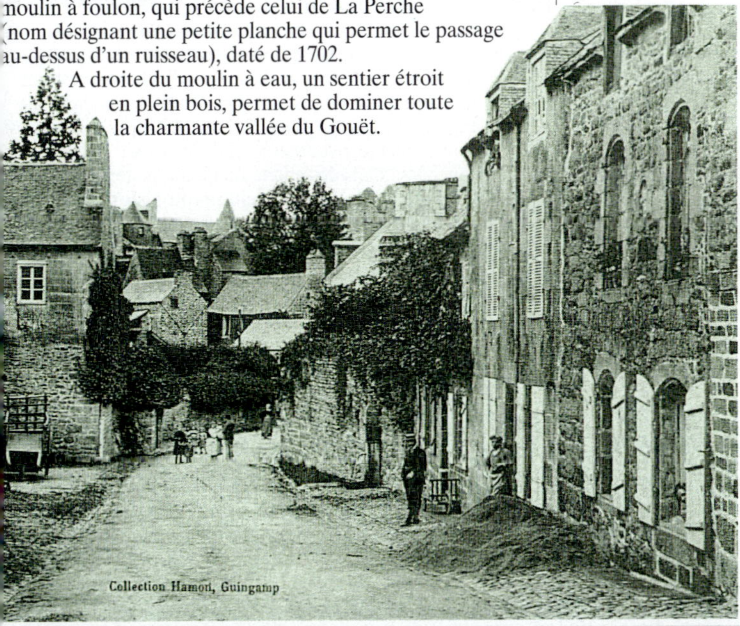

50 km
1 journée

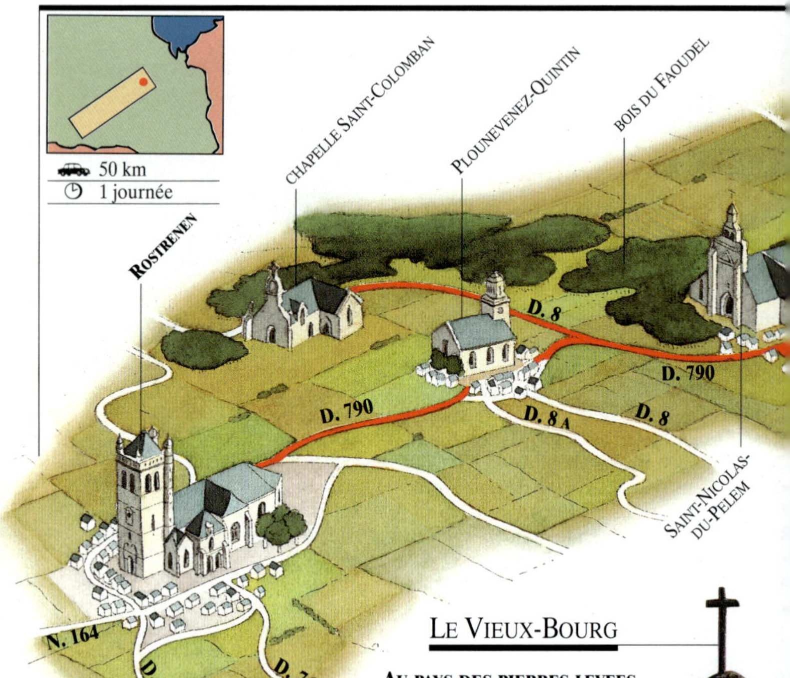

LE VIEUX-BOURG

AU PAYS DES PIERRES LEVEES. De Quintin, prendre la D 28, qui se transforme à partir du Vieux-Bourg en une belle route de crête. Le Vieux-Bourg est le pays des pierres levées, comme en témoigne le menhir christianisé (ci-contre, à droite), étonnant monument aux morts, qui se trouve devant la mairie. Il fallut douze paires de bœufs pour le transporter sur 6 km, en 1922. Les plus beaux vestiges mégalithiques se trouvent dans la «montagne» ♥ sur la route de Saint-Gilles-Pligeaux. Le site de Porzic est remarquable, avec son menhir de forme svelte (7 m) enchâssé dans des alignements de rochers. Il pourrait s'agir d'un atelier protohistorique comme le suggère l'amas de pierres en cours de fissuration ou de taille. Plus loin, en direction du Pasquiou ♥, à gauche avant la première ferme, on aperçoit le dolmen du Parc-en-Neun, planté dans une sorte de cirque encaissé. Sa table circulaire repose sur quatre piliers formant une chambre close sur trois côtés. Au sommet, deux menhirs, distants de 500 m, veillent sur la ligne de crête et de partage des eaux. Le moins massif des deux, Crec'h Ogel, est christianisé.

Le clocher de l'église de Saint-Gilles-Pligeaux, haut de 45 m, est une grosse tour carrée flanquée d'une galerie extérieure, surmontée d'un dôme et d'un clocheton.

SAINT-GILLES-PLIGEAUX

CHAPELLE NOTRE-DAME-DE-LA-CLARTÉ. Avant d'arriver au bourg, sur la route de Guingamp (D 767), on aperçoit cette jolie chapelle construite en 1785 sur une éminence (277 m). La petite balade à travers champs, bien fléchée, qui conduit à une fontaine, est conseillée.

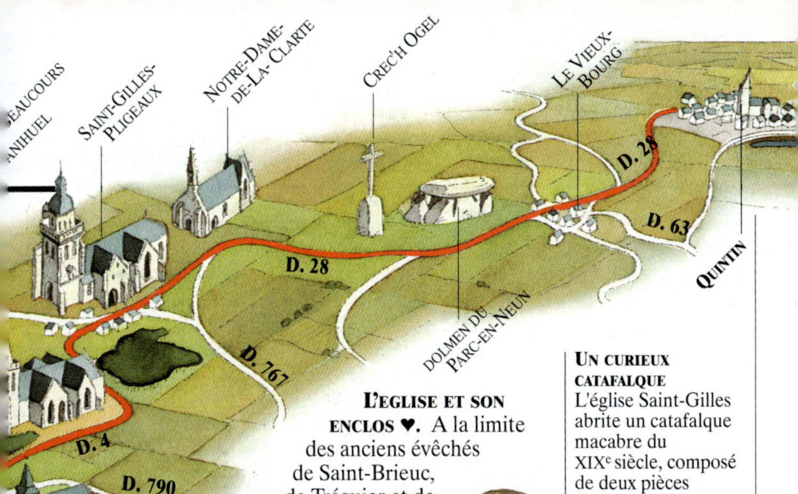

L'EGLISE ET SON ENCLOS ♥. A la limite des anciens évêchés de Saint-Brieuc, de Tréguier et de Quimper, au cœur du haut pays bretonnant, Saint-Gilles fut le chef-lieu d'une justice de paix jusqu'en 1801. Sa fierté est un ensemble architectural imposant, composé de l'église et de la chapelle Saint-Laurent (1531), enceintes dans le même enclos et taillées dans un granite à gros grain rude, à l'époque où Saint-Gilles était un haut lieu de dévotion. L'église (XVIe-XVIIe siècles) possède une façade occidentale à quatre contreforts, marquée par le style gothique flamboyant. La porte s'ouvre en un arc brisé à pointe d'accolade encadré de pinacles portant chacun un angelot à la chevelure frisée et aux mains jointes. De chaque côté, un personnage en buste – sans doute deux apôtres –, l'un montrant un calice, l'autre déroulant un évangile de pierre, accueille le fidèle. L'agneau de Dieu est figuré près des contreforts d'angle. Le porche sud s'ouvre dans un pignon aux petites ouvertures barreaudées. La porte d'entrée est sculptée de vingt-quatre petits panneaux travaillés : une figure d'ange aux coins supérieurs (ci-dessus) et des «galettes» fleuries en leur centre les décorent. A l'intérieur, à la croisée du transept, la voute lambrissée est peinte d'un bleu céleste et décorée d'étoiles.

On peut y voir trois pièces de mobilier intéressantes : un retable (fin XVIIe siècle) exécuté par Chrestien Le Roux et Beaubois, et doré en 1712 par Guillaume Le Moal de Guingamp ; un groupe de sept statues en tuffeau de 1718 représentant la Passion (ci-contre et à droite) et un catafalque, dont la partie supérieure comporte des panneaux décorés d'une frise de têtes de mort et de tibias entrecroisés soulignée de l'inscription HIRIE DIME, VARCHOAS DIDE. La partie inférieure est ornée de deux longues palmes croisées.

UN CURIEUX CATAFALQUE
L'église Saint-Gilles abrite un catafalque macabre du XIXe siècle, composé de deux pièces distinctes posées l'une sur l'autre.
Ce type de mobilier, introduit massivement en basse Bretagne lors du renouveau missionnaire du début du XIXe siècle, s'appuie à la fois sur une tradition locale du culte des morts et sur une conception de l'art funéraire héritée du Concile de Trente : la méditation sur la mort est alors proposée comme remède contre les passions. Le crâne devient un instrument de prière. Ces visions macabres étaient censées interpeller chaque chrétien : «Tu veux attendre à demain pour être juste, tempérant, charitable, mais es-tu sûr de demain ?» (saint Ignace de Loyola).

DEUX FONTAINES JUMELLES
Situées en bas du bourg de Saint-Gilles-Pligeaux, toutes deux datent du XVIIIe siècle et sont alimentées même en période de grande sécheresse. L'une verse ses eaux dans le Blavet, qui coule au midi, l'autre se jette dans le Trieux, au nord. Les niches abritaient autrefois les statues de saint Gilles et de saint Loup (à gauche), et de saint Laurent (à droite).

CHAPELLE SAINT-LAURENT. Son charme lui vient aussi bien de sa gracieuse façade que de la petite porte du midi, remarquablement sculptée. Edifiée en 1531 à 22 m de l'église, sur la ligne de partage des eaux, elle est surtout citée pour son chevet à trois pans coupés, ouverts de baies selon le modèle imposé par l'atelier morlaisien des Beaumanoir ▲ *328*.

Saint Laurent passait pour guérir les brûlures appelées «feux de saint Laurent» : on jetait à la tête de sa statue de grandeur nature une poignée de terre mouillée ; si elle restait collée, c'était signe de guérison.

CANIHUEL

Le village est essentiellement un point de départ pour de belles randonnées pédestres vers la cime de Kerchouan et la vallée du Sulon. Au bourg, il serait cependant regrettable de ne pas visiter l'ÉGLISE NOTRE-DAME, entourée de son enclos constitué, comme à Saint-Gilles-Pligeaux, d'énormes blocs de granite. L'édifice, un bon exemple de l'architecture bretonne du XVe siècle, frappe par l'ampleur de ses proportions et la complexité de son plan. De la première église (XIVe siècle) subsiste le porche occidental, décoré d'arcatures comme à Runan ▲ *355*, et le chœur. Le clocher-porche date de la fin du XIVe siècle. La nef et les deux transepts furent réalisés en 1474 lors d'une seconde campagne qui se termina par la pose des belles sablières du célèbre artisan Olivier Le Louargan – il réalisa quelques années plus tard Saint-Fiacre-du- Faouët (Morbihan).

LE MOULIN DE PELLINEC
Le Sulon, riche en truites, alimente l'étang de Pellinec retenu par une chaussée qui surplombe un très ancien moulin aux belles ouvertures (ci-dessus).
L'auberge de Pellinec, à proximité, permet aux promeneurs de se restaurer dans un cadre champêtre fort agréable.

L'intérieur de l'église a beaucoup souffert du temps. Lors de la réfection de la charpente (toujours en cours), certaines figures sculptées sont tombées en poussière et des engoulants ont dû être remplacés. Quelques dragons, lapins et personnages grotesques ont été préservés. En sus du jubé, dépourvu d'ornementation, on peut admirer une Vierge à l'Enfant et des fragments de vitraux du XVIe siècle.

SENTIER PEDESTRE DU SULON ♥. Du bourg, emprunter la boucle de 12 km, vallonnée et balisée par les jeunes de la commune, qui permet de découvrir des paysages de sous-bois, de chaos granitiques (Pont-an-Devet), de prairies arrosées par les petits affluents du Sulon.

UNE ROUE À CARILLON
La chapelle du Ruellou à Saint-Nicolas-du-Pelem conserve ce curieux instrument que l'on accrochait à un mur et que l'on faisait sonner aux moments solennels de la messe.

L'histoire n'est pas absente de ce circuit puisqu'on y croise une motte féodale dite du Camp romain (la voie romaine reliant Vorgium-Carhaix à Alet-Saint-Servan passait à Pellinec), le MANOIR DE KERSOLIO (fin XVIIe siècle-début XVIIIe siècle) et, dans un décor de rochers et de sous-bois, une grotte dédiée à la Vierge en remerciement de la protection qu'elle accorda au village en 1944. Un maquis s'y était en effet formé, dont l'état-major réussit à échapper aux Allemands peu avant la rafle de Saint-Nicolas-du-Pelem.

Groupe de la Sainte-Trinité conservé dans l'église Notre-Dame, à Canihuel.

SAINT-NICOLAS-DU-PELEM

CHAPELLE DU RUELLOU. Le petit édifice, situé à 1 km au sud du bourg, est difficile à trouver mais cela en vaut la peine. Extérieurement très simple, avec son clocheton d'ardoise en avancée au-dessus de la porte, il est entouré de châtaigniers. A l'intérieur, une roue à carillon polychrome de 1777 sonne encore le jour du pardon ou, à la demande, les baptêmes. Cet instrument (ci-dessous) est constitué d'un cercle en bois muni de douze clochettes et relié à un moyeu central par douze rayons. Une manivelle, simple corde, permet de produire un effet sonore signalant aux fidèles les moments solennels de la cérémonie. «A Magoar, elle est connue pour introduire le chant du *Te Deum*, à Laniscat, elle ponctue certaines phrases des baptêmes et à Saint-Gilles-Pligeaux, elle annonce l'instant de l'Elévation» (Marie-Joe Menez). A ces objets oubliés furent attribuées diverses vertus : remède contre le mutisme, divination… d'où leur nom de roue de Fortune. On en trouve dans toute l'Europe. Sur les vingt et une roues de Bretagne, quatre sont conservées dans un périmètre restreint, autour du Blavet (à Laniscat, Locarn et Kerien-en-Lanrivain ▲ *258* ▲ *280*).

Cette statue de saint Nicolas (ci-dessous) se dresse au bas du rampant gauche de l'église qui lui est dédiée, au-dessus des degrés où le sacristain faisait les annonces municipales après la messe dominicale.

UNE STATION VERTE. Adossé au rebord montueux du massif granitique de Rostrenen, Saint-Nicolas-du-Pélem est bien protégé des vents du nord. Station verte de vacances, on peut y trouver un hôtel, un foyer rural et des restaurants près de l'église avant de s'engager sur 50 km de circuits balisés par la commune, propriétaire de la forêt et de l'étang de Beaucours. La pureté des rivières est connue des pêcheurs, qui viennent de loin pour traquer la truite sauvage dans les eaux du Blavet, du Sulon, du Faodel et des ruisseaux de Beaucours et du Korong.

EGLISE SAINT-NICOLAS ♥. Sur la place du Kresker se tient l'ancienne chapelle privée du manoir du Pélem (XVe-XVIe siècle), devenue église paroissiale en 1870 par donation de la famille de Beaucours. Elle possède une façade intéressante, dotée d'une porte en arc brisé encadrée de contreforts massifs. Le clocher, abattu par la foudre et reconstruit

Le manoir du Pélem (1661) est une classique demeure Louis XIII de la campagne bretonne.

En plein bois, les ruines du château de Beaucours, construit entre les XVe et XVIIe siècles.

au XIXe siècle, manque un peu d'envolée. Au nord, deux portes méritent un coup d'œil : l'une, de 1576 , est appelée Porte des hommes ; l'autre, flamboyante, est ornée d'une belle accolade, dont la pointe élancée s'achève par un socle qui supporte la statue de sainte Marie-Madeleine. A l'intérieur, très belle verrière de 1470 représentant la Passion du Christ (incomplète). La fontaine Saint-Nicolas (début XVIIe siècle) est en contrebas de l'église. Un dôme abrite la statue du saint.

MANOIR DU PELEM (rue du Kreisker, peu visible de la route). Les tourelles auxquelles on accède par le Pors-Coz sont une fantaisie coûteuse des propriétaires, qui voulaient y édifier un pavillon de chasse pour le successeur éventuel de Napoléon III. Sedan et la république en décidèrent autrement…

BOIS DE BEAUCOURS ET ALENTOURS ♥. A 400 m au sud du bourg, le MOULIN DE KERMAR a conservé, fait rarissime, son mécanisme intact. Une jolie route traverse le bois de Beaucours et mène à l'étang du même nom, mais il est recommandé de suivre l'un des sentiers de randonnée afin de découvrir tour à tour l'oratoire sacré dit de la Famille de saint Joseph, en cours de restauration (en voiture, prendre la direction de Kerlouet), les ruines du château de Beaucours (XVe-XVIIe siècle), et un camp médiéval sous hêtraie. En traversant le bois en direction de Kerpert, on pourra admirer la CROIX DE KERLEOURET ainsi que le beau MANOIR en équerre DE LOCGUELTAS (privé) des XVIIe-XVIIIe siècles.

CHAPELLE SAINT-ELOI. (1 km au sud-est du bourg). La flèche élancée de son clocher (fin XVIe siècle), d'un beau style flamboyant, lui confère beaucoup de cachet. Une fontaine classée se trouve à 300 m. Jusqu'à cent chevaux y étaient amenés avant guerre, le jour du pardon (premier dimanche de septembre).

PLOUNEVEZ-QUINTIN

EGLISE SAINT-PIERRE. Dans cet édifice de style composite du XVIe siècle (chœur et transept) et du XVIIIe siècle (nef et collatéraux), on découvre le *Chemin de croix* peint en 1932 par l'artiste Xavier de Langlais, le premier d'une série de sept, qu'il réalisa en Bretagne. Ce peintre (1925-1975), qui participa au mouvement des *Seiz Breur* fut avec l'architecte James Bouillé la cheville ouvrière du mouvement d'art religieux, l'Atelier breton d'art chrétien ▲ *215*. Les quatorze stations peintes à l'huile sur des panneaux de fibrociment insérés dans les murs de l'église sont malheureusement abîmées par l'humidité.

«CHEMIN DE CROIX» DE XAVIER DE LANGLAIS
«La composition de chaque scène est ramenée à l'essentiel [...] Toute concession au pittoresque, à l'anecdote, au décoratif [...] est ici bannie [...] La palette d'emblée volontairement réduite, s'assombrit à mesure que le drame progresse vers son épilogue» (Philippe Bonnet).

Chapelle Notre-Dame-de-Kerhir. La chapelle, construite à la fin du XVIe siècle, séduit surtout par son site et la délicatesse de son clocher-porche, ajouté au XVIIIe siècle.
Chapelle Saint-Colomban (3 km à l'ouest du bourg). Séparés par la route, chapelle et calvaire, tous deux de la fin du XVe siècle ou du début du XVIe siècle, valent un détour malgré un cadre peu heureux. Le calvaire de granite gris porte une croix encadrée de deux scènes adossées : sur la face est, le Christ en croix est entouré de la Vierge et de saint Jean ; sur la face ouest, les trois Saintes Femmes se rendent au tombeau. Le patron des lieux, saint Colomban, un moine venu s'établir sur le continent au VIe siècle, était jadis invoqué pour la guérison des maladies nerveuses.

A Plounevez-Quintin, la chapelle Notre-Dame-de-Kerhir et son enclos sont bien préservés et entourés de verdure.

Rostrenen

Marchés et festivals. Rostrenen apparaît d'abord comme un gros bourg rural où les éleveurs du «pays fisel» viennent faire leur marché et vendre leur production. Le mardi est le grand jour d'animation : les étalages envahissent toutes les rues principales, la place de la République et la place du Bourg-Coz (Vieux-Bourg), tandis que se déroule le marché au cadran pour le gros bétail, les moutons et les petits veaux (ci-contre). Rostrenen est également un haut lieu de danse et de musique populaires. Le renommé Cercle celtique organise chaque année au mois d'août un concours de danse «fisel» ● *80*. Très spécifique de cette région, la clarinette a son association, la *Paotraed an dreuienn gaol*, qui invite ses homologues de tous pays au Festival de la clarinette populaire de Glomel (fin mai). Tradition locale, musique urbaine et jazz s'associent durant ces rencontres internationales, pendant lesquelles on peut entendre, outre des formations régionalistes, des musiciens de différents pays. L'urbanisme dénote le même esprit d'ouverture : la place de la République fait voisiner avec succès maisons du siècle des lumières et fontaines contemporaines.

Tous les mardis, moutons et veaux trouvent des acheteurs au marché au cadran.

Collégiale Notre-Dame-du-Roncier. Cette appellation provient du mot breton *rostren* (colline de la ronce), d'où dérive le nom de la ville. L'église était à l'origine l'ancienne chapelle du château féodal des barons de Rostrenen, érigée en église paroissiale et en collégiale par une bulle du pape Sixte IV, en 1483. L'édifice connut de nombreuses phases de construction et de restauration. La partie la plus ancienne est le beau porche sud (XIVe siècle pour la partie basse, XVIe siècle pour la partie haute), qui abrite les statues des apôtres, œuvre du sculpteur Chamaillard de Rostrenen. La coutume d'aligner les apôtres de part et d'autre du portail apparut en France au XIIIe siècle, quand les artistes commencèrent à les

Le pays fisel
La région de Carhaix-Plouguer et de Rostrenen est souvent désignée du nom de «pays fisel». Ce territoire traditionnel se distingue par une mode vestimentaire et surtout par une pratique spécifique de la danse en rond, naguère imposée aux hommes lors des festou noz organisées à l'automne ● *76* ● *80*.

OLIVIER PERRIN
Une plaque apposée à l'angle de la rue Olivier-Perrin et de la place de la République rappelle que «le peintre des Bretons de Cornouaille naquit à Rostrenen le 2 septembre 1761». Formé à Rennes puis à Paris, privé par la Révolution d'une carrière académique, il revint en Bretagne en 1794. Surtout connu pour sa série de gravures dite *Galerie des mœurs, usages et costumes des Bretons de l'Armorique*, il ne négligea pas la peinture religieuse, comme en témoigne *L'Assomption de la Vierge* conservée à la collégiale (ci-contre).

personnifier en plaçant entre leurs mains l'instrument de leur supplice. A l'époque romane, il était en effet difficile de les distinguer les uns des autres car, mis à part saint Pierre, qui portait des clefs en mémoire du pouvoir que lui avait donné Jésus de lier et de délier les âmes, tous tenaient à la main un livre. Bientôt «saint Paul reçut une épée, parce qu'on ne pouvait douter qu'il eût été décapité ; saint André porta une croix, parce que ses Actes disaient qu'il avait été crucifié ; saint Jacques le Mineur tint une massue, parce qu'il avait été assommé au pied du temple de Jérusalem par un foulon armé de son bâton. Quant à saint Barthélémy, il fut reçu, dès la première moitié du XIIIe siècle, malgré le désaccord des légendaires, qu'il avait été écorché, et on lui mit un couteau à la main» (Emile Mâle). A l'intérieur de la collégiale, les trois retables du XVIIIe siècle portent la marque de fabrique de l'arsenal de Brest. L'installation de l'atelier de sculpture de la Marine royale à Brest, en 1670, renouvela en effet le style des retables bretons en bois, car les artistes qui y étaient employés recevaient leurs modèles directement des ateliers du Louvre. Les modes italienne et européenne en général, pénétrèrent ainsi massivement en basse Bretagne. Dans le transept nord, le retable porte le buste de Notre-Dame (XVIIIe siècle), éclairé par un vitrail (1867) qui relate la découverte de la statue, en 1300 selon la tradition, au pied d'un rosier qui fleurissait en plein hiver. Le tableau de composition classique représentant *L'Assomption de la Vierge* (en haut), don d'Olivier Perrin à sa ville natale, rappelle que l'artiste n'était pas seulement un peintre de bambochades

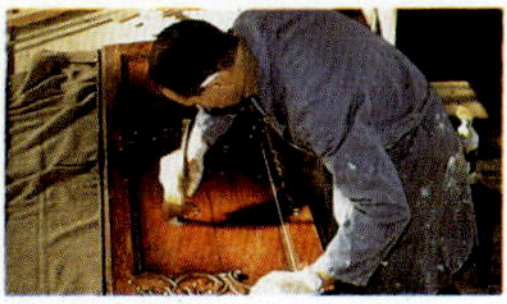

bretonnes et que l'esthétique de son contemporain David ne lui était pas étrangère. Au fond du chœur, on peut voir le trône épiscopal de monseigneur Bouché, évêque de Saint-Brieuc (1822-1888), originaire de Rostrenen. Il demanda à Rome la faveur du couronnement pour Notre-Dame de Rostrenen, qui fut accordé sous le ministère de son successeur, monseigneur Fallières, le 2 juillet 1900. Sous le chœur, surélevé au XVIIIe siècle, se trouvent sans doute les sépultures et les pierres tombales des barons de Rostrenen.

Femme en costume traditionnel de Rostrenen ● *76*.

FONTAINE NOTRE-DAME-DU-RONCIER. Dans une ruelle à droite de l'église, deux escaliers de six marches entourent le bassin, très encaissé, et permettent d'accéder à la fontaine nymphée.

MANOIR DE COMPOSTAL. Sur la place du Bourg-Coz, l'ancien manoir (XVIe-XVIIIe siècle) doté d'une tour à dôme et d'une porte flamboyante abrite une école secondaire, agrandie en 1932 par l'architecte néo-breton James Bouillé (1894-1945). Ce militant, qui participa en 1927 à la création du Parti autonomiste breton, travailla toute sa vie au renouvellement de l'expression artistique bretonne. Très ouvert aux mouvements d'avant-garde irlandais, anglo-saxons et scandinaves, il sut utiliser certaines de leurs innovations. «Nous devons être de notre époque, écrivait-il en 1920, progresser comme tous les modernes, mais à la manière celtique. Tout en restant par-dessus tout nous-mêmes, ayons une vue largement ouverte.» Sa production, assez éclectique, concentrée dans le Trégor, trouva son expression dans l'architecture sacrée. Très croyant, il fut avec Xavier de Langlais ▲ *212* à l'origine de l'Atelier breton d'art chrétien (*An Drœllen*), qui regroupa artistes et artisans en vue de rénover l'art sacré. La chapelle de l'institution Saint-Joseph de Lannion est l'une de ses plus belles réalisations ▲ *313*.
Le JARDIN PUBLIC qui entoure le manoir permet une halte agréable. Le poète Armand Robin (1912-1961) ● *128*, né à Kerfloc'h en Plouguernevél, fit ses études au manoir de Compostal après avoir fréquenté l'école publique.

EN AVANT... MARCHE ! Rostrenen est aussi un point de départ pour des excursions pédestres vers Kergrist-Moëlou et la forêt de Duault ▲ *289* au nord, le canal de Nantes à Brest ▲ *313* et les montagnes Noires au sud-ouest. L'association locale Rando Rostren propose un circuit de 12 km (PR de Kerbescont). Des balades en Centre-Bretagne sont organisées sous le nom Les Krec'haou (les collines) avec au programme des haltes possibles : fermes d'accueil, crêperies, golf, base nautique ou dégustation de fromages de chèvre.

LA MAISON BRANTHOME
Cette fabrique de meubles, sise à Rostrenen, connut son heure de gloire au XIXe siècle, et se consacre aujourd'hui essentiellement à la restauration ● *74*.

LA FONTAINE NOTRE-DAME-DU-RONCIER
C'est près de cette fontaine de style Renaissance que fut trouvé le buste de la Vierge dont on célèbre le pardon à la mi-août.

ARMAND ROBIN
Les admirateurs de son œuvre poétique viennent fleurir la tombe de celui qui chercha un langage universel et démonta les mécanismes de la «fausse parole». La revue *La Criée* reste fidèle à sa démarche et anime aujourd'hui la vie culturelle de Rostrenen.

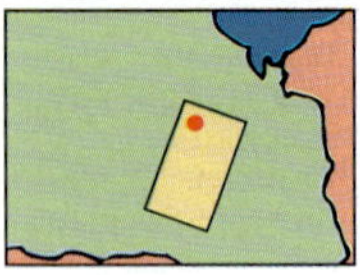

50 km
1 journée

LE CHEVREUIL ■ *50*
La forêt de Lorge abrite l'une des plus importantes populations de chevreuils de Bretagne. Souvent confondu avec une biche, il en diffère pourtant par sa petite taille : le mâle, ou brocard, dépasse à peine 25 kg. Cet animal gracieux sort de son gîte au crépuscule et la nuit, mais on peut le surprendre de jour en lisière de forêt ou dans les landes. Le mois d'août, pendant le rut, est la meilleure période d'observation diurne. Herbivore, le chevreuil apprécie les baies, les mûres, les champignons, les faînes et les glands. Depuis la disparition du loup, sa population a beaucoup augmenté. Une bonne gestion cynégétique n'est pas étrangère à ce résultat, mais le chevreuil a profité surtout de l'accroissement des friches agricoles.

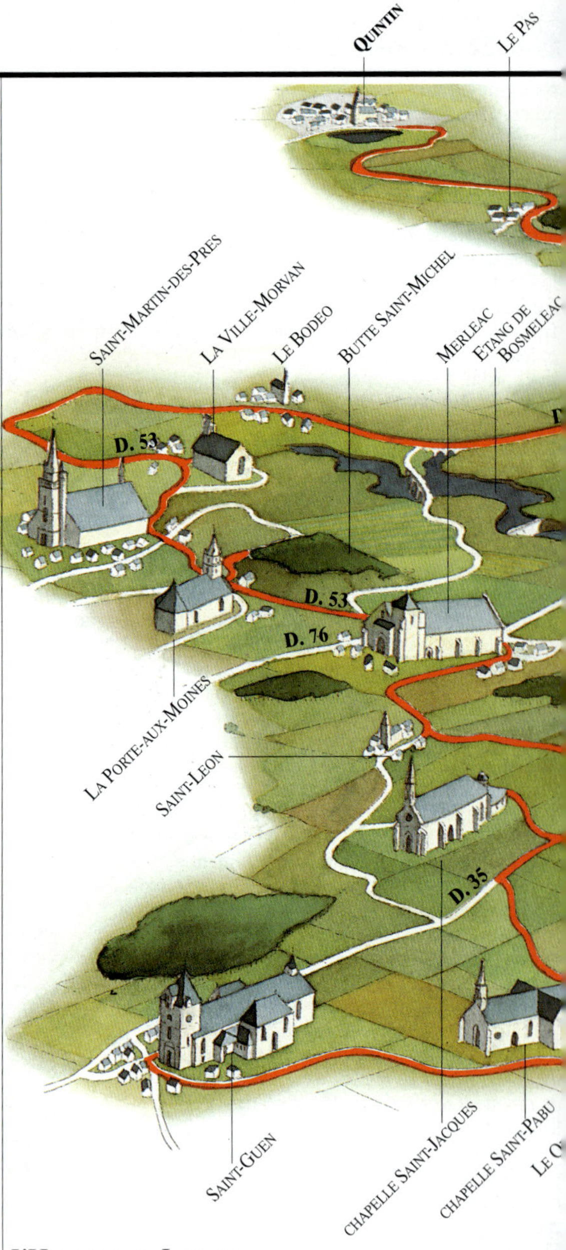

L'HERMITAGE-LORGE

FORET DE LORGE ■ *48.* Au sud de Saint-Brieuc, la forêt de Lorge, avec ses 2 600 ha, constitue l'un des milieux naturels les plus intéressants et les plus vastes des Côtes-d'Armor. L'intérêt de ce massif forestier demeure considérable malgré les «saignées» pratiquées au début du siècle, lors de la réalisation des routes D 700 et D 7, qui, en le divisant, rompirent l'équilibre écologique, et malgré les trouées causées dans la hêtraie par la

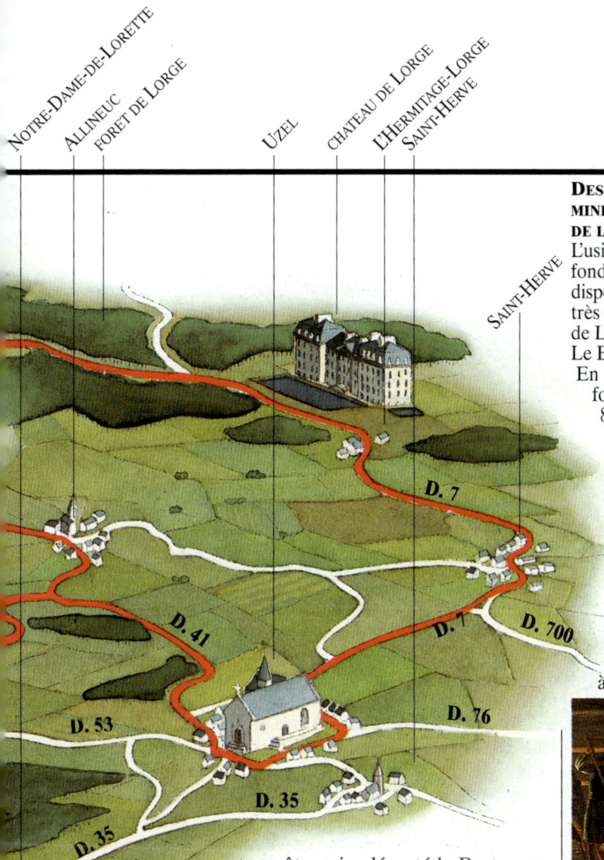

tempête qui a dévasté la Bretagne en 1987. La forêt – le plus important site inscrit de l'intérieur du département – est un domaine privé, dont la gestion est exemplaire. Afin d'éviter que son ouverture au public, sous surveillance, ne se traduise par d'excessives prédations, la cueillette des champignons y est soumise à autorisation et la destruction des mustélidés interdite (belettes, fouines, etc.).

L'alternance de sols basiques et de sols granitiques, et la plantation par le propriétaire de nombreux feuillus, dont des essences nord-américaines, expliquent la diversité du couvert végétal. La forêt abrite ainsi des espèces végétales et animales peu communes : l'aspérule et l'asphodèle, la plupart des variétés de fougères, de lichens et de mousses recensées en Bretagne et la belle lathrée clandestine, qui se distingue à la floraison (de mars à mai) par sa parure mauve.
Comme insectes, on trouve des coléoptères tel le carabe blései.
Un escargot protégé, l'élone de Quimper, ici à la limite nord-est de son aire de répartition, ainsi que la grenouille rousse et la salamandre, y trouvent des milieux de vie favorables.

DES FORGES ET UNE MINE AU CŒUR DE LA FORET

L'usine à fer du Pas, fondée en 1828, disposait d'une mine très profonde en forêt de Lorge, au lieu-dit Le Bas-Vallon.
En 1835, le haut fourneau rendait 800 t de fonte de toutes espèces et employait trois cents ouvriers.
Ses activités ont cessé en 1978 et le site, constitué de bâtiments disparates, impossibles à entretenir et

difficiles à reconvertir, a été rasé quelques années plus tard.
L'étang, le village ouvrier, dont les ruelles étroites gravissent le coteau, et, sur le versant opposé, la chapelle et la maison de maître, dans un état précaire, demeurent les seules traces d'une communauté réunie pendant un siècle et demi autour des hauts fourneaux .

LE CHATEAU DE LORGE

HISTOIRE DE PROPRIETAIRES. Caché au milieu des bois, le château, une propriété privée, est situé à l'orée de la forêt, à moins d'un kilomètre du bourg. Sa masse imposante et les larges perspectives du domaine en font l'une des plus vastes propriétés des Côtes-d'Armor. Il fut construit entre 1721 et 1740 par Guy-Nicolas de Durfort, duc de Lorge et beau-frère de Saint-Simon, qui le détestait ▲ *203*.
Ce grand seigneur y menait un train de vie somptueux .
La famille de Choiseul-Praslin en hérita au XVIIIe siècle et, à partir du minerai de fer local, créa les forges du Pas.
LES FONDERIES DU PAS. L'usine à fer du Pas, fondée en août 1828, fut placée sous la responsabilité du baron du Taya (fils), archéologue, agronome et de surcroît maître de forges. La nouvelle usine devait produire des fontes livrables aux forges à l'anglaise, notamment à Basse-Indre, aux portes de Nantes. Elle disposait d'une minière de fer très profonde en forêt de Lorge, au lieu-dit Le Bas-Vallon, et était associée aux fours à chaux voisins de Cartravers, qui lui fournissaient le calcaire nécessaire à la réduction du minerai. Le passage du chemin de fer après 1880, véritable cordon ombilical avec le reste du pays, assura la pérennité des ateliers transformés en fonderie de seconde fusion et achetés, en 1906, par Adolphe-Henry de Villeneuve, banquier influent de Quintin. L'usine prospéra en fournissant les services de distribution d'eau et les établissements grossistes en sanitaire, mécanique et hydraulique. Mais ses techniques peu modernes et son isolement conduisirent à la cessation brutale de ses activités en 1978.
UN EPISODE CHOUAN. Pendant la Révolution, le château fut le théâtre d'un drame de la chouannerie. Deux cents grenadiers et gardes nationaux y débusquèrent une royaliste qui répondait au nom de Mme Le Frotter de Kerilis ; c'était une épouse d'émigré, qui avait été arrêtée et condamnée à mort au terme d'un procès expéditif. Afin de reculer la date fatale, elle s'était déclarée enceinte, ce qui permit à ses deux fils d'organiser son enlèvement. Le 26 octobre 1799, ils pénétrèrent dans la ville de Saint-Brieuc, déguisés l'un en femme, l'autre en ivrogne. L'opération réussie, ils quittèrent la ville à l'aube et se réfugièrent dans le château de Lorge, inhabité depuis vingt ans. Mais les Bleus ne tardèrent pas à les rattraper et tuèrent dans leur fuite Mme Le Frottier de Kerilis et l'un de ses fils.
LES FASTES DU GRAND SIECLE. Les bâtiments forment un magnifique ensemble du XVIIIe siècle, remarquable par ses dimensions, l'importance de ses toitures à la Mansart et la sobriété, très bretonne, de ses façades de granite. Le corps de bâtiment central, légèrement en avancé, est coiffé d'un fronton triangulaire. Deux pavillons imposants l'encadrent, prolongés par des terrasses, vestiges des ailes démolies en

LE CHATEAU DE LORGE
Construit au XVIIIe siècle par le beau-frère de Saint-Simon, c'est l'une des plus grandes demeures des Côtes-d'Armor. Ci-dessus, la façade et les douves du côté de l'étang.

Sur la façade principale du château, au nord, court un péristyle qui encadre un perron d'un classicisme parfait :

fronton triangulaire, portique à colonnes toscanes et à piliers carrés, balcon à ferronnerie.

Ci-dessus, les parterres de buis taillés qui bordent la façade arrière du château de Lorge.

785 et 1789. Côté sud, un jardin de broderies (buis taillés) lomine deux grands miroirs d'eau. La façade est toute simple, ythmée par la seule succession des cinquante-trois fenêtres :t du perron central. A l'ouest, en bordure de forêt, es communs s'alignent autour d'une cour carrée, à proximité l'un grand potager. La taille des écuries, conçues pour deux :ents chevaux, trahit les ambitions du duc de Lorge qui, lit-on, voulait tenir garnison dans son domaine.

.E CHEMIN DES MARTYRS. Vers Loudéac, au lieu-dit Les Forges, un petit sentier à prendre à pied conduit aux Fosses de la forêt de Lorge (ci-contre), lieu tragique et émouvant, où l'on retrouva, dans un charnier, les corps suppliciés de cinquante-cinq patriotes tués par les nazis en juillet 1944. Ces résistants ıvaient été emmenés à Saint-Brieuc puis exécutés :n représailles du meurtre d'un officier allemand, retrouvé lans le bois de Plouguenast.

LES FOSSES DE LA FORET
On découvre, non sans émotion, ce petit cimetière perdu en pleine forêt et à demi abandonné ; on peut lire sur les tombes le jeune âge des victimes exécutées par les nazis en 1944.

PLAN D'EAU DE BOSMELEAC

.E BARRAGE ET LA RETENUE. Situés sur l'Oust (affluent de la Vilaine), ils ont été créés en 1832 pour alimenter le canal de Nantes à Brest par l'intermédiaire de la rigole d'Hilvern. Le barrage rustique, à quatre contreforts massifs et cascade écumante, est une attraction. D'importants travaux de consolidation sont prévus pour les prochaines années. Car si la retenue de Bosméléac n'alimente plus la rigole d'Hilvern, elle joue encore un rôle important dans la régulation des eaux de l'Oust. La maison du garde chargé de surveiller le régime des eaux est nichée quelques mètres plus loin, en surplomb de l'ouvrage. Une aire de pique-nique se trouve à proximité. Enfin, pour avoir le plus beau point de vue sur tout le plan d'eau, grimper par le sentier qui part derrière la petite maison, face au café-buvette.

L'ETANG DE BOSMELEAC
Les rives ombragées et serpentines de l'étang sont un enchantement pour les promeneurs : arbres magnifiques, belles allées, petits ponts et défilés creusés entre les collines escarpées. On peut se baigner

dans ces eaux brunes et rousses ; quelques plages ont été aménagées sur les rives.

L'Association de sauvegarde de la rigole d'Hilvern tente de remédier à la dégradation de l'ouvrage. La remise en eau grâce à un pompage dans le Blavet devrait être effectuée d'ici peu.

LES EVANGELISTES
Chaque évangéliste a un symbole inspiré des premiers versets de son œuvre : saint Matthieu a pour attribut l'homme ; le lion désigne saint Marc ; saint Luc a pour symbole le veau, animal du sacrifice ; saint Jean « nous transporte au sein de la divinité, tel l'aigle qui regarde le soleil en face» (E. Mâle).

RIGOLE D'HILVERN. C'est aujourd'hui un ouvrage de canalisation peu spectaculaire, envahi par la végétation, mais qui offre une très belle promenade, quelque peu gâchée aux abords de l'étang par l'installation d'une carrière de sable et de graviers. La construction de la rigole fut un véritable tour de force ; son histoire est inséparable de celle du canal de Nantes à Brest, qui permit de relier entre eux les bassins de la Loire, de la Vilaine, du Blavet et de l'Aulne maritime avec biefs de partage des eaux, échelles d'écluses, réservoirs et rigoles d'alimentation ▲ *284*. Le rôle de la rigole était d'alimenter, à partir du barrage de Bosméléac, le réservoir d'Hilvern (entre Hilvern et Saint-Gérand) et de permettre ainsi la jonction de l'Oust au Blavet (Pontivy-Rohan).
De 1828 à 1838, plus de six cents personnes, hommes, femmes et enfants, ont réalisé sous la conduite d'ingénieurs, autant aventuriers que techniciens, de formidables ouvrages de terrassement pour construire ce cours d'eau artificiel de 62,5 km de long, de 3/10 de mm de pente par mètre, bordé de chaque côté par un chemin de halage planté d'arbres et franchi par soixante et un ponts. Pendant un siècle et demi, la rigole contribua au désenclavement de la Bretagne intérieure et au développement de l'agriculture.
La concurrence de la route, de la voie ferrée et la coupure du canal de Nantes à Brest par le barrage de Guerlédan lui portèrent un coup mortel. La dégradation, l'envasement puis le pompage intensif et le travail des rats musqués eurent bientôt raison de l'étanchéité de l'ouvrage.

LE BODEO

MANOIR DE KERIGAN. Sur la route du Bodéo, les nostalgiques de la chouannerie iront jusqu'aux ruines de ce manoir. Les chefs du mouvement (Cadoudal, Legris du Val, Carfort) s'y retrouvèrent souvent car le propriétaire des lieux, François Garnier de Kerigant, était l'un des leurs.

EGLISE SAINT-THEO. Située dans le bourg – dont le nom viendrait de *bod* (abri) –, l'église (XVIIe-XVIIIe siècle) a conservé un plafond peint extraordinaire (1713) et un très riche mobilier. Voûtes et retable sont l'œuvre des Le Corre, père et fils, peintres de Pontivy, qui travaillèrent dans le centre de la Bretagne entre 1685 et 1745 sous la signature Dupont, réalisant des toiles de retables et des peintures

de voûtes lambrissées. A l'intérieur de la chapelle, sur le bleu céleste de la charpente se détachent saint Corentin (patron de l'évêché de Cornouaille), saint Cado, sainte Anne lisant et les quatre évangélistes. Dans le chœur, cinq tableaux et des statues de saint Théo et de saint Mathurin exaltent le sacerdoce. Le retable du Rosaire a pour tableau central l'apparition de la Vierge à saint Dominique et à sainte Catherine de Sienne ; elle les invite à réciter le rosaire en l'honneur des mystères joyeux, douloureux et glorieux de sa vie, présentés en médaillons tout autour. Cette vision de saint Dominique a donné naissance à de nombreuses confréries du Rosaire ; leurs membres en récitant tous les jours un chapelet assuraient leur salut et celui de leurs morts. Le tableau est encadré des statues de sainte Anne apprenant à lire à la Vierge et de sainte Marguerite terrassant le dragon qui l'a dévorée.

SAINTE MARGUERITE
La noble citoyenne d'Antioche fut martyrisée par le préfet Olibrius, qui voulait l'épouser contre son gré. Elle pria le seigneur de lui montrer, sous une forme visible, son ennemi et un dragon apparut ; «Il lui mit sa gueule sur la tête et la langue sur le talon et l'avala à l'instant... elle se munit du signe de croix, ce qui fit crever le dragon, et la vierge sortit saine et sauve» (*La Légende dorée*).

SAINT-MARTIN-DES-PRES

EGLISE ET CHAPELLES. Cette commune rurale possède un riche patrimoine architectural, assez disséminé. Au hameau de LA VILLE-MORVAN se trouve la CHAPELLE SAINT-ROCH (XVIe siècle) dont l'association communale a entrepris de restaurer retable, charpente et poutres engoulées. Le pardon (25 août), après plus de vingt ans d'interruption, a repris avec ferveur. Au BOURG, l'église possède un somptueux retable en bois provenant du couvent des Carmes de Quintin ▲ *205*. Le tabernacle à deux étages (XVIIIe siècle) est attribué à l'artiste trégorrois Yves Corlay ▲ *150*. Au sud du bourg, le hameau de LA PORTE-AUX-MOINES abrite une chapelle de 1769, consacrée à sainte Barbe, qui relevait de l'abbaye de Bon-Repos ▲ 267. Les moines y organisèrent des foires dès 1225, en mars, juin et à la saint Michel, le 29 septembre. Dans les champs alentour on peut voir des roches volcaniques vertes (diabases). Une mine, non encore exploitée, y fut creusée après la découverte, en 1975, de plomb, de zinc, de cuivre et d'argent.

BUTTE SAINT-MICHEL ♥. Ce sixième point culminant des Côtes-d'Armor (320 m) offre une jolie promenade et un panorama sur le bocage des environs. La végétation de

Ce monumental retable aux colonnes corinthiennes occupe tout le chevet de l'église de Saint-Martin-des-Prés.

Le trésor de la butte Saint-Michel
La butte est un anticlinal de schistes durs (bien visibles sur la face sud), riches en pyrites de fer et en métaux non ferreux, ce qui fit dire à certains qu'une barrique d'or y avait été enterrée.

lande qui y pousse tranche avec la verdure environnante : fougères géantes, mousses, bruyères. Grimper à pied jusqu'au sommet permet de voir les fondations d'une chapelle dédiée à saint Michel, construite par les moines de l'abbaye de Bon-Repos. Un panorama se dévoile : au nord, la vallée de l'Oust et au sud, la cluse de Kersaudy, qui forme une brèche dans les hauteurs, de Saint-Mayeux à Merléac.

Saint-Herve

Charmant village au bas de la côte dite du Pas tranchant. Dans l'église (XVIIe siècle), on peut voir la statue de saint Hervé, patron des bardes, exorciste et anachorète, né aveugle ▲ *293*. Sur le mur du fond, un tableau (XIXe siècle) représente la légende du loup devenu docile après avoir égorgé l'âne du saint ; il est attelé à un araire conduit par des paysans en costume, suivi par saint Hervé . A la sortie du village, le manoir de Beauregard (1737), récemment restauré, présente son admirable classicisme ● *92*.

Merleac

La chapelle Saint-Jacques. Le village en lui-même a peu d'intérêt mais, à 1 500 m du bourg, le hameau de Saint-Léon vaut le déplacement pour sa chapelle Saint-Jacques. Construite au XIVe siècle, d'apparence robuste et modeste, avec sa tour-clocher latérale dressée au midi, l'édifice possède une verrière datée de 1402 (en cours de restauration), du maître verrier Béart de Rennes, seul exemple conservé en Bretagne de composition mixte de grisaille et de panneaux historiés. Le vitrail présente dans son registre médian huit scènes de la vie légendaire de saint Jacques le Majeur. De gauche à droite, on peut voir le saint prêchant en Judée et en Samarie, puis exorcisant le magicien Hermogène, qui tenta de l'emprisonner par démons interposés. Suit son arrestation, provoquée par le grand-prêtre Abiathar, jaloux de ses pouvoirs.

La légende de saint Jacques. Après la décollation de saint Jacques, sur ordre d'Hérode Agrippa, ses disciples embarquèrent son corps sur un vaisseau sans gouvernail qui les conduisit en Galice. Ils posèrent le corps sur une pierre qui en fondant se façonna en sarcophage. Ils demandèrent alors à la redoutable reine Louve l'autorisation d'ensevelir leur maître. Celle-là leur prêta des bœufs sauvages dans l'espoir de les éconduire. Mais les animaux, apprivoisés par un seul signe de croix, amenèrent, sans être dirigés, le corps au milieu du palais pour qu'on y élève une église. Le culte de saint Jacques de Compostelle se répandit dans toute la chrétienté, et de nombreux miracles vinrent enrichir sa légende, tel l'épisode du pendu ici représenté (détails page de droite). Dans le registre

Une halte vers Compostelle
Accrochées au versant nord de la vallée du Kersaudy, les maisons se serrent autour de la chapelle Saint-Jacques,

important relais placé sur la route de Compostelle. Il est facile encore aujourd'hui d'imaginer la foule des pèlerins entrant par le grand porche. Ci-dessus, la chaire et la pietà de la chapelle.

supérieur, les huit scènes des épisodes de la passion du Christ. Dans le réseau, Jésus est entouré des douze Apôtres ; des anges tiennent les phylactères. A côté de la chapelle, se trouve le MANOIR DIT DE SAINT-LÉON (1626).

UZEL

CHAPELLE DE BONNE-NOUVELLE. Cette chapelle du début du XVIe siècle est digne d'intérêt, avec sa porte surmontée d'une accolade fleurie et ses degrés de pierre.

LE BOURG. Uzel, petite cité perchée en surplomb de la vallée de l'Oust, dont le nom en breton, *uhel*, signifie «la haute», n'est plus aussi prospère qu'au temps des toiles ● *60*. On y monte et on y descend sans cesse par des ruelles bordées de vieilles maisons modestes de tisserands, qui n'ont rien de commun avec les hôtels cossus des marchands toiliers de Quintin et de Moncontour. Ces maisons ont à l'ordinaire une large porte ronde, une travée de baies étroites sommées d'un linteau orné d'une accolade, qui éclairent une chambre basse et une chambre haute, où l'on travaillait. Une petite aile en retour ferme la cour pourvue d'un puits. La maison du maître tisserand se

LÉGENDE DU PENDU
Un Allemand et son fils firent vers 1090 le pèlerinage de Compostelle en s'arrêtant à Toulouse. Leur hôte les enivra, glissa une coupe d'argent dans leurs bagages, et les accusa du larcin. Le fils fut pendu au désespoir du père, qui continua son chemin. Au retour, se recueillant près du corps de son fils, il l'entendit dire : «Ne pleure pas ; car je n'ai jamais été si bien ; jusqu'à ce jour saint Jacques m'a sustenté, et il me restaure d'une douceur céleste.» Le père fit alors détacher son fils, qui était sain et sauf, et l'on pendit l'hôtelier à sa place.

De son passé industrieux, Uzel a gardé des noms de rue évocateurs (rue au Fil, place aux Pots, place du Martray, rue aux Chèvres), des ruelles, des escaliers à gravir (rue de la Rabine, rue de la Guinguette) et de nombreuses maisons de caractère des XVIIe et XVIIIe siècles, l'âge d'or des «Bretagnes».

La rigueur classique du clocher octogonal (XVIIIe siècle) contraste avec le style flamboyant du porche méridional ● *100*.

distingue par son balcon en fer forgé (place du Martray). Le bourg s'est aujourd'hui reconverti dans l'agro-alimentaire : la Compagnie biscuitière y fabrique les fines et savoureuses galettes Punchs. Les produits charcutiers de L'Uzelaise sont également appréciés dans la région. Uzel est le pays natal de Fulgence Bienvenüe (1852-1936), à qui l'on doit la première ligne de métro, Pont de Vincennes-Porte Maillot, inaugurée le 19 juillet 1900.

Le Quillio

Ce bourg était renommé pour la fabrication de mouchoirs et le blanchissage des toiles, que l'on faisait bouillir dans de grands bassins en fonte ou en cuivre avec de l'eau et de la cendre de hêtre. Autour de l'enclos paroissial, des demeures aux façades de schiste et de granite, à cheminées sculptées, témoignages d'une aisance passée, forment avec l'église un bel ensemble. Le calvaire du XVIe siècle est d'un type original, dit en «lampe de procession» : un fût unique supporte les personnages à l'exception de la pietà. A l'intérieur, la charpente lambrissée du chœur et le bras nord du transept s'ornent d'un décor proche de celui de Ploumilliau ▲ *320* ou de Kergrist-Moëlou. L'imaginaire des sablières sculptées est savoureux (ci-dessus). L'église possède un riche mobilier provenant de l'abbaye de Bon-Repos, et acheté en 1791. On admirera le baroque des confessionnaux, le maître-autel de marbre et le lutrin d'époque Louis XV en forme d'aigle, choisi pour porter les Saintes Ecritures car, selon la tradition des bestiaires du XIIe siècle, cet animal symbolise l'élévation de l'âme.

Le chœur de l'église paroissiale du Quillio abrite un beau décor peint de style néo-gothique (XIXe siècle).

Chapelle Notre-Dame-de-Lorette. A l'ouest du bourg, la chapelle, construite au XIXe siècle (pardon le 8 septembre), séduit par sa clarté . Le site domine le pays de Loudéac : par temps clair, on pourrait compter jusqu'à dix-sept clochers. Le nom de Lorette vient du village de Loreto en Italie, où la maison de la vierge aurait été, par miracle, transportée le 10 décembre 1294.

Saint-Guen

Eglise Sainte-Marie-Madeleine. Situé à la limite du parler gallo et du breton, le village possède une église des XVIIe-XVIIIe siècles, de plan peu commun : un transept à

Cette fontaine néo-gothique, située en contrebas de la chapelle de Notre-Dame-de-Lorette, a été bénite en 1874.

deux chapelles dont les toits sont parallèles à celui de la nef. A l'entrée de l'édifice, un ossuaire sert toujours. On peut y voir des os entassés dans le plus grand désordre... A l'intérieur, on remarque la poutre de gloire, un maître-autel et des retables latéraux ornés d'un décor végétal (roses, marguerites, raisins) ainsi qu'un catafalque au décor mortuaire du XVIIIe siècle. Cette pièce de mobilier, introduite à partir de la Contre-Réforme, témoigne du renouveau de la foi stimulée par les missions du XVIIe siècle. Celles du jésuite Julien Maunoir (en 1646, 1659, 1668, 1671) marquèrent la commune à une époque troublée par des assassinats. La statuaire en bois est d'une rare pureté : une pietà de la fin du XVe siècle au Christ décharné, une Vierge à l'Enfant du XVIIe, une Crucifixion de 1611 et une sainte Anne Trinitaire du XVe siècle. Ce dernier ensemble, d'inspiration répandue à la fin du Moyen Age, où l'on voulait que sainte Anne ait connu Jésus enfant, est ici original car la Vierge y est représentée à côté de sa mère et non sur ses genoux. Sainte Anne tient un livre car c'est elle qui apprit à la Vierge à lire l'Ancien Testament. A quelques pas de l'église, on découvre UNE FONTAINE et UN LAVOIR du XVIe siècle.

Pietà de l'église de Saint-Gwen (fin XVe siècle).

CHAPELLE SAINT-PABU. Bien cachée dans un bouquet d'arbres à 2 km à l'est du bourg, elle est difficile à trouver. Prendre pour repère la ferme à tour carrée, car elle est toute proche, et se munir au préalable de la clef. Deux lévriers montent la garde aux angles de la façade. A l'intérieur, la croisée est un beau travail de charpentier. Admirer le jubé dû à l'atelier du sculpteur trégorrois Olivier Le Loergan (fin du XVe siècle). Cet artiste, à qui l'on doit le jubé de Saint-Fiacre du Faouët, les sablières de Canihuel ▲ *210*, fut anobli par le duc François II en 1469.

Le jubé de la chapelle Saint-Pabu est une dentelle flamboyante de couleur naturelle, sans grandes figures (le christ en a été retiré) mais ornée

de petites scènes sculptées : combat d'un lion et d'une licorne, personnage allongé tirant la langue d'un monstre, figurant l'Envie.

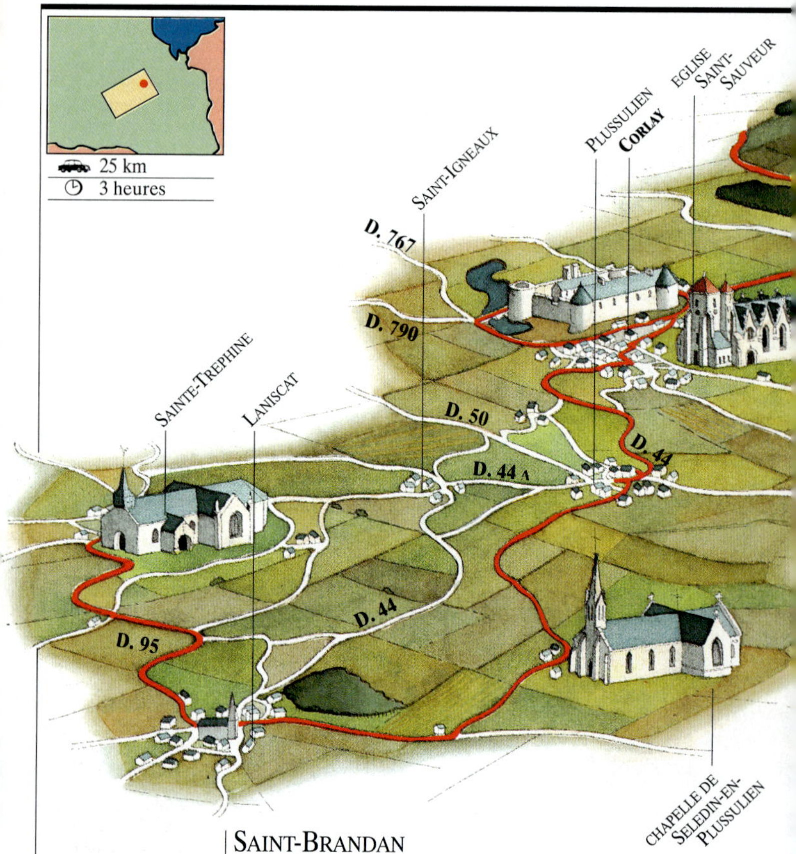

SAINT-BRANDAN

LES BRANDANAIS
De leur saint, qui traversa l'Atlantique sur un bateau de cuir, les habitants de Saint-Brandan ont gardé le goût de l'aventure et de la solidarité : ils sont toujours partants lorsqu'il faut relever une chapelle, défricher un sentier pédestre ou ensemencer un champ pour le tiers-monde.

LE MANOIR DE SAINT-BEDAN (XVIIe siècle), derrière la mairie, laisse supposer que le nom de Brandan, célèbre évangélisateur irlandais et grand voyageur, s'est superposé à celui de saint Bedan.

CHAPELLE SAINT-EUTROPE. Bâtie au sommet d'un petit promontoire de granite situé sur la route de Quintin à Lanfains, cet édifice du XVIe siècle, restauré en 1978, servait de chapelle funéraire à la famille de Robien.
Le culte de saint Eutrope, évêque de Saintes au IIIe siècle, a probablement été introduit par les pèlerins de Saint-Jacques de Compostelle qui faisaient halte ici.
Le saint était invoqué contre les gelées, en particulier le 30 avril, jour de sa fête et du pardon. Avec ses deux portes ogivales, sa verrière, son petit campanile, la qualité de sa pierre et sa fontaine en contrebas, la chapelle Saint-Eutrope méritait bien d'être restaurée.
Les poutres engoulées n'ont pu être sauvées mais les statues des XVe et XVIe siècles ont retrouvé leur place.

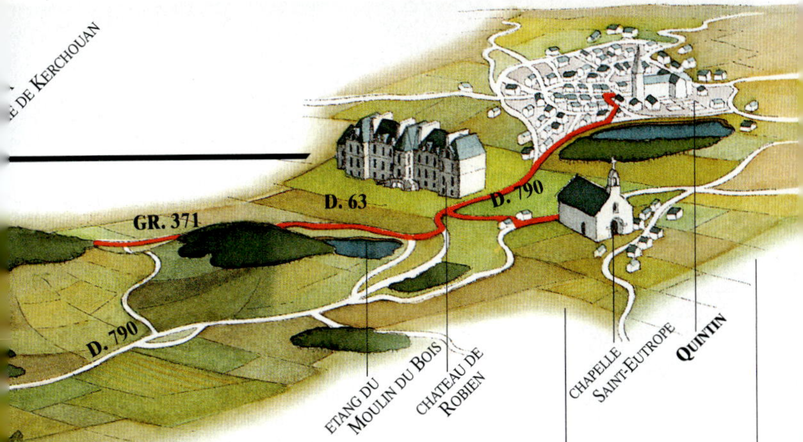

CHAPELLE SAINT-GERMAIN. Les amateurs de beaux retables en bois iront jusqu'à Lanvia (route de Loudéac) pour voir cette chapelle qui possède un retable baroque du XVIIIe siècle à décor d'oiseaux, de feuilles et de grappes de raisin. Pardon le premier dimanche d'août.

CHATEAU DE ROBIEN

PROPRIETAIRES DEPUIS 1212. On aperçoit depuis la route de Corlay (D 790) cette élégante demeure de granite clair, qui servait de résidence d'été à Christophe-Paul de Robien (1698-1756), président du parlement de Bretagne, grand humaniste proche des encyclopédistes. Au milieu du XVIIIe siècle, cet homme éclairé commença la construction du troisième château familial sur la terre que ses ancêtres occupaient depuis 1212. Son fils en prit la succession et acheva les travaux peu avant 1789. La Révolution l'obligea à émigrer et le château fut vendu comme bien national à un couvreur de Saint-Brieuc. Les bâtiments furent saccagés, mais un ancien serviteur de la famille racheta la propriété pour la rendre à ses anciens maîtres. Une campagne de restauration fut entreprise vers 1860 par Pierre-Frédéric de Robien.

CLASSICISME ET SIMPLICITE. L'influence de l'architecte Jacques Gabriel, qui dirigea la reconstruction de Rennes après l'incendie de 1720, est ici très nette : ordonnance parfaitement équilibrée, alternance de baies rectangulaires et de baies cintrées, volumes s'intégrant

CHRISTOPHE-PAUL DE ROBIEN
Réputé pour sa culture et son goût, passionné d'archéologie et d'histoire naturelle il rassembla sa vie durant une immense collection de peintures, dessins, gravures et objets d'art relatifs à toute la Bretagne. Saisi à Rennes en 1792, ce cabinet constitua le fonds initial du musée de Bretagne (Rennes). Admirablement situé sur les bords du Gouët, Robien est considéré comme le modèle des châteaux de tradition française dans les Côtes-d'Armor.

Le château au début du siècle (ci-contre).

En haut, médaillons surmontant les fenêtres du château. De la chapelle, il ne reste qu'un clocheton de pierre et une baie à remplage flamboyant recouverts de lierre (ci-dessus).

La cime de Kerchouan
Des hauteurs (318 m), qui forment un centre de dispersion hydrographique, dévalent l'Oust, le Gouët et plusieurs ruisseaux.

Ci-dessous, maison à pan de bois, à Corlay, aujourd'hui disparue.

sous une même grande toiture sont caractéristiques de cette architecture adoptée par le milieu parlementaire rennais. Les deux façades, sur cour et sur jardin, presque identiques, comportent au centre des avant-corps semi-circulaires où logent les grands salons, et aux extrémités les mêmes pavillons d'angle. Un bandeau saillant sépare le rez-de-chaussée du premier étage. La chapelle et les écuries, construites avant le château, ont été traitées avec autant de recherche que le logis : le pavillon central des communs fait songer à un arc de triomphe, avec sa vaste baie surmontée d'une tête chevaline et couronnée d'un fronton. L'intérieur du château ne se visite pas, mais le parc est depuis peu ouvert au public. Un charmant petit pont enjambant le Gouët permet d'accéder aux ruines romantiques d'une chapelle du XIVe siècle détruite pendant la Ligue.

Cime de Kerchouan

Quitter la D 63 en direction de Boissière pour emprunter la route de crête, si belle et si courte qu'il est préférable de la faire à pied (GR 371) ou en vélo. Des pins tourmentés par les vents émergent des ajoncs, des bruyères et des ronciers. Tout au long de l'itinéraire, l'on bénéficie de panoramas uniques sur le bassin de Corlay et le massif granitique de Quintin. Rejoindre la D 790 à La Croix, où la chapelle (1715) dédiée à saint Maudez abrite un maître-autel et un retable polychrome du XVIIIe siècle.

Corlay

Le Haut-Corlay. En breton, le village s'appelle *Goz-Korle*, ce qui signifie «le vieux, le premier Corlay». La place du bourg a conservé son caractère : petites maisons et silhouette trapue de l'église de campagne (XIVe et XVe siècles) forment un ensemble harmonieux.
Le bourg. Corlay est situé sur la frontière linguistique et culturelle qui sépare Bretagne gallo et Bretagne bretonnante. Ce gros bourg, assis au centre d'un bassin schisteux, rayonne sur un canton réputé pour l'élevage du cheval de selle.
Le chateau fort. Encore très imposant lorsqu'on le découvre à partir du plan d'eau, il fut reconstruit par les Rohan à partir de 1473 sur l'emplacement de l'antique forteresse du XIIe siècle, qui avait beaucoup souffert de la guerre de Succession. Les troubles de la Ligue,

Tout ce qui concerne le fameux cheval de Corlay, dont la ville est si fière, est rassemblé à la Maison du cheval.

le démantèlement ordonné par Henri IV en 1598, le temps et l'indifférence eurent vite fait de le réduire à deux tours massives et un chicot de remparts baignés par un étang.

MAISON DU CHEVAL. Inauguré en 1990 dans le cadre de la mise en valeur du château, ce musée équestre présente de nombreux documents sur l'élevage

et les courses, ainsi qu'une collection de voitures hippomobiles. On en ressort plus savant sur la spécificité du cheval de Corlay, un cheval de selle demi-sang, souple et puissant, à la silhouette fine et élégante. A l'origine, l'ancienne race locale aurait été croisée avec des étalons arabes que les Rohan avaient ramenés des croisades et élevaient dans les forêts de Poulancre et de Quénécan. Disons plus sûrement qu'à une très ancienne souche locale furent croisés un peu de sang arabe (moins de 10 %) et beaucoup de sang anglais. La présence au haras, au début du XIXe siècle, de reproducteurs anglais fut pour beaucoup dans l'amélioration constante du pedigree. Elevé autrefois pour les besoins de l'armée

(chevaux de remonte), les concours et les courses, le cheval de Corlay jouait alors un rôle important dans l'économie rurale, chaque ferme ou presque possédant une poulinière. Il ne reste plus aujourd'hui qu'une dizaine d'éleveurs dans le canton mais l'amour, la passion du cheval demeurent. Des concours hippiques s'échelonnent du printemps à l'automne et, pendant trois jours, entre juin et juillet, on vient de toute la France et même d'outre-Manche à l'hippodrome du Petit Paris pour les fameuses courses (galop, plat et surtout obstacles). Le cross à travers les champs de maïs est très spectaculaire.

EGLISE SAINT-SAUVEUR. Construite sur la place principale, aux XVe et XVIe siècles, et agrandie au siècle dernier, l'église paroissiale (ci-contre) possède deux belles portes en anse de panier aux voussures délicatement sculptées de pampres et de raisins. Elle comprend aussi un ossuaire à trois baies encastré dans l'angle droit et une longère méridionale à sept pignons pointus. Sur la route de Plussulien, les amateurs de vrais sabots s'arrêteront aux ETABLISSEMENTS CHAUVEL, qui en fabriquent encore.

LES RUINES DU CHATEAU DE CORLAY
Les abords de la forteresse, aujourd'hui aménagés pour la promenade et la pêche, devraient bientôt être réhabilités : les anciens boxes des haras seront restaurés pour accueillir une salle d'exposition, la cour et le jardin seront redessinés et les tours de la façade consolidées.

LES CHEVAUX DE CORLAY
Le fameux Corlay, fils de Flying Cloud et de Thérésine, qui fit la monte de 1876 à 1897, Rendez-Vous au début du siècle, Lee et Spoletto aujourd'hui, contribuèrent tous à la renommée de la race. L'habileté des éleveurs, les croisements judicieux entre chevaux de selle et pur-sang, le climat vivifiant et les vertes prairies amendées à la chaux firent le reste.

Eglise paroissiale de Corlay, (XVe et XVIe siècles) ci-dessus.

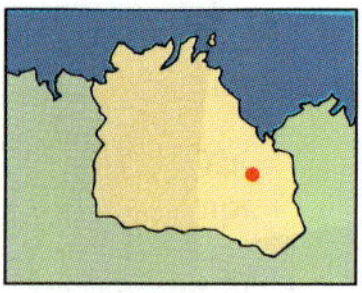

◷ 2 heures

Consacrée «petite cité de caractère», Moncontour, perchée au sommet d'une colline, est encore entourée de ses remparts. Une récente politique de mise en valeur du patrimoine (dégagement des fortifications, restauration des maisons à pans de bois, etc.) permet aujourd'hui de redécouvrir son architecture exceptionnellement homogène.

HISTORIQUE

Sa situation stratégique, au confluent de deux rivières, l'Evron et le Ruisseau de l'Etang, explique l'important rôle militaire que la ville joue dès le XIIe siècle – Moncontour est alors l'une des plus importantes places fortifiées du duché de Penthièvre – et lors de la guerre de Cent Ans. En 1492, à la suite des nombreux sièges meurtriers essuyés par la cité lors de la guerre de Succession de Bretagne, son gouverneur reçoit du roi de France, Charles VIII, l'ordre de reconstruire les murailles. Un siècle plus tard, les ligueurs et les huguenots se disputent à nouveau Moncontour. Son seigneur, César de Vendôme,

Cette photographie présente une vue générale de Moncontour au début du XXe siècle.

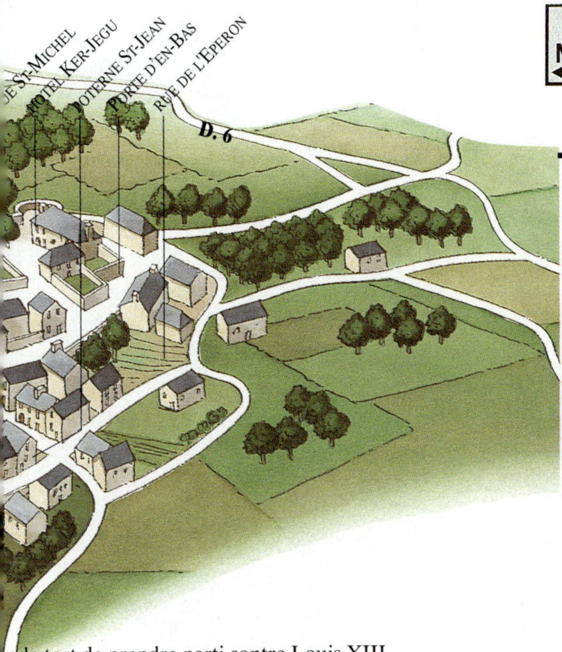

a le tort de prendre parti contre Louis XIII. En représailles, Richelieu fait raser, en 1626, toutes ses places fortes. Son château en partie démoli, Moncontour se tourne vers le commerce. Au milieu du XVIIe siècle, la ville connaît un remarquable essor industriel lié à la fabrication des toiles de chanvre et de lin, et à leur exportation vers l'Espagne et les Indes ● 66. Pendant la Révolution, Moncontour est une cité républicaine entourée de communes chouannes. La ville et ses environs sont le théâtre d'une guérilla acharnée, menée pendant deux ans par le célèbre chef chouan Boishardy, mortellement blessé en 1795 par les troupes du général Hoche ; on promena sa tête au bout d'une pique à travers Moncontour. Limitée dans son développement par son enceinte, la cité est aujourd'hui un carrefour commercial et artisanal intégré au Comité d'expansion du Méné ▲ *236*.

La place forte

Les remparts. Si l'ancienneté du *castrum* primitif n'a pu être déterminée, on sait que le tracé de l'enceinte actuelle remonte aux XIe et XIIe siècles. Cependant, les remparts ont

Eglise Saint-Mathurin
Construite en partie au XVIe siècle, l'église est remarquable pour ses six verrières inspirées de gravures flamandes.

Costume masculin des environs de Moncontour ● *76*.

Une ville bien defendue
Moncontour, avant d'être la cité toilière du XVIIe siècle, fut une des places fortes les plus importantes du duché de Penthièvre. Malgré le démantèlement de son château, en 1626, la ville a conservé son corselet de pierre, onze tours et trois portes : la porte d'En-Haut, la poterne Saint-Jean et la porte d'En-Bas.

Le maquettiste Roland Gestin a reconstitué l'état primitif de la ville close en plan-relief.

subi plusieurs remaniements, surtout au XVe siècle. L'enceinte est en forme d'un trapèze irrégulier, correspondant au promontoire rocheux sur laquelle elle est située. Les murailles, renforcées par quinze tourelles, ceinturaient la ville primitive, accessible par deux ponts levis, au nord et au sud. Ce système défensif n'a pas été complètement démantelé : onze tours demeurent.

LE CHATEAU. Désormais cachés ou encastrés entre des maisons, les vestiges de la place forte, détruite par Richelieu, sont difficiles à repérer. Le sommet des quatre tours d'angle abrite aujourd'hui une série de vergers. On y accède par un petit escalier près de la Porte d'En-Haut. Erigé au XIe siècle par les seigneurs de Penthièvre, le château était le poste avancé de leur capitale, Lamballe.

DEUX VISAGES
On découvre ici deux aspects de Moncontour : l'architecture militaire d'une ancienne ville forte, avec la poterne Saint-Jean (ci-dessus) et la tour Rognet (ci-contre), rajoutée au XVe siècle ; l'architecture bourgeoise d'une cité qui s'est reconvertie dans le commerce des toiles à partir du XVIIe siècle.

TOILIERS ET CHOUANS

MAISONS DE TOILIERS. Sur la PLACE PENTHIEVRE, où se tenait autrefois la halle aux Toiles, les petits hôtels particuliers en granite ornés de portes.à fronton, de modillons ou de sculptures sont d'anciennes demeures de négociants toiliers. L'HOTEL CLEZIEUX, une maison en pierre du XVIIe siècle – où Hoche séjourna en mars 1795 –, est particulièrement

soigné. RUE DU DOCTEUR-SAGORY, on peut admirer un hôtel particulier du XVe siècle, tout comme RUE DES DAMES, le presbytère à toit Mansart, classé monument historique, et l'hôtel Kerjégu (mairie).

MAISON DE LA CHOUANNERIE. Parce que Moncontour fut au cœur d'une région où la chouannerie fut très active, un musée d'été consacré à cette période a ouvert en juin 1992. Le mouvement contre-révolutionnaire ne naît pas au lendemain de la prise de la Bastille ; ce sont l'accroissement des impôts et les mesures de police à l'encontre du clergé qui font basculer la paysannerie en 1791. L'enrôlement obligatoire dans l'armée révolutionnaire transforme la protestation pacifique en révolte armée à partir de 1792. De petits groupes armés, dirigés par un ancien de la Marine royale, Boishardy (1762-1795), tentent alors d'enfermer les républicains dans les villes. Jugon-les-Lacs est pris en décembre 1794 et une trêve signée entre Boishardy et Hoche au mois de mars. Rompue dès juin, la guérilla reprend jusqu'à la capture de Boishardy.

On peut admirer ce détail du vitrail de l'Arbre de Jessé dans le collatéral sud de l'église Saint-Mathurin. Il fut sans doute exécuté vers 1530-1540. La Vierge à l'Enfant fut inspirée par un carton anversois.

EGLISE SAINT-MATHURIN

Hormis sa façade, refaite au XVIIIe siècle, et son curieux clocher en forme de dôme, du XXe siècle, l'église de Moncontour date pour l'essentiel du début du XVIe siècle. Cet édifice est surtout remarquable pour ses six verrières du XVIe siècle, inspirées de gravures flamandes. La maîtresse-vitre fut exécutée entre 1522 et 1531 et représente plusieurs épisodes du Nouveau Testament : la Visitation, la Fuite en Egypte, la Nativité, le Massacre des saints Innocents et la Présentation au temple. Le collatéral nord comprend trois verrières, représentant la vie de saint Jean-Baptiste, la conversion et le martyre de sainte Barbe et la légende de saint Yves. Exécutée en 1537, cette œuvre reflète l'influence de la Renaissance italienne, introduite par le biais de l'art flamand. La verrière du collatéral sud fut exécutée entre 1530 et 1540. Elle comprend deux ensembles : les fragments d'un arbre de Jessé, ainsi qu'une verrière illustrant la légende de saint Mathurin, la plus ancienne de l'église, réalisée vers 1520 et remaniée par la suite. Le mobilier de l'église retient aussi l'attention ; citons, outre les deux retables du XVIIIe siècle, les fonts baptismaux et une *pietà* du XVIe siècle, un buste reliquaire de saint Mathurin en argent et la balustrade du chœur, exécutée aux forges de Vaublanc ▲ *249* en 1738.

AUX PORTES DE LA VILLE. La PORTE D'EN-BAS, également appelée Porte-Neuve, serait une reconstruction d'un ouvrage plus ancien, situé sous l'actuel hôtel Kerjégu. La PORTERNE SAINT-JEAN (XIVe-XVe siècle), la mieux conservée et sans doute la plus ancienne, a gardé sa voûte en plein cintre. Elle s'ouvrait jadis par un pont-levis jeté au-dessus des fossés.

Célébré à la Pentecôte, le pardon de saint Mathurin est, avec celui de Notre-Dame-de-Bon-Secours, à Guingamp, le plus connu des Côtes-d'Armor. Saint Mathurin a la réputation de guérir les maladies mentales. Les paysans font toucher les reliques du saint à leurs bêtes lors de la procession.

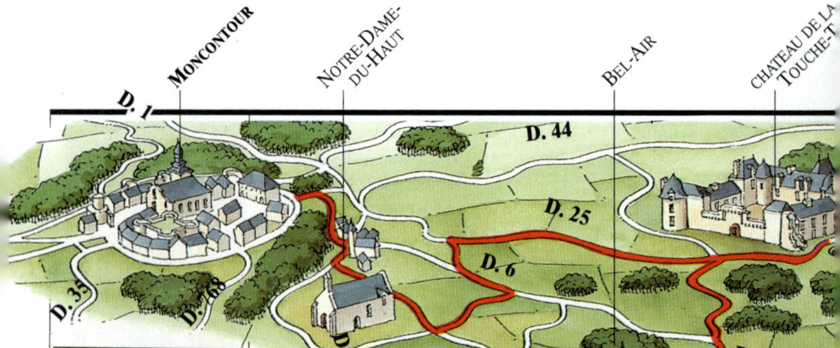

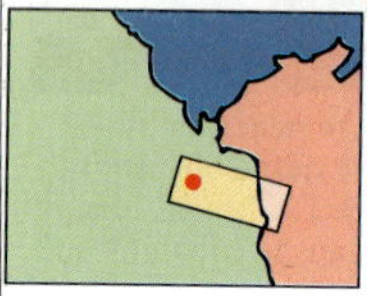

30 km
5 heures

SEPT SAINTS GUÉRISSEURS
Leurs statues furent volées en 1985 et remplacées par des copies qui côtoient aujourd'hui celle du fondateur de la chapelle (en bas à gauche) : saint Yvertin soigne les migraines, saint Mamert les maux de ventre, saint Hervé les maladies de peau, saint Hubert (en bas à droite) la rage, saint Méen la folie et saint Lubin est généraliste. La Vierge (en haut) tient lieu de septième thaumaturge.

LE MENE

Ce pays méconnu, traversé par la chaîne du Méné, est à cheval entre deux territoires historiquement bien distincts, le duché de Penthièvre et le comté de Porhouët. Ces terres autrefois très pauvres, où longtemps les landes prédominèrent, furent profondément marquées par la chouannerie ; l'industrie du lin et du chanvre y fut, depuis le XVIe siècle ▲ 66 jusqu'au début du XIXe siècle extrêmement florissante. L'amélioration des voies de communication au siècle dernier, permettant l'acheminement des engrais, et l'introduction dès 1960 des nouvelles techniques ont modernisé l'agriculture ; depuis, de nombreuses industries agro-alimentaires s'y sont implantées.

NOTRE-DAME-DU-HAUT

Un sentier en sous-bois, le «chemin des pèlerins», relie en 20 mn de marche ▲ 235, Moncontour à la chapelle. L'édifice, construit aux XIVe et XVIe siècles a été très restauré et offre une vue imprenable sur la ville. Son pardon (ci-dessus) est célébré, chaque année, le 15 août et le dimanche suivant, donnant lieu à une procession à la lueur des torches.

UN VŒUX PIEUX. La fondation de la chapelle remonterait à la guerre de Succession : lors d'une trêve, un gentilhomme de Basse-Bretagne,traversant le Mené pour aller à Rennes, fut surpris par une bande de brigands qui tentèrent de le pendre à un chêne. Apercevant une statue de la Vierge accrochée aux branches de l'arbre, il fit le vœu de s'en emparer et de se sauver ; s'il en réchappait, il bâtirait à la Vierge une chapelle là où il s'écroulerait de fatigue. Il tint promesse et, dès le retour de la paix, fit édifier Notre-Dame-du-Haut. La chapelle abrite une verrière du XVIe siècle, un tronc à offrandes percé de sept trous, un cahier des pèlerins et sept statues de saints en bois polychrome ; à côté, s'élève un calvaire du XVIe siècle.

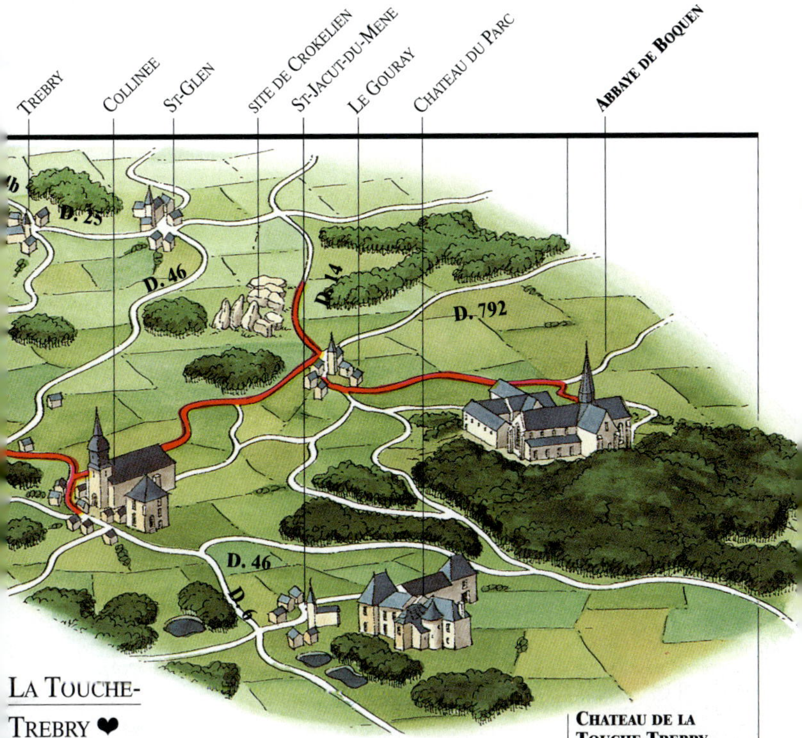

LA TOUCHE-TREBRY ❤

Le château, édifié à la fin du XVIe siècle, en 1579 si l'on en croit l'inscription de la cheminée du salon, par le seigneur de la Roche, député de la noblesse de l'évêché de Saint-Brieuc, a sans doute remplacé un manoir plus ancien, du XIVe siècle. La façade du logis, de style Renaissance italienne à larges fenêtres, est rehaussée d'élégants frontons cintrés et d'une corniche à modillons ; les murs sont en granite taillé et appareillé.
Ce château, à vocation agricole, est, selon les préceptes qu'avait alors mis à la mode l'agronome d'Henri IV, Olivier de Serres, encadré de communs (grange, étable, cellier) en matériau laissé à l'état brut. Le manoir, entouré de son enceinte et de ses douves, était en fait le centre d'un important domaine, comprenant moulins, étangs, pêcheries, colombiers et garennes. L'ouragan en 1987 a malheureusement décimé le petit bois qui l'entourait et le gel abîmé l'une des deux tours rondes de l'entrée.
Il est possible à la belle saison de visiter la grande salle à manger du rez-de-chaussée et les salons du premier étage.

CHATEAU DE LA TOUCHE-TREBRY
La façade arrière, très sobre, donne sur un petit étang.

Le porche d'entrée, fortifié et couronné de mâchicoulis, s'ouvre sur une double porte, piétonnière et charretière. Elle était encadrée à l'origine de deux tours rondes à dôme pointu.

BEL-AIR. Point culminant du Méné (349 m), il tiendrait son nom de Belenos, dieu celtique du soleil, auquel était jadis consacré ce lieu. La chapelle (XIXe siècle) marque la séparation des eaux entre la Manche et l'Atlantique, au cœur d'une étoile formée par huit allées de hêtres, symbolisant les quatre points cardinaux et leurs divisions. Depuis 1981, les agriculteurs des cantons environnants y organisent une foire agricole, le week-end après la Pentecôte. Tout près, le GR 371 chemine à travers des paysages mélancoliques d'où la vue plonge jusqu'à la baie de Saint-Brieuc.

LES ROCHERS DE CROKELIEN
C'est là que vivaient jadis ces drôles de fées, les Margot, et, si on y regarde de près, on peut encore distinguer la pierre où elles faisaient leur feu, celles où elles s'asseyaient, leur lit et même leurs oreillers.

Une légende voudrait qu'à minuit, le jour de Pâques, ces rochers se transforment en pain et le ruisseau voisin en cidre. Un jour, un incrédule, voulant voir le prodige de ses yeux, se coucha près des rochers, une pierre dans une main et une gamelle d'eau dans l'autre. A minuit, il se réveilla et vit sa pierre changée en miche de pain et son eau en cidre. Il mangea et but le tout de bon appétit mais, au matin, le pain redevint pierre et il mourut d'indigestion.

COLLINEE

Dominant de nombreuses sources, Collinée, jadis réputée pour ses toiles, est actuellement un des principaux bassins d'emplois de la région, avec notamment la salaisonnerie la plus moderne d'Europe, les abattoirs Kerméné.
LE BERCEAU DE LA TYPOGRAPHIE ? La mairie, une construction romane du XIIe ou XIIIe, serait la maison natale du typographe Simon dit «de Collinée», apparenté à la famille Estienne, et inventeur, au XVIe siècle, des caractères italiques. Selon certains, c'est là qu'aurait été installé le tout premier atelier de typographie. Rue aux juifs, quelques vieilles maisons des XVIe et XVIIe siècles ont été conservées.

LE GOURAY

La route de crête (D 792) offre de très belles échappées sur les champs ouverts, entourés de petits sommets boisés.
SITE DE CROKELIEN. Ce chaos granitique perché à 250 m dans le bois de Limbée, où se bousculent d'étranges boules moussues, des cuvettes rocheuses et des blocs protéiformes, inspira l'imaginaire populaire qui en fit la demeure des Margot-la-Fée : ces créatures fabuleuses, anges semi déchus renvoyés sur Terre à cause de leur peu de ferveur, rendaient parfois service aux hommes, dit-on, pourvu qu'on les laissât en paix. Le moindre de leur défaut était la gourmandise : ainsi, une nuit, elles seraient venues chez un paysan, faisant un festin de sa plus belle vache. Le malheureux n'osa se plaindre et goûta au plat. Au matin, il fut surpris de retrouver sa vache bien vivante... il ne lui manquait que le bout de fesse qu'il avait lui-même mangé !

SORTIE DE MESSE A COLLINEE AU DEBUT DU SIECLE
Le bourg était autrefois très réputé pour son marché à l'étoupe.

CLOITRE DE L'ABBAYE DE BOQUEN
La galerie, bordée de chapiteaux romans, abrite le tombeau de Gilles de Bretagne.

ABBAYE DE BOQUEN

Blottie au creux d'un vallon boisé où court l'Arguenon, 'abbaye est bâtie sur un site gallo-romain dont subsiste encore, parmi quelques vestiges, le système d'adduction d'eau.
LA FONDATION. En 1137, Olivier de Dinan et Agnorée de Penthièvre confient à quelques moines de l'abbaye cistercienne de Bégard ▲ *355*, les bois et les marécages de Boquen afin d'y élever un monastère. L'édifice, très simple, utilise les matériaux du pays, schiste et granite, obéissant ainsi aux règles bénédictines ; l'église, en hauteur, surplombe les bâtiments conventuels (ci-dessous). L'ensemble, vaste, est conçu pour accueillir une centaine de frères. L'abbaye de Boquen, prospère, crée à son tour une abbaye-fille en 1172, l'abbaye de Bon-Repos ▲ *258*.

GILLES DE BRETAGNE. Le chœur de l'abbaye abrite la dépouille de Gilles de Bretagne (1424-1450), frère du duc François Ier. Elevé en Angleterre, il avait mené dès son retour en Bretagne une vie turbulente, contestant sa part d'héritage. En 1446, son frère se résolut à le faire arrêter et lorsque les Anglais, sous prétexte de le libérer, attaquèrent Fougères, il le fit étrangler. L'abbé de Boquen vint lui-même chercher sa dépouille pour lui offrir une sépulture chrétienne. Son gisant le représentant en armure, est aujourd'hui conservé au musée de Saint-Brieuc.
DECLIN ET RENOUVEAU. La communauté souffrit des troubles du temps, à tel point qu'en 1682, elle n'accueillait plus que trois moines et un frère convers. A la Révolution, l'abbaye fut vendue et laissée peu à peu à l'abandon, jusqu'à ce que le père Alexis Presse, originaire de Plouguenast ▲ *251*, la relève de ses ruines. Depuis 1936 jusqu'à sa mort, il s'activa à rebâtir le monastère et à rétablir la règle de saint Benoît dans toute sa rigueur ; en 1973, après de nombreux désaccords avec Rome, la communauté fut dissoute. La relève est assurée, depuis, par les sœurs de Bethléem. Les bâtiments conventuels, et notamment la salle capitulaire du XIIe siècle, d'une très grande pureté de lignes, ne se visitent pas, mais on peut emprunter le chemin ombragé qui mène à l'église abbatiale. Une exposition retraçant l'historique de l'abbaye a été rassemblée dans l'ancien moulin de Boquen (fin XIVe-début XVe siècle).
LA FORET. En sortant de l'abbaye, longer à droite l'ancien mur d'enceinte pour atteindre, après un petit pont et une ferme en ruine, le chemin balisé en jaune qui traverse le bois du Parc. Par endroit, la forêt où alternent chênes, résineux, bouleaux et châtaigniers découvre des trouées circulaires, vestiges des meules de rondins que les charbonniers dressaient là jadis.

LE PERE ALEXIS PRESSE
Il passa trente années de sa vie (1936-1965) à rénover l'abbaye. C'est porté sur une chaise et accompagné d'un médecin que le père Presse put, trois mois avant sa mort, assister à la consécration de son église. Il repose désormais dans la première chapelle du transept sud.

L'ÉGLISE ABBATIALE
Reconstruite entre 1948 et 1965, elle a gardé, du XIIe siècle, sa nef et un transept. Le chœur, du XIVe siècle, éclairé par quatre baies et une verrière, abrite une statue de Notre-Dame et un Christ ancien.

40 km
3 heures

Ce petit itinéraire, aux confins du Méné et de l'arrière-pays de Saint-Brieuc, intéressera les amateurs de belles demeures, de châteaux ou de manoirs ; leurs portes sont ouvertes quelques week-ends par an ou sur rendez-vous.

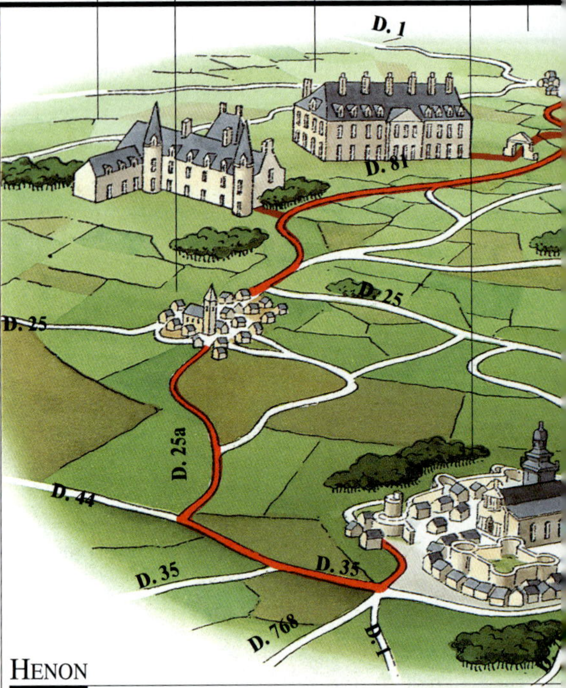

MANOIR DU COLOMBIER
Les façades, hormis leurs fenêtres de style classique (XVIIe siècle), sont encore très marquées par un style gothique tardif. Le manoir du Colombier fut édifié à la fin du Moyen Age.

HENON

MANOIR DU COLOMBIER. Dans un beau parc, au bord d'un grand étang aux eaux sombres, c'est une belle demeure bretonne du XVIe-XVIIe siècle, mais elle ne se visite pas. On remarque sa silhouette élancée, sa belle façade en granite clair, sa toiture en ardoises, ses tourelles d'angle. Une tour octogonale relie le corps central du logis, rectangulaire, à l'aile sud. A la lisière du parc, on voit une chapelle du XVIIe siècle.
CHATEAU DE CATUELAN. Cette vaste demeure, bâtie au XVIIIe siècle, se visite du 1er juin au 1er octobre, mais seulement sur rendez-vous. Elle est située au sein d'un vaste parc, où il fait bon se promener. Le visiteur franchit d'abord une grille en fer forgé, d'où partent deux allées : la première longe les douves, qui entourent le château ; la seconde, bordée d'arbres, les traverse et mène à un portique monumental, à fronton et pilastres, qu'il faut passer pour parvenir à la demeure. Les bâtiments sont accolés par une vaste terrasse, desservie par des escaliers au dessin courbe et harmonieux. Le château, une longue bâtisse surmontée de hautes cheminées, comprend, en son centre, un pavillon légèrement en saillie (à droite). Devant le château, la longue esplanade s'achève par une terrasse circulaire, d'où la perspective sur les paysages environnants est superbe ; près des douves, on remarque une croix en fer forgé, seul souvenir d'une chapelle qui se dressait là jadis.

Une fontaine d'inspiration rococo (détail ci-contre) ajoute une note de raffinement au décor de la terrasse du château de Catuelan.

LE CHATEAU D'UN PARLEMENTAIRE. Charles-Marie-François-Jean-Célestin du Merdy (1732-1797),

Façade principale du manoir du Colombier.

marquis de Catuelan, était également le premier président du parlement de Bretagne. En 1777, dans le cadre de ses fonctions, il donna avec son épouse, née Cornulier, une fête qui réunit l'ensemble des parlementaires.

Le parlement de Bretagne. La création du parlement, installé à Rennes, remonte à 1554. Si cette institution était chargée de rendre la justice, elle jouait également un rôle politique majeur. Dès le rattachement de la province au royaume de France, les états de Bretagne réclamèrent sa création, soucieux de défendre leurs particularismes. Pour lutter contre cet esprit d'indépendance, le roi nommait en plus des seize conseillers bretons, dits «originaires», seize conseillers «non originaires». Mais, peu à peu, ces hors-venus furent assimilés et eux aussi devinrent revendicatifs. Le parlement échappa ainsi au pouvoir royal.

Quessoy

Le nom viendrait de *cassanctum*, ou châtaignier, comme le nom du hameau voisin, Bogard, serait issu de «bogue», qui est l'enveloppe de la châtaigne. Quessoy produisait le cidre et le poiré consommé jadis à Saint-Brieuc.

Chateau de Bogard. Il se visite sur rendez-vous. Nombre de demeures de la région sont enfouies sous d'épaisses frondaisons, mais Bogard bénéficie d'une vue dégagée sur les méandres de la rivière. Un saut-de-loup ● *93* et une grille marquent l'entrée du domaine. Le visiteur suit d'abord une longue allée à travers champs, qui le mène jusqu'à la cour du château. Celui-là, très classique, bâti au XVe siècle, remanié aux XVIe, XVIIe et XVIIIe siècles, comprend un haut pavillon du XVIe siècle, originale survivance du premier manoir, dont la tourelle carrée est coiffée d'un dôme à bulbe. La façade est possède un avant-corps

Classicisme
L'absence de toute sculpture, si ce n'est sur le fronton triangulaire où figurent les armes du propriétaire de Catuelan, est typique du style militaire du XVIIIe siècle.

Côté terrasse
Cet escalier, aux marches évasées et courbes, permet d'accéder à une vaste terrasse, sur laquelle donne la plus belle façade du château de Catuelan.

Une fête mémorable
En 1777, le marquis de Catuelan invita tous les membres du parlement de Bretagne, dont il était le président. On prétend qu'il fit construire, pour cette occasion, les communs et les écuries qui abritèrent les quarante carrosses et les cent quatre-vingts chevaux des invités. En réalité, ces bâtiments avaient été édifiés quelques années auparavant.

LES FOIRES A LOUDEAC
De tout temps, Loudéac fut une cité commerçante. C'est pour cette raison qu'elle a été l'une des villes les plus importantes de Bretagne. Dès le Moyen Age, des foires renommées s'y tenaient ; cette tradition s'est perpétuée aujourd'hui, et on trouve à Loudéac de nombreux marchés (en bas, la place de l'église, sur une vieille carte postale).

A Loudéac, le visiteur n'admirera pas un patrimoine architectural exceptionnel, ou un centre-ville qui mérite un long détour. En revanche, il découvrira une cité active et prospère, à l'ancestrale tradition commerçante. Dans une région ne possédant qu'une très légère infrastructure hôtelière, c'est l'un des rares lieux où il trouvera de quoi se restaurer et se loger. Dans les environs, les gîtes ruraux se sont multipliés, ainsi que les activités sportives, qui vont du canoë-kayak au tennis, en passant par le cyclotourisme, la randonnée ou la pêche.

PORTRAIT D'UNE CITE

HISTOIRE. A Loudéac, ancienne châtellenie des Rohan, la culture du lin et l'industrie du tissage jouèrent un grand rôle. Cette industrie et le commerce qui y était lié connurent leur apogée à la fin du XVIIIe siècle, puis déclinèrent pour disparaître à la veille de la guerre de 1914-1918 ● *66*.
La puissance des marchands de toile est illustrée par leur combat victorieux, en 1791, contre les conséquences de la départementalisation : à la création des Côtes-du-Nord, Loudéac, simple bourg, réussit à devenir chef-lieu de district, devant les villes d'Uzel et de La Chèze ; en outre, les limites du district furent établies par les habitants eux-mêmes, sans souci des directives administratives. Au long des XIXe et XXe siècles, la ville perdit peu à peu de sa puissance, mais retrouva, dans les années 1960, un grand dynamisme dans le secteur agro-alimentaire. De multiples sociétés.

Jeanne Malivel, graveur
Les soixante-douze bois illustrant l'ouvrage de Cécile Dannio, *L'Histoire de notre Bretagne* (1922), comptent parmi ses œuvres les plus fortes.

s'y sont implantées, comme Sucmanu, Kaufler, C.E.G.F., qui exploite un entrepôt de produits surgelés, ou Olida. Cette dernière, employant plusieurs centaines de personnes spécialisées dans la charcuterie industrielle, constitue l'un des plus gros employeurs de la région. Enfin, on trouve les biscuiteries Ker-Cadélac.

Une tradition du cheval. L'hippodrome de Callouët, à Loudéac, est le deuxième de l'Ouest par sa taille ; des courses de chevaux réputées y sont organisées quatre dimanches consécutifs, aux environs de Pâques. Le cheval a toujours joué un grand rôle dans la région. Déjà, au Moyen Age, les ducs de Rohan possédaient, à l'orée de la forêt de Loudéac, un haras de cent chevaux, élevés en semi-liberté ▲ 248 ; aujourd'hui, celui-ci est devenu un club hippique, dont est propriétaire la Société des courses hippiques de Loudéac –, qui possède aussi un haras sur la route de Saint-Caradec, et l'hippodrome. Les cavaliers trouveront donc à Loudéac leur bonheur. Ils pourront même participer à des randonnées transarmoricaines. Début août, une commune voisine, La Motte, organise une manifestation originale, la fête du Cheval.

La rue Notre-Dame a peu changé depuis cette carte postale du début du siècle.

La Passion de Loudéac. Il s'agit d'une aventure collective peu commune, qui fait le renom de Loudéac depuis 1914 (voir légende à droite). La ville est même devenue le siège de l'association qui regroupe toutes les Passions d'Europe. Chaque année, lors du Carême, près de deux cents habitants, réunis en une troupe théâtrale, interprètent la Passion du Christ. Si tous les paroissiens peuvent y participer, généralement les rôles principaux sont tenus par les mêmes familles depuis plusieurs générations. Peu à peu, la troupe se professionnalise ; aujourd'hui ce sont les techniciens des eaux et lumières de Versailles qui préparent la partie «son et lumière» de ce spectacle.

Mise en scene de la Passion
Cette coutume est née le 24 mars 1914, quand l'abbé Robin (1898-1941) fit interpréter par ses paroissiens l'Evangile selon saint Jean. La guerre 1914-1918 dispersa les participants, mais, dès 1923, la Passion reprit. L'abbé poursuivait ainsi une tradition locale de patronage, et réalisait le vœu de l'encyclique *Nova Rerum* (1891) d'un catholicisme populaire, à la fois politique et social.

Jeanne Malivel. Née à Loudéac en 1885, dans une maison familiale de la place au Fil, Jeanne Malivel est morte en 1926. Cette artiste, dont on voit le portrait en médaillon (à gauche), participa au renouveau de l'art breton dans l'entre-deux-guerres. Elle se fit d'abord remarquer lors d'une exposition d'art régional à Loudéac, en 1914. Après avoir étudié à l'Ecole nationale supérieure des beaux-arts de Paris avec les maîtres de l'époque, elle délaissa la peinture pour la gravure sur bois. La découverte du mouvement régionaliste breton fut déterminante dans son évolution. En 1923, elle fonda avec René-Yves Creston ▲ *174* le groupe

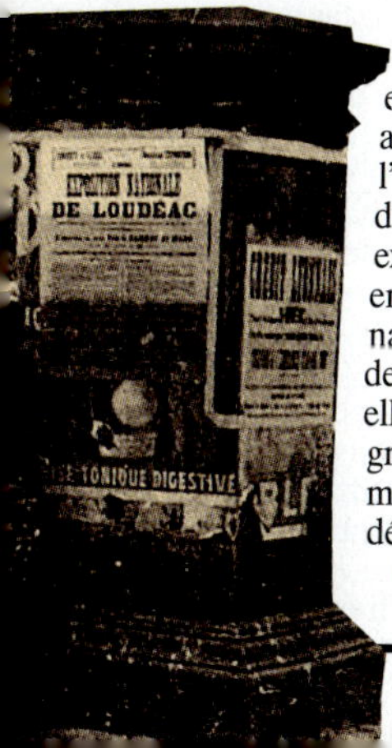

MAITRE-AUTEL DE L'EGLISE SAINT-NICOLAS
Il possède un baldaquin à l'entablement orné de guirlandes, porté par quatre colonnes corinthiennes en marbre. La gloire est époustouflante des nuées et des rayons d'or qui encadrent le triangle de la Trinité émergent des têtes de putti. Les bas-côtés du maître-autel sont ornés d'anges adorateurs en marbre et bois (1776).

SAINT MAURICE
La statue de saint Maurice comme celle de saint Nicolas, toutes deux en marbre, furent exécutées, en 1776, à Gênes.

artistique des *Ar Seiz Breur*, ou les «Sept Frères», allusion aux sept saints fondateurs de la Bretagne ; simultanément apparaissaient la revue politique *Breiz Atao* et la revue littéraire *Gwalarn*, autres expressions du mouvement régionaliste breton. Les membres du mouvement *Ar Seiz Breur*, tout en se consacrant à la nouvelle discipline des arts décoratifs, s'efforçaient de revenir aux sources profondes de la Bretagne. Comme les créateurs régionaux s'étaient exprimés depuis le Moyen Age dans l'art religieux et l'architecture populaire, les *Seiz Breur* travaillèrent sur le mobilier religieux et les objets utilitaires et confièrent leurs modèles à des artisans, qui s'empressèrent de les réaliser. L'Exposition internationale des arts décoratifs et des industriels modernes de 1925 consacra ce nouveau style : le groupe breton, rejoint par sept artisans, se vit remettre une médaille d'or pour les meubles du pavillon de la Bretagne, dessinés par René-Yves Creston et Jeanne Malivel. Cette dernière fut en plus récompensée pour ses faïences.

EGLISE SAINT-NICOLAS

Le plan de l'édifice, en forme de croix latine, fut dessiné par Béchet des Ormeaux, l'un des architectes du parlement de Rennes. L'église fut bâtie entre 1733 et 1746. Du sommet de sa tour, on jouit d'un vaste panorama sur Loudéac et ses environs. Sous la tour se dresse une statue de saint Yves, réalisée par Yves Corlay ▲ *148*. Le joyau de l'église est son maître-autel à baldaquin, en bois et en marbre de Carrare (ci-dessus). Commandé en 1763 à Yves Corlay, il fut achevé, après la mort de celui-ci, en 1771, par son gendre, Julien Heurtault. On peut aussi admirer une statue de la Vierge du XIVe siècle et deux statues, de saint Maurice et de saint Nicolas (ci-contre). Une belle chaire à prêcher et des boiseries du XVIIe siècle, en cours de restauration, complètent le mobilier. Devant l'église, on remarque l'auberge du Cheval blanc, qui date du XVIe siècle. Sur la place Notre-Dame, on visite la chapelle Notre-Dame-des-Vertus (XIXe siècle), ainsi que la chapelle de l'Hôpital (1780), qui abrite les statues de saint Samson et de saint Cado.

LA MAISON RAGOT

Quel pêcheur, en mer ou en rivière, ignore la maison Ragot, dont il parcourt régulièremen le catalogue à la recherche des meilleurs leurres ? L'entreprise, fondée par André Ragot, est, en effet, l'une des spécialistes françaises de la «mouche»

ʖa naissance fut presque anecdotique : un matin de 1920, Eugène Ragot emmena son fils, André, pêcher au bord du Lié. Ce dernier eut alors le sentiment que la mouche noyée utilisée par son père n'était pas la bonne : en effet, ce leurre coulait alors que, tout autour, les insectes volaient au-dessus des eaux. Il prit une plume, la fixa d'un fil de soie à l'hameçon et l'envoya voleter au-dessus du Lié : la mouche sèche venait de naître en France. Sa commercialisation attendit cependant 1932 et le terme d'un printemps particulièrement maussade, qu'André avait occupé à monter des mouches : comme il était représentant de commerce en vêtements, il emmena avec lui, sans trop y croire, quelques mouches, afin de les proposer à ses correspondants de Saint-Brieuc et de Quimper… qui furent enthousiasmés ! Abandonnant la tournée, André Ragot rentra chez lui et engagea une couturière. En 1936, il installa un atelier dans la propriété familiale, avenue de la Gare, où se trouvent encore le siège social et le magasin. Son commerce prospéra. La guerre ne lui fut point fatale, car tous les pêcheurs interdits de mer vinrent pêcher en rivière. En 1954, André Ragot introduisit la plume dans les appâts pour poissons de mer et inventa un engin inégalé, la «mitraillette à maquereau» : ce fut un nouveau succès. André Ragot resta jusqu'en 1970 le représentant vedette de son entreprise. Aujourd'hui, la société est devenue industrielle, tout en conservant son esprit initial : elle fabrique et distribue quelque cinq mille cinq cents articles, dont quarante pour cent sont fabriqués à Loudéac. Si la traditionnelle mouche,

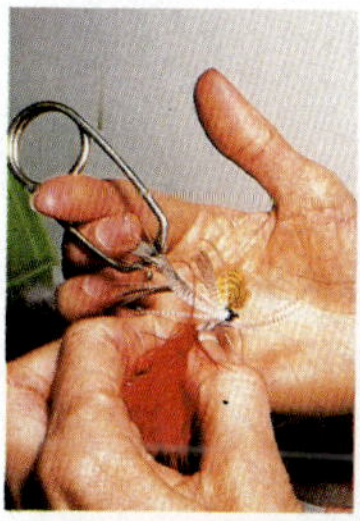

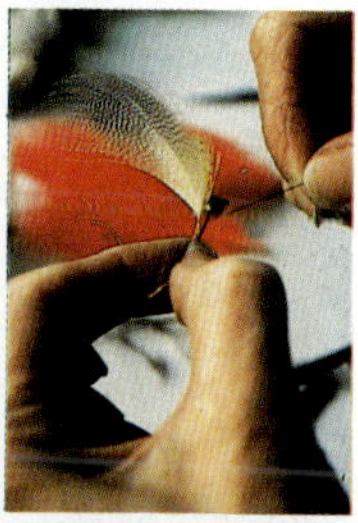

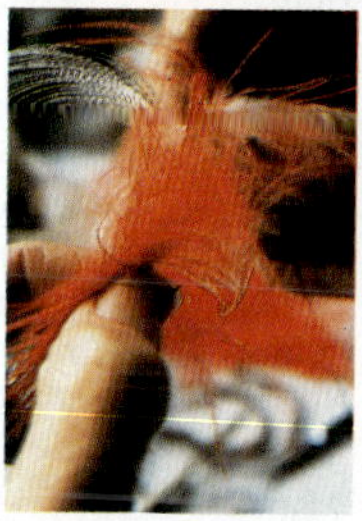

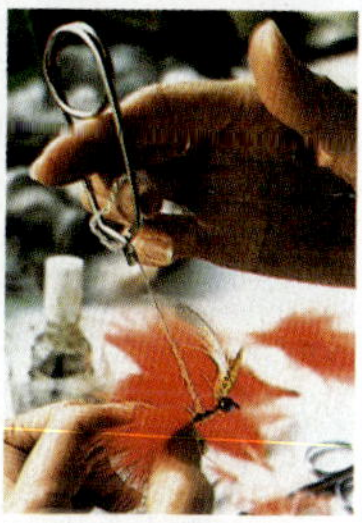

confectionnée avec des plumes, du crin et du fil, est encore réalisée par des ouvrières à domicile, la plupart des leurres sont en plastique ou en alliage, et moulés automatiquement. La société réalise vingt-cinq pour cent de son chiffre d'affaires hors de France. Elle doit désormais affronter la concurrence asiatique et le désintérêt croissant des jeunes pour la pêche.

Ragot-mouches fut fondée en 1936 par André Ragot, non loin de Ragot-pillules, la pharmacie de son père ; Celui-ci, une fine-gaule, lui avait enseigné l'art de la pêche.

La fabrication des mouches

Non, une mouche ce n'est pas simplement un hameçon, du fil et des plumes. «Une mouche, explique Hubert Guillois, gendre d'André Ragot et dirigeant actuel de la société, c'est d'abord de l'impressionnisme, car il s'agit de séduire le poisson, non à travers un insecte réel, mais grâce à l'impression de l'insecte, de ses mouvements et de sa vie.» La maison Ragot emploie encore des milliers de plumes – provenant de volatiles aussi divers que le condor, le coq chinois, la perdrix écossaise... – qui ont chacune leurs caractéristiques.

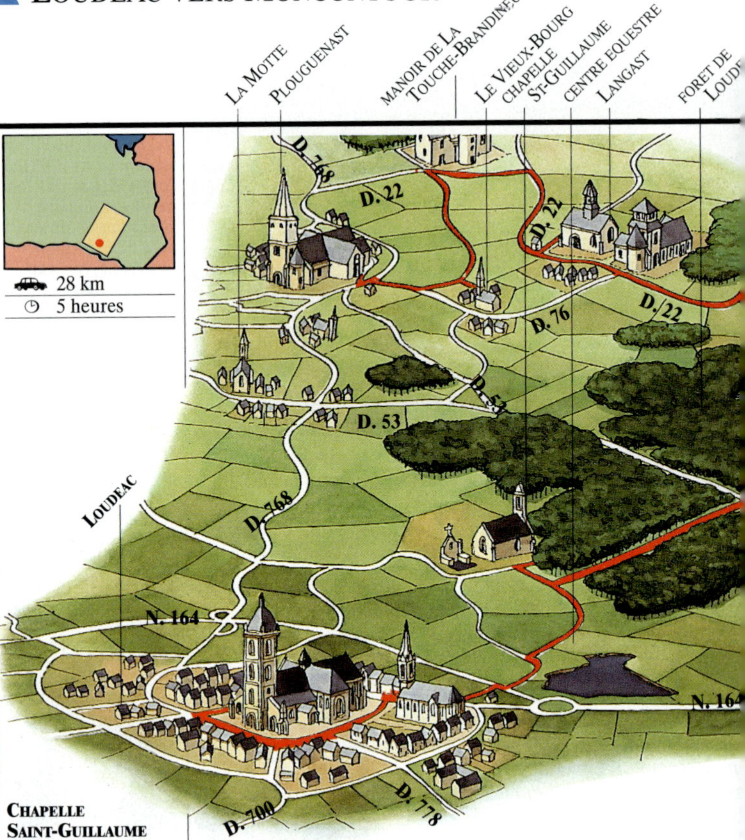

28 km
5 heures

CHAPELLE SAINT-GUILLAUME
Outre cette statue naïve de son saint patron, la chapelle abrite une belle Vierge allaitant l'Enfant Jésus, du XVe siècle. Un pardon s'y déroule le premier dimanche de juillet.

FORET DE LOUDEAC

CHAPELLE SAINT-GUILLAUME. A l'orée de la forêt, à 2 km au nord-ouest, s'élève cette petite chapelle toute simple. Un sentier, à gauche, mène à une fontaine à bassin double (ci-contre), dont l'eau avait la réputation de guérir les panaris.
LA FORET. Cette forêt de 2 500 ha abritait encore de nombreux loups au siècle dernier. Au Moyen Age, les ducs de Rohan y élevaient des chevaux en semi-liberté. La tradition s'est perpétuée : un club hippique se tient à proximité. Si, en 1801, Pierre Mercier, second du chef chouan Georges Cadoudal, réfugié dans une maison en lisière du bois, y fut tué lors d'une fusillade, de nos jours, la forêt invite à de tranquilles promenades le long de ses sentiers balisés.

QUERRIEN

CHAPELLE NOTRE-DAME-DE-TOUTE-AIDE. En 1652, la Vierge serait apparue à une jeune muette, Jeanne Courtel, lui indiquant où était enfouie la statue de Notre-Dame jadis façonnée par saint Gal. Pour célébrer le miracle, une chapelle fut édifiée ; agrandie et flanquée d'une tour au XVIIIe siècle, elle a été récemment restaurée. Le maître-autel en bois peint, du XVIIe siècle, figure la crucifixion, et les vitraux du

transept, du XIXe siècle, content l'histoire de Jeanne Courtel. Un brancard en bois, aux allures de trône, est exhibé lors du pardon, le 15 août et le deuxième dimanche de septembre.

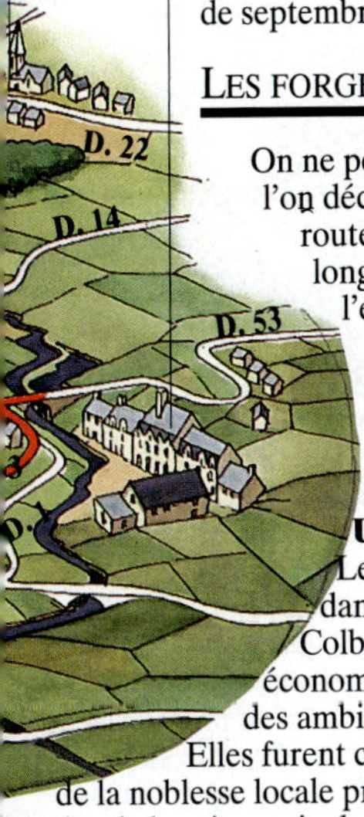

LES FORGES DU VAUBLANC ♥

On ne peut être que séduit par le site que l'on découvre en contrebas de la petite route sinueuse. Si les forges ont depuis longtemps cessé leur activité, l'ensemble est encore très homogène : logis du maître des forges, maisonnettes des ouvriers, chapelle et hall au charbon dressent toujours leur silhouette pittoresque.

UNE «NAISSANCE» DOULOUREUSE. Les forges du Vaublanc s'inscrivent dans la politique ambitieuse de Colbert, qui désirait hisser la puissance économique du pays à la hauteur des ambitions politiques de Louis XIV. Elles furent créées, en 1671, sous les auspices de la noblesse locale protestante, par François de Farcy, fermier de la seigneurie de Rohan et actionnaire de l'usine de Paimpont. La construction des ateliers fut mouvementée : la forge remplaçait un moulin à papier, et les deux gros étangs qu'on dut alors construire pour actionner plusieurs roues hydrauliques provoquèrent des inondations répétées – situation que les riverains trouvèrent vite intolérable. En 1675, sans doute épuisé par tous ces ennuis, le fondateur se retira, moyennant 45 000 livres, en faveur de Siméon Hay, comte de Couëllan, conseiller au parlement de Bretagne.

AUX MAINS DES PLUS GRANDES FAMILLES. Par le jeu des alliances matrimoniales, la manufacture se trouva finalement, en 1715, en la possession des Saint-Pern, titulaires d'un des plus vastes domaines fonciers de la Bretagne de l'Ancien Régime. Ces grands seigneurs se désintéressaient des tracasseries quotidiennes des forges. Ils en confiaient le soin à un régisseur, qui leur versait une somme annuelle rondelette. En 1789, le bail du Vaublanc était tenu par François Delaizire, personnage éminent, membre de l'Assemblée législative en 1791, l'un des tout premiers maîtres de forges à avoir voté pour la République. Quelques années plus tard, il céda son

LE LIE, EN AMONT DU VAUBLANC
Juste avant la retenue qui actionnait jadis les forges, la rivière offre de nombreuses possibilités de promenade et de remontée en canoë ou en kayak.

LE LOGIS DES FORGES
La maison du maître de forges, du XVIIIe siècle, symbolisait l'autorité et la prospérité de ses propriétaires. Elle se compose de cinq corps de bâtiment longs de 80 m. Le corps central est surmonté d'un clocheton en forme de campanile.

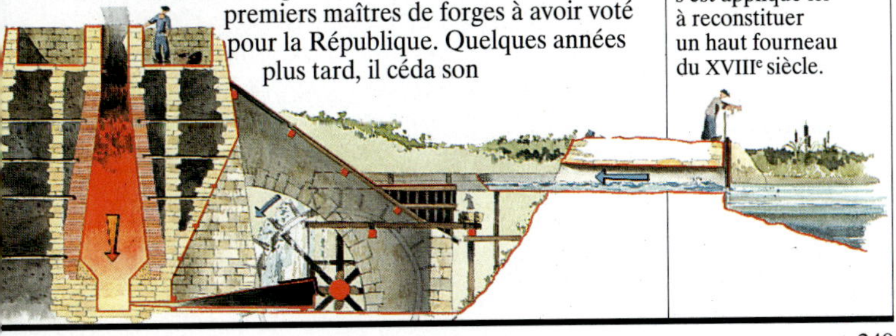

Le dessinateur breton Jean-Pierre Arcile s'est appliqué ici à reconstituer un haut fourneau du XVIIIe siècle.

Reconstitution des forges du Vaublanc
Cette maquette de Roland Gestin montre les lieux d'habitation et les ateliers proprement dits, composés d'un haut fourneau, d'un gros marteau, d'une chaufferie, de deux affineries et d'une fonderie. L'usine du Vaublanc utilisait en 1862 une force globale de 92 ch, chiffre qui la rangeait parmi les cent premières de France. De cette infrastructure, il ne subsiste plus qu'une vaste halle, sous laquelle étaient installés des laminoirs, en face de la maison de maître et en contrebas de l'étang de retenue.

poste à son neveu, Louis-Alexis Carré. Ce dernier racheta en définitive l'usine avec son frère, en août 1808, après que les événements révolutionnaires et l'émigration eurent décimé la maison de Saint-Pern. Louis-Alexis, intronisé maître des forges à l'âge de vingt-et-un ans, fut à l'origine d'une véritable dynastie dont le destin industriel et politique a dominé la Bretagne centrale pendant les trois quarts du XIXe siècle.

La fin d'un monde. Après la guerre franco-allemande de 1871, les forges du Vaublanc s'éteignirent progressivement en même temps que celles des Salles ▲ *259*, et le site fut reconverti en laverie de kaolin ▲ *242*. Les propriétaires des forges investirent alors savoir et capitaux dans la Société des forges et aciéries de Bretagne, fondée à Saint-Brieuc, au moment de l'arrivée du chemin de fer. Avec le démontage de certains ateliers du Vaublanc, transférés à la ville, l'industrie quittait pour toujours la Bretagne rurale.

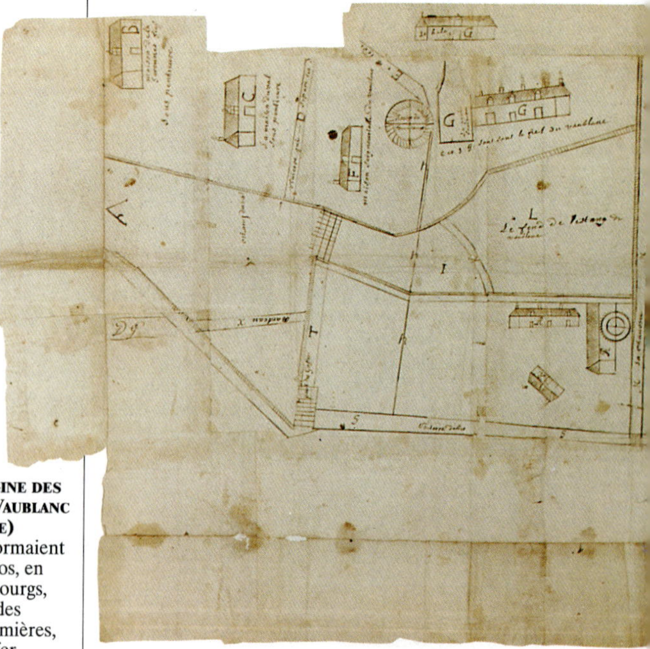

Plan d'origine des forges du Vaublanc (XVIIIe siecle)
Les forges formaient un monde clos, en dehors des bourgs, à proximité des matières premières, eau, bois et fer.

NGAST

Croix à auvent, dans le cimetière de Plougenast.

aint Gal, ou saint Gast, moine irlandais disciple de aint Colomban qui séjourna dans la région vers 600, a légué on nom à ce bourg, érigé une centaine d'années plus tard.

'EGLISE ♥. Rectangulaire, en granite, avec un toit d'ardoises deux pans, l'église de Langast, dédiée à saint Gal, conserve le sa construction, au XVIe siècle, une maîtresse-vitre portant a mention 1508, la plus ancienne de la contrée ; les étapes le la vie de saint Antoine s'y succèdent. D'autres restes le verrières, du XVIe siècle, figurent l'Annonciation, au ollatéral nord, et sainte Véronique, au sud. A l'intérieur, un retable du XVIIIe siècle côtoie un Christ figurant autrefois ur la poutre de gloire et des statues anciennes.

CHAPELLE SAINT-JEAN. Cette chapelle du XVIe siècle, qui se trouve dans le cimetière actuel, dévoile une étonnante charpente ancienne, laissant apparaître tous les détails de construction de la voûte. L'édifice possède en outre un grand vitrail et abrite un retable.

PORCHE DE L'EGLISE DE LANGAST
La façade sud de l'édifice, du XVIe siècle, remaniée au XVIIIe siècle, est percée d'une porte en arc brisé surmontée d'une moulure ornée de choux frisés.

PLOUGUENAST

Un sentier pédestre dénommé le «chemin du Diable» relie par une boucle de 20 km (5 h environ) Langast à Plouguenast. Il longe le manoir de la TOUCHE-BRONDINEUF, une gentilhommière du XVIe siècle en fort mauvais état mais pourvue d'une belle porte d'entrée en arc brisé, comportant archivoltes et crochets.

L'EGLISE. L'église gothique (ci-dessus), située à 1,5 km à l'est du bourg, des XVe et XVIe siècles, menaçait ruine au XVIe siècle. Elle fut remise en état, et on lui ajouta un porche de style Renaissance au sud. Après la Révolution, l'édifice était à nouveau très endommagé ; la municipalité préleva donc quelques pierres pour faire construire une deuxième église dans le nouveau bourg. Les habitants du vieux bourg, révoltés, s'attaquèrent aux maçons et la police dut intervenir pour les calmer !

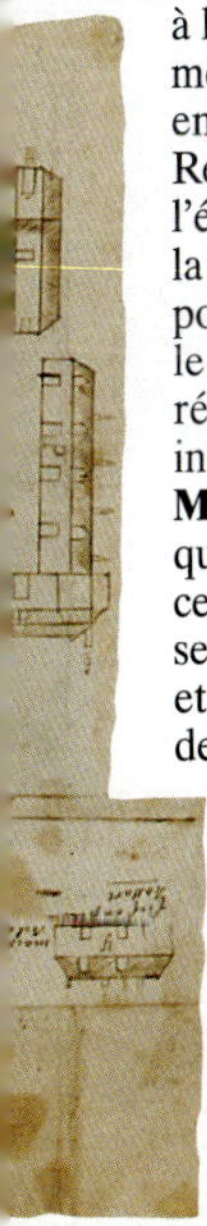

MOULIN DE GUETTELIEVRE ♥. Des treize moulins que comptait autrefois la commune, il ne reste que celui-ci, en parfait état de marche, bien qu'il n'ait pas servi depuis plus de trente ans. Il a été réaménagé et on peut le louer pour le week-end ou y organiser des pique-niques champêtres sur les rives du LIE qui le borde. Cette rivière à truites attire d'ailleurs de nombreux pêcheurs et un concours en juillet s'ouvre aux amateurs. Près du pont, une base de canoë-cayak attend les sportifs.

CHÂTEAU DE PONTGAMP. Le manoir, remanié en 1886, a conservé des murs du XVIIIe siècle. Deux chambres d'hôtes y sont aménagées et le propriétaire emmène volontiers ses hôtes découvrir les manoirs de la région.

ARCHANGE SAINT MICHEL
Cette statue, conservée dans l'église du vieux bourg de Plouguenast, côtoie un retable à colonnes composées de trois niveaux, du XVIIe siècle, peint en or et blanc. L'église abrite également des vitraux du XVIe siècle.

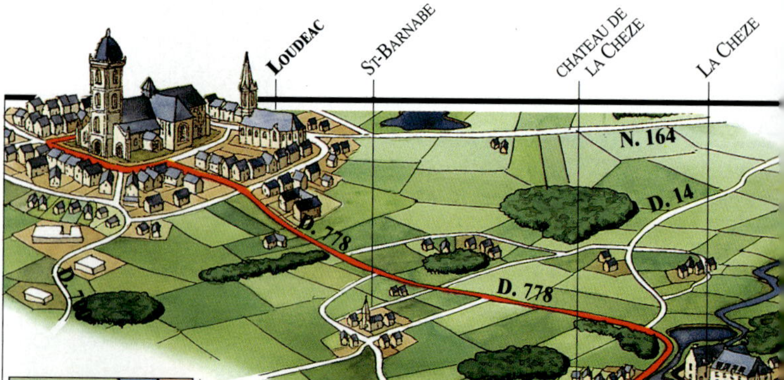

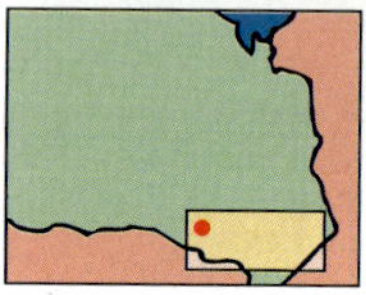

18 km

3 heures

UNE HISTOIRE MOUVEMENTEE
Au XIIe siècle, Eudon II fit bâtir une première forteresse. Le château passa plus tard aux mains de la famille de Rohan et subit les aléas de leur fortune. Jean II de Rohan, incarcéré vers 1479 pour l'assassinat de son beau-frère René de Kéradreux, retrouva à sa libération un château en piteux état et le reconstruisit avec l'autorisation du roi Charles VIII. Avec l'apparition des armes à feu, au XVIe siècle, la forteresse perdit de son intérêt militaire. Elle connut ses derniers sièges pendant la Ligue de 1589 à 1598.

LA CHEZE

Ce petit bourg soigné a été récompensé de ses efforts en gagnant, en 1991, le prix départemental des maisons fleuries.

CHATEAU DE LA CHEZE. En face de l'écomusée, non loin du Lié, la rivière qui traverse La Chèze, se dressent les ruines d'un château bâti au XIIe siècle par Eudon II sur un massif schisteux. Devenue propriété de la famille des Rohan, la forteresse subit de sérieux dommages en représailles contre son seigneur, le vicomte Jean II de Rohan, incarcéré vers 1479 pour l'assassinat de son beau-frère René de Kéradreux. En 1743, elle fut démantelée sur l'ordre du général de la paroisse de Loudéac. Ses pierres furent utilisées pour la construction de l'église de Loudéac et de plusieurs maisons, rue de Loudéac et rue de Pontivy. Objet de ventes successives, l'édifice continua ensuite à se détériorer. Des travaux ont été entrepris par la commune, propriétaire de l'édifice depuis 1979, pour faire ressortir les logements, les courtines, les bases des tours du sud et le donjon octogonal (à gauche). Des fouilles ont également été opérées pour dégager un souterrain. Il est conseillé au visiteur de contourner les ruines et d'emprunter un passage qui permet d'accéder à la cour du château.

MUSEE DES METIERS. Le Centre culturel des métiers et le musée de l'Artisanat présentent toutes les professions qui animaient autrefois la vie rurale. Dans l'ATELIER DE L'ARDOISIER, une «hèche» (hutte en mauvais schiste) dans laquelle étaient fendues les dalles de schiste est exposée parmi des échantillons d'ardoise. L'exploitation des ardoisières fut longtemps l'une des industries extractives traditionnelles de Bretagne. Résistant et imperméable, le schiste ardoisier armoricain, matériau idéal en pays pluvieux

«LE CHARPENTIER TRAVAILLE LARGE,
LE MENUISIER TRAVAILLE JUSTE,
LE CHARRON TRAVAILLE SERRE»

DICTON POPULAIRE

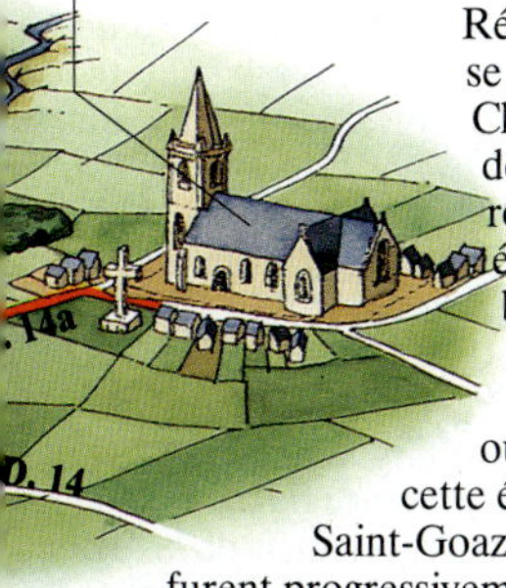

et venté, se débitait aisément en minces feuilles. Sous l'Ancien Régime, son territoire d'extraction se limitait aux environs de Châteaulin (Finistère). Grâce au développement des réseaux routier et ferré, cette activité émigra au siècle dernier à l'est du bassin de Châteaulin et en pleine Montagne Noire. Une dizaine de carrières, exploitées à ciel ouvert, ont été dénombrées à cette époque entre Gourin, Carhaix et Saint-Goazec. Des carrières souterraines furent progressivement ouvertes. Malgré son retard technique par rapport aux ardoisiers d'Angers, la Bretagne fournissait neuf pour cent de la production nationale en 1935. Cette industrie a aujourd'hui presque disparu face à la concurrence angevine et espagnole. A Maël-Carhaix, les carrières du moulin de la Lande ▲ *280*, dont l'ardoise est considérée comme l'une des plus pures de France, furent toutefois réouvertes après une brève interruption. Autrefois, le maître carrier livrait le schiste brut à un artisan indépendant, le fendeur, qui le débitait à l'aide d'une petite scie, d'un bouc (ciseau) et d'un maillet. Ces blocs (appelés «repartons») se détachaient comme ceux d'un mille-feuille sous les coups du maillet. Il fallait ensuite «rondir» chaque pièce, c'est-à-dire tracer une arête droite afin de provoquer le retour de la pluie sous l'ardoise. Mais le métier de fendeur a disparu, et les ouvriers sont devenus polyvalents. L'ATELIER DU CHARRON, où étaient fabriquées les roues, abrite une machine à cercler et un appareil permettant de restaurer ou de ressouder le cerclage des vieilles roues. A ses côtés reposent les outils du cordonnier, qui, à Loudéac, réparait traditionnellement les chaussures à Pâques et à l'automne. Le musée possède également une presse typographique, datant de 1830, issue des établissements Edouard Lambert, dans lesquels était imprimé le journal local, *Le Petit Libéral*.

AUX ENVIRONS. Le château et le moulin de SAINT-ETIENNE-DU-GUE-DE-L'ILE apparaissent aux bords de la route menant à Josselin. De style gothique tardif, le manoir, construit au XVIIe siècle, fut très restauré au siècle dernier. Il est aujourd'hui recouvert de lichens, qui lui donnent une surprenante couleur vert d'eau.

Huit ateliers d'artisans sont reconstitués au rez-de-chaussée de l'ancienne tannerie qui abrite le Centre culturel des métiers et le musée de l'Artisanat. Ardoisier, menuisier, charron, bourrelier, cordonnier, maréchal-ferrant, forgeron, ouvrier typographe et sabotier... Les outils de ces divers métiers y sont exposés. Les sabotiers, qui logeaient dans des huttes au milieu des forêts, utilisaient principalement deux machines, la bûcheuse et la creuseuse (exposées au musée), pour confectionner leurs ouvrages.

Le transept de l'église de La Ferrière (XIVe siècle) abrite un vitrail de l' Arbre de Jessé aux tons bleu roi superbes.

SITE DE L'ABBAYE DE LANTHENAC. Entre 1485 et 1491, l'imprimeur Jean Cres, le premier imprimeur de Bretagne, installa une officine dans cette ancienne abbaye du XIIe siècle, dont il ne reste désormais que peu de chose mais qui offre un agréable but de promenade. Il y imprima *Le Voyage d'outre-mer* (1488) de Jean de Mandeville ainsi que *Les Sept Psaumes* (1491).

LA FERRIERE

L'EGLISE de ce bourg, dont le nom provient de la présence de minerai de fer, est l'une des plus anciennes de la région. Edifiée au XIVe siècle, elle conserve quelques éléments d'origine : un pilier, la chapelle nord et la porte du clocher-mur. Le fenestrage et la porte sud datent du XVe siècle. Mais ses joyaux sont de très beaux vitraux du XVIe siècle. Celui du chœur, daté de 1551, illustre des scènes de la vie de la Vierge : l'apparition de l'ange à Joachim, père de Marie et époux d'Anne, la dormition et la gloire de la Vierge. L' église abrite également un mobilier exceptionnel : un groupe de l'Annonciation en kersantite du début du XVe siècle : «Le groupe sculpté de La Ferrière propose une iconographie qui se développe en Italie et en France aux XIIIe et XIVe siècles, à la faveur du culte marial. L'archange Gabriel, annonciateur et initiateur du message divin, est désormais subordonné à une composition qui fait de la Vierge le personnage principal, là où elle ne paraissait dans l'iconographie antérieure qu'une simple femme touchée par la grâce divine [....] Le traitement particulier des visages et des chevelures évoque immédiatement la tradition flamande, celle-là même dont s'inspirent les ateliers de Kersanton du Folgoët et de Quimper (Finistère)» (Isabelle Barbedor). Un retable du type lambris montre sur le panneau central la Vierge remettant le Rosaire à saint Dominique et à sainte Catherine de Sienne ▲ *221*. Saint Michel pourfendant le dragon et saint Julien en prison sont représentés sur les panneaux latéraux. La CROIX érigée sur la place de l'église aurait été sculptée au XVIIe siècle par les moines de l'abbaye de Lanthénac, comme en témoignent les statuettes de moines à la base du fût. Le soubassement porte les emblèmes sculptés des quatre évangélistes, et la croix cylindrique est surmontée d'un groupe de la Passion.

Les deux vitraux de la nef représentent le martyre de sainte Barbe : son père la fouettant et sa mise à mort. Outre ses superbes vitraux, l'église de La Ferrière abrite également une statue de Notre-Dame de la Ferrière, une Crucifixion du XVIe siècle et, dans le transept sud, un maître-autel à pavillons daté du XVIIe siècle.

Détail du calvaire : un chevalier orne la base de l'une des niches.

LAC DE GUERLEDAN

▲ LAC DE GUERLEDAN

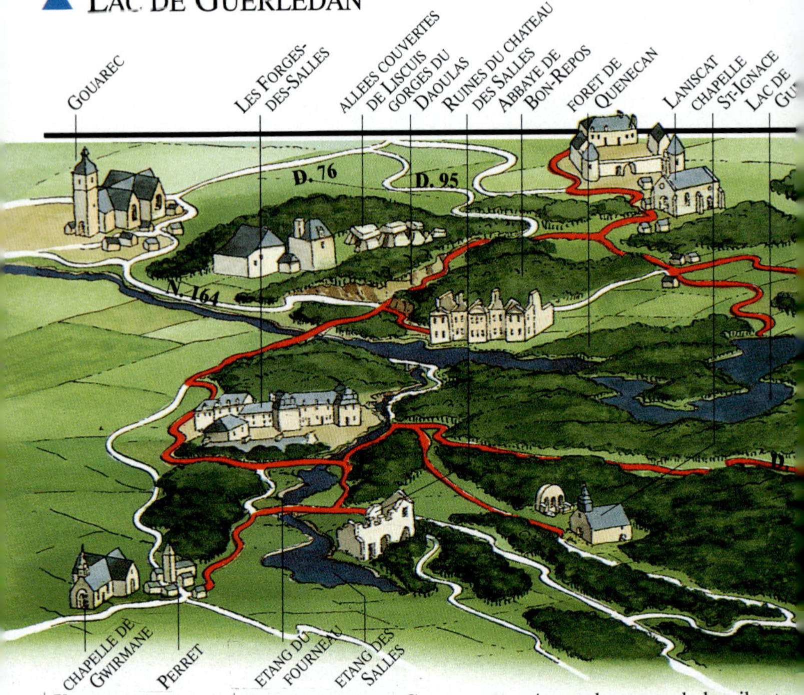

UN CLOCHER-PORCHE Terminée en 1764, cette tour carrée à deux étages est surmontée d'une flèche très ajourée. Selon la tradition, les lépreux suivaient la messe à travers les grilles qui séparaient le grand portail à double entrée de la chapelle. Mûr possédait en effet deux léproseries.

CHAPELLE SAINTE-SUZANNE ♥. Avant de gagner le lac, il est recommandé de visiter cette chapelle située au nord de Mûr-de-Bretagne. Son enclos du XVIIIe siècle, percé de deux portails aux piliers massifs, est ombragé par de magnifiques chênes centenaires qui inspirèrent Corot lors de ses séjours dans la région ● *116*. L'édifice a été classé pour son clocher et sa décoration intérieure. La voûte en bois est en effet entièrement peinte : on admirera dans le chœur la vie de sainte Suzanne et dans le transept et la nef des scènes de la vie du Christ. L'ensemble a été réalisé entre1723 et 1726, puis restauré en 1878. Le mobilier ne dépare pas : la chapelle a conservé la tribune d'un jubé, probablement du XVIe siècle, ornée de petits panneaux illustrant la Passion du Christ. Le retable du maître-autel, de style Louis XIV, et un orgue polychrome, peint en trompe l'œil, complètent harmonieusement l'ensemble.

UNE NATURE PRESERVEE. Cet itinéraire qui longe le lac de Guerledan s'adresse avant tout aux amoureux de la nature qui découvriront une grande variété d'écosystèmes : un espace lacustre presque intact, des bois et forêts où le chêne, le hêtre et le châtaignier subsistent aux côtés des résineux (rive sud), des landes (rive nord), des gorges (du Daoulas et du Poulancre), des étangs créés pour favoriser l'exploitation du minerai de fer (Les Forges des Salles), des zones humides et des tourbières (Liscuis en Laniscat).

Dans les eaux du lac, le pêcheur trouvera des poissons énormes, brochets, sandres, et perches. Malheureusement, l'anguille, les civelles et les saumons, que capturaient autrefois en abondance les moines de l'abbaye de Bon-Repos, sont arrêtés désormais par le barrage.

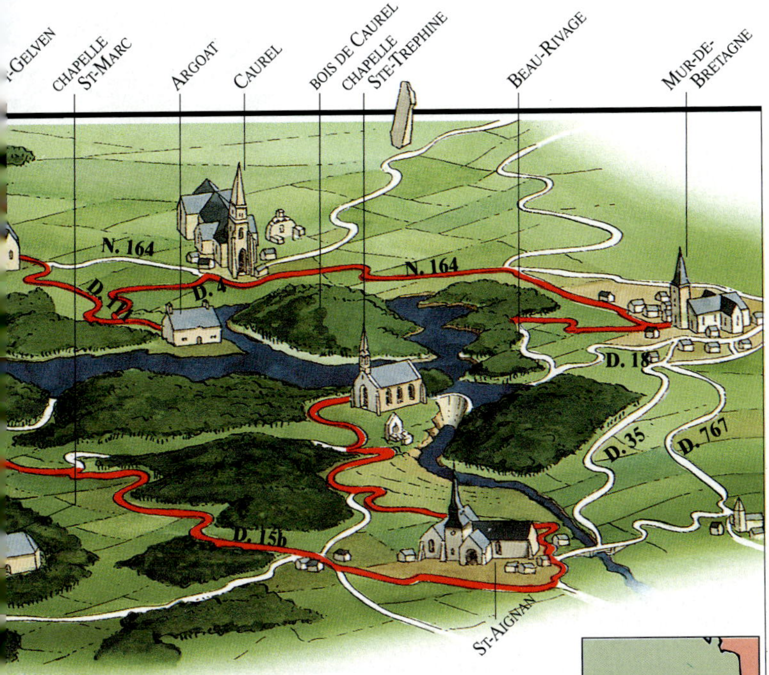

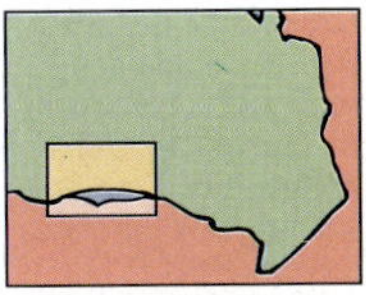

50 km
1 journée

UN LAC ARTIFICIEL. Cette vaste étendue lacustre (400 ha) qui s'étire sur 12 km, de Mûr-de-Bretagne à Gouarec, occupe le lit du Blavet depuis 1930, date de l'inauguration du barrage hydroélectrique de Guerlédan ▲ *260*. On noya alors dix-sept écluses, rendant ainsi impraticable le canal de Nantes à Brest, désormais coupé en deux ▲ *275*. La création du plan d'eau, niché au sein d'un massif forestier de 4 000 ha, la forêt de Quénécan, donna un nouveau souffle à la région, désormais réputée pour son tourisme vert et ses équipements sportifs. Bases nautiques, plages et villages de vacances ont été créés d'une rive à l'autre.

L'ALLEE COUVERTE DE COET CORREC ♥
On y accède par la N. 164, à prendre peu avant Caurel. Le monument apparaît, après un fantastique chemin creux, en haut d'une prairie.
Cette formidable allée, ancienne sépulture du néolithique, couverte de dalles de schiste, est en partie surmontée d'une construction soignée, vestiges d'un cairn (monticule de terre ou de pierre).

LE ROND-POINT. A 2 km de Mûr, on découvre le lac en contrebas d'une ancienne ardoisière envahie par les chênes. D'étroits escaliers et des sentiers mènent au rivage. A gauche, une crique et une base nautique ont été aménagées où l'on peut faire du dériveur, de la planche à voile, du kayak et du ski nautique. Un camping est installé au bord de l'eau.

CAUREL. Sur la route de Gouarec, au pied d'un coteau boisé, le village sent l'ardoise gris-bleu du pays, dont on faisait les toits, parfois les murs (palisses), la séparation des écuries, les clôtures des champs, les pierres tombales, les dallages comme celui de l'église Saint-Goulven. Le site est malheureusement menacé par un projet routier. Au sud, enserré par les bras du lac et situé sur un éperon, le bois de Caurel est classé.

BEAU-RIVAGE. Ce village est parfaitement équipé pour les loisirs, avec des vedettes destinées à la visite du lac, des campings, un hôtel et une petite plage. Il a conservé ses pittoresques petites maisons de carriers, parfois datées (1747). Plus loin, vers Gouarec, prendre à Ty-Bris la direction de Trégnanton. Du camping ou du RESTAURANT ROC'H TREGNANTON, la vue sur le lac est superbe.

L'ABBAYE DE BON-REPOS
«La matière que j'étudie, lorsque je la médite, je la trouve terrible. Après tous nos faits dans ce monde-ci, la fin de chacun est la mort» : telle est l'inscription que le visiteur découvre dans cette abbaye, dont ne restent que des ruines, qui donnent une idée de l'importance du bâtiment. Subsistent le porche d'entrée, des communs, des façades, le canal qui servait de vivier, les assises du colombier. De l'église primitive du XIIIe siècle, jadis une grande abbatiale, il ne reste que des vestiges.La prospérité du monastère, qui prélevait la dîme sur vingt-six paroisses des environs et recevait de multiples dons, entraîna aux XIVe et XVe siècles un relâchement de la morale, et son déclin, précipité par les guerres de Religion.

LANISCAT

Le visiteur trouve dans ce bourg une maison d'accueil pour les jeunes, une auberge et de nombreux gîtes d'étape. L'église possède un beau clocher en granite. Une grande arcade et deux des travées de la nef sont du XVIe siècle, le chevet date de 1667. Elle contient notamment une roue à vingt-quatre carillons du XVIIe ou XVIIIe siècle (ci-dessus) ▲ *210*, un retable du XVIIIe siècle, d'un type rare en Côtes-d'Armor : son calcaire et son marbre ont été apportés de Laval par voie fluviale.

LA CHAPELLE DE ROSQUELFEN

Elle est située dans le joli hameau du même nom, à 3 km de Laniscat en direction de Gouarec. Le visiteur découvre, à côté, un calvaire du XVIe siècle (voir ci-contre), dont les quatre faces sont sculptées de scènes de la Passion et qui est surmonté d'une croix à épines. Il est hélas rongé par le temps.

ALLEES COUVERTES DE LISCUIS ET GORGES DU DAOULAS ♥

Les allées couvertes, qui furent des nécropoles au néolithique ● *86*, sont situées sur la crête ouest dominant les gorges du Daoulas. Trois chemins y mènent, par le hameau de Canac'h Léron, par les gorges du Daoulas et les crêtes, ou par un sentier à prendre juste à droite du chemin de Liscuis.

L'importante communauté néolithique qui vivait dans la région de Plussulien et de Laniscat, du IVe au IIe millénaire av. J.-C., enterrait ici ses morts ▲ *230*. Les trois allées, jadis recouvertes par un tumulus, se composent chacune d'un couloir, d'une chambre funéraire et d'une cellule terminale, qui contenait de nombreuses poteries.
LES GORGES DU DAOULAS. Cette vallée sauvage, hérissée de lames et d'aiguilles, dont les vertigineuses falaises ont été taillées par le Blavet, se découvre, le souffle coupé, en descendant la D 44. On y trouve des écoles de varappe.

L'ABBAYE DE BON-REPOS ♥

Ce fut un rêve mystique du vicomte de Rohan, où la Vierge lui apparut, qui lui suggéra de bâtir en 1184 une abbaye dans ce site enchanteur, au confluent du Daoulas et du Blavet. Elle fut reconstruite en 1229 et surtout occupée par des moines cisterciens. Aujourd'hui, le visiteur découvre une hôtellerie, des circuits de randonnée, fait du canoë sur le lac. On peut aussi visiter, à proximité, des carrières de schiste ardoisier.

LES SALLES DE ROHAN ♥

LA SIDERURGIE EN BRETAGNE CENTRALE. Il y eut en Bretagne centrale, de la Renaissance à la Troisième République, une importante activité sidérurgique. Les guerres de la Ligue avaient laissé la région exsangue. C'est pourquoi, en 1621, le duc de Rohan fit venir de Liège, haut lieu de la sidérurgie européenne, Geoffroy de Finement. Il lui bailla pour vingt-cinq ans «tous les emplacements nécessaires pour bâtir quatre forges et fourneaux à fondre le fer». Le site prit ainsi le nom de Forges des Salles. Elles prospérèrent jusqu'à la guerre franco-prussienne de 1870, puis étouffèrent à partir de cette date sous le poids des archaïsmes.

CHATEAU DES SALLES. Après la forêt, on atteint les ruines du château, berceau des Rohan, que cette famille déserta à partir de 1396 pour s'établir à Pontivy. Des tours, un mur d'enceinte crénelé, un corps central trapu, c'est tout ce qu'il reste de ce formidable château du XIIIe siècle.

LES FORGES
Les 2,5 ha de l'usine intriguent par leur unité : derrière la digue se trouvaient les ateliers (en bandeau), les magasins à charbon et sable, des buttes de scories ; au centre se tenait une aire de travail où circulait un petit train. De part et d'autre, à flanc de coteau, les habitations se faisaient face. Un jardin, le Thabor, une halle pour le charbon, des logis ouvriers (ci-dessus) complétaient le tout.

PERRET

L'église du XVIIIe siècle est entourée des anciennes maisons des charbonniers de la forêt de Quénécan. Deux beaux ifs, un menhir et une pietà se trouvent dans le cimetière. Cette région est connue pour ses fossiles ordoviciens, associés en grands losanges clairs à des cristaux d'andalousite et de chiastolite, ou macles (motif du blason des Rohan) A 500 m à l'ouest de Perret, près de la D 15, la CHAPELLE DE GWIRMANE (la vraie montagne) possède une belle façade du XVIIIe siècle, un porche encadré de pilastres et à l'intérieur, de nombreuses statues en bois polychrome.

LA FORET DE QUENECAN ♥

■ *48*

Pour découvrir cette forêt, prendre d'abord la D 15 b aux Forges des Salles. Puis marcher vers le sud. En suivant le GR 37, le GR 41 ou une autre allée, on découvre, dans une clairière, les derniers charbonniers de Bretagne, travaillant à l'ancienne. On voit également de nombreux oiseaux : bécasseau (ci-contre), courlis, héron, canard, bergeronnette, chevalier-

Allée forestière en futaie de Quénécan.

LE MARTIN-PECHEUR nidifie sur les berges du lac et chasse petits poussins et têtards en plongeant d'un perchoir.

L'ARBRE DE JESSE Il résulte d'une prophétie d'Isaïe : «Il sortira un rejeton de l'arbre de Jessé, et une fleur s'épanouira au sommet de la tige, et sur elle reposera l'esprit du Seigneur, l'esprit de Sagesse et d'Intelligence, l'esprit de Conseil et l'esprit de Force, l'esprit de Science et l'esprit de Piété[...]. En ce temps-là le rejeton de Jessé sera exposé devant tous les peuples comme un étendard.» Le patriarche Jessé ayant appartenu à la famille royale, la tige de Jessé figure la lignée des rois. Le rejeton symbolise Marie, la fleur représente le Christ. Les artistes prirent cette prophétie au pied de la lettre et dressèrent dans les églises un arbre généalogique combinant les versets d'Isaïe et la généalogie du Christ. Ils représentèrent un arbre sortant du ventre de Jessé endormi, et étagèrent le long de la tige les rois de Judas jusqu'à Jésus-Christ, en séparant toutefois les ancêtres selon la chair et selon l'esprit.

combattant, cormoran, grèbe castagneux et huppé, martin-pêcheur (en haut), milan noir, buse et parfois, l'hiver, le balbuzard (un aigle pêcheur).

LA CHAPELLE SAINT-IGNACE. Sa fontaine à trois bassins, alimentée par le ruisseau du Corboulo, guérit les maladies de l'œil (pardon le 15 août). En atteignant le calvaire sur les hauteurs qui limitent la forêt au sud, au Breuil (275-280 m), on découvre le bassin de Pontivy. En voiture, on peut de là gagner l'anse de Sordan, au relief mouvementé.

LA CHAPELLE SAINT-MARC. Aussi solitaire que Saint-Ignace, du XVIIe siècle également, elle a conservé un mobilier simple et harmonieux. Son pardon a lieu fin avril.

SAINT-AIGNAN ♥

«Aignan» est une déformation du prénom Iunan. Cette commune est la première que traverse le Blavet en aval du barrage. Elle est le point de départ de nombreuses randonnées. Elle abritera sous peu une Maison de pays, qui sera à la fois point d'accueil, musée de l'électricité, lieu d'expositions. Une petite centrale hydraulique installée sur le Blavet en amont du bourg témoigne de l'intérêt que l'on porte ici à l'aménagement des cours d'eau. Au bourg, la façade claire de l'EGLISE (XVe siècle, restaurée au XIXe siècle) est recouverte de rosiers rouges. A l'intérieur se trouve un remarquable arbre de Jessé en bois sculpté polychrome. De même facture que ce dernier, on voit une Trinité entourée des Evangélistes, ainsi qu'une statue de saint Marc et une pietà.

LE MANOIR DE BOT-PLEVEN. «Bot» signale une demeure d'importance. Le manoir est typique de l'architecture de Saint-Aignan : au corps principal, constitué d'un volume à étage noble coiffé d'un toit unique, fut ajoutée une aile sur la droite. La simplicité, tant de l'intérieur que de l'extérieur, les pierres de taille utilisées pour l'angle de la tour, les moellons qui ont servi pour la façade situent la construction vers 1500.

CASTEL-FINANS

Ce site escarpé dominant le coude du Blavet fut un camp à l'âge du fer, avec remparts et défenses avancées. La chapelle SAINTE-TREPHINE (ci-dessus) est nichée au sommet de l'éperon On y remarque un vitrail représentant Tréphine et son fils, Trémeur. De là-haut, on découvrira l'ensemble du lac et la vallée du Blavet en aval du barrage. La fontaine Saint-Trémeur est en contrebas de la route, sur un sentier de découverte. Du rond-point tout proche, on accède au barrage. Inauguré en 1930, haut de 50 m, long de 201 m, il fut l'un des plus élevés de son époque.

GUINGAMP
ET SES ENVIRONS

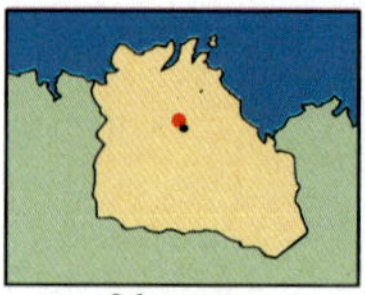

3 heures

Situé au cœur du Trégor, le site protégé de Guingamp fut choisi dès le IXe siècle pour faire front aux incursions normandes.

La basilique domine la ville, les couvents s'élèvent à l'est. Ci-dessous, la rue Montbareil.

Ci-contre, dessin de Mathurin Méheut intitulé *Mendiant à Guingamp*,

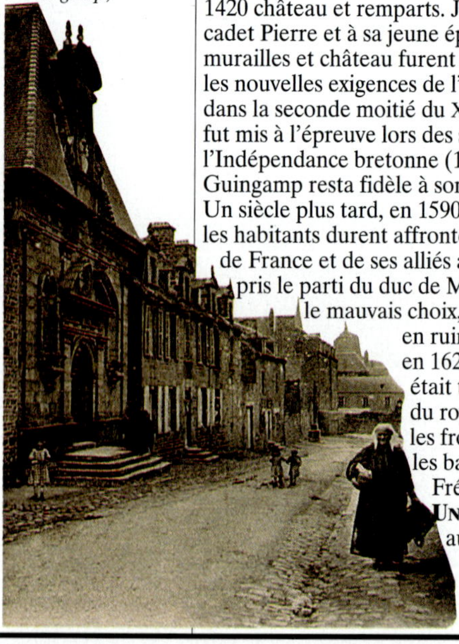

HISTORIQUE

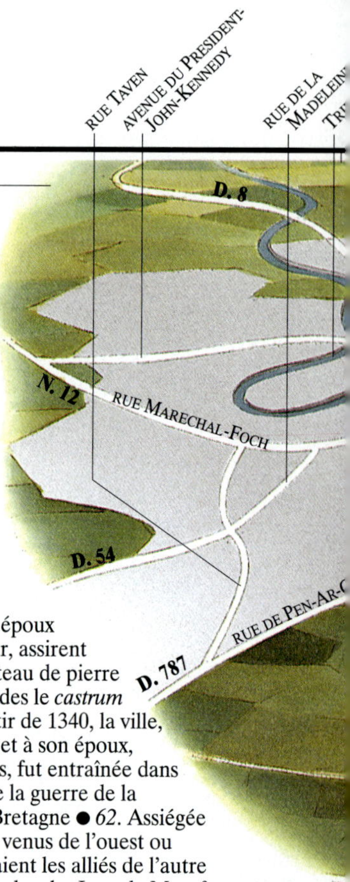

UNE VILLE FORTE. Guingamp naquit au IXe siècle. Lors des invasions normandes, le comte d'Avaugour percha sur une motte une première tour, pour garder le passage du Trieux. A cet endroit, le fleuve a en effet creusé une vallée qui s'évase en une petite cuvette d'accès aisé, offrant ainsi une série de gués, déjà empruntés par les voies romaines. Plus tard les seigneurs de Penthièvre, époux des héritières d'Avaugour, assirent au même endroit un château de pierre et entourèrent de palissades le *castrum* naissant. A partir de 1340, la ville, fidèle à Jeanne et à son époux, Charles de Blois, fut entraînée dans les désordres de la guerre de la Succession de Bretagne ● *62*. Assiégée par les Anglais, venus de l'ouest ou du nord, qui étaient les alliés de l'autre prétendant à la couronne ducale, Jean de Montfort, et par les troupes bretonnes adverses, la ville souffrit beaucoup. Les Montfort, victorieux, finirent par asseoir leur autorité sur Guingamp : ils confisquèrent tout le comté et rasèrent avant 1420 château et remparts. Jean V en fit apanage à son fils cadet Pierre et à sa jeune épouse, Françoise d'Amboise : murailles et château furent reconstruits selon les nouvelles exigences de l'architecture militaire dans la seconde moitié du XVe siècle. Le système fut mis à l'épreuve lors des sièges de la guerre de l'Indépendance bretonne (1489-1491) car Guingamp resta fidèle à son duc, François II. Un siècle plus tard, en 1590, durant la Ligue ● *63*, les habitants durent affronter les troupes du roi de France et de ses alliés anglais, car la ville avait pris le parti du duc de Mercœur. C'était le mauvais choix, Richelieu le lui fera payer en ruinant son château, découronné en 1626. Le rôle militaire de Guingamp était terminé. Désormais la défense du royaume de France se situera sur les frontières et sur les côtes, derrière les bastions de Vauban (Morlaix, Fréhel, Saint-Malo).

UN LIEU SAINT. Dès l'origine, aux XIe et XIIe siècles, les abbayes ou prieurés se multiplièrent autour du *castrum* : Saint-Sauveur, La Trinité, Sainte-Croix,

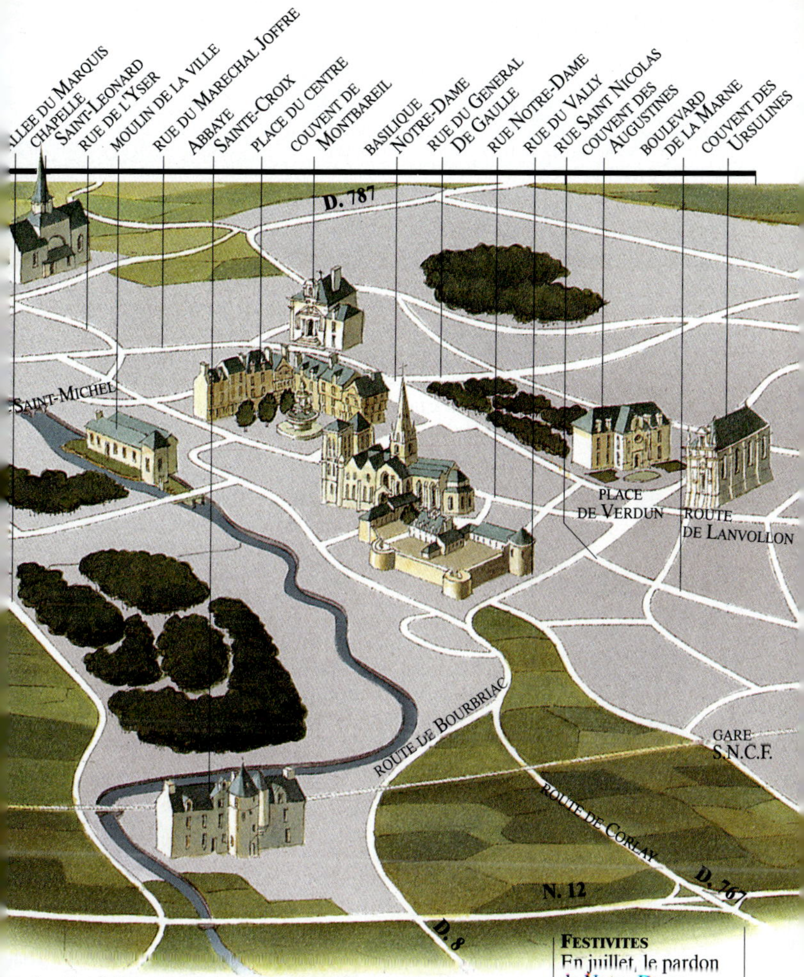

FESTIVITES
En juillet, le pardon de Notre-Dame donne lieu à une procession aux flambeaux. A la mi-août, les fêtes de la Saint-Loup sont l'occasion d'un festival de danse bretonne, qui anime la ville pendant huit jours.

ıis les Cordeliers et les Jacobins s'installèrent à Guingamp. uant à l'église Sainte-Marie, située intra-muros, elle est siège d'un très ancien pèlerinage. Charles de Blois combla e largesses églises et monastères. Pierre et Françoise éveloppèrent par la Frérie Blanche la dévotion à Notre-ame. La ville afficha très tôt dans ses armoiries les couleurs ıariales et célébra Itron Varia ar Gwir Zikour, Notre-Dame u Vrai-Secours, après avoir échappé à un siège périlleux. u XVIIe siècle, la Contre-Réforme renforce le tissu ıonastique : Carmélites, Capucins, ugustines, Ursulines, Dames de la Charité ennent rejoindre les Jacobins. Toute ville résonne des carillons des couvents. a Révolution disperse moines et moniales, ıais les pèlerinages se maintiennent.

NE VILLE DE MARCHANDS ET D'ARTISANS. ontrairement à d'autres cités bretonnes, uingamp n'est ni un port ni une ville de ınd de ria. Pourtant, elle avait son avant-ort, Pontrieux, établi à quatre lieues au nord, et très vite ses ımmerçants «trafiquèrent sur mer». Ces marchands de toile, e drap, de blé, de vin étaient les notables de la ville. uingamp vivait au rythme de ses marchés hebdomadaires de ses foires, qui attiraient la population dans un rayon e quatre à cinq lieues. Produits d'agriculture et d'élevage échangeaient contre les productions des artisans locaux.

Place du Vally, les vestiges du vieux château sont encore imposants.

Tisserands, tanneurs, fondeurs et menuisiers peuplaient les faubourgs, et, le long du Trieux, s'échelonnaient moulins et lavoirs. Guingamp fut une ville prospère du XVe au XIVe siècle. La cité fut l'une des premières de Bretagne à être dotée dès le XVIe siècle d'une communauté de ville qui députait aux Etats de la province. La petite cité avait son fief, ses armoiries, sa milice, levait des taxes et rendait la justice sous la tutelle de l'administration ducale, puis royale (après 1532). De nombreuses juridictions avaient leur siège dans la ville. Gens de robe comme négociants tenaient le haut du pavé, et, après avoir aspiré à la noblesse, cette bourgeoisie rallia en 1789 le parti des idées nouvelles. Cependant la Révolution ne fit de Guingamp qu'une sous-préfecture, qui s'endormit en attendant l'arrivée du chemin de fer (1863). Quelques industries mécaniques et l'installation d'une garnison (1876) lui donnèrent un second souffle. Elle dépassa dix mille habitants au début du XIXe siècle. L'évolution accélérée du monde agricole affaiblit cette ville-marché. Le développement de l'industrie agro-alimentaire a entrainé l'extension en périphérie (vingt mille habitants).

LES REMPARTS
De l'ancienne enceinte, il ne subsiste que des ruines. Les portes de la ville furent démolies vers 1830 pour que soit facilité le passage de la route royale n° 12.
En quittant le château par les escaliers Saint-Jacques, on aborde le faubourg de Trotrieux, surplombé sur la droite par une ligne continue de remparts. Au-delà des ponts Saint-Michel, la tour de Traouzac'h marque l'ancienne partie nord et la tour Saint-Sauveur permet d'en imaginer le tracé d'autrefois.

CHATEAU ET REMPARTS

LES RUINES. De la place du Vally, on aperçoit les vestiges du château du XVe siècle. C'était un puissant édifice destiné à tenir l'entrée de la basse Bretagne. De forme carrée, il était flanqué à chaque angle d'une grosse tour cylindrique à la base évasée. Privé de ses douves et ramené au niveau des remparts de la ville, le château a perdu plus de la moitié de sa hauteur. Il avait des murs de 3,50 m d'épaisseur et peu d'ouvertures, mises à part celles qui surmontaient les canonnières.
A l'intérieur des murs, l'espace fut comblé au XVIIIe siècle pour que soit aménagée une esplanade, où le XIXe siècle a multiplié des édifices scolaires, aujourd'hui désaffectés. Des travaux de déblaiement sont en cours, deux tours ont été entièrement dégagées. Au centre apparaît désormais le socle rocheux qui porta sans doute la première forteresse.

LA PLACE DU CENTRE

UNE PROMENADE. Prendre l'une ou l'autre des rues débouchant sur la droite du château pour regagner le cœur

C'est place du Centre que bat le cœur de la ville.
Elle fut réaménagée au XVIIIe siècle, dans le goût des promenades : l'espace central fut dégagé et les anciennes halles détruites.

de la ville. Appelée autrefois Cohue ou Martray, la place voyait se dresser l'ancienne halle, flanquée de l'auditoire. Au milieu du XVIIIe siècle, pris d'une fièvre d'urbanisme, les bourgeois de Guingamp décidèrent de raser toutes ces vieilles constructions, édifièrent à l'écart une nouvelle halle et aménagèrent une «promenade» plantée d'arbres, cernée d'un muret aux lignes bien étudiées en forme de «médaillon Louis XV». Ce fut la place de Penthièvre. Dans la foulée, on décida de rajeunir la fontaine municipale qui occupait déjà depuis la fin du XVIe siècle le sommet de la place. Le monument fut remanié par un sculpteur de la région, Corlay, de Châtelaudren. Cette fontaine monumentale appellée Plomée est richement ornée : symboles païens, têtes de bélier, chimères, sirènes, se mêlent aux motifs chrétiens, tels poissons et angelots, surmontés d'une statue de la Vierge. Aujourd'hui encore, la place du Centre est le lieu de rencontre et de flânerie des Guingampois.

MAISONS ANCIENNES. La variété des maisons établies autour de la place représente cinq siècles d'urbanisme : une traduction par la pierre et l'ardoise de l'évolution de la ville. Quelques demeures à pans de bois rappellent la présence des notables de la fin du XVe ou du début du XVIe siècle. Très bien restaurées, parfois coffrées d'ardoises, elles échafaudent colombages et encorbellements sous leurs hauts pignons pointus. Au XVIIe siècle, les façades sont en granite ocré et leurs toits à quatre pans sont flanqués de hautes cheminées. Leur corniche, sous le toit, aligne ses corbelets au-dessus des fenêtres rectangulaires, tandis que de grands escaliers de pierre donnent accès aux étages. Au XVIIIe siècle, les linteaux des fenêtres s'incurvent pour donner plus de lumière. Les carrières locales étant épuisées, le XIXe et le XXe siècle utilisent un granite gris, moins lumineux. Presque tous les rez-de-chaussée étaient occupés par des commerces ; c'est ici que battait le cœur de la ville. A travers les époques, l'aisance et le goût des propriétaires ont été traduits dans toutes sortes de détails : portes ouvragées, parfois cachées au fond d'une cour (n° 42), balcons, cheminées de granite sculpté, que l'on peut découvrir dans les magasins actuels. Quant aux toits, ils sont d'une étonnante variété, les maîtres couvreurs ayant depuis deux cents ans modifié, selon leur inspiration, les formes primitives. A l'un des angles de la place, l'austère façade du TRIBUNAL, qui date de la fin XVIIIe-début XIXe siècle, évoque l'importance des juges et robins d'autrefois. En direction de l'église Notre-Dame, dont les trois tours dominent la cité, et à l'angle de la rue Jean de Moal se dresse la maison de la duchesse Anne. Sa tourelle à encorbellement domine l'angle où s'ouvre l'élégante porte à pilastres, dont les armoiries de Bretagne ont été martelées en 1790. La librairie qui occupe le rez-de-chaussée abrite une superbe cheminée.

MAISONS D'HIER
Place du Centre, s'élève une demeure typique, à pans de bois. Au n° 1 de la rue Notre-Dame se trouve la maison dite de la duchesse Anne, doté d'un portail Renaissance.

LA PLOMÉE
Cette belle fontaine doit son nom aux deux vasques de plomb qui surmontent celle de granite.

TOURS ET PORCHES C'est du parvis sud que l'on découvre la vue la plus complète de l'édifice. On reconnaît ci-dessous la tour plate et le grand portail ouest.

LE TRIFORIUM RENAISSANCE La nef est décorée à mi-hauteur d'une surprenante tribune surmontée d'une loggia au décor soigné.

Cette façade méridionale de Notre-Dame fut dessinée par Georges Lefort en 1920 (lavis et plume).

LA BASILIQUE NOTRE-DAME

Sur l'emplacement d'une église romane dont il subsiste les arcades, à la croisée du transept, un édifice gothique à chevet plat fut élevé entre la fin du XIIIe siècle et le milieu du XIVe siècle. Un siècle et demi plus tard, le chevet fut modifié en une abside polygonale à fenêtres flamboyantes. En 1535, toute la partie sud-ouest s'étant effondrée, il fallut reconstruire : on adopta les plans de Jean de Moal, architecte local, qui proposait, de façon originale à l'époque, un style Renaissance.

L'EDIFICE. La façade nord, avec la tour de l'Horloge, qui date du XIIIe siècle, domine la rue Notre-Dame. La base est masquée par une maison rhabillée à l'ancienne, mais la tourelle d'escalier, terminée en échauguette, a pu servir de beffroi au Moyen Age. On accède par quelques marches à la chapelle ou portail de la Vierge-Noire. Une statue, posée sur un petit autel, reçoit la visite de nombreux fidèles, et la lueur des cierges témoigne de leur piété. Le pavement dessine un labyrinthe qui symbolise la primauté de la vie intérieure. La dévotion à la basilique, plusieurs fois séculaire, culmine grâce au célèbre pardon de début juillet : le samedi, à la nuit tombante, après la messe, une procession aux flambeaux parcourt les rues de la ville ; elle s'achève après l'embrasement des feux situés aux trois sommets de la place du Centre.

«Le pardon étalait au soleil de juillet ou aux lueurs de son feu de joie la bigarrure de ses costumes – *chupens, bourlédens* ou *bragoubraz* – et le flamboiement de ses rubans, de ses boutons, de ses plastrons, de ses paillettes, de ses saints ciboires d'or, brodés dans le dos, et de ses arabesques bigoudènes. […] L'église, pour la nuit mystique, devenait un caravansérail de clopinants et de goitreux, couchés, à même les dalles et sans payer d'écot, dans l'auberge du bon Dieu. L'atmosphère, brasillante de la flamme des cierges, électrisée de cantiques et de prières, n'était qu'un halètement.

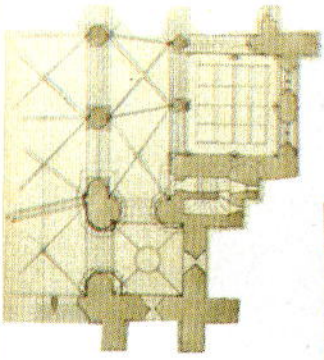

Les odeurs d'encens et de lys s'y mariaient, en un extrait étonnant, aux émanations des lèpres desséchées et des plaies juteuses» (François Ménez). La façade, assez austère et surmontée de longues gargouilles, voit un peu plus loin s'ouvrir un autre porche, dit de Sainte-Jeanne, au dessin délicat. Au-delà de la sacristie, contourner le chevet polygonal, qui, construit au XVe siècle, lance ses arcs-boutants au-dessus des petites chapelles logées dans ses encoignures. L'arrivée sur le parvis sud bien dégagé permet d'apprécier l'harmonie de l'ensemble. On embrasse d'un coup d'œil les trois étapes architecturales. Au centre s'affiche le XIVe siècle, avec la porte au Duc, par laquelle entrait le duc de Bretagne lorsqu'il résidait dans son château proche. Au-dessus se dresse une massive tour carrée, surmontée d'une flèche polygonale flanquée de quatre clochetons. Vers la droite se détache l'abside du XVe siècle. A gauche, on découvre la façade reconstruite à la Renaissance, avec sa décoration de coquilles Saint-Jacques, de candélabres, de masques, de dais sculptés, de gargouilles en fût de canon. L'accès à la massive tour des cloches se fait par un élégant escalier coiffé d'une lanterne et d'un lanternon dignes des châteaux de la Loire. La façade ouest, face au presbytère (1718), comprend, entre les deux tours – celle du XIIIe siècle, de style gothique, à lancettes, et celle du XVIe siècle –, un remarquable portail, dont l'exubérante décoration compose une dentelle de granite : chandeliers, motifs géométriques, statuettes d'anges et d'apôtres, petits Amours nichés dans les voussures, frimousses d'angelots souriant dans les feuillages, bustes en costumes d'époque surgissant des murs, statues d'Hercule, grotesques, blasons se superposent jusqu'à la base de la grande verrière.

Visite interieure. Du fait de l'existence des cinq nefs, la forme de croix latine n'est guère apparente. La nef principale manque un peu d'élévation ; elle constitue en quelque sorte l'ébauche de la cathédrale de Tréguier, pour laquelle on profita de l'essai guingampais. A gauche, les colonnettes soutiennent des arcades brisées surmontées d'un triforium, où se superposent trilobes et quadrilobes. A droite s'y oppose, au-dessus de piliers massifs, une «galerie» Renaissance, sans doute unique en son genre, surmontée de loggias ornées de statuettes et de coquilles Saint-Jacques. Vers le haut de la nef, à la hauteur du transept, on aperçoit, noyées dans les piliers massifs, les arcades romanes de l'église précédente.
Le chœur, construit postérieurement à la nef, est d'une telle légèreté qu'il a fallu l'étayer par des arcs-boutants intérieurs. Quelques statues sont à signaler : dans l'abside, le groupe de

Le bas-relief du chœur
Il représente les étapes de la Passion et de la Résurrection.

La procession nocturne, avec ses flambeaux (en médaillon) se déroule le premier samedi de juillet.

La Vierge noire
Elle est l'objet du culte voué à Itron Varia ar Gwir Zikour (Notre-Dame du Vrai-Secours), qui est encore très vivace. A l'origine, la Vierge noire était située au-dessus de l'autel du porche nord. Elle fut arrachée de son socle et brisée en 1793. La tête fut ramassée discrètement par un témoin et restituée en secret au curé Lagain. En 1854, d'autres fragments retrouvés, notamment le corps de l'Enfant Jésus, permirent une reconstitution quasi complète de la statue. Il semble qu'avant la Révolution ce n'était pas la Vierge noire que l'on sortait en procession lors du grand pardon de juillet mais une statue plus petite. La statue que l'on promène aujourd'hui fut achetée en 1910.

Paul Sérusier avait réalisé *L'Annonciation*, *Le Buisson ardent* et *L'Adoration des mages* pour l'église de Châteauneuf-du-Faou. Refusées par le recteur, ces trois scènes échurent à Guingamp. On les redécouvrit en 1984.

l'Annonciation, de style gothique tardif, et les quatre panneaux d'un ancien retable du XVIe siècle situé derrière l'autel ; dans la nef se trouvent saint Jacques, saint Pierre et saint Léonard. Deux enfeux intéresseront le visiteur : celui, restauré au XIXe siècle – un peu trop –, du sénéchal de Charles de Blois, Roland de Coatgourden, mort vers 1370, et celui, très abîmé, de monseigneur Morel, évêque de Tréguier, né à Guingamp et décédé en 1401. Le buffet d'orgues, aménagé en 1865, a réutilisé des boiseries de 1646. Enfin, en regardant vers la voûte nord de la nef principale, après s'être placé près des fonts baptismaux (milieu du XIXe siècle), on aperçoit un tableau du peintre guingampais Alphonse-François Le Hénaff (1821-1884), *Le Baptême du Christ*. Issu d'un milieu modeste, cet artiste obtint en 1839 une bourse du conseil général, qui lui permit de faire des études à Paris. Il fréquenta les ateliers de Paul Delaroche, d'Achille Devéria et de Marc-Gabriel Gleyre ; très vite, il se consacra à la peinture religieuse et aux grandes compositions murales. En avance sur son temps, il redécouvrit les maîtres vénitiens du *quattrocento*.

L'ancien couvent des Augustines abrite depuis 1970 l'hôtel de ville.

La Plomée est devenue le symbole de la ville et figure sur les marques postales.

LES MONASTERES DU XVIIe SIECLE

RUE NOTRE-DAME. En sortant de l'église, remonter cette rue piétonne où subsistent quelques maisons du XVIIIe siècle, jusqu'à l'emplacement de l'ancienne porte de Rennes.

COUVENT DES AUGUSTINES. On débouche sur le rond-point face à l'hôtel de ville (depuis 1970), dont les bâtiments abritèrent jusqu'en 1910 le monastère des religieuses augustines, qui prirent en charge l'hôtel-Dieu en 1676. Les bâtiments (1699-1709) allongent leur austère façade rehaussée de lucarnes à frontons. Mais en plein centre s'épanouit la chapelle, qui offre une façade à l'italienne : balustres, frontons, colonnes et pilastres, niches et oculus, statues et têtes d'anges. Les bâtiments conventuels ont conservé une grande cheminée de pierre, une partie du cloître et un bel escalier. Dans le vaste couloir d'entrée, on peut admirer trois toiles de Paul Sérusier, récemment réunies et qui forment un triptyque. Cette trilogie correspond à la période 1904-1905, pendant laquelle le peintre s'essayait aux techniques des primitifs italiens : peinture à l'œuf, grands aplats de couleur, dessin sans relief. L'épisode de Moïse devant le buisson ardent

LA CHAPELLE SAINT-JOSEPH
La façade à l'italienne de la chapelle du couvent des Ursulines tranche avec l'austérité des autres bâtiments conventuels.

préfigure l'Annonciation : pour la première fois, Dieu se manifeste à son peuple ; lui succède l'Annonce faite à Marie par l'archange Gabriel. Enfin mages et bergers se pressent autour de l'Enfant divin dans la crèche. Le triptyque traduit donc une progression chronologique, symbolisée par l'augmentation du nombre de personnages et la complexité croissante des compositions.

LE COUVENT DES URSULINES. A quelques dizaines de mètres des Augustines, vers la droite (rue de la Trinité) se dresse un autre ancien monastère, dont la construction est à peine antérieure ; les travaux débutèrent en 1660. Après la Révolution, les Ursulines ne revinrent pas. Transformés en caserne, les bâtiments ont subi des dommages. Mais la chapelle Saint-Joseph a encore belle allure. Sur sa façade, on retrouve les mêmes éléments décoratifs que sur celle de la chapelle de l'Hôtel-de-Ville. Depuis une vingtaine d'années, le couvent des Ursulines abrite le Dépôt des fouilles préhistoriques et archéologiques du département (fermé au public).

LE MONASTERE DE LA RUE MONTBAREIL
Sa porte est surmontée d'un beau fronton quelque peu écrasé par la toiture qui l'encapuchonne. Les fleurs de lys qui ornent le sommet des pilastres ont échappé aux marteaux révolutionnaires.

RUE MONTBAREIL. Un autre monastère fut construit dans cette rue après 1676 par les Dames de la Charité du Refuge, qui tenaient une maison de répression. De la rue, on ne voit que la façade. A l'arrière, les bâtiments, augmentés considérablement aux XIXe et XXe siècles, se déploient dans de beaux jardins en terrasses, d'où l'on aperçoit l'aqueduc construit au XVIIIe siècle pour alimenter la Plomée.

L'ABBAYE SAINTE-CROIX
Seul le joli manoir abbatial à tourelle a survécu.

PROMENADES

CHAPELLE SAINT-LEONARD. Au nord de Guingamp, agrippée au flanc de Castelpic, cette chapelle, qui fut reconstruite au début du XIXe siècle, a conservé sa croisée d'arcades romanes. Son placître offre un belvédère sur l'ensemble de la ville.

QUARTIER DE SAINTE-CROIX. Ce faubourg noble se développa autour de l'abbaye, dont il reste le manoir près des vestiges de l'abbatiale. Quelques maisons d'anciens «fabricants de toile» ajoutent au charme du quartier, dont la population travaillait en grande partie, jusqu'au XIXe siècle, dans l'industrie toilière ● *66*.

Le faubourg qui s'étend tout autour de l'ancienne abbaye Sainte-Croix, au sud de Guingamp, sur la route de Bourbriac, fut d'abord un quartier noble où habitaient, jusqu'au XIXe siècle, nombre d'artisans tisserands, qui travaillaient à domicile.

65 km
1 journée

SAINT-PEVER

CHAPELLE D'AVAUGOUR. Elle fut détruite lors de la guerre de Succession et reconstruite au XVe siècle. Située sur une colline, elle présente, au sud, une remarquable porte sur laquelle est sculpté un saint Sébastien entre deux archers ; elle renferme une table d'autel du XVe siècle en granite, un tabernacle en bois sculpté de scènes de la Passion (1576), et les restes d'un jubé à quatre personnages de l'époque d'Henri III ; l'archivolte est décorée de feuilles d'acanthe et de fleurs.

CHAPELLE DE RESTUDO. Elle date des XIVe et XVe siècles, et est consacrée à saint Eloi, protecteur des chevaux. On mène d'ailleurs les montures se baigner dans le bassin de la fontaine, le jour du pardon, fin juin. La chapelle contient de très belles peintures murales des XVIe et XVIIe siècles, une statue de saint Eutrope (ci-dessus), qui, réputé guérir les maladies intestinales, exhibe ses intestins. Le chevet possède un beau fenestrage du XIVe siècle.

Porte sud de la chapelle d'Avaugour.

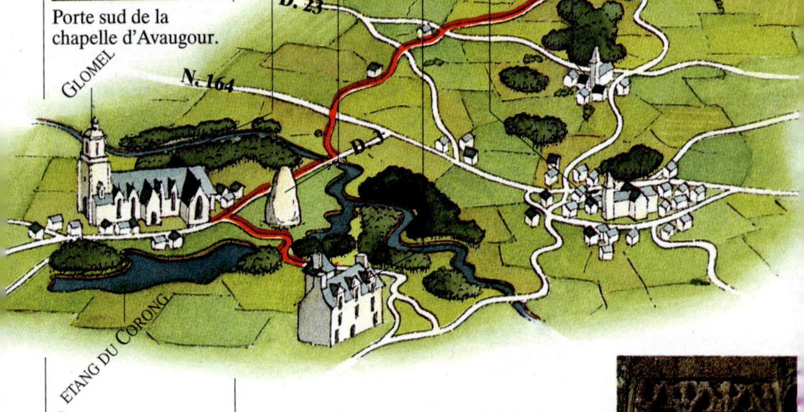

LES ENVIRONS. A SAINT-FIACRE (à 4 km au sud-est), sous le porche de l'église du XVIIe siècle sont sculptées de belles sablières ; l'ossuaire contient encore des boîtes à crâne mentionnant le nom des défunts ● *78*. D'agréables promenades sont possibles dans le BOIS MEUR, proche de Crec'h Métern, à 1 km à l'est du bourg.

CALVAIRE DE LA CHAPELLE SAINT-YVES A PLESIDY
Il date du XVe siècle. Les bas-reliefs du socle montrent l'Annonciation, la Montée au calvaire, saint André, saint Jacques et sainte Véronique.

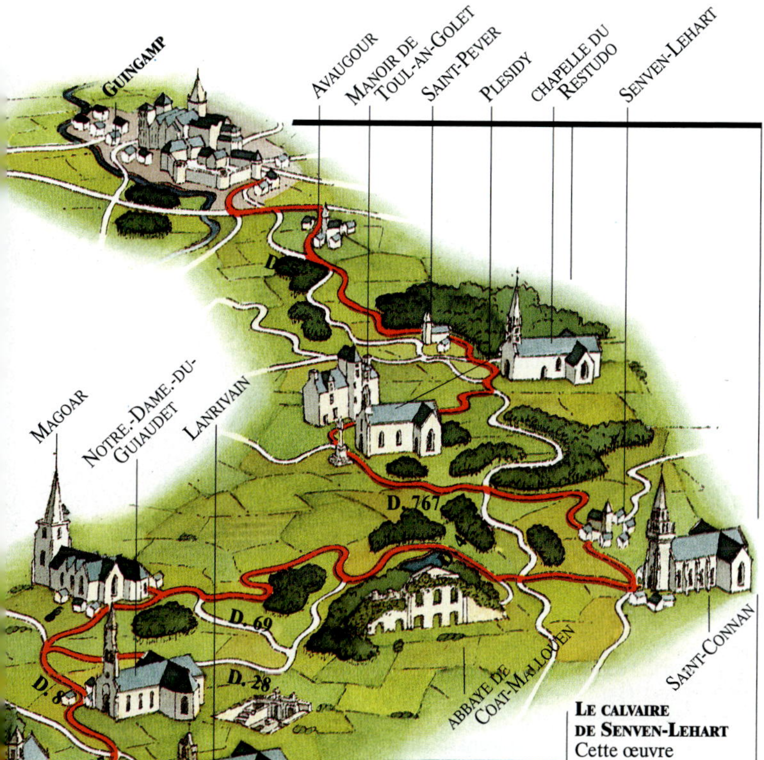

LE CALVAIRE DE SENVEN-LEHART
Cette œuvre remarquable, dont il reste onze statues sur les dix-neuf qu'elle comportait à l'origine, fut réalisée au XVIe siècle par Roland Doré, en kersanton ● *20*. Le Christ est entouré de Marie, des larrons, de saint Jean, saint Louis, saint Yves et de cavaliers.

PLESIDY

En 1435, Plésidy était riche et actif, et possédait trois foires. Cette prospérité explique le grand nombre de manoirs. Le plus beau est celui de TOUL-AN-GOLET (fin XVe-début XVIe siècle). Dans la CHAPELLE SAINT-YVES, le visiteur découvrira un groupe centré autour de saint Isidore, et un émouvant christ en bois du XVe siècle, restauré par Joseph Savina ▲ *350*. A proximité de la chapelle se tient un calvaire au socle très ouvragé.

SENVEN-LEHART

Autrefois, les pardons de l'église du bourg, qui offre peu d'intérêt par ailleurs, étaient l'occasion de festivités qui pouvaient durer jusqu'à huit jours.
LE CALVAIRE DE ROLAND DORE. Originaire de Penmarch (Finistère), cet artiste du XVIe siècle reçut le rare titre d'architecte et sculpteur du roi. Le calvaire situé près de l'église est signé par son atelier, qui produisit essentiellement des œuvres religieuses en kersanton : soixante séries d'apôtres, toutes de grande taille (de 0,8 m à 1,60 m), qui ornent les porches des églises, et une cinquantaine de calvaires.

SAINT-CONNAN ♥

Ce village, rebaptisé Roc Connan à la Révolution, domine un étang. Les maisons prennent appui sur un granite porphyroïde, qui affleure en boules. A l'entrée du village, la fontaine Saint-Connan jouxte le lavoir. Une très jolie ruelle mène à l'enclos paroissial, où trois ifs centenaires veillent sur l'EGLISE SAINT-CORENTIN (XVIe et XVIIe siècles). Remaniée au siècle dernier, elle contient un panneau peint du XVIIe siècle, représentant l'Adoration des bergers ; il s'agit sans doute de la copie d'une œuvre – qui aurait disparu – du peintre hollandais Pieter Aertsen (1508-1575). La mairie abrite un musée de la Résistance : en effet, dans les bois de Coat-Mallouen, Allemands et résistants se livrèrent de durs combats, que commémore un monument. Les ruines de l'ABBAYE CISTERCIENNE DE COAT-MALLOUEN se visitent, mais gare aux chutes de pierre ! Elle fut fondée en 1142, mais l'institution de la commande, au XVIe siècle, puis la Révolution eurent raison de sa prospérité.

LES RUINES DE L'ABBAYE DE COAT-MALLOUEN
En 1850, Charles de Keranflec'h, érudit local, se plaint de ce que «la voix des corneilles remplace désormais, dans le sanctuaire profané, les saintes prières». Il ne reste de cette abbaye cistercienne que les murs.

De la chapelle, reconstruite en 1748, subsiste une façade. Déjà au XVIe siècle les abbés n'y venaient que pour en percevoir les revenus. Vendue pendant la Révolution, pillée en 1796, elle tomba en ruine.

MAGOAR

Magoar – qui signifierait le mot «mur» – était une enclave de l'évêché de Dol dans ceux de Tréguier et de Quimper, et servait de lieu de rencontre aux trois prélats. Ils pique-niquaient à la fontaine des Trois-Evêques, où chacun, semble-t-il, avait sa place réservée. La placette du bourg est charmante.

EGLISE SAINT-GILDAS. L'église, qui possède un pigeonnier-fuie, date de 1587, ainsi que cela est inscrit sur une tourelle du clocher. Les porches ouest (Renaissance) et sud (gothique flamboyant) sont remarquables. Dans l'édifice, le visiteur découvre une superbe charpente : les sablières illustrent les péchés capitaux, tandis que les poutres à engoulants se terminent par des têtes de crocodile. On ne manquera pas non plus la poutre de gloire remarquablement conservée, la verrière de 1530 relatant la Passion, un bénitier porté par un diable, et une belle collection de statues polychromes. A gauche du chœur, du côté de l'épître, se trouve une roue à carillon (ci-dessus) ▲ *210*, décorée de quatre trèfles ajourés, qu'on faisait tourner avant de chanter le *Te Deum*. Au cimetière repose le notaire Loyer, tué en duel par le marquis de La Fayette, riche propriétaire des environs.

FONTAINE SAINT-GILDAS. Chaque 31 janvier, on y amenait les chiens en procession après un office et on leur donnait à manger. Cette cérémonie était censée les protéger de la rage.

L'HORLOGE DE L'EGLISE SAINT-GILDAS
Datant du XVIe siècle, ornée d'une tête de mort, l'horloge porte une inscription en breton : «L'HEURE DERNIERE EST CACHEE.»

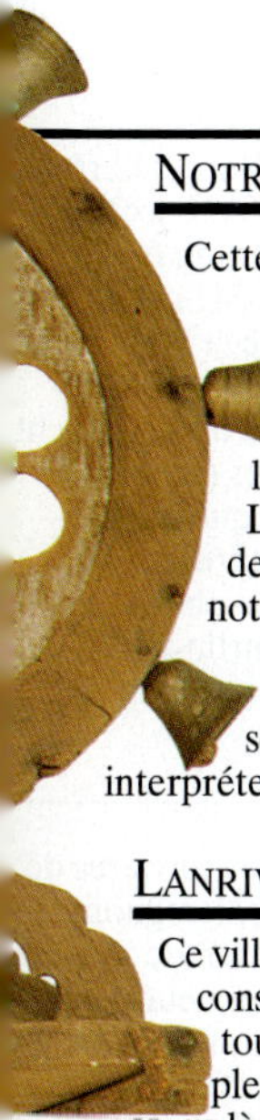

Notre-Dame-du-Guiaudet

Cette chapelle fut bâtie à la suite de l'apparition de la Vierge au paysan Claude Allain, en 1692, scène représentée sur des vitraux. Elle contient une Vierge couchée, vénérée, comme en témoignent les nombreux ex-voto qui l'entourent. Le pardon est célébré le premier dimanche de mai. La chapelle abrite d'autres statues, notamment celles de saint Isidore et de saint Corentin (XIIIe siècle). Le carillon du clocher compte seize cloches, dont six sont extérieures et peuvent, ensemble, interpréter deux cantiques.

La Vierge couchée du Guiaudet
Dans la chapelle se trouve un retable du XVIIIe siècle qui contient une très belle Vierge couchée à l'Enfant. Vénérée, elle est entourée de nombreux ex-voto. Elle repose dans un lit à couverture bleue tissée d'or, en forme de gésine, – d'où est tiré le nom Guiaudet. Une Vierge couchée, veillée par Isaïe, fait aussi la gloire de l'église du Yaudet ▲ *333*.

Lanrivain

Ce village est réputé pour son ossuaire du XVe siècle construit dans le cimetière, et qui renferme toujours des ossements : «A la lune encore mi-pleine, raconte G.-Ch. Toussaint, se reflétant or ça, or là, m'apparut, blanchâtre trouée, mon néfaste but tout à coup.» Ces ossuaires, parfois somptueux, furent édifiés par piété pour recueillir les ossements exhumés des tombes ● *79*. L'église, au porche du XVe siècle, possède une collection de statues de bois, représentant saint Gildas, saint Grégoire et saint Ambroise, œuvres des Le Merrer. Sur le mur extérieur, on admirera une Morgane à l'apparence de vouivre. Le visiteur admirera le calvaire du bourg. Les renflements que l'on aperçoit sur le fût de la croix de Bodinel, non loin de là, évoquent les rejets d'un arbre et symbolisent la Résurrection ; les six anges recueillant le sang du Christ se découpent sur le ciel. Dans le village fantôme de Saint-Antoine, la chapelle ne s'anime qu'au pardon (début juillet).

La fontaine du Guiaudet
Deux escaliers mènent à des bassins jumeaux, surmontés de croix et de niches, qui abritent les statues de la Vierge et d'un saint.

Les gorges de Toul Goulic

Le Blavet ▲ *278* naît à 300 m d'altitude, à proximité de Saint-Houarneau, et se distingue d'abord à peine des rus et ruisselets qui l'alimentent. Après avoir franchi un étang, des prairies humides, une retenue et un barrage, il arrive dans un énorme chaos granitique. Soudain, il disparaît, bouillonnant d'écume, dans le site impressionnant de Toul Goulic, les «pertes du Blavet», au fond d'un ravin abrupt. Vivraient ici, selon la légende, des lutins, les Corandons, qui veillent sur un trésor. Le chouan Georges Cadoudal y jeta une partie des tuniques rouges dont était chargée sa compagnie, que traquait Hoche depuis le débarquement de Quiberon (1795). Le site est si désert et si sauvage qu'en 1944 un maquis s'y était installé.

Le calvaire de Lanrivain
Il représente la Mise au tombeau et le groupe de saint Yves. Il date de 1548.

PAYSAGE ENTRE TREMARGAT ET KERGRIST
Une route superbe, serpentant entre rochers et arbres, mène à Kergrist. Il n'y a pas une seule maison, à l'exception de Lariot, où habite Thérèse Jolly ; cette dernière ouvrit une des premières fermes-auberges de Bretagne et est également auteur de récits et de poèmes, où elle met en scène la vie de sa région.

LE CALVAIRE DE KERGRIST-MOELOU
Ce calvaire du XVIe siècle fut endommagé à la Révolution. Les statues furent décapitées, puis replacées au hasard. Les groupes les plus remarquables sont ceux de la Nativité, de la Fuite en Egypte, du Christ aux liens et de la Mise au tombeau.

Au bout de 1 km, durant lequel son cours est à demi souterrain, le Blavet réapparaît, pour couler plus paisiblement. L'accès aux gorges se fait en descendant le sentier qui part du parking (sur la D 87 Lanrivain-Trémargat), ou par le GR 341 qui, du lac de Guerlédan, va vers Guingamp et la côte de la Manche.
FAUNE ET FLORE DES GORGES ■ *40, 52*. On découvre dans les gorges la richesse naturelle d'une région aujourd'hui durement frappée par l'exode rural. Les petits mammifères (renards, blaireaux, fouines, belettes), sont nombreux, et quelques loutres vivent dans ces parages. Le pêcheur y capturera de nombreuses truites, tandis que l'ornithologue observera les oiseaux du bocage, la bergeronnette et le martin-pêcheur, malheureusement pourchassé par les pisciculteurs.

TREMARGAT

A Trémargat sont situées des carrières de granite. Le *treujeun gaol* (trognon de chou), type peu courant de clarinette, est à l'honneur dans ce village ● *80* : aux noces, on jouait les airs «des chevaux», «des rôtis», «du café», «de la soupe au lait».
L'EGLISE. L'édifice (XVIe siècle), à la belle façade sud, est situé dans un enclos qui comprend un ossuaire toujours utilisé. Le visiteur observera un très original Chemin de croix : les soldats romains sont figurés en soldats allemands, tandis que les autres personnages sont en costume traditionnel.
LES ENVIRONS. Malo Corret de La Tour d'Auvergne ▲ *291*, premier grenadier de France, habita dans le MANOIR DE LAMPOUL HUELLAN, dont les vestiges sont proches d'un terrain de golf à neuf trous. Non loin de là, les vacanciers trouveront le superbe LAC DE KERNE-UHEL, long de 5 km, très apprécié l'été pour sa base nautique, et les truites à la belle livrée (*trutta fario*), que l'on y pêche ■ *44*

KERGRIST-MOELOU

Kergrist est situé sur le versant sud des monts d'Arrée. De Trémargat, on y vient par une belle route, qui traverse des paysages épargnés par l'homme.
EGLISE NOTRE-DAME. L'église, au magnifique calvaire, est de style gothique et Renaissance. Sous ses porches, le visiteur découvre des statues : apôtres, atlantes, notables ; sur le mur nord de l'église figure un ivrogne. La flèche de pierre du clocher est de 1454. A l'intérieur, la voûte a conservé ses sablières sculptées ; Gilbert, de Rostrenen, a peint en 1871 l'assemblée du Concile Vatican I sur le lambris... Dans la nef, on remarque une cheminée destinée à réchauffer les bébés baptisés, une porte sculptée et des statues. L'ossuaire de l'enclos est désaffecté.
LES ENVIRONS. A 3 km au nord, le DOMAINE DU GOLVEN est une réserve où l'on chasse et pêche à la journée autour de ses sept étangs. La CHAPELLE DE L'ISLE (à 5 km au sud-ouest) abrite, chaque année, un pardon authentique.

«MA DROGUE A MOI, C'EST LE SOLEIL A TRAVERS TOI, LE BLAVET DANS TES YEUX, LES GENETS DANS TES CHEVEUX»

THERESE JOLLY

LE CANAL DE NANTES A BREST

Les blocus anglais répétés du XVIIe et XVIIIe siècles et la nécessité de désenclaver la Bretagne firent sentir très tôt le besoin d'une voie d'eau qui relierait, à l'intérieur des terres, les ports de Nantes, Lorient et Brest. L'idée fut émise en 1746 et prit forme en 1782 grâce au projet d'un jeune ingénieur, Pierre-Marie Rosmivynen, qui rédigea un rapport sur la communication intérieure du royaume. Les états de Bretagne se montrèrent intéressés, mais la Révolution paralysa les travaux. La construction commença en 1811 et fut achevée en 1875. En permettant l'importation d'engrais phosphatés et l'introduction de nouvelles techniques, le canal ouvrit la Bretagne rurale au monde : il suscita de vastes défrichements en 1860 et 1890 et conduisit à l'abandon de l'assolement triennal. Autorisant des transports pondéreux, il favorisa l'expansion de l'industrie, notamment celle de l'ardoise. La guerre de 1914-1918, la concurrence de la voie ferrée et la construction du barrage de Guerlédan qui a coupé, en 1930, le canal en deux tronçons, le rendirent inutile. Il constitue aujourd'hui un écrin naturel exceptionnel pour les randonneurs, les pêcheurs et les amateurs de sports nautiques.

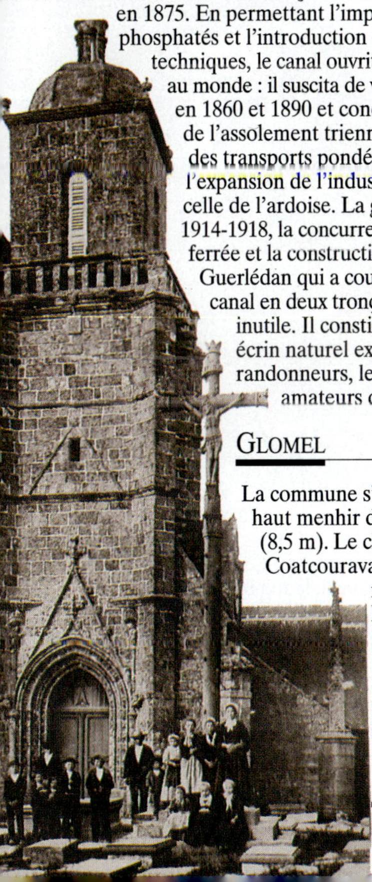

GLOMEL

La commune s'enorgueillit du plus haut menhir du département (8,5 m). Le château de Coatcouraval (XVe-XVIe siècle) mérite le détour. Le MENEZ DU, dans les montagnes Noires, offre son silence et un beau panorama : on peut même apercevoir le phare de l'île de Groix.

UNE GRANDE ŒUVRE
Réalisation au coût astronomique, qui fit appel à des multitudes d'hommes, ingénieurs, ouvriers, soldats, forçats, dont les archives relatent les pathétiques accidents, le canal fut creusé en soixante-quatre années.
C'est un immense escalier, bordé de deux chemins de halage, gravissant en deux cent trente-huit écluses une dénivellation de 555 m, long de 360 km, profond de 1,62 m, traversant six départements. L'écluse maritime de Guilly-Glas, en aval de Port-Launay, créa en 1845 un bassin à flot où séjournent les bateaux de haute mer, quel que soit l'état de la marée.

BAS-RELIEF AUX APOTRES
Sur cette sculpture en bois polychrome de l'église de Trégornan, la frise des onze apôtres est exceptionnellement dansante. Ce bas-relief est identique à celui de Maël-Pestivien ▲ *278*. L'église abrite également des statues anciennes.

50 km
1 journée

BOURBRIAC

En quittant Guingamp, prendre la route de Bourbriac, de laquelle on découvre un panorama complet de la ville, avec son château et sa basilique. Sur 4 km, elle épouse les sinuosités de la vallée du Trieux, ici très fréquentée par les pêcheurs de truites, avant d'escalader le premier contrefort des monts d'Arrée, dénommé BOIS DE LA ROCHE, sur la commune de COADOUT (voir en légende). On parvient enfin à Bourbriac, qui, au Moyen Age, portait le nom de Ménébriac, ou Minihy de Briac, du nom de son fondateur, un saint venu d'Irlande au VIe siècle.

EGLISE. Le village se repère grâce au clocher fort élevé (63 m) de son église, construite à l'emplacement de l'ermitage de saint Briac, qui, du VIe au XIXe siècle, fut invoqué pour la guérison des maladies nerveuses. La construction de l'église dura huit siècles. La tour du clocher, commencée en 1535, comprend trois étages ; celui de style flamboyant forme un porche à arcades. Le porche aux Apôtres, au nord, est la seule partie du monument du XVIe siècle qui ait échappé à l'incendie de 1765, mais les statues qui le décorent, à l'intérieur, sont récentes. L'église conserve, par ailleurs, une crypte de style roman, le tombeau de saint Briac, son buste-reliquaire ainsi qu'un sarcophage mérovingien, qui passe pour être l'auge de pierre sur laquelle le saint aurait traversé la Manche. La partie la plus remarquable de l'édifice reste sa grande tour carrée, à la décoration talentueuse, caractéristique de la Renaissance bretonne.

UN CENTRE ARCHEOLOGIQUE DE PREMIER ORDRE. Bourbriac fut baptisée «capitale des tumulus de la vallée du haut Blavet» par l'archéologue Jacques Briard ● *86*. Le tumulus

LE CHATEAU DU BOIS DE LA ROCHE
Il fut le fief du *condottiere* Yves du Liscoët lors des guerres de la Ligue. Ce personnage ravagea le centre de la Bretagne à la tête de quatre cents bandits et finit par être capturé à Crozon.

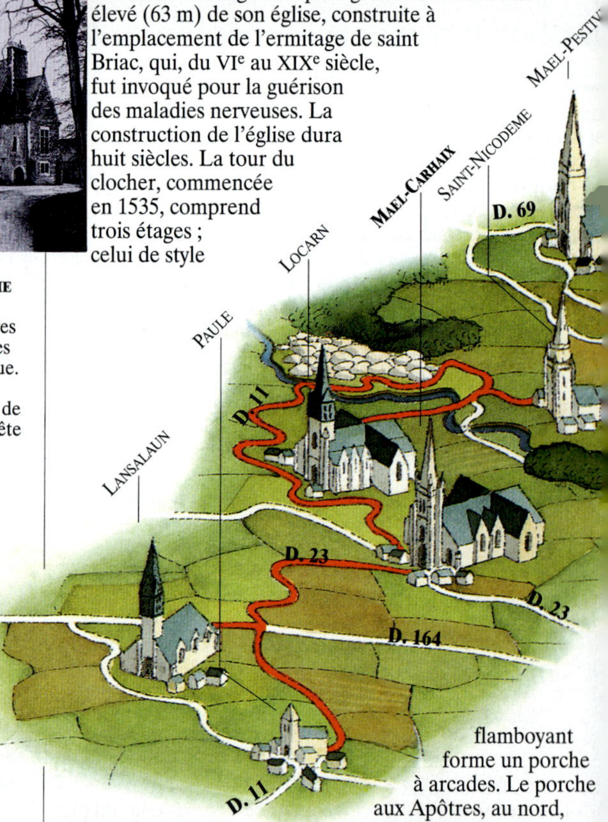

Tombe de style celtique du barde Dir na Dor (1874-1957), à Coadout.

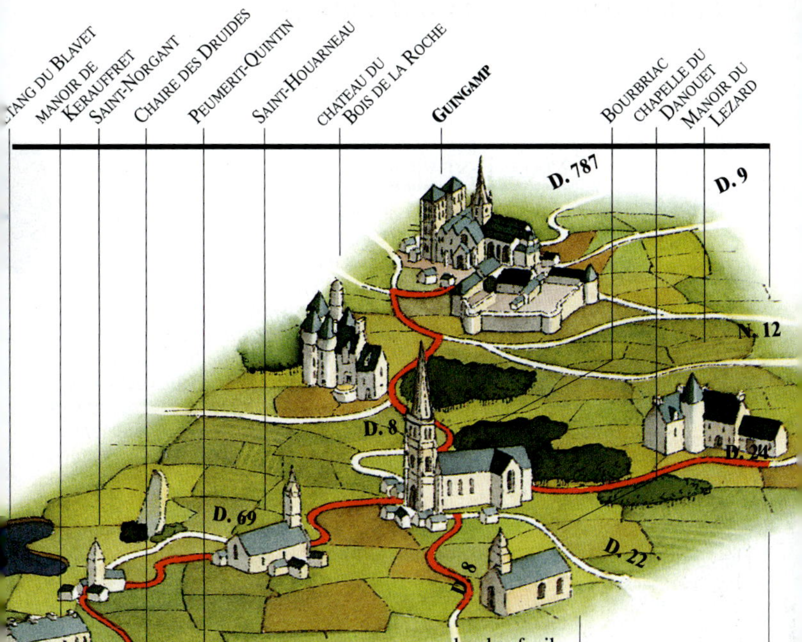

le plus facile à identifier se trouve à TANOUEDOU (à 4 km au sud-est du village). Celui de KERIVOA a disparu, mais son dolmen est toujours visible (à 6 km au sud-ouest). Vers 1930, des cochons mirent au jour, en fouinant le sol non loin du dolmen, trois lunules en or, qui se trouvent actuellement au musée de Saint-Germain-en-Laye, ainsi qu'un torque à palette et un fragment de bandeau, qui furent exposés au Grand Palais en 1989. Il pourrait s'agir là de parures ayant appartenu à un chef de l'âge du bronze (1800 à 1500 av. J.-C.). Les lunules d'or se portaient autour du cou ; il n'en fut trouvé que dix en France. Le plus ancien vase en argent d'Europe fut, lui, découvert dans le tumulus de BRUN-BRAS, à Saint-Adrien.

LES ALENTOURS. Quelques détours permettent de contempler depuis la route deux anciens manoirs : le MANOIR DU LEZARD (à 4 km à l'est) et le MANOIR DU HELLOC'H, de style Renaissance (à 3 km au sud), qui se cache sous les frondaisons. La CHAPELLE DU DANOUET reçoit, chaque année, le 15 août, une foule de pèlerins, attirés par le festival de danses *fisel* et *fanch* ● *80* ▲ *213* et de chants. La porte et la fenêtre méridionales, aux meneaux fleurdelisés, datent du XVIe siècle, le balustre du XVIIe siècle. A l'intérieur, on peut voir un chœur ouvragé, dont les ouvertures sont en forme de quadrilobe ou de trèfle. Après Saint-Houarneau, la D 69 passe près du menhir et des restes du dolmen de la MONTAGNE D'ARGENT. La contrée abonde en blocs de granite erratiques, dont le plus extraordinaire est caché dans le petit bois de COSQUER-JEHAN, visible à 50 m à gauche de la route.

LES BOIS DE COAT LIOU
Ils dominent Bourbriac et «sont vraiment à l'automne les bois de la couleur (*liou*) : de l'or, de la pourpre et de l'émeraude» (François Ménez).

MAEL-PESTIVIEN

L'ETANG DU BLAVET
Situé à 1 km du bourg de Saint-Norgant-en-Kérien, de sa minuscule mairie et de sa vieille église, ce site bucolique rappelle les paysages d'Irlande. Des hérons y nichent, et sans doute aussi des fées «quand la nuit descend, et que s'étend sur l'étang l'étendard du brouillard» (Edmond Rébillé).

“Nulle rivière ne résume plus fidèlement que le Blavet les caractères du cours d'eau breton ni l'extrême variété de ses rives. [...] Ce n'est d'abord qu'un chevelu de ruisselets qui, à quelques kilomètres de leur source, se rejoignent dans l'étang du Blavet, une petite nappe d'eau très poissonneuse, de plus en plus réduite par l'invasion des joncs et des roseaux.”
François Ménez

Au milieu de «mamelons arrondis aux sommets couverts de landes, laissant voir çà et là des blocs de granite erratiques» (Charles de Keranflec'h) s'étend Maël-Pestivien.

POUR UNE ECUELLE DE LAIT... Dans ce village où, en 1920, on croyait encore ferme aux korrigans, aux lutins et aux sorciers, le curé dut célébrer des messes pour conjurer les pratiques de magie : les habitantes du bourg, selon la tradition orale, se livraient à d'étranges cérémonies. On raconte qu'elles se rendaient en chemise, le premier mai, au lever du soleil, dans le champ de leurs ennemis. Elles obtenaient ainsi le pouvoir de leur voler du lait à distance.

EGLISE SAINT-LAURENT. Il est possible de visiter cet édifice, reconstruit vers 1520, après s'être procuré sa clef au bourg. Sous le porche repose une belle pietà. A l'intérieur se trouvent deux panneaux sur lesquels sont sculptés les apôtres, vestiges d'un ensemble plus important les représentant sans doute autour du Christ. L'église abrite une maîtresse vitre (XVIe siècle) contenant des fragments d'une verrière plus ancienne qui figurent le seigneur de Coatgourden et sa dame. Dans les environs, on peut voir la CHAPELLE SAINT-ISIDORE, restaurée, et sa fontaine.

MANOIR DE KERAUFFRET. Reconstruit au XVIIe siècle, le manoir, aujourd'hui gîte d'étape, fut occupé successivement par les soldats du roi en 1596 et les ligueurs, avant de servir de repaire aux chouans et aux complices de Cadoudal. Un lièvre est sculpté à l'entrée de la cour close.

CHAIRE DES DRUIDES, A KEROHOU. Ancien lieu sacré, cet amas d'énormes rochers domine la colline de la Chaire des Druides, à 1 km au sud de Maël-Pestivien. La PIERRE DES SACRIFICES est creusée de trois cavités, où, selon la tradition populaire, on plaçait le corps des suppliciés. Dans un champ contigu, la PIERRE DU SOLEIL ou *Ar Men Sul* passe pour danser à midi le jour de la Saint-Jean et le jour de Noël.

PEUMERIT-QUINTIN

L'EGLISE DE PEUMERIT-QUINTIN
Elle recèle deux superbes retables de pierre polychromes représentant la Passion, qui proviennent de la chapelle du Loc'h.

LAC DE KERNE-UHEL. Du carrefour, on peut jouir d'une vue générale sur l'immense lac de retenue de Kerne-Uhel, construit sur le Blavet. Une plage est aménagée à 1 000 m du carrefour. Le vieux pont, à demi immergé, donne une note mélancolique à l'ensemble.

CHAPELLE DU LOC'H. Au Loc'h, près d'un étang envasé, se dresse la silhouette d'une chapelle en cours de restauration. La façade de cette ancienne aumônerie de l'ordre de Saint-Jean-de-Jérusalem s'est effondrée en 1959.

Un pardon dit des Cerises y a lieu chaque année. Solitude et silence sont garantis : dans ce désert de l'Argoat, onze habitants se «bousculent» au kilomètre carré...

LES STATUES DE KERSOLLEC
Sur plusieurs murs du village, on découvre des animaux sculptés par Barthélemy Le Cam. Ce paysan, fier de son œuvre, écrivit, en vain, à Napoléon III pour être décoré.

SAINT NICODEME

En traversant la forêt de Duault, on parvient à ce petit bourg, dont l'église des XVIe et XVIIe siècles conserve une statue en pierre de saint Derrien et d'intéressants fonts baptismaux. Les modestes installations de Radio Kreiz Breiz, au village, contribuent à sauvegarder la culture bretonnante locale.

GORGES DU CORONG. La forêt de Duault est entaillée au sud par les gorges du Corong. La légende veut que Boudédé, géant breton de son état, soit à l'origine de cet amoncellement de blocs de granite. Ce lointain cousin de Gargantua aurait vidé ses sabots des graviers dragués dans le lit du ruisseau, les transformant alors en rochers gigantesques. Selon une seconde version, les cailloux, dans ses sabots, avaient déjà la taille qu'ils ont actuellement. Les gorges jouissent d'une relative protection depuis la création, en 1988, du premier «havre de paix breton» créé pour protéger la loutre d'Europe ▲ *289* ■ *40*. Parmi les tourbières, les prairies et les bas-marais acides, l'eau se fraie un passage sur 2 km dans la forêt de Porthuault,

LES GORGES DU CORONG
Elles forment une entité écologique remarquable. L'eau des sources, où les truites abondent, fraîche et pure, acide et tourbeuse comme celle d'Irlande, a sculpté la roche granitique.

CROIX DE PROCESSION
Le presbytère de l'église de Locarn abrite, dans une chambre forte, un étonnant trésor d'orfèvrerie comportant, outre cette croix de procession, le buste de saint Hernin, en argent massif. C'est un ouvrage exceptionnel, qui ne saurait être comparé qu'au chef de saint Janvier exposé dans la cathédrale de Naples.

disparaît ensuite dans les taillis et sous les blocs, et rejaillit un peu plus bas. Aux crues d'automne, le spectacle, au point d'émergence de la cascade, est grandiose ■ *44*.
LANDES DU MENEZ GUELLEC ■ *40*. Sur la route de Saint-Nicodème, à 4 km du bourg, s'étendent les landes du Menez Guellec, résultant sans doute des coupes faites dans la forêt par des moines bûcherons du Moyen Age. Sur les tourbières voisines poussent des plantes carnivores introduites dans la pharmacopée. Autour, des mousses, aux espèces innombrables, régulent l'eau et génèrent la tourbe en profondeur. Au fur et à mesure qu'on s'éloigne des mares, imperceptiblement, la flore évolue : des sphaignes, des bruyères, des ajoncs nains et des genêts des Anglais apparaissent. Puis le milieu est envahi par les bouleaux, les saules et les osmondes royales. Le site et sa population de rapaces (busard, épervier, buse, hibou moyen duc) et d'oiseaux migrateurs sont protégés. Le long de la route s'élèvent deux menhirs, le PATRE DES VACHES à gauche, et le PATRE DES MOUTONS, à droite.

LOCARN

EGLISE SAINT-HERNIN. Construit à flanc de colline, à l'emplacement du tombeau de saint Hernin (mort en 535), l'édifice date de la fin du XVIe siècle. La nef et le chœur furent reconstruits au XIXe siècle. L'église possède un vitrail du XVIe siècle, restauré au XIXe siècle, un retable placé dans le croisillon sud, sculpté en 1679, des statues anciennes représentant saint Hernin, la Sainte Trinité, saint Jean-Baptiste et un prophète assis sur un siège et coiffé d'une tiare. Une pietà en bois, aux armes des Quelen, bien que grossièrement sculptée et peinte, retient l'attention par son côté tragique. L'église abrite également l'une des sept roues bretonnes à carillons. Ces roues, garnies de clochettes, étaient agitées pendant l'élévation ou en dehors des offices par les fidèles désirant se concilier les bonnes grâces du saint ▲ *210*. La chaire à prêcher, soutenue par un personnage, est accolée à un pilier de la grande nef. Ses panneaux représentent diverses scènes de la vie du Christ. Dans les environs, la CHAPELLE NOTRE-DAME-DES-FLEURS, ou Bleun, du XVIIe siècle, au fenestrage du XIVe siècle, a comme particularité d'avoir un dolmen pour autel.
ARDOISIERES DE MAEL-CARHAIX. Des monceaux de schiste, sur la route, annoncent les ARDOISIERES DU MOULIN DE LA LANDE. Fondées en 1890, elles produisent des ardoises d'une très grande qualité. Fermées de 1984 à 1988, elle ont récemment réouvert leurs galeries,

ARDOISIERES DU MOULIN DE LA LANDE
Ci-dessous, une étape de la fabrication des tuiles d'ardoise.

profondes de près de 200 m et investi dans un matériel ultramoderne. L'exploitation n'est pas ouverte au public.

PAULE

Cette commune jouit, auprès des amateurs d'art et d'archéologie, d'une renommée internationale depuis la découverte, en 1988, de la statue celtique d'une «divinité à la lyre» sur le site de Saint-Symphorien (à 4 km au sud), actuellement visible au musée de Saint-Brieuc. Cette effigie (ci-dessous) est la seule représentation que l'on possède pour tout le monde celte d'un personnage associé à un cordophone, instrument à mi-chemin entre la lyre et la cithare. Les fouilles, qui doivent durer encore plusieurs années, ont révélé que le site était occupé, cinq siècles avant notre ère, par la résidence d'un aristocrate de l'âge du fer, puis, au Ier siècle, par des Gallo-Romains.

EGLISE. De construction récente, l'église abrite une chaire sculptée, dont un panneau représente les missions du père Maunoir, en 1681. Julien Maunoir (1606-1683), jésuite béatifié en 1951 et émule du père Le Nobletz, fit des milliers de missions en Bretagne intérieure pour réévangéliser la population. Il effrayait au besoin les paysans avec ses *taolennou*, petits tableaux représentant souvent les tourments de l'enfer.

CHATEAU DE KERANGUEVEL. Le logis, entouré côté est de maisons basses, côté sud d'une grille et côté ouest d'une chapelle et d'un bâtiment servant de manège à chevaux, présente une façade austère. Des chouans y trouvèrent refuge durant la Révolution.

LANSALAUN

CHAPELLE. La chapelle, du XVIe siècle, se niche au creux d'un vallon. Elle abrite plusieurs œuvres majeures, notamment un vitrail présentant un arbre de Jessé (1528) d'inspiration flamande ▲ 260. L'arbre sort de la poitrine de Jessé, ancêtre des rois d'Israël, qui sont tous représentés, y compris David, jouant de la harpe ; la Vierge en occupe le sommet. D'autres scènes sont peintes dans les lancettes : l'Annonciation, le mariage de la Vierge, la Fuite en Egypte, l'Adoration des Mages, la Circoncision. La chapelle a également conservé plusieurs belles statues, dont une Vierge à l'Enfant. Sous les ifs se cache une fontaine : les fidèles autrefois devaient en faire sept fois le tour, pieds nus, avant d'en boire l'eau. Un calvaire portant deux christs se dresse à côté, dans l'enclos paroissial.

LES TRESORS DE LA CHAPELLE SAINT-ELOI
La chapelle (à 4 km au nord-est de Paule) renferme, outre des statues anciennes et les portraits peints des quatre évangélistes, des fresques mettant en scène un cavalier.

LE CANAL DE NANTES A BREST
Les rives du canal, qui décrit une large boucle au nord de la commune, ont un charme paisible. On peut suivre les chemins de halage sur tout le parcours ▲ 275.

LA CHAPELLE DE LANSALAUN
La petite fontaine disposée à l'entrée rafraîchissait autrefois les pèlerins.

🚗 42 km
◷ 4 heures

GRACES

EGLISE NOTRE-DAME. Le duc de Bretagne, Pierre Ier, seigneur de Guingamp, serait à l'origine de l'édifice (XVIe siècle) : l'épouse du duc diffusait le culte de la Vierge dans la région, et son mari lui aurait promis de bâtir l'église gothique actuelle, qui se tient sur le lieu d'un ancestral pèlerinage marial. Il ne tint pas sa promesse, et c'est la reine Anne, duchesse de Bretagne, comtesse de Penthièvre, qui fit construire l'église. Les armes ducales sont partout figurées, du porche sud à un vitrail, en passant par une sablière. Le visiteur admirera la porte du clocher, sur laquelle est sculpté un joueur de biniou, et les pittoresques sablières, où scènes de chasse, monstres, ivrognes se succèdent en une infernale sarabande.

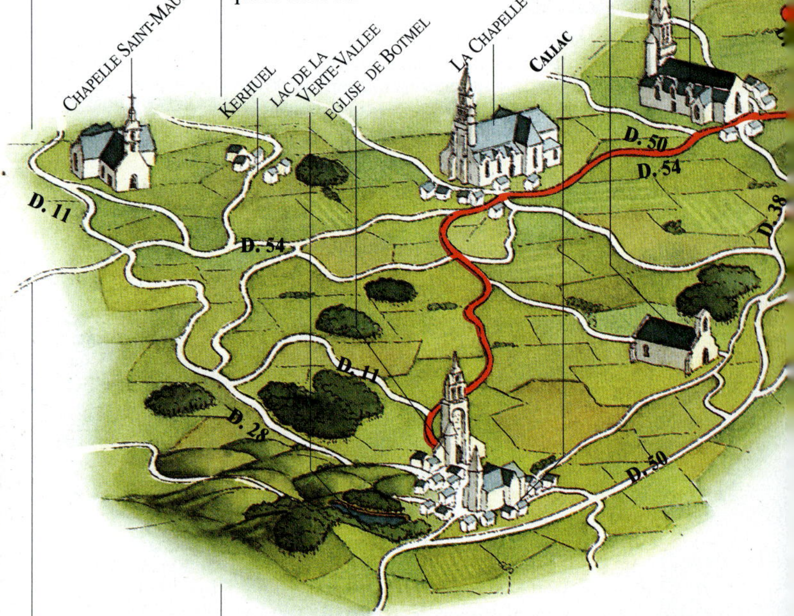

On remarque la bannière de procession (première moitié du XVIIe siècle), qui appartenait à la Confrérie du Rosaire, et sert encore au pardon du 15 août ; on y voit, sur une face, la donation du Rosaire à saint Dominique et à sainte Catherine de Sienne ▲ *221* et, sur l'autre face, un évêque, qui serait saint Loup, qu'un pardon honore le 1er septembre, près de Guingamp ▲ *198*.

CHATEAU DE KERANNO. Ouverte aux groupes, cette belle demeure en pierre et moellons de granite (fin du XVIIe siècle) comprend un étage, des combles éclairés par quatre lucarnes en pierre et percées d'un oculus, sous une toiture d'ardoises.

NOTRE-DAME-DE-GRACES
Le porche sud, à droite, est surmonté des armes d'Anne de Bretagne. A l'intérieur, le visiteur découvrira certaines des plus anciennes et des plus belles sablières des Côtes-d'Armor ● *108*.

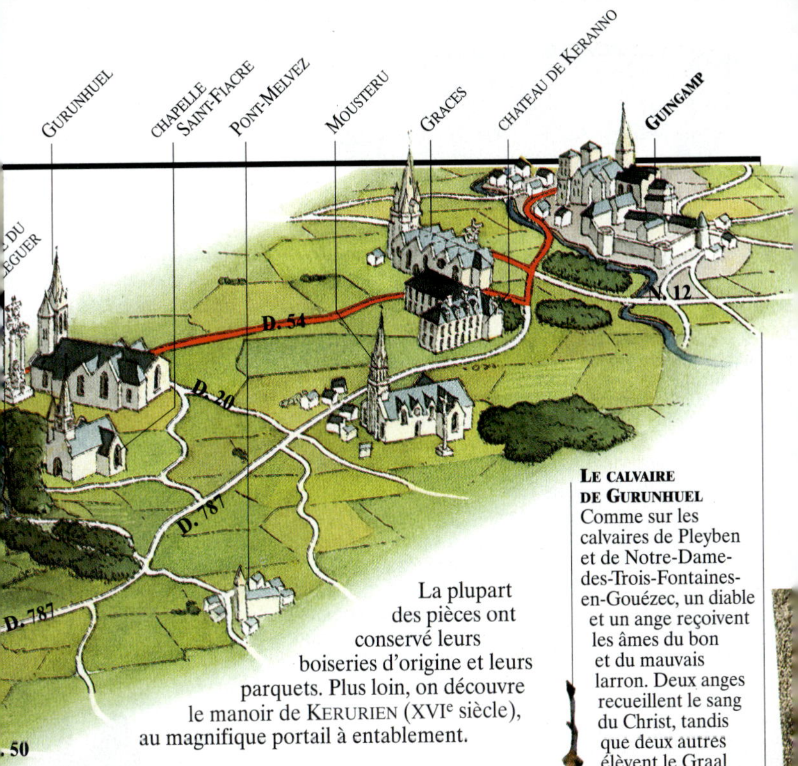

La plupart des pièces ont conservé leurs boiseries d'origine et leurs parquets. Plus loin, on découvre le manoir de KERURIEN (XVIe siècle), au magnifique portail à entablement.

GURUNHUEL

Gurunhuel signifierait «tonnerre d'en haut» ou «couronne élevée», car ce bourg est situé sur une hauteur. L'enclos paroissial abrite un calvaire remarquable (légende ci-contre).

EGLISE. Datée des XVIe et XVIIe siècles, elle abrite de belles statues, dont celle du patron des jardiniers, saint Isidore, muni d'une pelle dorée. Sur un autel repose la pièce la plus précieuse : six panneaux du XVIIe siècle où sont sculptées les scènes de l'Annonciation, de la Visitation, de l'Adoration des mages et des bergers. Ces derniers, représentés sous l'aspect de paysans bretons, sont accompagnés de leurs animaux.

CHAPELLE SAINT-FIACRE. Située dans un placître, parmi des hêtres, la chapelle (XVIe siècle), récemment restaurée, conserve de belles sablières (en bandeau, à gauche). Dans la nef, on remarque, outre les statues, une cheminée (sur un des bas-côtés, contre le pignon ouest), destinée à réchauffer les bébés, alors baptisés par immersion, ou ceux qui

LE CALVAIRE DE GURUNHUEL
Comme sur les calvaires de Pleyben et de Notre-Dame-des-Trois-Fontaines-en-Gouézec, un diable et un ange reçoivent les âmes du bon et du mauvais larron. Deux anges recueillent le sang du Christ, tandis que deux autres élèvent le Graal entre la Vierge et saint Jean. Le Christ regarde Longin, qui va lui percer le flanc.

L'église de Plougonver abrite des œuvres intéressantes : un lutrin, le pupitre est soutenu par un aigle ; trois retables (XVIIIe siècle) ; des statues anciennes, dont un *ecce homo* et quatre saints du terroir, Herbot (patron des bêtes à cornes), Germain d'Auxerre (duc d'Armorique et de Belgique en 429), Loup et Laurent ; on admire également un maître-autel (1724), œuvre de Guillaume Guérin de Lannion et, enfin, un baptistère à deux cuves, du XVe siècle, orné de visages humains (ci dessus).

Le luthier du Rojou
Au village du Rojou, situé non loin des ruines du château du Cludon, en lisière de la forêt, se trouve l'atelier du jeune luthier Daniel Le Noan. Il fabrique, avec toute la minutie des luthiers de tradition, des anches pour bombardes, biniou-coz, cornemuses et autres instruments bretons, qu'il exporte même au Canada.

assistaient aux veillées funéraires. L'autel, rudimentaire, est orné d'une frise naïve. Le pardon a lieu le troisième dimanche de juillet. Sur la route de Bourbriac se trouve la croix de Salut-Bulat, nommée ainsi parce que le Christ regardait à l'origine vers Bulat.

La vallee du Leguer

Formé par deux rivières, le Guer et le Guic, qui s'unissent au cœur de Belle-Isle-en-Terre ▲ *293,* le fleuve naît dans les tourbières de Saint-Houarneau, d'où s'écoule, sur l'autre versant, le Blavet. Long de 63 km, le Léguer forme à partir de Lannion un estuaire de 9 km. Malgré le barrage de Kernansquillec, édifié après 1918, le Léguer reste le plus beau cours d'eau à saumons de Bretagne. François Ménez dépeint ainsi la sauvage vallée du Léguer : «(Elle) décrit de fréquents détours dans le pays montueux, avant de s'engager, par un couloir resserré comme une gorge, entre les deux forêts, également profondes, étagées aux flancs de l'Arrée. […] Le granite projette au long des rives des promontoires qui se découpent sur un fond de brume, en plans successifs. Une grande douceur monte de ces solitudes où les collines tombent à pic, sous de grandes traînées mauves de bruyères.» Le pêcheur, ou le randonneur, pourront suivre l'ancienne «route des diligences», qui part de Loc-Envel et traverse la forêt de Coat-an-Noz, ou encore emprunter le GR 34. Ils découvriront une superbe vallée aux innombrables manoirs, moulins, fontaines, chapelles, et au bocage préservé. Au printemps, les amoureux de la faune apprécieront ce sanctuaire naturel où, dans les sous-bois, les prairies et les marais, ils verront de multiples oiseaux, peut-être des visons, des loutres.

Plougonver

Eglise Saint-Pierre. On entre par un portail de la Renaissance bretonne dans cette église des XVIe et XVIIe siècles dont l'intérieur est remarquable. Ici, comme dans tout l'Argoat, les retables ont été créés par des artisans bretons, et non pas par les sculpteurs de la marine de Brest.

ou les artisans lavallois, qui eux, utilisaient le tuffeau et le marbre de leur province. Dans la sacristie, on peut voir des pièces d'orfèvrerie, des vêtements sacerdotaux et une chape brodée. Du MENEZ KERESPERS (321 m), près de la gare de Plougonver, le visiteur découvre un ample panorama ; on y mit au jour, en 1844, un puits funéraire du néolithique empli de poteries et de cendres. Non loin de là, se trouve l'atelier du luthier de ROJOU (page de gauche).

LA CHAPELLE-NEUVE

EGLISE NOTRE-DAME-DE-PITIE. Bâtie au XVe siècle, elle possède des statues du XVIe-XVIIe siècle : une pietà, un saint Nicomède et un saint Mamert. Sous le chœur se trouve une crypte d'où part un souterrain aujourd'hui obstrué, qui, selon la légende, conduirait au manoir de Kerméno, occupé par un magicien, le docteur de Koathalek.

CALLAC

La ville n'a plus ses murailles, et Richelieu fit détruire en 1619 la forteresse des comtes de Poher, héritiers des premiers ducs de Bretagne. La cité, dont les foires aux bestiaux étaient autrefois très courues, est aujourd'hui connue pour ses élevages d'épagneuls bretons dont la race fut créée à Callac, et ses chevaux de trait. Ces derniers, vendus jusqu'au Japon, sont issus d'un croisement, réalisé en 1904, entre étalons ardennais et bidets bretons ; la statue de l'étalon Naous se dresse devant les haras, que l'on visite, sur demande, dès le printemps. Deux jours après la fin du Tour de France a lieu à Callac un critérium cycliste international. Dans l'église on remarque un Chemin de croix, œuvre de la sœur de l'amiral-compositeur brestois Jean Cras (1879-1932), qui fut l'élève d'Henri Duparc, et un curieux saint Yves moustachu. Le visiteur pourra gagner à pied la chapelle Sainte-Catherine dominant la vallée de Pont-ar-Vaux et les ruines de l'EGLISE DE BOTMEL (début du XVIe siècle).

CHAPELLE SAINT-PIERRE-DE-L'ISLE. On admirera ses sablières sculptées d'animaux et de musiciens, et une statue de la Vierge dont l'Enfant présente un pouce disproportionné, symbole de son pouvoir d'intercession. Le LAC DE LA VERTE VALLEE permet de pêcher, de se baigner ou de naviguer. La VALLEE DE L'HYERE, qui suit sur 15 km la route de Carhaix, est appréciée pour ses truites.

Ruines romantiques de l'église abbatiale de Botmel (XVIe siècle).

L'EPAGNEUL BRETON
Cette race de chiens chasseurs est née à Callac en 1904, d'un croisement de vulgaire «chien de charbonnier» du pays et de setter écossais réalisé par Joseph Latin. Ce chien d'arrêt est réputé pour sa résistance, ses qualités au bois et son appétit…

LE MARCHE AUX BŒUFS
Dans une région renommée pour ses poulets, ses bovins et ses chevaux de trait, Callac, ce «gros bourg qui ne sentait pas la misère» (Auguste Dupouy), était réputé pour ses gigantesques foires. Si on vend aujourd'hui peu de chevaux, le marché du mercredi et le marché bovin du vendredi demeurent très fréquentés.

Calvaire de la Croix rouge.

PONT-MELVEZ

Du latin *Pont Milvius*, Pont-Melvez aurait pour origine, selon certains, le nom d'un capitaine romain qui aurait installé là son camp lors de la conquête d'Armorique par les légions de César. Après avoir traversé le village de Kerbalen, la route mène au carrefour de Ty Person. A 300 m à droite se dresse un calvaire du XVe siècle, surnommé CROAZ RU (la Croix rouge) : selon la tradition populaire, les Templiers peignaient en rouge les croix de chemin. Leur présence à Pont-Melvez est attestée au lieu-dit LA COMMANDERIE.

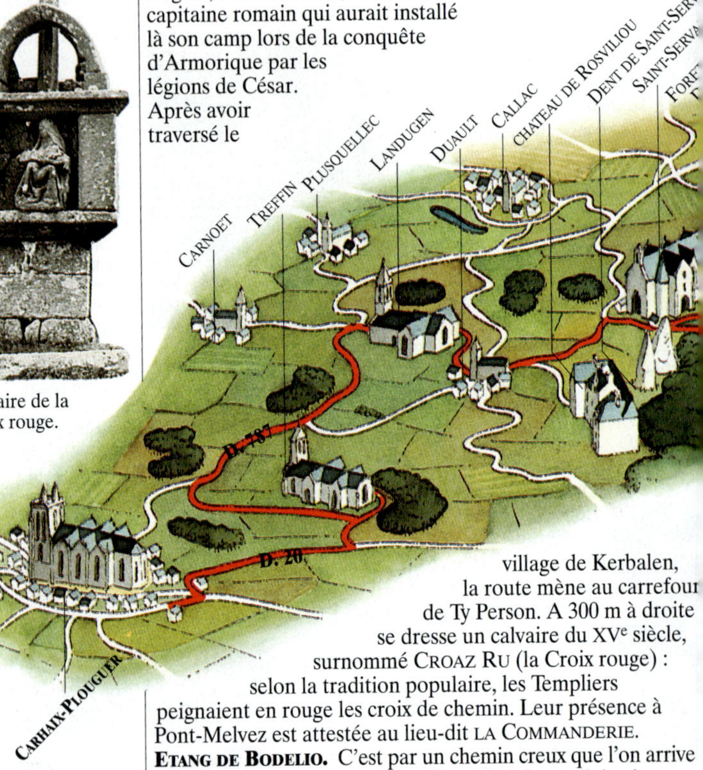

Eglise de Bulat-Pestivien.

ETANG DE BODELIO. C'est par un chemin creux que l'on arrive à ce site ravissant, entouré de collines boisées et éloigné de toute habitation. Le vieux moulin est toujours occupé. Par souci esthétique, l'E.D.F. a enterré les fils électriques.

BULAT-PESTIVIEN ♥

HISTOIRE ET TRADITIONS LOCALES. Le village est construit dans l'une des régions les plus isolées de Bretagne, entouré de «landes, de rocs épars, de bosses granitiques, de coupures vertes au fond desquelles s'allongent de minces cours d'eau et de chétifs villages… Un grand pays, d'un puissant caractère» (A. Dupouy). Bulat a été, à partir du XIIe siècle, un lieu de pèlerinage vénéré de tous les Bretons, car saint Yves y vint plus de cent fois prier Notre-Dame de Bulat Au XIVe siècle, la famille de Pestivien possédait presque tout le territoire de la commune. Trois de ses membres participèrent au fameux combat des Trente, le 27 mars 1351. Ce combat opposa, en pleine guerre de Cent Ans, trente Anglais et trente Bretons sur la lande de la Mie-Voie, entre Ploërmel et Josselin. Robert de Beaumanoir, gouverneur du château de Josselin, avait proposé au chef anglais qui contrôlait

Ancien moulin ancré sur les berges de l'étang de Bodélio.

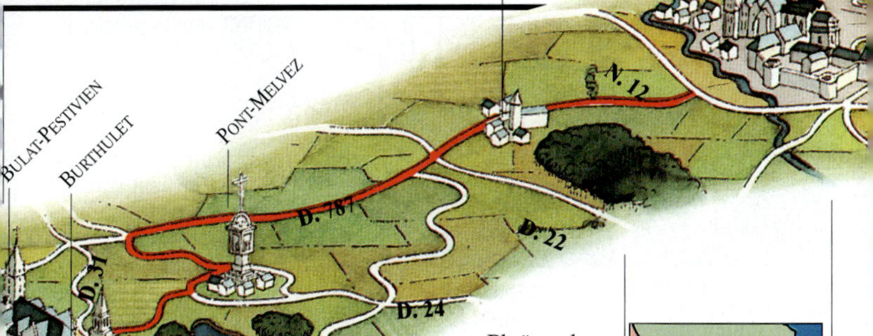

Ploërmel
et ravageait la
région
ce combat singulier pour
trancher qui, des deux camps,
sortirait vainqueur de la guerre.
Deux ans plus tard, le château de Pestivien tomba aux mains du cruel aventurier anglais Roger David, qui régna sur le pays pendant plus de dix ans. En 1363, aidé de six mille hommes, Du Guesclin reprit en deux jours la forteresse. Le village vécut encore quelques années mouvementées au siècle dernier : Jérôme Gaudu, natif du village, sema la terreur dans la contrée à la tête d'une bande de voleurs de grands chemins. Il mourut octogénaire, en 1875, sans que personne n'ait jamais découvert son trésor, caché, dit-on, dans le mur de l'enclos de Pestivien.

EGLISE NOTRE-DAME DE BULAT. C'est la première et la plus originale création de la Renaissance bretonne (XVIe siècle). L'extravagante façade sud est sculptée de motifs pittoresques, par exemple un éléphant étranglant un enfant ; aux angles du fronton de la sacristie, une dame en corsage bouffant et un messire en justaucorps s'apostrophent. Sur chacun des contreforts saillants de la sacristie figurent des images grimaçantes de l'Ankou (la représentation de la Mort en basse Bretagne), brandissant un tibia en guise de sceptre. La plus effrayante des cinq fut baptisée le«spectre hurleur» par Mérimée. Deux autres scènes montrent un animal, singe ou cheval à visage humain, emportant un enfant : la bête symbolise les forces du mal emportant l'âme des pécheurs. Certains ont voulu voir là le fils d'un seigneur de Bulat enlevé par un singe puis rendu par la Vierge à sa famille, qui, en reconnaissance, aurait bâti l'église. D'autres pensent

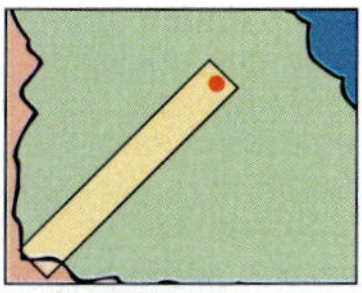

55 km
1 journée

DEUX GEANTS BARBUS Armés de pieux, ils soutiennent un heaume et un blason, sur le fronton triangulaire de la sacristie (1552).

Sur la façade méridionale, le visage inquiétant de l'Ankou surveille les fidèles.

Sablières à figures grotesques ou grimaçantes de l'église de Saint-Servais.

Yves Corlay sculpta ce retable en 1703 : sainte Marie Alacoque, originaire de Bourgogne, y est représentée devant le Sacré-Cœur.

que le seigneur et sa dame élevèrent l'église pour remercier la Vierge de leur avoir donné un héritier, le nom de Bulat venant de *bugel*, enfant. En pénétrant sous le porche, admirer le décor sculpté du pilier central, composé d'oiseaux picorant des grappes de raisin, véritable dentelle de pierre. Sous ce porche, douze apôtres sévères accueillent les fidèles. A l'intérieur, le pilier situé à côté de l'autel est sculpté de sauvages. La verrière représente l'Annonciation et certains saints bretons (Brieuc, Yves, Corentin, Guillaume). C'est sur la table d'offrandes (1583) que, le jour du pardon, les fidèles déposent dons en argent et en nature. Au fond de la nef, on peut voir une loggia, ou tribune de pierre, nommée chambre des Reclus : deux maçons ayant travaillé à la construction du sanctuaire auraient décidé d'y finir leurs jours. Cette loggia permettait aux seigneurs de suivre les offices sans être importunés. On ne présente la célèbre Vierge en argent que lors du pardon, le deuxième dimanche de septembre.

LE LUTRIN
Sculpté au siècle dernier par le Rostrenois Chamaillard il représente un paysan vannetais, vêtu du costume local : gilet noir, chemise à col montant, ceinture large et guêtres.

LES ENVIRONS. A 1 km au nord du bourg, la CHAPELLE SAINT-BLAISE DE PESTIVIEN, des XVIIe et XVIIIe siècles, au clocher carré surmonté d'une flèche en pierre, est animée par deux pardons annuels : le pardon du beurre (on offrait jadis du beurre au saint), le dimanche de la Trinité, et le pardon du coq, le premier dimanche de février. A cette occasion, un coq porte-bonheur, préalablement sacrifié, est lancé du clocher sur l'assistance. Sur le placître, le calvaire comporte un beau groupe de la Mise au tombeau. A 3 km au nord du bourg, le chêne creux de TRONJOLY (12 m de circonférence) servit de logis en 1750 au prédicateur dom José Le Graët.

BURTHULET. La chapelle de Burthulet, des XVIe et XVIIe siècles, est typique de l'Argoat mélancolique. Le diable, ayant essayé en vain de se réchauffer en jouant aux boules avec les énormes rochers des alentours, y serait mort de froid. C'est dans ce site infiniment prenant que se situe l'action du roman d'Edmond Rébillé *Le Diable est mort à Burthulet*, grand prix des Ecrivains bretons en 1992.

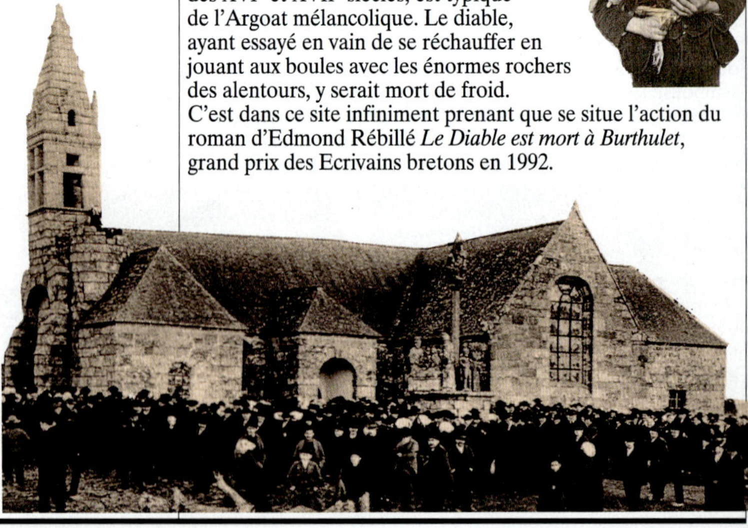

Saint-Servais

Le village, où «tout est en pente : chemins, tombes, maisons d'école [...] tout s'étage, se superpose à mi-flanc de colline, dans un paysage délicieux qu'enveloppe la forêt de Porthault» (Anatole Le Braz), connut des troubles importants lors de la révolte du Papier Timbré, au XVIIe siècle ● *63*.

L'Eglise. Cet édifice du XVIe siècle a conservé sous son porche les statues des douze apôtres. Le pardon du 13 mai, jadis très fréquenté, fut interdit vers 1850 : de furieuses bagarres éclataient régulièrement lors de la procession et, un jour, il y eut mort d'homme.

Anatole Le Braz (1859-1926)
La mairie-poste actuelle du village est la maison natale d'Anatole Le Braz. Ce professeur de l'université de Rennes, primé plusieurs fois par l'Académie française, fut l'un des plus grands folkloristes et poètes bretons ● *135*.

Duault

L'Eglise. L'église, rebâtie au XIXe siècle, renferme un somptueux vitrail de 1594 (bas-côté droit). Il représente la dormition de la Vierge, réalisé d'après un tableau du peintre flamand Ioan Stradanus datant de 1570. On reconnaît saint Matthieu, financier des apôtres, qui fait ses comptes sans se soucier de la défunte.

Cette gravure illustre bien la veine fantastique des légendes bretonnes qu'Anatole Le Braz sauva de l'oubli.

Foret de Duault ♥ *44, 48, 50*. Un sentier longe la rivière et l'ancien mur de l'enclos où les ducs de Bretagne laissaient en liberté des animaux sauvages pour la chasse. La forêt abrite une faune innombrable dans ses trois vallées parallèles, aussi remarquables les unes que les autres (dont celle du Corong ▲ *258*), dans ses microtourbières entourées de bouleaux et dans ses petits étangs. Dès le mois de mai, l'osmonde royale pousse sous les taillis de feuillus, et les pierres du lit de la rivière se recouvrent d'hymenophyllum, petite fougère mousseuse de 10 cm de hauteur. De nombreux mégalithes ● *86* se trouvent aux abords et dans les profondeurs de la forêt, dont la Dent de saint Servais, le rocher des Sept-Fontaines ou encore l'allée couverte de Toul an Urs (le Trou de l'Ours), très imposante malgré l'effondrement d'une dalle horizontale. Construit en lisière de la forêt vers 1610-1620, le chateau de Rosviliou fut remanié par l'explorateur Fleuriot de Langle, compagnon de La Pérouse. Il mourut tué par les indigènes dans les îles Samoa, en Polynésie.

La Loutre
Ce mammifère aquatique est doté de pattes palmées, d'un corps fuselé et d'oreilles à clapets comme les phoques. Sa fourrure brune le protège du froid mais a causé sa perte. On compte moins de mille loutres en France, dont un tiers en Armorique.

LA VIERGE DE L'ARBRE DE JESSE
Cette Vierge de l'église de Landugen piétine l'Eve tentatrice. L'arbre de Jessé, inspiré par une vision du prophète Isaïe, fut souvent représenté au Moyen Age, mais c'est surtout au XVIe siècle qu'on s'est plu à faire figurer la Vierge et son Enfant à son sommet.

LANDUGEN ♥

CHAPELLE SAINT-JEAN (2 km à l'ouest du village)**.** Son clocher du XVIe siècle oscille dès que l'on sonne les cloches et sa charpente, en forme de carène renversée, repose sur des sablières ornées de grotesques. A l'intérieur, deux statues (sainte Anne apprenant à lire à la Vierge et un *ecce homo*) côtoient une étonnante sculpture du début du XVIe siècle : la tête de saint Jean-Baptiste reposant sur un plat. Emblème des confréries de la Miséricorde ou des Pénitents Noirs, qui assistaient les condamnés à mort, cet objet passait pour avoir le don de guérir les maux de tête et de gorge.
LE FANTOME DE LANDUGEN. Un homme, dit-on, osa voler une nuit des os dans le cimetière. Mais, une fois chez lui, pris de remords, il décida d'aller les reporter. Un fantôme surgit à cet instant pour les lui reprendre, saisit l'homme par le bras, et l'obligea à danser jusqu'à lui faire perdre la tête.

PLEVIN

Plévin est perché sur les montagnes Noires. L'EGLISE NOTRE-DAME, du XVIIe siècle, détient le tombeau du célèbre prédicateur, le père Maunoir, surnommé de son vivant Chrysostome (Bouche d'or), en raison de sa terrible éloquence. Les paroissiennes embrassaient sa statue sur la bouche au siècle dernier. On admirera, à l'extérieur, les gargouilles du chevet et, à proximité, un calvaire massif portant une pietà et les statues de trois apôtres.
CHAPELLE SAINT-DIBOAN (1 km à l'est)**.** La chapelle, dont la charpente est décorée de belles sablières, renferme la statue de saint Diboan, ou Abibon, qu'on implorait jadis pour hâter la fin des agonisants. Une fontaine double se trouve à 500 m.
LA MONTAGNE, OU MENEZ CLEGUERIC (6 km au sud)**.** Point culminant des montagnes Noires (304 m), c'est une éminence rase et pierreuse, entourée de landes, d'où l'on découvre un vaste panorama (table d'orientation).

LE CHRIST AUX OUTRAGES
Ce christ, terriblement décharné, orne le porche ouest de l'église de Treffrin.

TREFFRIN ♥

Cette modeste commune retiendra l'attention par son église isolée, située à l'extrémité du «bourg», assez fantomatique. L'édifice date du XVIIe siècle. Le porche sud abrite les statues de douze apôtres polychromes ; le porche ouest, une représentation troublante du Christ ; et l'intérieur de l'église, des sablières (1666), où se détachent des lutteurs et des anges en prière.

CARHAIX-PLOUGUER

De son riche passé gallo-romain, Carhaix a conservé les vestiges d'un aqueduc, jadis long de plus de 20 km, visibles dans la rue qui porte son nom. Quelques objets trouvés lors de fouilles sont également exposés à la mairie. Place forte au

Moyen Age, petite capitale administrative sous l'Ancien Régime, Carhaix, fusionné depuis 1956 avec Plouguer, est aujourd'hui doté d'industries agro-alimentaires.

MAISON DITE DU SENECHAL. Cette demeure du XVIe siècle (6, rue Brizeux), aujourd'hui syndicat d'initiative et musée d'Histoire locale, est un bel exemple de maison de notable à pans de bois avec étage en surplomb, de la région du Poher.

D'autres vieilles maisons bordent la place de l'Hôtel-de-Ville, photographiée, en médaillon, au début du siècle.

PLACE DU CHAMP-DE-BATAILLE. Cet enclos de forme irrégulière fut aménagé en 1760 ; deux entrées monumentales sont encore debout, à l'est et au nord-est. Au milieu de la place se dresse la statue de Théophile de La Tour d'Auvergne.

EGLISE SAINT-TREMEUR. Ancienne collégiale, elle fut établie vers 1371 à l'emplacement d'un prieuré fondé au XIIe siècle. De l'édifice gothique, seul subsiste le clocher-porche occidental, de 1529-1535, le reste ayant été entièrement reconstruit de 1880 à 1887. L'église abrite, entre autres, une Vierge de Pitié en granite assistée de deux anges, du XVe siècle, et un saint Roch en costume de pèlerin (dans la nef du bas-côté, à droite de l'autel). Dans la sacristie est conservé un très beau meuble décoré de panneaux du XVe siècle.

CHAPELLE SAINTE-ANNE. Toute proche de l'église, la chapelle possède plusieurs belles statues : la Vierge de l'arbre de Jessé, sainte Catherine d'Alexandrie foulant aux pieds l'empereur Maximien, saint Antoine et son cochon.

Dès le Moyen Age, les éleveurs du Poher achetaient des poulains en Léon et en Trégor et les revendaient plus tard à Carhaix.

THEOPHILE DE LA TOUR D'AUVERGNE (1743-1803)
Originaire de la région, il se retira à Carhaix en 1794 pour étudier les langues celtiques.

UN MEUBLE SINGULIER
Il faut demander à voir, dans la sacristie de Saint-Trémeur, un coffre décoré de trois panneaux polychromes du XVe siècle, vestiges d'un ancien retable. L'iconographie célèbre l'Eucharistie : on reconnaît à gauche le triomphe du saint sacrement, et à droite la légende du Juif profanant l'hostie.

30 km
5 heures

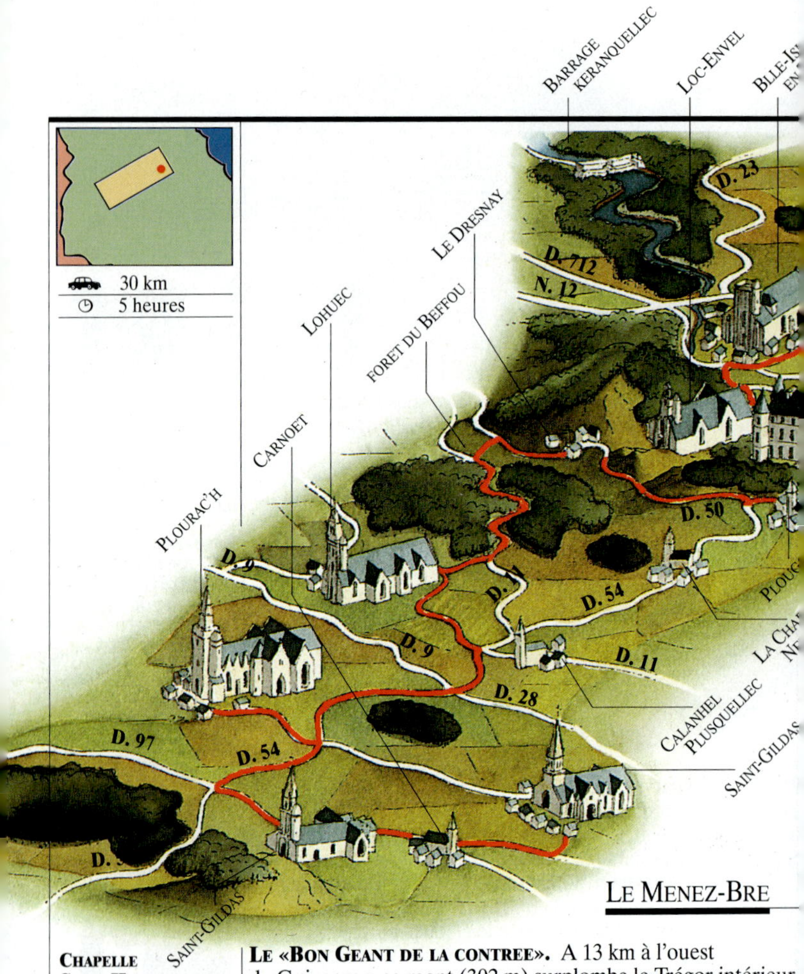

LE MENEZ-BRE

CHAPELLE SAINT-HERVE
Souvent restauré, l'édifice n'a d'ancien que son porche et son sanctuaire du XVIIe siècle. A l'intérieur, on découvre un retable de la même époque et deux statues anciennes de saint Hervé. Celui-ci aurait fait jaillir du sol la source située à environ 300 m de la chapelle. Les croyants y plongeaient autrefois les enfants malades pour les guérir. Le site est depuis l'Antiquité le lieu de grandes assemblées mystiques. Les bardes bretons s'y rassemblaient et priaient une nuit entière sous le porche de la chapelle.

LE «BON GEANT DE LA CONTREE». A 13 km à l'ouest de Guingamp, ce mont (302 m) surplombe le Trégor intérieur et la côte. C'est au Menez-Bré que Conomor aurait été jugé ▲ *230*. C'est là également que Gwenc'hlan, barde et prophète du Ve siècle, ennemi des chrétiens et ami des oiseaux, aurait été enterré, après le combat qui l'opposa à saint Hervé. Ce dernier est, avec saint Corentin, le seul saint breton primitif né en Armorique. Il naquit aveugle en 515, par la grâce de Dieu, pour que les apparences trompeuses du monde qui l'entourait lui soient épargnées. Il aurait composé le plus connu des cantiques bretons, *Ar Baradoz* (Le Paradis). Le Menez-Bré fut longtemps réputé pour ses foires, instituées

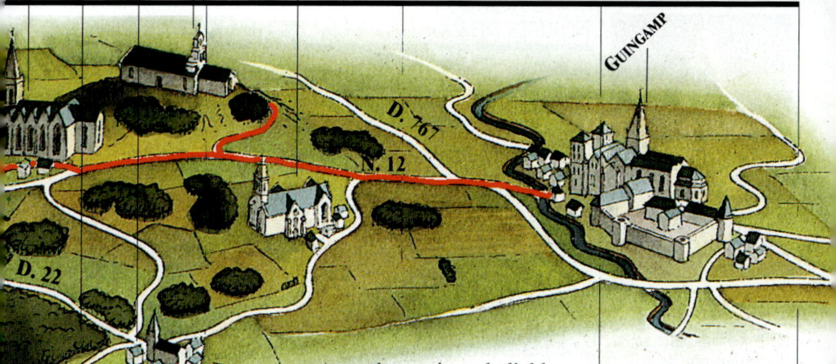

par les moines de l'abbaye de Bégard au Moyen Age. L'une d'elles, celle aux chevaux, la plus célèbre de Bretagne, Foar Vre, ne disparut qu'au début du siècle, avant d'être ressuscitée en 1989.

Louargat

Cette commune possède un patrimoine mégalithique : plusieurs menhirs, dont celui de Pergat (7 m 50), et deux stèles armoricaines. L'EGLISE PAROISSIALE NOTRE-DAME-DES-NEIGES, du siècle dernier, au bourg de Saint-Eloi, possède un christ flamand du XVIIe siècle et un autel en marbre de Carrare. L'EGLISE SAINT-ELOI abrite un superbe groupe sculpté de saint Eloi ▲ *324*. Le MANOIR DU CLEUZIOU (XVIIe siècle) a été transformé en hôtel. Les promeneurs peuvent gravir le MENEZ-HOGUENE (304 m). Ce sommet, nommé Lande Justice parce qu'un gibet y était dressé autrefois, est accessible en voiture.

Belle-Isle-en-Terre

Le bourg. La cité constitua longtemps une étape sur la route des troupes circulant en Bretagne, en particulier lorsqu'on conduisait les bagnards à Brest. Elle est construite sur une presqu'île de 300 m que bordent le Guic et le Léguer, deux cours d'eau à truites et à saumons. Une MAISON DE LA RIVIERE s'y est ouverte depuis peu et propose une initiation à la faune et à la flore des rivières. La route de Trégrom mène à la FONTAINE DE PEN DREO, nichée au sommet d'une colline boisée, à laquelle le visiteur accède par un escalier de cent dix marches. Son eau était réputée pour guérir la coqueluche.

Chapelle de Locmaria. Elle se dresse à 300 m au nord de la fontaine et renferme un beau jubé, soutenu par quatre piliers ciselés de torsades et de pampres. La tribune est ornée d'un côté de sept anges et de l'autre d'une galerie d'Apôtres. Une chapelle du cimetière abrite les gisants de marbre de Sir Robert et de Lady Mond, sculptés par Armel Beaufils. Dans la vallée subsistent les ruines des PAPETERIES VALLEE, créées en 1855 par des papetiers de la région de Morlaix. Elles fermèrent leurs portes en 1964.

La Belle Meuniere
Fille d'un meunier de Belle-Isle, Maï Le Manach (1869-1949) quitta son village natal à dix-huit ans, gagna Paris, fréquenta les artistes de Montmartre, avant de rencontrer Antoine d'Orléans-Bourbon, duc de Galliera, dont elle devint la maîtresse. Après leur rupture, elle épousa Robert Mond, un industriel à la tête de la Nikel Mond Co. Maï acheta, en 1929, le château de Coat-an-Noz et fit construire au bourg une grande demeure.

LOCMARIA
Edifiée aux XVe et XVIe siècles, elle se distingue par de très beaux vitraux représentant le martyre de saint Jacques.

FAUCON CRECERELLE
C'est le rapace le plus caractéristique du bocage, avec la buse variable. Il se nourrit surtout de mulots, de campagnols, de serpents et d'insectes, parfois de charognes. Bien que protégé, sa population décroît.

Les hêtres de la forêt de Beffou alimentaient l'industrie du sabot, une activité florissante jusqu'en 1950.

FORETS DE COAT-AN-NOZ ET DE COAT-AN-NAY

Les «bois de la nuit et du jour» s'étendent sur 750 ha, prolongeant le massif de la forêt de Beffou, plus à l'ouest. Ces collines boisées de pins et de hêtres sont tailladées de laies sommières (vastes allées pare-feu) et de ruisseaux coulant vers la Manche : le Léguer traverse le massif à l'est du Cap (un lieu-dit qui culmine à 264 m), se dirige vers Belle-Isle-en-Terre puis rejoint le Guic à Guerlesquin pour former le Léguer. Cette partie du cours de la rivière est une réserve de pêche fédérale, domaine de la loutre, du vison et de la truite fario ■ *40*. Coat-an-Noz et Coat-an-Nay ont souffert de la tempête d'octobre 1987. En revanche, la buxeraie, une plantation de buis de 80 ha qui recouvre la COLLINE DU CAP (264 m) fut relativement épargnée. Au début du siècle, les mouvements migratoires des sangliers faisaient résonner les rues de Loc-Envel. Buses, faucons hobereaux et crécerelles, bondrées apivores et éperviers d'Europe y nichent, surtout en lisière. Il est possible d'observer leurs vols nuptiaux depuis le ROCHER DU CORBEAU, situé en vis-à-vis du ROCHER DE LA PIE, de part et d'autre du Léguer.

LOC-ENVEL

Jusqu'à la Première Guerre mondiale, Loc-Envel fut peuplé de bûcherons, sabotiers et charbonniers. Ce petit village, qui compte aujourd'hui quatre-vingt-trois habitants, doit son nom à saint Gwenvaël (ou Envel), un abbé né en Grande-Bretagne au VIe siècle, connu pour protéger les bestiaux de la maladie et des loups, et les blés des corbeaux. Loc-Envel perdit son statut de paroisse lors du Concordat, en 1801. L'EGLISE DE LOC-ENVEL est célèbre pour sa magnifique charpente, qui repose sur une sablière sculptée (voir pages suivantes). Le fenestrage est, lui aussi, remarquable. La fenêtre est divisée en six panneaux, datant de 1540, relatant la vie de saint Envel le Vieux, de son frère jumeau saint Envel le Jeune et de leur sœur, sainte Yuna. La tribune de l'église est constituée d'un ancien jubé en chêne du XVIe siècle, orné de feuillages, dont l'un des panneaux sert de clôture aux fonts baptismaux. Sur la porte d'entrée, deux sauvages brandissent de grands os. Les gargouilles sont aussi pittoresques que les clefs de voûte. Elles représentent un chien, un singe, un dragon-morgane, deux femmes au torse dénudé et trois hommes penchés. Selon la tradition, les trois fenêtres

ovales, à droite du porche, permettaient aux lépreux d'assister aux offices. Aucun document n'atteste cependant l'existence d'une léproserie à Loc-Envel. A droite de l'église se trouve l'enfeu de la famille de la Boëssière, seigneurs de Lanvic.

La forêt de Beffou

Ses 600 ha de futaie de hêtres s'étendent en bande étroite, d'ouest en est, sur Lohuec, Loguivy-Plougras et La Chapelle-Neuve. Koat Marquiz, comme l'appellent encore les anciens, a souffert de l'ouragan d'octobre 1987. Le promeneur sera séduit par la RESIDENCE DES HETRES, ou GRAND BOIS. La futaie est l'œuvre de la famille Guillet, qui favorisa la culture des hêtres, matière première de l'industrie du sabot. Les propriétés antimitotiques (contre la leucémie) des jeunes pousses des ifs ont déterminé une cueillette artisanale dont le produit est vendu aux laboratoires pharmaceutiques. La forêt s'étend en une ligne de crête orientale des monts d'Arrée à la baie de Lannion.

EGLISE DE LOC-ENVEL Construite au XVIe siècle, elle peut être considérée comme un exemple parfait des petits édifices religieux de la partie occidentale des Côtes-d'Armor. Son plan est en forme de croix latine, avec deux bas-côtés flanquant la nef et une abside à trois pans coupés. Le clocher-mur est à trois baies avec tourelle latérale.

Quatre-vingt-trois habitants seulement peuplent aujourd'hui Loc Envel.

Lohuec

L'église de Lohuec est de style Beaumanoir, du nom de l'atelier qui exerça au XVIe siècle une grande influence dans la région Morlaix-Plestin ▲ *324*. La nef renferme une STATUE DE NOTRE DAME-DU LAC et un *ecce homo*.
L'AULNE. Cette rivière prend sa source à Pen Naon, sur le versant occidental du massif de Beffou, puis se jette, 140 km plus loin, dans la rade de Brest et dans l'océan Atlantique.

Plourac'h

EGLISE ET ENCLOS PAROISSIAUX. L'édifice possède un clocher-mur (1585) aux pilastres décorés de coquilles. Dans l'enclos se dresse un calvaire du XVIe siècle, à trois fûts. Il faudra s'arrêter au presbytère de Callac si l'on veut admirer le trésor d'orfèvrerie : un reliquaire en argent repoussé (début du XVIe siècle), une patène et un calice en vermeil (1547) qui porte le poinçon de l'atelier

Un peuple aerien
A la croisée de la voûte ancienne, les quatre arêtiers sont surmontés par les statues des quatre évangélistes, grandeur nature. Au poinçon central, la clef pendante forme un groupe sculpté qui représente la sainte Trinité entourée des apôtres.

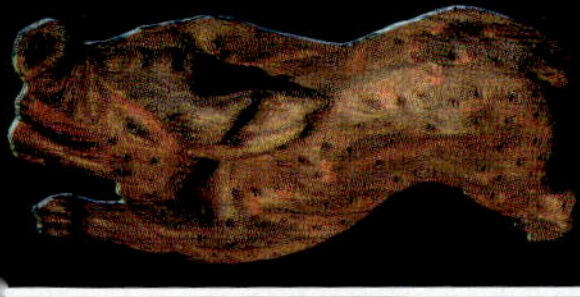

Sablieres sculptees L'église de Loc-Envel est célèbre pour sa voûte ancienne, qui repose sur une sablière entièrement sculptée de monstres et de personnages étranges.

A l'extérieur de la chapelle, les grotesques et les gargouilles sont tout aussi étonnantes que les clefs de voûte et les blochets. Elles peuvent représenter un singe, un chien, un dragon-morgane ou des personnages symbolisant la luxure.

Les personnages grotesques des sablières sont baptisés par les fidèles du nom des seigneurs locaux. A l'intérieur de la chapelle également, la maîtresse vitre réunit tous les fragments de vitraux du XVIe siècle. Les soufflets et les mouchettes relatent en trois épisodes le miracle de l'hostie achetée et profanée par un Juif de Paris en 1290. Le cœur de la fleur est orné d'un visage barbu, inspiré d'un modèle germanique ou flamand.

Statue en bois polychrome d'Envel, saint patron de la chapelle.

Le jubé du XVIe siècle a été déplacé au bas de la nef. Il porte la marque de trois styles successifs : gothique flamboyant, Louis XII et Renaissance. Au-dessus des arcades se détache la tribune bordée d'une balustrade à panneaux délicatement travaillés. Ils ont sans doute été réalisés par le même artisan que celui de Locmaria.

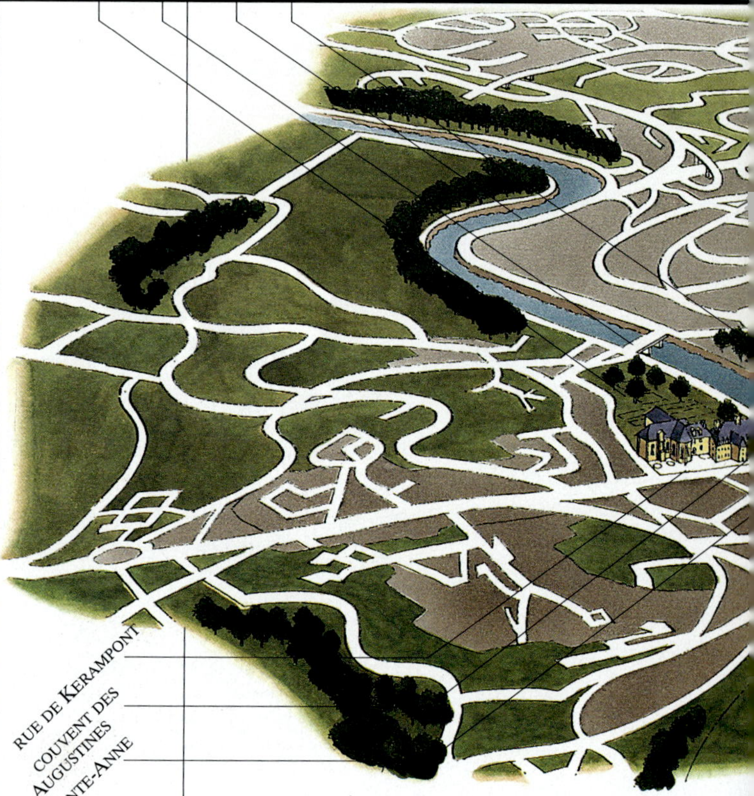

HISTOIRE

Lannion est longtemps restée une petite ville, comme en témoigne la taille de son centre historique ; mais elle a connu un fort développement durant ces dernières années, jusqu'à devenir l'un des angles du «triangle d'or» de l'électronique, qu'elle forme avec Tréguier et Guingamp. La cité naquit à côté du pont sur le Léguer, petit fleuve qui descend des monts d'Arrée. Elle succéda au Yaudet : ce dernier site, fortifié dès l'âge de la pierre, avait accueilli les peuples du néolithique, dont on retrouve mégalithes et monnaies ; les Osismes y avaient édifié une cité, étape sur la route maritime de l'étain, et les Romains construit, au milieu du Ier siècle av. J.-C., des villas et des thermes parmi les traditionnelles huttes de bois et d'argile. Au IXe siècle, le site de Lannion, à l'intérieur des terres, était plus facile à protéger des invasions normandes que Le Yaudet, de surcroît victime de la montée de la mer. Dès 1280, un château fort, propriété du souverain de Bretagne, Pierre, dit Mauclerc, défend une petite ville ceinturée de murailles, qui vivait au rythme des cloches du prieuré de Kermaria, établi route du Tro-Breiz, entre le sanctuaire dédié à saint Pol en pays de Léon et celui de saint Tugdual à Tréguier. Lannion dépendait de ce dernier évêché, à l'exception du faubourg de Kerampont (évêché de Dol). Lors de la guerre de Succession de Bretagne, la ville rallia Charles de Blois et fut détruite

Ci-dessus, costumes traditionnels de Lannion ● *76.*

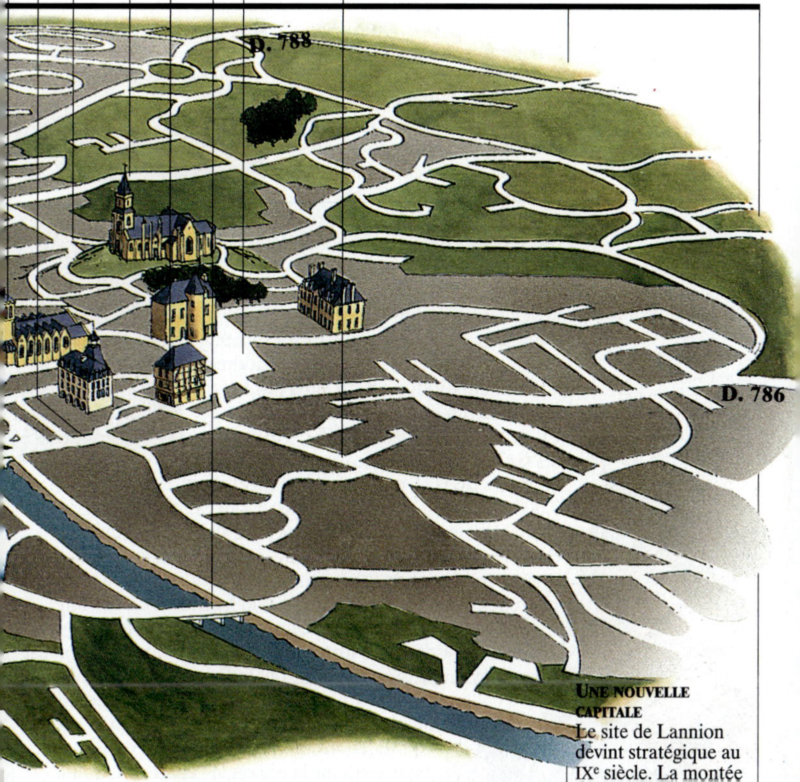

UNE NOUVELLE CAPITALE
Le site de Lannion devint stratégique au IXe siècle. La montée des eaux et les invasions vikings obligèrent la population de l'ancienne capitale, Le Yaudet ▲ *332*, à se réfugier à l'intérieur des terres.

en 1346 par les Anglais, alliés à Jean de Montfort. Après deux siècles de calme, les guerres de la Ligue (fin du XVIe siècle) aboutirent à une nouvelle destruction de la ville, fidèle au roi. Le début du XVIIIe siècle fut marqué par l'essor économique et spirituel du Trégor : Lannion fut embellie, des ordres religieux s'y installèrent. La Révolution épargna la ville, à l'exception d'une exécution capitale et d'une émeute provoquée par la levée d'un contingent antichouan. Sous la Restauration, avec le retour de l'ordre moral, onze galériens furent exhibés une journée entière. L'année suivante, le bagne, installé quai de la Corderie, fut fermé.

Foires et marchés se tenaient jadis dans toutes les rues, et, comme leur nom l'indiquait, sur les places du Marc'hallac'h («lieu du marché») et du Forlac'h («lieu de foire»). Les Halles étaient situées place du Général-Leclerc. Aujourd'hui, le marché du jeudi fait revivre tout le centre de la ville et le quai de l'Aiguillon. La scène représentée ci-contre est le marché aux puces, dit du Bric à Brac, place du Centre.

Les maisons de la place du Centre
On admire, sur cette place, des maisons à pans de bois du début du XVIIe siècle (en bas). Ces demeures, typiques des Côtes-d'Armor, se composent d'un rez-de-chaussée en granite surmonté de deux étages en encorbellement, coiffés par un pignon d'ardoise en double ressau. Remarquer la maison au n° 29, à l'angle de la rue des Chapeliers et, vers l'église, une maison dotée d'un bel escalier.

La ville de l'electronique. Longtemps, Lannion est restée une petite cité, vivant des services commerciaux et juridiques qu'elle rendait aux campagnes environnantes ; puis elle est devenue une ville de chercheurs travaillant pour l'industrie du téléphone et tous ses dérivés : fibre optique, télédétection spatiale, télécommunications, informatique. Dans le cadre de la décentralisation, le Centre national d'étude des télécommunications s'installa à Lannion en 1960, peu après le radôme à Pleumeur-Bodou ; il fut suivi par le Centre de météorologie spatiale, Cit-Alcatel, Thomson, CGEE-Alsthom, SA-SAT-Télécommunications, des PME et, enfin, un IUT et une école d'ingénieurs. Environ 7 000 emplois furent créés, dans ce qui est devenu le grand Lannion, étendu aujourd'hui bien au-delà de la vallée du Léguer, avec 18 000 habitants contre 5 000 autrefois. Cette région, très agricole, a vu ainsi arriver des cadres, ingénieurs, chercheurs, enseignants ; ses 45 000 habitants en ont fait la région française la plus pourvue en grandes surfaces et Lannion est devenue une cité culturelle, dont le fleuron est un nouveau centre d'animation, le Carré Magique. Mais le Trégor souffre aujourd'hui de la saturation de ses marchés et de la concurrence étrangère : en 1985, CIT et Thomson ont dû fusionner et licencier. Pour soutenir la région, à l'écart de la route Brest-Rennes-Paris et du TGV, une association a été fondée, et a déjà obtenu la création d'un centre d'affaires près de l'aéroport.

Les vieux quartiers

D'une surface modeste, ils ont cependant débordé, dès le XVIe siècle, la muraille médiévale. Par le pont Sainte-Anne, on entre dans la ville, qui

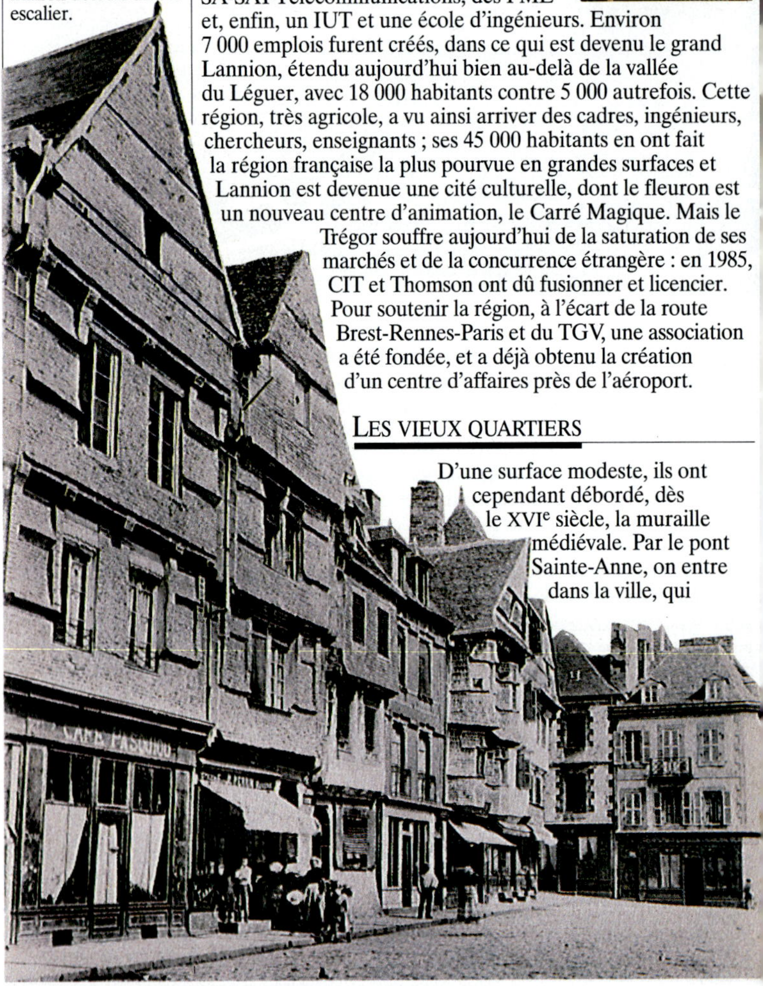

Le port de Lannion au XIXe siècle
Le port du siècle dernier n'existe plus : l'envasement du Léguer et la construction du pont de Viarmes l'ont en effet rendu impraticable.

s'ordonne autour des places du Général-Leclerc et du Marc'hallac'h, d'où rayonnent rues et ruelles ; on y découvre de nombreuses maisons anciennes, qui possèdent souvent, à l'arrière, de vastes jardins.

Le quai de l'Aiguillon. Conquis sur la rivière par le comte d'Aiguillon – commandant des troupes royales en Bretagne – au XVIIIe siècle, ce quai est souvent immergé les jours de grande marée. Les magasins sont alors protégés par des remparts de sacs de sable… Il faut remonter la RUE EMILE-LE-TALLANDIER : deux maisons à pans de bois et à bardage d'ardoise des XVIe et XVIIe siècles ont été restaurées au n°s 3-5.

La rue Saint-Malo. On y voit les trois plus belles maisons de pierre de Lannion, qui datent de la reconstruction de la cité, incendiée par les Espagnols en 1591. Un peu plus haut, PLACE DU MIROIR, une vieille maison, au n° 4, laisse admirer des sablières sculptées et une porte Renaissance.

Place du General-Leclerc. Anciennement dénommée place du Centre, on y découvre l'hôtel de ville (1860), dont le fronton provient de l'auditoire qui abritait, sous l'Ancien Régime, le tribunal et le «conseil municipal». Au n° 15 de la place, un hôtel en pierre de taille, avec appareillage de schiste, possède des baies et une porte Renaissance ; mais ce sont surtout les magnifiques demeures à colombages ou à coffrages d'ardoise du début du XVIIe siècle qu'admire le visiteur. Au n° 29, la maison dite du Chapelier présente une curieuse façade recouverte d'ardoise où la fenêtre centrale est entourée par deux bretèches polygonales. La partie inférieure de chaque étage forme un auvent de protection pour rejeter les eaux de pluie.

Le Carnaval
L'une des originalités de Lannion est son carnaval, «le Mallargé», qui a lieu de la veille du dimanche gras au mercredi des Cendres. Mallargé, Sa Majesté le Carnaval, est intronisé avant de siéger au fronton des halles. Se succèdent alors une cavalcade, un défilé de chars, le «bal à papa», l'invasion, sous des oripeaux burlesques, des «strouilles». Le mercredi, Mallargé est jugé et exécuté.

L'Eglise Saint-Jean-du-Baly. Chaque été, l'église accueille le festival d'orgue et de musique de Lannion. Saint-Jean-du-Baly, entourée d'un placitre, occupe le promontoire où était perché le château. «Baly» désigne une allée où l'on va et vient en racontant des balivernes. Il y eut d'abord, avant l'église, une chapelle dépendant de la paroisse de Buhulien ; puis, au début du XVe siècle, Lannion devint une paroisse autonome, et une église dédiée à Notre-Dame fut bâtie. Au milieu du XVIIe siècle, les bourgeois de Lannion, après de longs procès contre les seigneurs qui se prétendaient fondateurs de l'église, établirent leur autorité sur le lieu. L'église changea de patronage et fut consacrée à saint Jean Baptiste ; sur les armes de la ville ne figurait-il pas, depuis le Moyen Age, un agneau, d'abord choisi en raison du jeu de mots Lannion/l'agneau ? On remarquera les orgues et la chaire (XVIIIe siècle), le maître-autel provençal du chœur (1778) et quatre grandes statues en marbre blanc. Depuis la

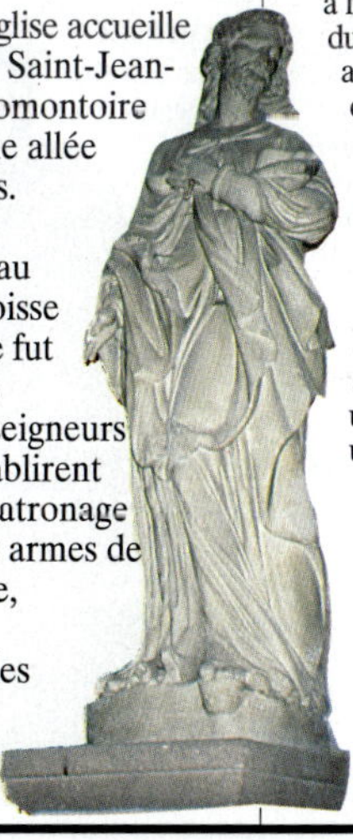

LA MONTEE VERS BRELEVENEZ
La légende assure que ces escaliers, dits «de la Trinité» comptaient autant de marches que de jours de l'an. Rongés de part et d'autre par les extractions du schiste vert utilisé pour bâtir l'église, ils s'écroulèrent au fil des siècles ; les cent quarante-deux marches

de granite les auraient remplacés. Avant de gravir l'escalier bordé de petites maisons rustiques, le visiteur s'arrêtera d'abord au calvaire de saint Mathurin (1583). Puis, au fil de sa montée, il verra apparaître, de plus en plus massive, l'église et son clocher carré. Les terrasses qu'il franchira marquent l'emplacement des remparts de la Commanderie : en effet, Brélevenez fut construite, à la fin du XIIe siècle, par un ordre militaire, celui des Mathurins ou des Templiers ; des tombes de ces derniers furent trouvées en 1845 dans la sacristie.

rue Saint-Yves, on pourra admirer la belle tour carrée de l'église, « droite et massive […] veuve de la belle flèche à jour qu'elle avait reçue en 1643 pour laquelle on n'avait pas employé moins de dix mille ardoises» (Charles Le Goffic).

BRELEVENEZ

Commune jusqu'en 1960, Brélevenez, «Mont-Joie» en français, a été nommée ainsi pour souligner la position de l'église, par rapport au premier prieuré de la ville, Kermaria-an-Draou, «Notre-Dame de la Vallée», situé près du fleuve. Merveille d'art religieux, Brélevenez fait face à la ville sur la colline du Crec'h Tanet, ou «sommet enflammé» ; on y accède par un immense et célèbre escalier.

LES FAÇADES. Au terme de la montée, le visiteur débouche sur le flanc sud de l'église et passe devant le porche roman (page de droite). Le mur du chevet, de la même époque, orné de colonnettes et de pilastres couronnés d'une frise à têtes humaines, est percé de meurtrières, souvent orientées à l'est et au sud afin de symboliser la Résurrection. Un ossuaire du XVIIe siècle et une sacristie du XIXe siècle y sont accolés. L'église gothique, en partie du XVe siècle, conserve des vestiges de la fortification du connétable de Clisson (1394) : la tour de Plomb était un clocher et faisait office de tour de guet.

VISITE INTERIEURE. On pénètre dans l'église par un porche intérieur situé sous le clocher. La chapelle, au sud (XIIIe siècle), est éclairée par une verrière du XVe siècle, et abrite un retable du XVIIe siècle offert par les tisserands de la colline. Un groupe de la Trinité domine

«C'est une assez jolie ville, avec beaucoup de maisons anciennes, a façades en encorbellement»

Prosper Merimee

l'ensemble : Dieu tient entre ses genoux son fils crucifié, sur lequel s'est posée la colombe du Saint-Esprit. Les bas-reliefs du tabernacle, très beaux, sont plus anciens : ils figurent l'Adoration des Mages et la Présentation au Temple.

Le deambulatoire. Le déambulatoire roman est la partie la plus ancienne de l'église. Ses ouvertures étroites, mais évasées, l'éclairent généreusement. Les lourds et ronds piliers sont coiffés de chapiteaux sculptés de feuillages et de spirales. La porte de la sacristie (coté nord) est surmontée d'un groupe de l'Ascension : la Vierge, en orante, est entourée par les apôtres. Dans la crypte se trouve un somptueux groupe de la mise au tombeau du XVIIIe siècle. Le chœur abrite un maître-autel lavallois en tuffeau et marbre noir, éclatant du feu de ses dorures. Le comte de Lannion le commanda à Olivier Martin, en 1660.

Chapelles laterales. La chapelle nord, à l'architecture composite, possède un lumineux retable blanc et or du XVIIe siècle, ainsi qu'un beau tableau de la Résurrection, où le Christ paraît s'envoler de son tombeau. La chapelle contient les statues de saint Gilles et de saint Loup. Lors du pardon de ce dernier (premier dimanche de septembre), on amenait les enfants pour les protéger de la peur ; ils achetaient un coq en plâtre, et leurs parents offraient œufs et poulets au saint. A droite se tient le retable des Défunts, au décor macabre, élevé par la Confrérie de la Bonne Mort. Dans la chapelle Notre-Dame-du-Mont-Carmel, on découvre un retable Renaissance jaune safran, en stuc polychrome, des fonts baptismaux du XVe siècle dont les deux cuves sont décorées de têtes humaines, un *ecce homo* très expressif en bois du XVe siècle. L'été, des organistes réputés jouent sur les orgues, restaurés.

Montée de Brélevenez.

Porche sud
Vestige de l'église romane du XIIe siècle, il est taillé dans un granite rose et jaune, rehaussé de schiste vert. Il est surmonté de trois piliers, chiffre de la Trinité à laquelle l'église est dédiée, et qui symboliserait aussi un calvaire simplifié.

Groupe de la mise au tombeau
Ce superbe ensemble est conservé dans la crypte, qui daterait de l'église primitive. Sculptés en pierre polychrome au XVIIIe siècle, les personnages sont de taille réelle. Très colorés, la Vierge, saint Jean, Marie-Madeleine, Marie Salomé, Nicodème et Joseph d'Arimathie, les deux derniers à genoux, encadrent le corps cadavérique.

Brélevenez a toujours constitué une destination privilégiée

du tourisme en Bretagne. En 1937, Maurice Toussaint a réalisé cette affiche pour les chemins de fer.

LE QUARTIER DE BRELEVENEZ. Le visiteur découvrira, au n° 29 de la rue des Templiers, le porche à double entrée de l'ancienne ferme de Mur ar wern, puis descendra de Brélevenez par les ruelles qui partent derrière le chevet de l'église et mènent au quartier du Stanco, pluriel de «Stang» (étang). En effet, il y a là une retenue d'eau et un moulin ; un joli sentier qui remonte le ruisseau.

LE QUARTIER COMMERÇANT

PLACE DU MARC'HALLAC'H. Sur cette place, où il est possible de stationner, se tenait le jeudi le marché aux porcelets. Deux vieilles demeures, dont celle située au n° 1 (ci-dessous), sont dotées d'une tourelle ; l'une d'elles, devenue le bar La Chope, est probablement un reste des fortifications. A l'angle nord-est de la place, on découvre L'HOTEL DE CREC'H UGIEN, manoir élégant et symétrique de style Louis XV (XVIIIe siècle) ; les communs et le pavillon d'entrée ne manquent pas de charme. Du manoir, on découvre la plus belle vue sur Brélevenez.

RUE DES CHAPELIERS. Le no 3, repeint couleur sang, laisse admirer des personnages sculptés dans des positions souvent acrobatiques. Les nos 13 et 27 sont deux petits hôtels du XVIIe et du XVIIIe siècle, simples et bourgeois.

RUE GEOFFROY-DE-PONTBLANC. Ce nom est celui du maître d'hôtel de Charles de Blois, qui fut tué dans cette rue en 1346 par les Anglais, introduits dans la ville par deux soldats lannionnais. On découvre, dans cette rue, de belles maisons, dont des jumelles à l'entrée commune et, surtout, la plus ancienne demeure de Lannion : datée de 1420, elle survécut à l'incendie de 1591 ; on la reconnaît – hélas – à ses fenêtres en aluminium.

RUE JEAN-SAVIDAN. L'ancien relais de poste (1759), à la façade de schiste, est devenu un hôtel. Le «Vieux Collège» est plus haut. Il s'agit de l'ancien COUVENT DES URSULINES, appelé ainsi car, après avoir été jusqu'à la Révolution une école religieuse, il fut tour à tour tribunal, entrepôt, gendarmerie, prison et, enfin, collège municipal. Le couvent fut fondé à la fin du XVIIe siècle grâce aux dons et legs d'un veuf sans enfants, devenu abbé. En schiste et granite clair, d'architecture classique, il fut sauvé de la destruction en 1971. Il abrite une bibliothèque et des logements sociaux. Près de la rue se dresse la façade de la chapelle de style jésuite. Plus loin, l'INSTITUTION SAINT-JOSEPH possède une surprenante chapelle de style Arts déco. A côté, le carrefour de Saint-Nicolas possède trois des cinq bornes de corvée restant en Bretagne qui

NUMERO UN, PLACE DU MARCHALLAC'H
Le visiteur découvre une belle demeure médiévale.
La tourelle centrale est encadrée par deux petites ailes en retour d'équerre. Le logis est précédé d'une terrasse bordée par une jolie balustrade, dont les piliers sont sculptés d'atlantes aux visages rongés par le temps ; les corps de ces personnages s'évanouissent en une grappe végétale.

indiquaient les limites des corvées d'entretien des routes dues par chaque paroisse. Les habitants eux-mêmes effectuaient ces tâches, s'acquittant ainsi de leur impôt.

JARDIN DES AUGUSTINS. Après avoir descendu la rue Joseph-Morand et un escalier qui longe la fontaine Saint-Pierre, on arrive au jardin du Tribunal. En face, un stade d'eau vive, sur la rivière, permet de pratiquer le canoë et le kayak.

LES FAUBOURGS

QUARTIER DE BUZULZO. Ce quartier, au-delà du pont de Kermaria, était habité par les prostituées ; rattaché à la paroissse de Ploubezre, il échappait ainsi à la prude juridiction de Lannion. Les enfants naturels y étaient nombreux ; ils étaient laissés, de l'autre côté du pont, aux religieuses de Lannion, qui leur donnaient le nom de Panier, Corbeille, Ferme, Portail, selon l'endroit où ils étaient découverts.

RUE DE KERAMPONT. L'impressionnant couvent des Augustines Hospitalières fut bâti à la fin du XVIIe siècle (ci-dessus, vue des bâtiments et, en médaillon, une statuette). Lannion, à la faveur de la Contre-Réforme où était apparu ce nouvel ordre, fit venir ces religieuses pour qu'elles gèrent l'ancien Hôtel-Dieu, devenu trop vétuste. Malgré leurs promesses, les notables bourgeois de la ville ne donnèrent rien pour la reconstruction.
On remarquera, notamment, l'aile du transept méridional qui, de la rue, offre une belle façade classique. Aux n°s 19 et 23, un très beau manoir de la fin du XVIe siècle, le MANOIR DE LANGONAVAL, dresse sa tourelle, et présente, sur la rue, un beau pignon à pans de bois.

LA CHAPELLE DE L'INSTITUTION SAINT-JOSEPH
Cette chapelle (ci-dessous), construite en 1937 à l'emplacement de celle de l'ancien couvent des capucins, manifeste le renouveau de l'art breton dans l'entre-deux-guerres. Elle fut dessinée par James Bouillé (1894-1945), créateur de l'Atelier breton d'art chrétien, et est considérée comme l'œuvre la plus marquante du groupe. L'architecte utilisa le béton,

et put ainsi lancer l'arc parabolique de la voûte. Les façades, en pierre de taille et béton, sont Arts déco. L'intérieur a été peint par Xavier de Langlais ▲ *212*.

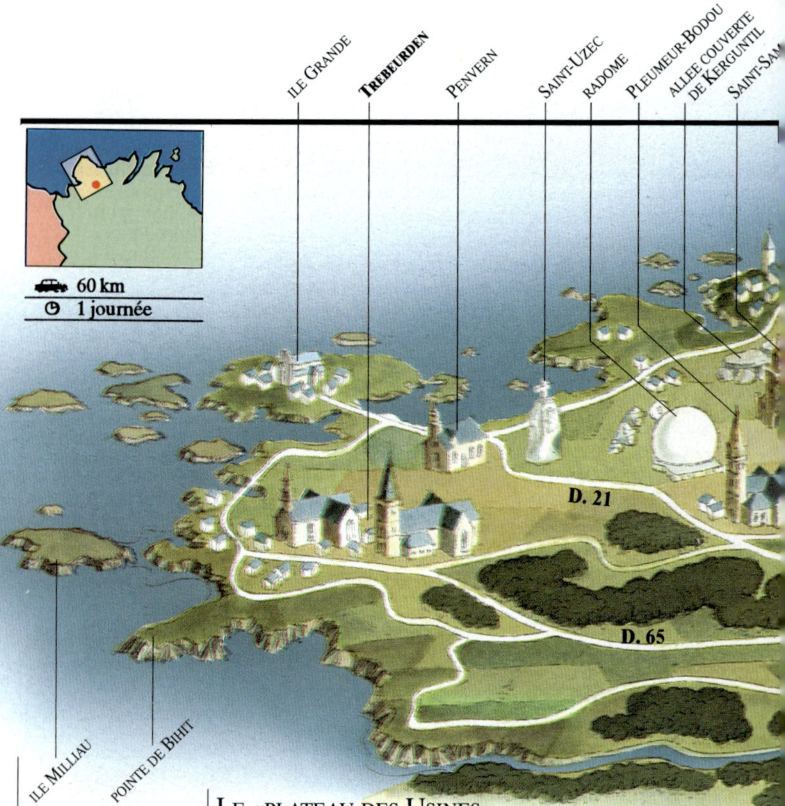

ALLEE COUVERTE DE CREC'H QUILLE
On découvre cette sépulture mégalithique à 800 m du manoir du Cruguil. Le tumulus qui la recouvrait est presque intact et vient d'être dégagé.

LE «PLATEAU DES USINES»

LA TECHNOPOLE. La route de Perros-Guirec débouche, au carrefour de Kerhuel, sur le plateau où sont rassemblées toutes les entreprises de technologie de pointe du Trégor : le Centre de météorologie spatiale, l'Institut universitaire de Technologie, le Centre d'études d'Alcatel-Alsthom où sont développés et mis au point les centraux téléphoniques de l'an 2000, et le CNET, créé en 1960 par un enfant du pays, Pierre Marzin ▲ *302*. La haute tour sert de relais pour la station de télécommunications spatiales de Pleumeur-Bodou.

MANOIR DU CRUGUIL. Au bout d'une allée de hêtres, replantée après l'ouragan de 1987, s'élève ce manoir, propriété des comtes de Lannion du XIVe au XVIIIe siècle. Les plus anciennes constructions datent du XVe siècle. Le parc ne manque pas de charme avec sa charmille, un jardin à la française dessiné au siècle dernier, et un étang.

MANOIR DE KERINGANT. De l'autre côté de la route, au bout d'une allée, se dresse un portail d'entrée du XVIIIe siècle où figurent les armes des La Haye et des Belingant. Dans la cour, les corps

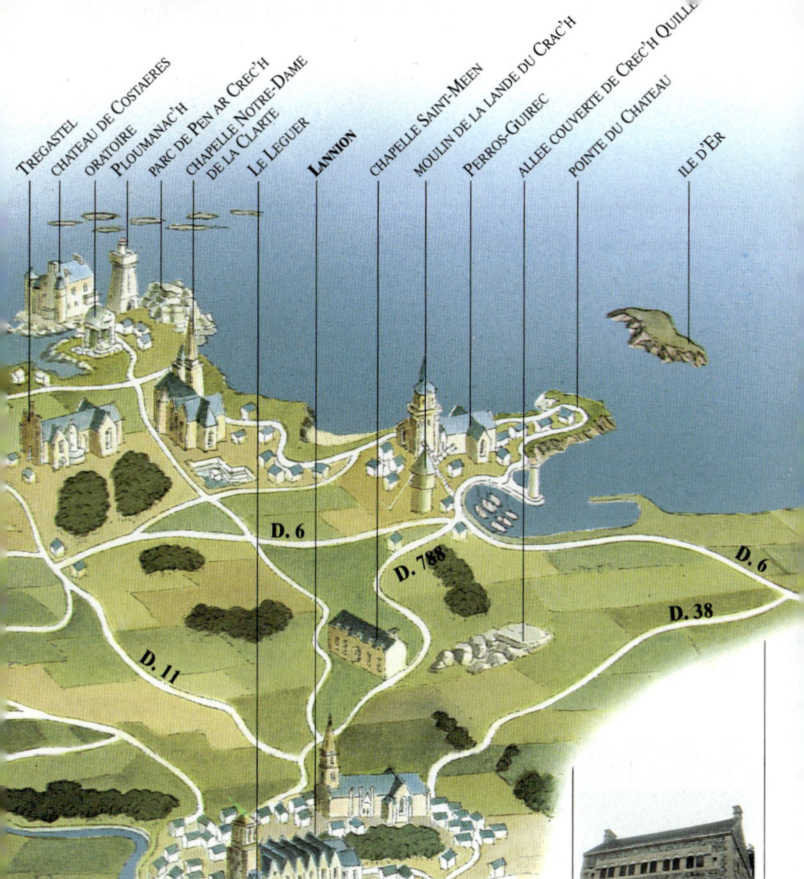

de logis (XVe-XVIIe siècle) ont été restaurés et aménagés avec beaucoup de goût en chambres d'hôtes. Ce manoir était autrefois le siège d'une des plus importantes seigneuries terriennes du pays de Lannion.

ALLEE COUVERTE DE CREC'H QUILLE ● *86.* Il s'agit d'une sépulture à entrée latérale datée de 2200 avant notre ère. Elle fut fouillée en 1963-1964. Le tertre est bordé de grosses pierres levées et de murets en pierres sèches. En face du couloir d'accès, une dalle, à l'allure presque humaine, représente la déesse néolithique, «gardienne des morts». Deux seins soulignés par un collier apparaissent en relief. La tête est indiquée par une légère échancrure.

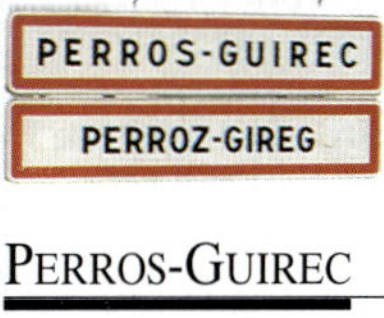

PERROS-GUIREC

TREIZE KILOMETRES DE COTE. Le littoral fut très vite habité. Occupées dès 7000 ans av. J.-C., les terres furent défrichées plus tard, à l'ère néolithique. Au IIIe siècle de notre ère, les Romains y construisirent des fortins défensifs. Les Bretons, qui prirent ensuite possession de ce territoire, l'appelèrent *Pen Ros* (tête de colline) et *Guirec* en souvenir de l'évangélisateur qui aborda ici au VIe ou au VIIe siècle.

VILLA SILENCIO
Le peintre Maurice Denis s'installa à Perros-Guirec en 1900 et acheta cette construction sobre en granite rose, dont les seuls ornements sont de petites ouvertures cintrées avec des vitraux, qui rappellent les origines espagnoles de la première propriétaire.

La route qui mène à la grande plage du Trestraou est bordée des premières villas du début du siècle.

EGLISE SAINT-JACQUES ♥ Au cœur de Perros-Guirec, elle retient l'attention par son portail ogival (voir, en frise, le porche occidental, à gauche, et le porche méridional, à droite). Il est accolé à une tour carrée de granite rose (XIVe siècle), surmontée d'un dôme et d'une flèche pyramidale du XVIIe siècle. Ce sanctuaire, dédié à saint Jacques le Majeur, fut élevé à partir du XIIe siècle sur la colline dominant le vieux Perros. A l'extérieur,

côté sud, un portail roman est un vestige de la construction initiale. A l'intérieur, trois parties se distinguent : une nef romane (XII^{e}siècle), une nef gothique (XIV^{e}siècle) et deux transepts modernes. Au fond de l'édifice se dresse une verrière de la fin du XVIe siècle et un retable de l'école de Tours (fin du XVIIe siècle).

A l'époque moderne, la large baiede Perros, protégée des vents dominants, séduisit Vauban qui voulut en faire le port de guerre de la Manche. Mais trop proche de Brest, il lui préféra finalement Cherbourg. L'époque des bains de mer commença en 1866 avec l'apparition du premier hôtel, aménagé dans le manoir de Pont-Couennec. En 1885, Joseph Marie Le Bihan fonda à Trestraou l'hôtel de la Plage.
La station démarrait. En 1906, l'ouverture au public du chemin de fer Lannion-Perros facilita son accès à une clientèle de plus en plus nombreuse. Et aujourd'hui, la beauté de sa côte, le grand nombre de ses plages (presque une douzaine) et son fort potentiel hôtelier lui valent le titre de «première station familiale française».

MANOIR DE PONT-COUENNEC. A l'entrée sud de Perros, un pont à péage enjambait autrefois le ruisseau de Kerduel qui se jette dans la mer au fond de la rade. Il fallait donner un sou au passeur (*eur gwennec*), d'où l'origine étymologique du lieu-dit. Situé derrière les premières maisons de la rue Ernest-Renan, l'un des plus anciens manoirs de la commune est encore doté d'un four à pain et d'un colombier. Tout à côté, un beau portail aux armoiries des Kerjégu (vers 1600), unique vestige de l'ancienne chapelle Saint-Samson, est réemployé sur la façade ouest de l'ancien hôtel de Pont-Couennec.

POINTE DU CHATEAU. La route qui mène à la pointe du Château surplombe la plage de Trestrignel, lotie à partir de 1895. Cette anse de 400 m de sable fin est blottie entre deux avancées rocheuses en granite de Perros. De la pointe, aménagée en belvédère, le visiteur aperçoit, vers l'est, Trestel et l'île Tomé, au nord, les Sept-Iles, et à l'ouest, la pointe de Ploumanac'h.

PLAGE DE TRESTRAOU. Bordée de rochers, elle s'étire sur 1 km à partir de la POINTE DE BEG AR STORLOC'H. On y embarque pour les Sept-Iles.

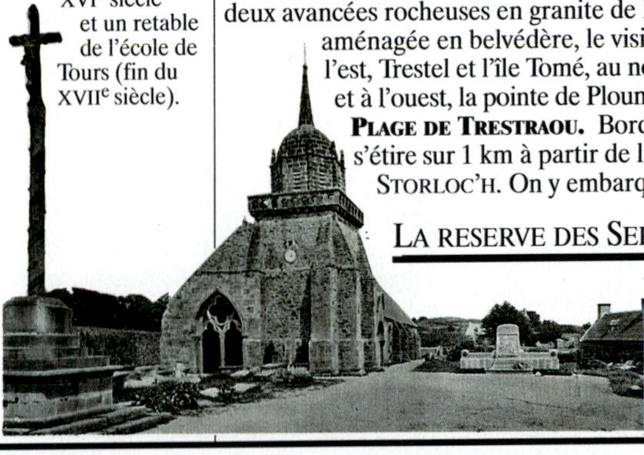

LA RESERVE DES SEPT-ILES

Située à quelques milles au large de Perros-Guirec, la réserve naturelle des Sept-Iles se compose

Le port
Encadré de deux môles, le bassin à flot s'abrite derrière un mur submersible. Sa capacité n'est pas négligeable : sept cents places sur sept pontons et cinquante sur bouées.

L'Ile-aux-Moines
Saint Guirec, venu de Cornouailles, y aurait vécu au Ve siècle. Les moines cordeliers de l'Observance s'y installèrent au Moyen Age. Puis, de 1740 à 1875, l'île fut occupée par une garnison. Aujourd'hui, les seuls habitants sont les gardiens du phare.

d'îles et d'îlots (Rouzic, Malban, Bono, l'Ile-aux-Moines, le Cerf et les Costans), qui couvrent à peine 40 ha à marée haute et 280 ha à marée basse. L'accès y est strictement interdit, sauf sur l'Ile-aux-Moines. Le centre d'information est installé à la station ornithologique de l'Ile-Grande, à Pleumeur-Bodou ▲ *319*. Diorama, maquettes et vidéo permettent au visiteur de découvrir la vie des oiseaux.

La reserve. Au début du siècle eurent lieu des massacres de macareux, ces pacifiques oiseaux de 30 cm de haut, noir et blanc, aux gros bec rouges surnommés «perroquets de mer». Leur colonie faillit être exterminée. Aussi la Ligue pour la protection des oiseaux (LPO) demanda-t-elle en 1912 la mise en réserve de Rouzic. En 1976, les Sept-Iles devinrent une réserve naturelle, le plus important site français pour la nidification des oiseaux de mer, avec treize espèces nicheuses (12 000 couples). Parmi elles, on peut observer le fou de Bassan, le macareux moine ou le puffin des Anglais ■ *22*. Les Sept-Iles accueillent également des oiseaux du littoral, notamment le grand corbeau dont un couple niche sur l'île Bono, et abritent une douzaine de phoques gris. Quant à eux, les macareux, les guillemots et les pingouins sont menacés de disparition depuis les marées noires. C'est pourquoi la LPO a créé en 1983 la Station ornithologique de l'Ile-Grande, premier centre de soins français pour oiseaux mazoutés.

L'Ilot Rouzic
Dans la réserve des Sept-Iles, l'îlot est peuplé d'une colonie de fous de Bassan. En 1991, huit mille furent dénombrés. Cet îlot est leur unique site de reproduction en France. Ils le quittent en octobre. Le fou de Bassan est un oiseau, au plumage blanc et à la tête jaune, de 1,80 m d'envergure.

Ploumanac'h

La chapelle et le hameau de Ploumanac'h se sont construits autour d'une anse très abritée dite *Poulmanach* (le marais du Moine). Ce n'était à l'origine qu'un petit hameau de pêcheurs de la paroisse de Perros-Guirec dont la côte, longtemps inhospitalière pour les navigateurs, constitue aujourd'hui la principale richesse.

PHARE ET SENTIER DES DOUANIERS. Ouvert vers 1907, le sentier permet de contourner la pointe de Ploumanac'h, célèbre dans le monde entier pour ses amas de granite rose dont certains atteignent 25 m de haut. Ce sentier touristique est considéré comme un grand site naturel, au même titre que la pointe du Raz ou le Cap Fréhel. Il faut compter une demi-journée à pied pour le parcourir.

On peut revenir par le moulin à vent de la Lande du Crac'h, les carrières de granite rose et la chapelle de la Clarté. Il est conseillé de partir de la résidence qui surplombe l'embarcadère de Trestraou. Tout au long de la promenade, on découvre des traces d'occupation humaine liées à la mer : constructions militaires du XVIIe siècle (fortin, poudrière, guérite des douaniers), canot de sauvetage avec cale de lancement munie de rail et un phare reconstruit après la guerre (ci-dessus).

LA COTE DE GRANITE ROSE. Cette appellation désigne le littoral entre Perros Guirec et Trébeurden mais devrait néanmoins, au sens strict, se restreindre à Ploumanac'h, une partie de Trégastel et une toute petite portion de Trébeurden. Toutefois, cette côte appartient au même ensemble granitique, vestige d'une poche magmatique souterraine, vieille de trois cents millions d'années. A cette époque, la Bretagne connut la formation d'une imposante chaîne montagneuse. Sous ces montagnes, plus hautes que les Alpes aujourd'hui, montèrent des bulles de magma (d'environ 1 000 km^3) qui refroidirent progressivement. L'érosion nivella peu à peu le relief et mit à jour une poche de ce magma refroidi entre Ploumanac'h et l'île Milliau. La très grande variété de granites que l'on y trouve s'explique par le fait que la poche est restée active pendant une dizaine de millions d'années, permettant la montée de différents magmas par de nombreuses fractures. On y trouve donc le granite rose à gros grains de Ploumanac'h, celui de Trébeurden-Landrellec, beige orangé à grains fins, et celui de l'Ile-Grande, gris à grains fins. Tous possèdent trois minéraux essentiels : le quartz gris (couleur gros sel), le mica noir (biotite) – parfois associé à un blanc (muscovite) facilement altérable – et le feldspath, minéral «fourre-tout» d'une couleur très variable.

Cette multiplicité des granites se traduit par la diversité des paysages entre Trébeurden et Perros-Guirec. La meilleure façon de les découvrir est de suivre LE CHEMIN DES DOUANIERS. La Côte de Granite rose proprement dite commence à partir de la plage de Ranolien. Des blocs isolés émergent de la lande, tandis que du côté mer surgissent les tombants granitiques et des amoncellements aux équilibres parfois surprenants. Les criques abritent de petites plages retirées loin de la cohue estivale. C'est une fête pour l'œil : le granite rose, la lande aux couleurs changeantes, jaune d'or avec ses ajoncs au début du printemps, mauve avec sa bruyère à la fin de printemps, rose avec la callune au début de l'automne. En fonction de l'exposition aux embruns et de l'éloignement de la mer, la végétation change : la pelouse littorale rase battue par les embruns succède à la lande haute à ajoncs ou à la lande basse à callune et à bruyère. Mais attention, sous l'effet d'un piétinement excessif, les chemins et la lande environnante se dégradent ; il est donc demandé de rester sur le chemin.

ANSE SAINT-GUIREC. Après le phare de Min-Ruz, la sente contourne la villa «Ker Awel», propriété de la famille Eiffel, et le parc botanique privé de M. Laborey, dans lequel sont plantées des espèces du Chili, d'Afrique du Sud, du Japon et de Nouvelle-Zélande. On atteint alors la grève Saint-Guirec, un lieu magique dont la beauté coupe le souffle. Sur la plage, se dresse le célèbre petit oratoire avec la statue du saint,

LES ROCHERS DE PLOUMANAC'H
Ces énormes boules de granite aux bords émoussés et dépourvues d'arêtes vives sont le produit de plusieurs millions d'années d'évolution géologique. Roche poreuse et non imperméable, le granite est parcouru de petits fissures. L'eau en circulant dans ces crevasses les élargit et altère la roche. Au bout de plusieurs millions d'années, les blocs parallélépipédiques deviennent des boules arrondies. Mais tout cela se passe dans le sous-sol. Pour que l'on puisse voir les boules, il faut qu'il y ait érosion. Le vent, la pluie, les différences de température, le sel érodent le granite sain qui, en s'effondrant, forme les chaos. En quelques centaines d'années, des «formes» se creusent, dans lesquelles la tradition populaire reconnaît des «bidets de

la Vierge», des «chaises de curé» ou des «empreintes du diable». Les rochers de Ploumanac'h présentent des formes suggestives ou énigmatiques : chapeau de Napoléon, guérite des amoureux, crâne, etc.

L'ÎLOT DE COSTAERES L'îlot abrite un château de granite rose extravagant, construit de 1893 à 1895 par l'ingénieur polonais Bruno Abdank.

Ce dernier y accueillit son ami, l'écrivain Henryk Sienkiewicz, l'auteur de *Quo vadis*, roman historique terminé au château et qui lui valut le prix Nobel de littérature en 1905.

PERROS-GUIREC, STATION CLIMATIQUE La vocation balnéaire de Perros vit le jour en 1866 lorsque les époux Troadec ouvrirent le premier hôtel au manoir de Pont-Couennec, dans une maison construite un peu plus tôt par Cornelius Hiis, négociant en bois du Nord et consul de Suède et de Norvège. En 1885, Joseph Marie Le Bihan éleva l'hôtel de la Plage à Trestraou. En 1899, Perros eut enfin son casino à l'instigation d'une actrice de la Comédie-Française, Marcelle Josset.

établi là depuis la fin du XIIe siècle, et ses quatre colonnes romanes supportant un auvent de granite. La statue actuelle provient de l'atelier Hernot de Lannion (1903) ; l'ancienne statue de bois, endommagée par les épingles à chignon des fiancées en mal de cérémonie, est en réfection et retrouvera sa place, dans la chapelle Saint-Guirec, au-dessus de la plage. Cette chapelle aurait été bâtie par les moines de l'abbaye de Bégard au XIVe siècle. Elle fut remaniée aux XVIIe et XXe siècles. Une très ancienne croix, au fût sculpté d'une Vierge, est plantée dans l'enclos, lieu de sépulture des corps rejetés par la mer. A l'extérieur de l'enclos est couché le lit du saint : «Gwele ar Sant Guirec». Il s'agit d'une pierre à bassin dont l'eau miraculeuse aurait la vertu de faire marcher les enfants retardataires, de guérir les abcès et de calmer les tempêtes. Il faut pénétrer ensuite dans le massif rocheux et boisé de PEN AR CREC'H pour y découvrir la petite plage de la Bastille, en souvenir du fortin pris par les Royaux sur les Ligueurs en 1594, combat qui vit la destruction du village de Ploumanac'h. En longeant le chenal du port, on aperçoit sur l'autre rive l'îlot de Costaéres avec son château de granite rose. Le chemin sous-bois mène au PORT DE PLOUMANAC'H, au fond duquel subsistent deux moulins à marée. Dans celui de gauche, Bruno Abdank avait projeté d'installer une machine à fabriquer la glace afin que les pêcheurs locaux puissent commercialiser leurs prises.

MOULIN A VENT DU CRAC'H ET CARRIERES DE GRANITE. Remonter du port par la rue du Moulin et, de l'autre côté du grand carrefour, se diriger vers le moulin à vent de la Lande du Crac'h. La tour du XIIIe siècle vient d'être restaurée en 1986, à l'initiative de la mairie et d'un mécène perrosien. En reprenant la rue des Carrières, on entre dans l'aire d'exploitation du granite rose dit de Ploumanac'h. Ce n'est que depuis 1902 que ces carrières sont entrées en service. Jusqu'à cette date, seuls les blocs de surface étaient utilisés par les tailleurs de pierre. Mais en 1901 le Syndicat artistique de protection des sites pittoresques de Ploumanac'h s'émut des déprédations sauvages

occasionnées aux blocs erratiques. L'exploitation du granite se replia alors dans l'intérieur du gisement et ouvrit des excavations cubiques d'environ 40 m de côté.

Chapelle Notre-Dame de La Clarte. L'édifice actuel, élevé au sommet de la colline du Cribo à partir de 1445, aurait été financé par Roland IV de Coatmen, le reconstructeur du château de Tonquédec ▲ *328*. Pourtant la légende, très tenace, l'attribue au seigneur de Barac'h en Louannec, possesseur de nombreuses terres à La Clarté et à Perros. Pris par la brume entre les Sept-Iles et la côte, il aurait promis à la Vierge de lui construire une splendide chapelle à l'endroit où la terre se montrerait ; une vive clarté perça alors le brouillard, découvrant le tertre, et le marquis tint parole. C'est une église de granite rose, avec une tour de plan carré disposée en diagonale par rapport à l'axe. La balustrade du clocher fut assemblée en 1594 avec des pierres provenant du château de Ploumanac'h. La flèche hexagonale est du XVIIe siècle. La façade sud, très richement sculptée, est percée d'un porche flanqué d'une tour d'escalier conduisant à la secrétairerie (1573). L'entrée est surmontée d'un linteau sculpté en bas relief avec à gauche, une pietà et à droite, l'Assomption. Sous le porche voûté sont disposées les statues polychromes de la Vierge entourée d'anges, de sainte Anne, saint Pierre et des quatre évangélistes. Les panneaux de bois de la porte représentent saint Pierre, saint Paul, saint Jean Baptiste et une Annonciation. A l'intérieur, on découvre un bénitier du XVe siècle aux figures mauresques, un retable en bois de 1714 restauré en 1989, une statue de procession de la Vierge couronnée en 1946 par les Perrosiens reconnaissants. En effet, durant la dernière guerre, le village de La Clarté avait été réquisitionné par les Allemands : un camp retranché tenu par six cents hommes défendait le plateau et l'aérodrome de Lannion. Mais à chaque tentative de bombardement par les Alliés, la brume masquait les lieux, sauvant de la destruction le village. Un peuple de saints de bois du XVIe siècle anime l'intérieur de La Clarté : saint Fiacre, saint Samson, saint Nicolas, saint Julien, saint Sébastien.

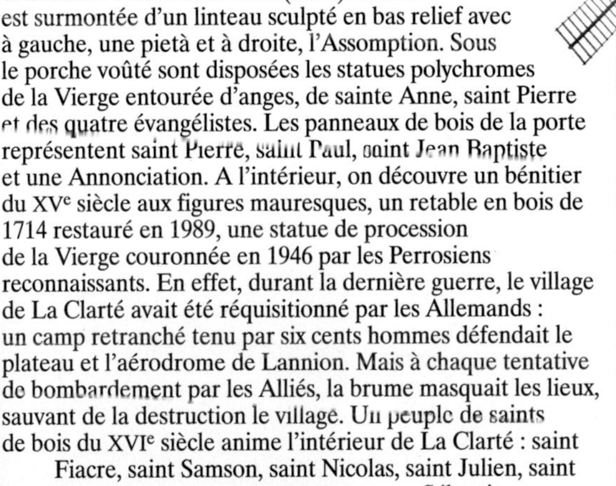

Un saint sollicite
Les jeunes filles qui veulent se marier dans l'année doivent, selon la tradition locale, faire une prière à l'oratoire de saint Guirec. Ainsi l'ancienne statue de bois du saint, le nez piqué par les épingles à chignon des fiancées, a dû être mise en réfection.

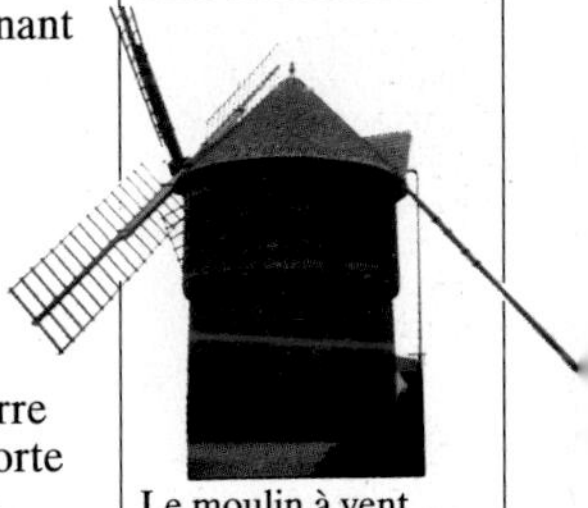

Le moulin à vent du Crac'h arbore fièrement de nouvelles ailes. Grâce aux dons d'un généreux Perrosien, le socle du XIIIe siècle a pu être restauré.

Les carrieres de granite a La Clarte
Il est possible d'assister à l'extraction et au conditionnement de ce magnifique matériau de construction en s'approchant avec précaution. Rappelons que, entre autres, le mémorial du Général de Gaulle à Colombey-les-Deux-Eglises et une partie du parvis de l'Hôtel de Ville de Paris proviennent d'ici.

“Enfin les cloches sonnèrent, mêlées au vacarme de la fanfare du collège de Tréguier, pour annoncer le départ de la procession. Et voilà, sortant de la chapelle

et refoulant la masse noire des curieux, la croix d'argent aux bras de laquelle pendent six clochettes en carillon, puis les petits garçons et les petites filles des villages avec des banderoles, les pupilles de la marine, en vareuse bleue, le col ouvert, qui portent trois vaisseaux, de ceux qui tournent toute l'année, au bout d'une corde, devant l'autel. [...] Celles qui suivent n'ont plus leur mari ; elles ont quitté les châles clairs, enlevé l'épingle qui tenait assemblés les ailes de leur coiffe, et les deux bandeaux pendent sur leurs épaules”

Ci-contre, *Une fête au village* par Emile Simon.

Suspendues à la voûte, des maquettes de bateaux, se balancent doucement, ex-voto offerts par les marins. Enfin, ne pas manquer les sablières sculptées du XVIe siècle. Le pardon du 15 août est l'un des plus suivi du Trégor : *tantad* (feu de joie) la veille au soir, messe le matin sur le tertre et, l'après-midi, procession avec statues, bannières, bateaux portés par les fidèles en costumes trégorois.

MAISON DE LA MERE AIMEE. Au nord de la sacristie, juste de l'autre côté de la venelle, se dresse une maison qui au début de ce siècle était un café-restaurant. Les carriers s'y retrouvaient lors des pauses dans leur rude labeur. Dur travail aussi pour l'aubergiste, la mère Aimée, qui savait tenir d'une main ferme cette clientèle fruste tout en ayant toujours une bonne histoire à raconter en trégorois. Très tôt, les «intellectuels» en villégiature, soucieux d'observer les gens du cru et économes de leurs deniers, y eurent leurs entrées. Dès 1893, entraînés par Charles Le Goffic, Gabriel Vicaire et Anatole Le Braz y prirent pension, entraînant à leur suite d'autres artistes.

VALLEES DES TRAOUEIRO. Frontière entre les communes de Trégastel et de Perros-Guirec, la vallée des Traoueïro, étirée sur 4 km de long, est dénivelée de 60 m entre la source et l'embouchure. Le ruisseau est tantôt impétueux, se frayant un passage entre les chaos granitiques en petites cascades, tantôt très calme dans les parties plus larges de la vallée, formant des méandres nonchalants. Le fond de la vallée est le domaine des plantes aquatiques comme l'iris jaune, la menthe poivrée, le saule et l'aulne ■ *42*. Dès que l'on s'en éloigne, on retrouve soit la lande à ajoncs, soit des bois de chênes et châtaigniers. Mais le grand intérêt de la vallée réside dans la profusion et la diversité des fougères : osmonde royale, *blechnum spicant*, *polypodieum vulgare*,

phyllitis scolopendrum, ou langue-de-cerf, mais aussi d'espèces plus rares comme les *dryopteris carthusiana* et *dryopteris dilata*. Le chemin vous fera passer sous la «grotte des lépreux», énorme bloc de granite formant un abri naturel utilisé par les hommes depuis longtemps : cache pendant les guerres de Religion, repaire de contrebandiers, abri pendant les bombardements de 1939.

«Vrai sémaphore des âmes, une vigie sacrée, un signal de reconnaissance, de ralliement et de prière», écrivit Anatole Le Braz dans *La Terre du passé*, «la chapelle rassemble encore les foules lors de son pardon».

TREGASTEL

UN SITE HISTORIQUE. Trégastel (la «trêve du château»), petite commune de 655 ha au centre du complexe granitique de Ploumanac'h ▲ *312*, conserve des vestiges du passé dont les plus anciens remontent au néolithique moyen (3500 avant J.-C.) : trois sépultures collectives (à Kerguntuil, et sur l'île Renote), deux menhirs (à Trémarche et à Sainte-Anne) et une stèle gauloise (IVe siècle avant J. C), remarquable par ses spirales gravées sur la face est. La paroisse primitive de Pleumeur-Bodou dont dépendait Trégastel, fondée au VIe siècle par les émigrants de Grande-Bretagne, ne devint autonome qu'au XIIe siècle. Au XIVe siècle, les comtes de Lannion y possédaient de nombreux édifices : l'église, la chapelle Sainte-Anne et celle de Saint-Golgon, le moulin à marée. A partir des années 1880, avec la mode des bains de mer, Trégastel devint une station touristique renommée.

«CHEMIN DE CROIX», DE MAURICE DENIS
On le découvre dans la chapelle Notre-Dame de La Clarté. L'essentiel des conceptions de Maurice Denis, décorateur et peintre chrétien, y est illustré dans un curieux mélange de réalisme historique et d'orientalisme.

EGLISE PAROISSIALE. C'est un édifice à chevet plat dont les parties les plus anciennes datent des XIIe et XIIIe siècles. Un ossuaire en arc de cercle de style Renaissance bretonne (XVIIe siècle) est bâti dans un angle de la muraille extérieure. Un bénitier encastré dans le mur du porche permettait aux fidèles d'asperger en passant les ossements. Dans l'angle intérieur de l'ossuaire, une tourelle surmontée d'un dôme abrite un escalier qui conduit à la secrétairie, bâtie en 1770. L'église abrite une poutre de gloire, des statues de saint Yves entre le Riche et le Pauvre, de Notre-Dame-de-Délivrance et de saint Nicolas, ainsi qu'une ancienne mesure à blé du XIVe siècle, réutilisée comme bénitier.

L'ILE RENOTE. Devenue presqu'île à la suite d'un remblai à la fin du siècle dernier, c'est par excellence la zone naturelle de la commune. On n'y circule qu'à pied. Des sentiers longent la côte ou serpentent à travers les landes, les bosquets de pins, au milieu des rochers qui semblent avoir été sculptés par un géant de l'Apocalypse. Une promenade dans ce décor exceptionnel permet

de découvrir le DE puis, en face de la longue plage de Toul-Drez les ROCHERS DU GRAND GOUFFRE qui forment comme deux hautes cheminées séparées par une profonde excavation. A l'extrémité de l'île, le panorama marin est grandiose : tout au large, les Sept-Iles, sur la côte, le phare de Men-Ru, le port de Ploumanac'h, Castel Menguy et la baie de Sainte-Anne.

PLEUMEUR-BODOU

A LA POINTE DES TELECOMMUNICATIONS. Le visiteur est d'emblée surpris par l'aspect futuriste de la lande, parsemée d'immenses antennes paraboliques. La commune s'enorgueillit en effet de la première station de télécommunications par satellite de France. Le radôme, une enveloppe de 64 m de diamètre, abrite l'antenne qui a servi à transmettre et à recevoir les premières images de télévision intercontinentale par satellite, le 11 juillet 1962. Des visites guidées sont organisées chaque jour. Les réflecteurs paraboliques aux alentours servent de relais entre les satellites et le réseau français de téléphone et de télévision. UN MUSEE DES TELECOMMUNICATIONS a été ouvert à proximité en 1991, consacré aux liaisons par câble sous-marin et par satellite. Les férus d'astronomie se rendront au PLANETARIUM, une salle hémisphérique de 20 m de diamètre. Ils découvriront sous sa coupole une voûte céleste d'un réalisme étonnant et apprendront à reconnaître les astres.

ILE GRANDE

Autrefois liée à la terre par un gué submersible, elle l'est aujourd'hui par un petit pont. Il est possible pour les trois quarts de longer la côte par des chemins piétonniers. Sur la façade sud, très abritée, et qui sert de port d'hivernage naturel, on découvre des prairies maritimes (10 ha environ), submergées à marée haute par fort coefficient. Les côtes est et ouest, relativement abritées par des îles, sont sableuses. La côte nord, exposée aux houles du large, alterne pointes découpées et anses de galets. Les

LE PERE ETERNEL
Cette colossale et naïve statue qui se trouve à quelques pas de la plage du Coz-Pors, à Trégastel, fut bénite en 1869 et représente le Christ. Son allure massive suggéra aux Trégastellois qu'ils avaient plutôt affaire à un Père éternel chenu et barbu ! Photo de droite : la vallée des Traouëïro.

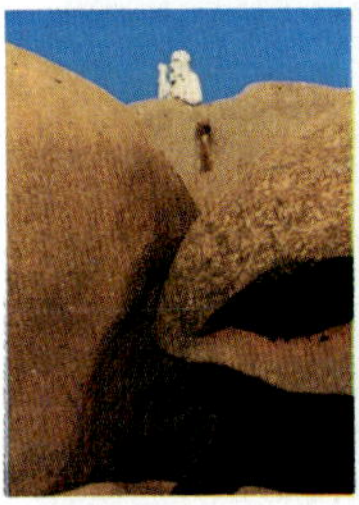

MENHIR DE SAINT-UZEC
Situé au lieu-dit «Placen ar Peulven», en bordure du vieux chemin qui mène de Pleumeur-Bodou à Penvern, c'est l'un des plus hauts du Trégor (5,90 m). Il fut christianisé au XVIIe siècle, lors des missions évangéliques du père Maunoir ▲ 281. C'est vers 1673 qu'on l'a surmonté d'une petite croix portant un Christ et qu'on y a sculpté les symboles de la Passion.

pointes rocheuses ont servi de carrières de granite au XIXe et au début du XXe siècle : des milliers de m³ ont été extraits pour servir entre autres de pavage des rues. Le centre d'accueil de la STATION ORNITHOLOGIQUE ▲ *311* est d'ailleurs installé dans un ancien bâtiment de carrière.

TREBEURDEN

Cette ancienne trève de Pleumeur-Bodou possède les plages les mieux exposées de la Côte de Granite rose. Au sud du massif granitique, la pointe de Bihit, en greiss, offre un superbe panorama sur la baie de Lannion. Un port artificiel, implanté récemment sur la plage de Trozoul, bouleverse le paysage et les esprits...

MARAIS DE QUELLEN. Cette zone humide, unique dans les Côtes-d'Armor, est située juste en arrière de la plage de Goas-Treiz. Elle fut un temps menacée par des dépôts divers et le manque d'entretien des réseaux de drainage. Le Conseil Général des Côtes-d'Armor en a fait l'acquisition en 1983. Trois observatoires ornithologiques y ont été installés, mais l'expérience la plus originale fut l'introduction de chevaux de Camargue, qui assurent un pâturage extensif en s'alimentant de plantes du marais. Un chemin piétonnier permet de traverser prairies et landes tourbeuses.

BOIS DE LANN AR WAREMM. Acquis par le Conservatoire du littoral, le bois (280 ha) est traversé en partie de sentiers récréatifs ; des visites guidées sont proposées pour observer la flore et la faune (chevreuils, bécasses).

ILE MILLAU

Située à 250 m de la côte, elle s'étend sur 1 km de long et 23 ha. Son point culminant s'élève à 52 m. C'est aujourd'hui la propriété du Conservatoire du littoral, on y accède à pied à marée basse (à partir du coefficient 52) ou par bateau de Trébeurden. Il est même possible d'y rester coucher : des fermes d'accueil ont été aménagées. On découvre à pied toutes les facettes de l'île : des vallées abruptes, une côte sud-ouest ventée et chaude, un versant nord-est froid et humide. L'île est habitée depuis 5 000 ans av. J.-C. comme en témoigne l'allée couverte ; terre légère et peu acide, et douceur du climat sont idéaux pour la culture des primeurs. Elle était considérée comme une excellente propriété de rapport par les moines de l'abbaye de Bégard. Achetée en 1913 par une richissime parisienne, l'île connut une période faste : Aristide Briand et Saint-John Perse y passèrent des vacances.

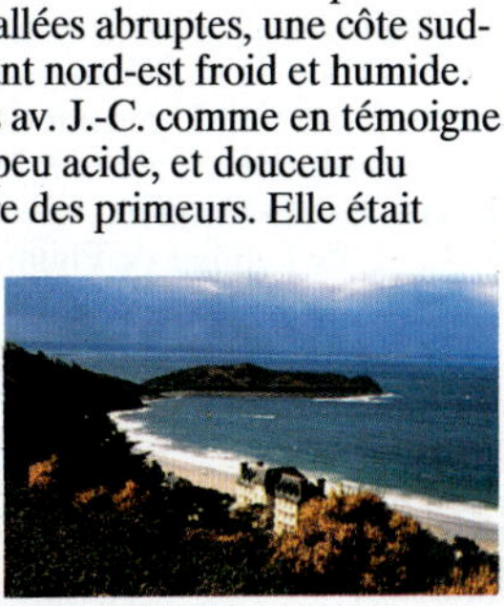

MOULIN A MAREE DE TREGASTEL.
L'édifice d'origine fut élevé au XIVe siècle, suite à une charte que le roi de France Charles V accorda à Briant de Lannion, en récompense de sa fidélité lors de la guerre de Succession. Bien que plusieurs fois restauré, le moulin actuel, situé entre Trégastel et Perros-Guirec, a gardé son caractère. Les roues ont disparu, le mécanisme d'entraînement est pris dans une gangue de rouille. Restent les meules et les trémies. De juin à septembre, il abrite une exposition retraçant l'histoire des moulins à marée.

L'antenne de transmission par satellite du radôme de Pleumeur-Bodou.

LES PLAGES DE TREBEURDEN
Parmi les sept grèves de la station de Trébeurden, deux s'ouvrent au sud : Tresmeur et Pors-Mabo avec son entrée verdoyante. Une masse de rochers, nommée le «Castel», sépare Trémeur de l'île Millau, où l'on peut accéder à marée basse. Au sud de ce massif de granite rose, la pointe de Bihit en gneiss, ci-dessus, offre un superbe panorama qui domine toute la baie de Lannion.

30 km
1 journée

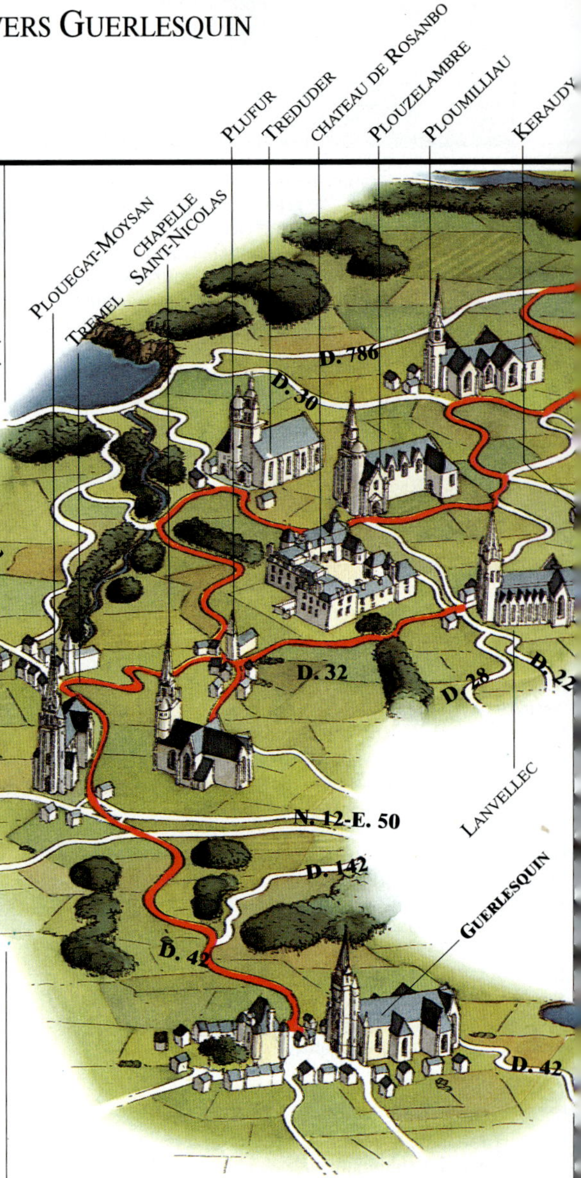

Détruite pendant les guerres de la Ligue, reconstruite à partir de 1602, l'église Saint-Milliau ne conserve du XVe siècle que les trois premières travées occidentales de la nef et un clocher carré dont le sommet est ajouré de baies trilobées. Surmonté d'une flèche de granite, ce clocher est également flanqué d'une tourelle.

PLOUMILLIAU

La paroisse doit son nom à saint Milliau dont la légende est d'ailleurs représentée dans l'église. L'un des habitants des environs, Jean Conan, tisserand de son état, entreprit au siècle dernier de raconter ses expéditions à Terre-Neuve et la Révolution en plus de sept mille vers…

EGLISE SAINT-MILLIAU. C'est l'une des premières réalisations de l'atelier de Philippe Beaumanoir ▲ *324*, mais elle fut reconstruite au début du XVIIe siècle, à l'exception de son clocher et des trois premières travées de sa nef. La clôture du chœur, du XVIIe siècle, est décorée de treize panneaux sculptés et polychromes qui reprennent des scènes de la Passion. L'église possède plusieurs pièces anciennes, dont des fonts baptismaux du début du XVIe siècle,

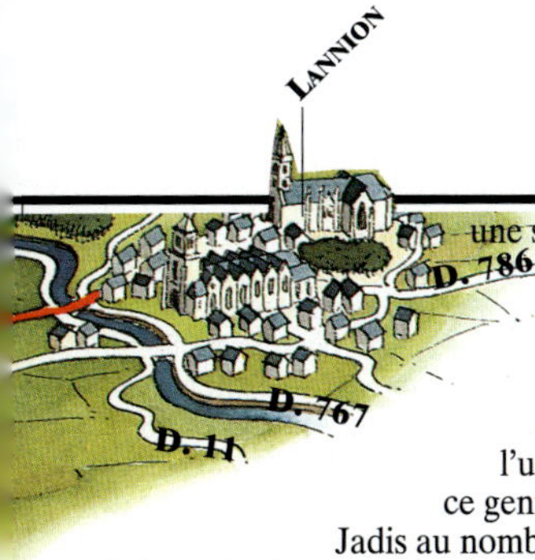

une statue de saint Milliau, une pietà et une statue en bois de l'Ankou. Cette représentation de la mort est, avec celle du musée des Jacobins, à Morlaix, l'un des rares exemples de ce genre conservés en Bretagne. Jadis au nombre de deux, les Ankous étaient placés de part et d'autre du catafalque lors des enterrements. L'évanouissement d'un enfant de chœur mit fin à cette coutume. L'Ankou est représenté sous la forme d'un squelette portant une pelle et une faux. Anatole Le Braz ▲ 289, qui passa son enfance à Ploumilliau, où son père avait été nommé instituteur, a fidèlement transcrit dans sa *Légende de la mort chez les Bretons armoricains* l'histoire de l'Ankou telle qu'elle lui fut racontée par Marie Louise Daniel de Ploumilliau. Un soir de Noël, Fanch ar Floch, honnête artisan, avait dû laisser femme et enfants assister seuls à la messe de minuit à l'église de Ploumilliau pour achever de ferrer une paire de roues. «Tâche au moins que la cloche de l'élévation ne te trouve pas encore travaillant», lui recommanda son épouse. Mais il besogna tant que le moment de l'élévation passa, et il était toujours à son enclume ! Un homme de haute taille, coiffé d'un feutre à larges bords, s'adressa à lui. «J'ai le plus pressant besoin de vos services», lui dit l'inconnu, qui démasqua une faux emmanchée à l'envers, le tranchant vers l'extérieur. «Il ne s'agit que d'un clou à river», insista l'individu. Fanch ar Floch s'exécuta et, en un tour de main, la faux fut consolidée. «Je ne vous paierai pas en argent, je vous donne seulement un avertissement : allez vous coucher et, quand votre femme reviendra, ordonnez lui d'aller au bourg chercher un prêtre. Le travail que vous venez de faire pour moi est le dernier de votre vie.» Au champ du coq, Fanch ar Floch rendit l'âme pour avoir forgé la faux de l'Ankou et avoir commis la faute de travailler pendant l'élévation. Dans l'église repose l'oncle de Villiers de L'Isle-Adam ● 289, qui fut recteur de l'église de Ploumilliau, et dans le cimetière Milliau Cainec, le clairon qui sonna la charge de la main gauche (la droite ayant été emportée par un boulet) lors de l'attaque de la tour Malakoff à Sébastopol, en Crimée, le 8 septembre 1855.

CHAPELLE DE KERAUDY. C'est presque la reproduction de l'église paroissiale. Construite en 1535, elle fut remaniée au XIXe siècle. La secrétairerie qui surmonte le porche servait à entreposer le lin offert par les paroissiens le jour de la fête de la Vierge. La chapelle latérale renferme quelques fragments de sablières représentant des combats de dragons, une tribune en chêne, des fonts baptismaux, plusieurs statues anciennes et un retable Renaissance rehaussé de dorures. A quelques centaines de mètres sur la droite de la chapelle, une fontaine, construite en hommage à la Vierge, est malheureusement dépouillée de sa statue.

Dédiée à saint Zélambre, l'église de Plouzélambre fut construite au XVIe siècle. Ses deux chapelles en ailes formant le faux transept furent supprimées en 1787.

Cette statue en bois de l'Ankou est disposée dans le collatéral sud de l'église de Ploumilliau.

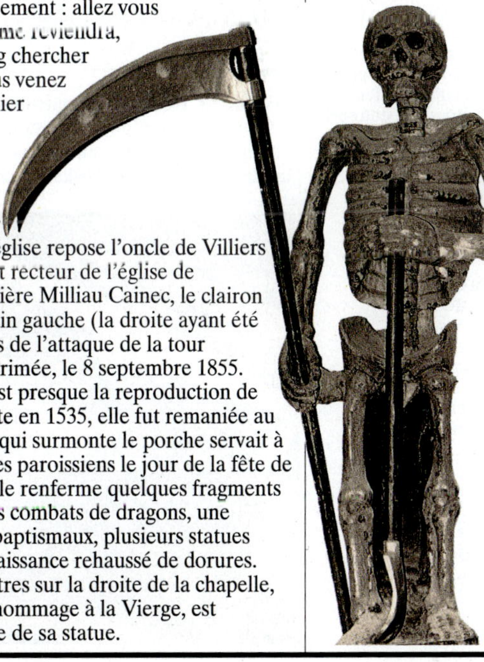

Eglise Saint-Sylvestre
Un clocher de style lannionais (1753), dont la plate-forme à balustrade est surmontée d'une tourelle à dôme.

Louis de Rosanbo
Au XVIIIe siècle, le marquis de Rosanbo épousa la fille du ministre Malesherbes. Emprisonné pour avoir défendu Louis XVI, il fut exécuté avec toute sa famille. Seul Louis (ci-dessus), le plus jeune fils des Rosanbo, échappa à l'échafaud. Son petit-fils, l'officier Henri de Rosanbo, entreprit de restaurer la demeure ancestrale qui avait été convertie en métairie.

Plouzelambre

Fontaine Saint-Sylvestre. A l'ombre d'ifs séculaires, son bassin rectangulaire du XVIe siècle est entouré à l'intérieur d'un mur de granite formant un banc en pierre pour les pèlerins ; la fontaine est située à l'intérieur d'un petit édifice recouvert d'un toit en pierre orné de fleurons et de gargouilles. Le mur plein du fond abrite la statue en granite d'un abbé, sans doute celle de saint Zélambre, qui donna son nom au bourg.

Eglise Saint-Sylvestre. Construite au XVe siècle, elle conserve de cette époque son chevet plat à remplage flamboyant. L'intérieur renferme un baptistère du XVIe siècle, un retable à pavillon, un lutrin en forme d'aigle et un maître-autel en bois peint du XVIIe siècle, chargé de colonnettes et d'angelots. Outre un bénitier de 1838 et une chaire sculptée, l'église possède des statues anciennes polychromes. Par la D 22 en direction de Tréguier, la route sinueuse laisse à droite un petit oratoire du XVIIe siècle, également dédié à saint Sylvestre, appelé «reposoir» ; il servait sans doute de point d'arrêt lors des processions. Au bord de la rivière du Roscoat, un pisciculteur élève des truites destinées à la vente.

Treduder

L'église du XVIe siècle possède un clocheton de façade flanqué d'une tourelle à lanternon. L'intérieur lambrissé de l'édifice abrite un retable du XVIIe siècle et, près du chevet, une bannière de 1679 ainsi qu'une statue de saint Théodore en recrue martyrisée d'une légion romaine.

Lanvellec

Chateau de Rosanbo. Contrôlant la vallée du Bo, en arrière de la baie de Lannion, l'imposant château de Rosanbo (dont le nom signifie «tertre sur le Bo») fut construit vers 1500, par l'un des chevaliers du Coskaër, sur les bases d'un château

Chateau de Rosanbo
Disposés en quadrilatère, les bâtiments délimitent une cour intérieure. L'architecte des jardins, Achille Duchêne, créa un parc à la française avec une perspective à trois niveaux, une allée cavalière et des carrières d'équitation. L'ensemble fut ceint par une charmille voûtée, l'une des plus longues de France.

fortifié. L'édifice fut agrandi au XVIIIe siècle par Louis Le Pelletier de Keranroux, premier président du parlement de Paris, qui avait épousé Geneviève de Coskaër, dernière héritière du nom. Lors du réaménagement, l'architecte Joubert ajouta au château une galerie et une pièce d'angle donnant sur la vallée. L' ancienne cuisine fut transformée en salle à manger lambrissée et, à l'étage, un nouvel espace permit l'adjonction de petites pièces, tels les cabinets de toilette et les boudoirs. A la fin du siècle dernier, de nouveaux appartements furent dessinés par l'architecte Lafargue, à qui l'on doit la restauration des châteaux de Josselin et de Chenonceaux. Les pièces ouvertes à la visite comprennent la salle bretonne, aux meubles régionaux, la cuisine, agrémentée d'une importante collection de cuivres, la salle à manger, dans laquelle figurent les assiettes de la Compagnie des Indes et la vaisselle en étain utilisée par Louis XIV pendant ses campagnes militaires. La galerie du rez-de-chaussée est décorée de tapisseries des Flandres, et meublée de coffres et de sièges d'époque Renaissance ou du XVIIe siècle. Dans le Grand Salon, orné notamment de deux tapisseries d'Aubusson, trônent un bahut Renaissance sculpté de motifs végétaux et un rare fauteuil au dossier inclinable du XVIIe siècle. Enfin, l'une des principales curiosités est la bibliothèque. Le château de Rosanbo, outre les huit mille exemplaires hérités de la bibliothèque de Louis Le Pelletier, possède des archives privées qui figurent parmi les plus importantes d'Europe. Durant l'été, de nombreuses manifestations, tels des concerts ou des défilés de costumes traditionnels, sont organisées dans le parc.

L'EGLISE. L'intérieur lambrissé de cet édifice, dont l'aspect extérieur est pourtant austère, est d'une grande luminosité. Il renferme un orgue réalisé par Robert Dallam en 1653. L'instrument est identique à celui du King's College de Cambridge : la tuyauterie est d'époque et le nom des jeux est gravé sur parchemin. L'église compte également une statue de sainte Anne, un Christ en croix au dessus du maître-autel et, dans l'enclos, un ossuaire du XVIe siècle aux arcades tréflées.

Le logis comprend des constructions d'époques différentes : à droite, la partie primitive, du XIVe siècle ; en face de la porte d'entrée, le corps de logis à façade du XVIIe siècle ; à gauche, les bâtiments du XIXe siècle, encore habités par les descendants des Coskaër de Rosanbo.

La bibliothèque abrite huit mille volumes ayant appartenu à Claude Le Pelletier, successeur de Colbert aux finances du Royaume.

LUCIEN PRIGENT
Artiste sculpteur, il a élu domicile à Plouegat-Moysan depuis 1984. Né à Trémel en 1937, il travailla à Paris avec Zorco, à la maison des artistes de Montparnasse et rencontra de nombreux sculpteurs (Idenbaum, Terzieff, Helias...). Ses sculptures, réalisées en divers matériaux (bois de chêne, acajou, bronze) prennent des formes douces, arrondies et très simplifiées.

PLUFUR

L'étymologie du mot Plufur serait *ploufur* : «le bourg de la paroisse du sage». Le village aurait en effet été construit sur le site du bois aux Corbeaux par les moines qui habitaient à Kergeffroy. L'importance de la paroisse de Plufur, qui appartenait au XVe siècle à la seigneurie de Guingamp, s'accrut lorsque les institutions juridiques et fiscales de la seigneurie de Keranroux s'y fixèrent.

LA CHAPELLE SAINT-NICOLAS. C'est le joyau de la commune. Selon l'inscription de la façade ouest, elle fut construite en 1499 par Philippe Beaumanoir à la demande d'Alain de Plusquellec. De style ogival flamboyant, elle est l'une des premières réalisations de ce qu'on appellera par la suite le style Beaumanoir, dont les deux principales caractéristiques sont le clocher-mur et le chevet à pans multiples.

Sa technique du clocher-mur permettait d'élever le clocher bien au-delà du faîte du toit ; une invention appréciée à une époque oú la hauteur du clocher symbolisait la puissance de la commune. Le style de Philippe Beaumanoir influença, pendant les XVIe et XVIIe siècles, toute la région du Trégor et une partie du Léon et de la Cornouaille.

TREMEL

Etymologiquement, Tremel pourrait signifier *tre-miles*, c'est-à-dire «le parage du soldat». En effet, le pays était autrefois couvert de bois et de forêts que les romains défrichèrent lors de leur conquête. Le village possède une église dédiée à la Vierge, élevée au XVe siècle par l'atelier Beaumanoir. L' édifice fut restauré en 1598, suite à un incendie survenu lors des guerres de la Ligue. Le porche méridional renferme les statues des douze apôtres. A l'intérieur, on admirera les sablières et leur décor végétal, les blochets en forme d'anges portant les instruments de la Passion, et un exceptionnel chemin de croix de Xavier de Langlais ▲ *212*.

CHATEAU DE TREBRIAND. Au bout d'une belle allée doublée de hêtres se dresse le manoir de Trébriand, qui appartint au bandit ligueur La Fontenelle et à sa jeune femme, Marie Le Chevoir ▲ *354*. Très remanié, l'édifice a conservé intact son mur d'enceinte percé d'un double porche.

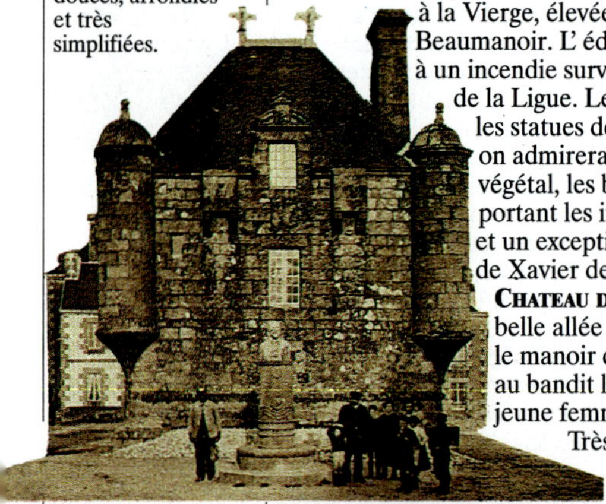

LE PRESIDIAL DE GUERLESQUIN
Flanquée à chaque angle d'une tourelle en cul de lampe terminée par un dôme, cette prison imite les modèles du XVIe siècle de forteresses italiennes.

PLOUEGAT-MOYSAN

L' église, construite au XVIe siècle, abrite une statuaire très originale : un Christ crucifié vêtu d'une robe rouge et, à l'intérieur d'un petit cadre en bois, un groupe polychrome de saint Eloi et du forgeron. Au bourg, on peut visiter l'atelier du sculpteur Lucien Prigent, qui saura avec simplicité expliquer sa démarche et le travail du bois.

GUERLESQUIN

Un menhir, des tumulus et la butte gauloise du Menez-Charruel indiquent l'ancienneté de cet habitat situé à l'entrée des monts d'Arrée. Les Romains y avaient établi un camp, de tracé régulier et rectangulaire, mais le vrai fondateur de la cité serait Even Gwen. Il aurait élevé, vers l'an 1100, une motte sur les bords du Guic.
Au cœur d'une région déshéritée, la cité ne prit son essor qu'au XIVe siècle : on y rend alors la haute justice et ses foires sont très courues. Au XVe siècle, Jean de Penhoët, chambellan du duc Jean V, obtient pour Guerlesquin le titre de ville, et donc le droit de «poids et balances». Guerlesquin connaît ainsi, jusqu'au XXe siècle, une intense activité commerciale. Aujourd'hui le bourg retient avant tout l'attention par l'étonnante homogénéité des maisons qui bordent les deux places - Prosper-Proux et du Martray - entourées de vieilles maisons en granite qui ont conservé leurs portes, leurs lucarnes gothiques et leurs arrières-cours pavées. La plus ancienne (XVe siècle), la maison de la Tourelle, se trouve face aux Halles. Guerlesquin, classée «petite cité de caractère», doit à un de ses anciens maires, qui officia de 1897 à1908, le docteur Quéré, le tracé symétrique de ses rues.
Le Presidial. Ancienne conciergerie des vicomtes de Guerlesquin, cet édifice fut construit en 1640 par Vincent du Parc, marquis de Locmaria, commandant des gardes de Richelieu et seigneur de Guerlesquin. «Prison forteresse» dans sa partie inférieure, il abritait également des logements pour les gardes à l'étage supérieur. Devant l'entrée, on remarque un curieux cube de granite creusé de deux cavités : il s'agit d'une mesure à blé. La PLACE DU MARTRAY, au cœur de la ville, est bordée de petits hôtels particuliers des XVIIe, XVIIIe et XIXe siècles aux belles façades de granite.
Les Halles. A leur emplacement se trouvait autrefois l'auditoire où siégeait une cour de justice. Les halles actuelles furent édifiées en 1525 et reconstruites en 1879.
L'Eglise. Reconstruite au siècle dernier, l'église a conservé sa façade et son clocher d'origine (fin du XVIe siècle).
Le porche sud abrite les statuettes en bois des apôtres (1630) provenant d'une ancienne chapelle détruite en 1954.

Charles Rolland
Ce barde et druide guerlesquinais (1862-1940) est l'auteur de nombreux chants, poèmes, pamphlets et pièces de théâtre dont *Ar Vezventi* (l'ivrognerie) qui fut jouée pour la première fois en 1901.

La Maison du Cosquer, construite à la fin du XVIIIe siècle, attire le regard par ses superbes tourelles.

A la sortie du bourg, on peut se promener autour de l'étang ou gagner les monts d'Arrée.

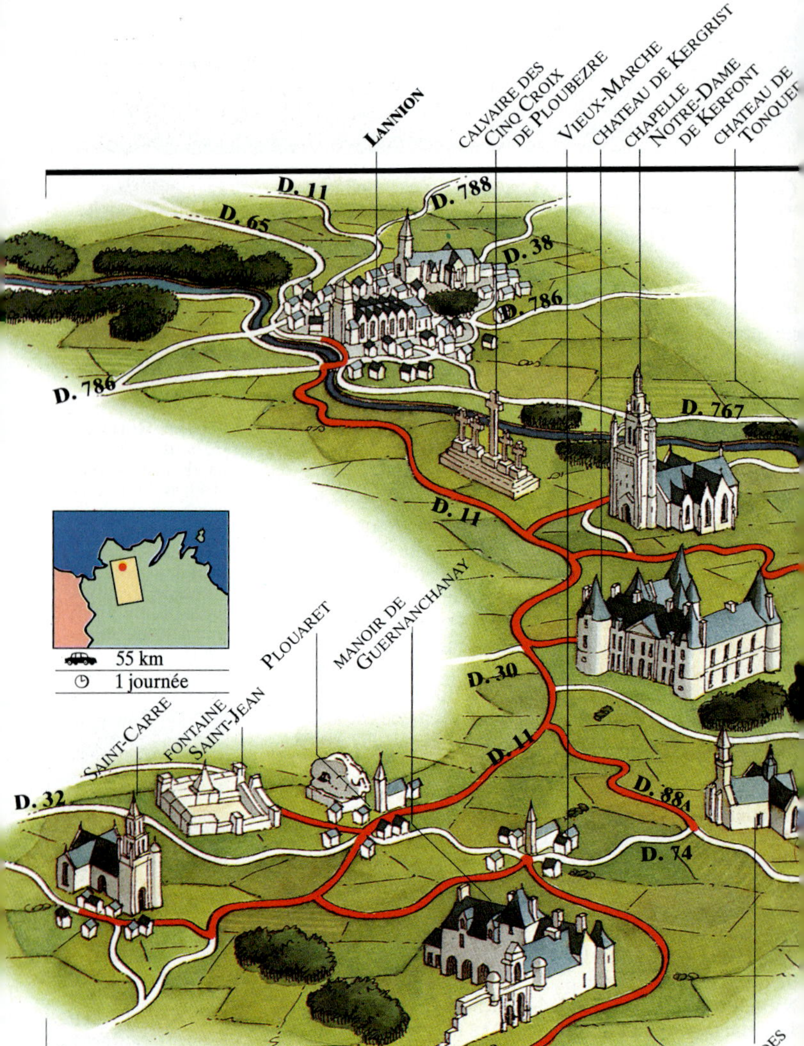

Calvaire des Cinq croix
Ce calvaire insolite, des XVe et XVIe siècles, rappelle, dit la légende, la victoire de cinq Ploubezriens sur des Anglais au XIVe siècle. En réalité, un recteur attentionné rassembla ces diverses croix au début du siècle pour les sauver de la destruction.

Ploubezre

Chateau de Coatfrec (visite interdite en raison des risques d'éboulement). A mi-chemin de Lannion et du château de Tonquédec, sur la rive gauche du Léguer, se dressent en plein bois les ruines du château de Coatfrec. L'édifice actuel, ou du moins ce qu'il en reste, fut reconstruit en 1462 sur l'ordre du duc de Bretagne François Ier qui cherchait à protéger le duché d'une agression française ; la bâtisse verrouillait alors la rivière. Elle joua un rôle important pendant les guerres de la Ligue ● *63*. Tout d'abord centre de résistance contre les Ligueurs, il fut bientôt investi par un des leurs, Guy Eder de la Fontenelle. De là, ce dernier lança des raids dévastateurs sur toute la région et, dès qu'il en fut délogé, les Etats de Bretagne décidèrent la destruction de l'édifice. Une restauration bénévole a dégagé quelques ruines : la courtine nord, la courtine et le corps de logis du sud-est, reliés par un reste

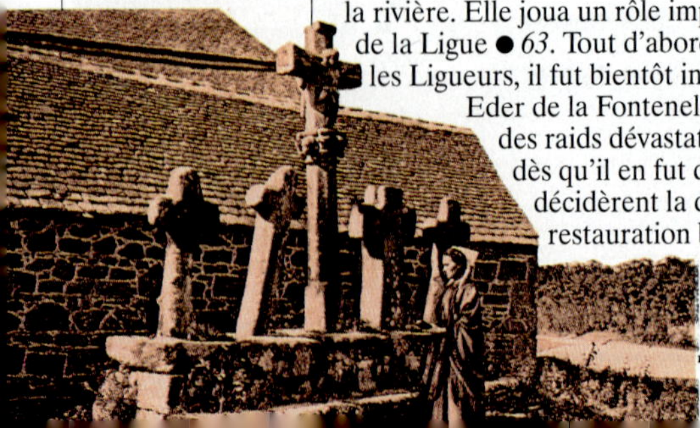

de tour d'angle, des vestiges de douves effondrées, larges et profondes déploient à nouveau leur silhouette imposante.

L'EGLISE. Dédiée à saint Pierre et à saint Paul, l'église paroissiale, d'origine romane, fut profondément remaniée au XIXe siècle. Le clocher-mur (1577) de style lannionnais, richement orné, est surmonté de deux balustrades superposées. Endommagé par la foudre, il a été restauré et modifié en 1830. A l'intérieur, on pourra admirer un retable du Rosaire de style lavallois.

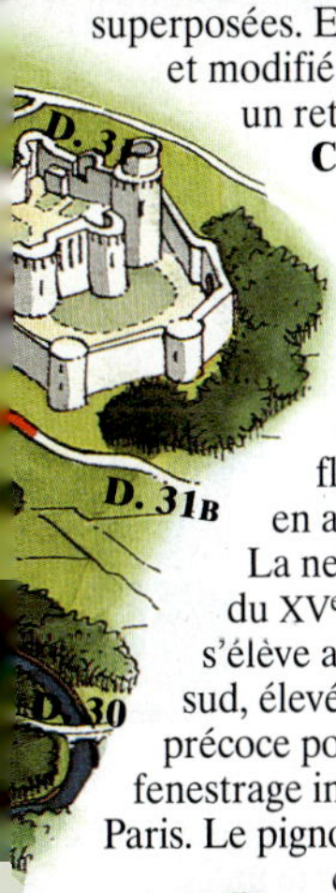

CHAPELLE NOTRE-DAME DE KERFONS. Entre les châteaux de Tonquédec et de Coatfrec, sur un placître entouré de hêtres, à l'écart de la route, se dresse la chapelle Notre-Dame de Kerfons. L'édifice fut reconstruit après la guerre de Succession ● *62*. Le vaisseau est flanqué au nord et au sud de deux chapelles en ailes dans l'alignement du chevet plat. La nef et la chapelle nord datent du début du XVe siècle. Un clocher-mur à une seule baie s'élève au-dessus de la façade occidentale. L'aile sud, élevée en 1559 dans un style Renaissance, très précoce pour la contrée, se distingue par son fenestrage inspiré de celui de l'église Saint-Eustache, à Paris. Le pignon méridional de la chapelle est surmonté d'un clocheton carré se terminant par des petits frontons rectangulaires.

La porte extérieure de la chapelle est sculptée d'une Annonciation. Mais la chapelle est surtout remarquable par son mobilier : son jubé en bois de chêne est l'un des plus beaux de Bretagne ● *110*. La tribune, du côté de la nef, abrite quinze niches dans lesquelles reposent le Christ, les douze apôtres portant l'instrument de leur supplice, Marie Madeleine et un personnage non identifié, sans doute sainte Barbe ou la donatrice ; le crucifix qui les surmontait a été vendu en 1907. Côtoyant plusieurs statues anciennes, un maître-autel du XVIIe siècle et une chaire de 1681, un retable de 1612 comprend une huile sur toile fort intéressante où figure saint Yves entre le Riche et le Pauvre (ci-dessus). Le Riche, vêtu à la dernière mode Louis XIII, tente de corrompre le saint avec une pièce d'or ; le Pauvre, agenouillé, est vêtu du *bragou braz*, ou culotte ample de basse Bretagne ; le saint est en soutane et barrette, comme il sied alors aux juges ecclésiastiques. Au-dessus, la charpente très ouvragée de la chapelle exhibe des solives sculptées de monstres imaginaires et de cariatides. Enfin, un vitrail à quatre panneaux du XVe siècle éclaire le chevet. A l'extérieur, un calvaire du XVe siècle figure la Passion.

EGLISE DE PLOUBEZRE
Possédant encore quelques chapiteaux du XIIe siècle, elle s'ouvre à l'ouest sur un portail des XIVe et XVe siècles encadré de deux colonnes cannelées à chapiteaux corinthiens.

JUBE DE NOTRE-DAME DE KERFONS
Cette œuvre anonyme d'un atelier morlaisien (1481-1485) comprend cinq arcatures en arc brisé séparées par des colonnes torsadées. Les arcatures des extrémités sont ornées de torsades perlées imitant les baies de l'époque.

Le chateau de Kergrist vers 1840
La façade nord, la plus ancienne, est également la plus remarquable. Elle est flanquée de deux ailes latérales, se terminant chacune par une grosse tour ronde.

Chateau de Kergrist

Le château actuel fut construit vers 1537 par Jean de Kergrist, une dizaine d'années après l'arasement de celui de Runefau, dont l'ancien château dépendait jusqu'alors. Remanié à plusieurs reprises au cours des XVIIe et XVIIIe siècles, il a été racheté en 1860 par les Huon de Penanster qui l'habitent depuis et permettent la visite d'une des ailes. Le château se compose d'un corps de logis encadré de deux ailes en équerre. Au sud, la façade du XVIIIe siècle est flanquée de deux tours rondes ; un fronton central triangulaire allège le bâtiment principal, un peu lourd. Les deux ailes s'articulent, au nord, autour de deux tours polygonales renfermant chacune un escalier de pierre. L'aile orientale surplombe une vaste terrasse bordée d'une balustrade en granite, d'où l'on découvre une motte féodale où s'élevait jadis le château de Runefau et la chapelle Saint-Fiacre, petit édifice du XVIe siècle, ancienne dépendance de Kergrist. La rejoindre à pied est le prétexte à une belle promenade ; en poursuivant un peu, on atteint un joli petit moulin.

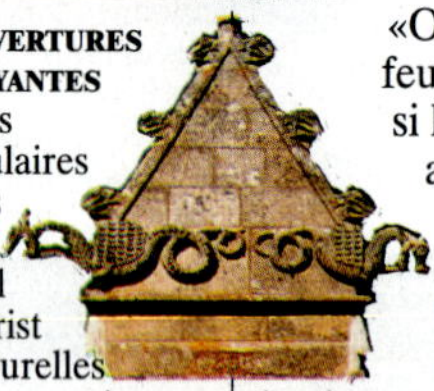

Des ouvertures flamboyantes
Les baies rectangulaires du corps de logis principal de Kergrist et des tourelles d'escalier sont à meneaux de pierre disposés en croix. Trois de ses lucarnes, de style gothique flamboyant, sont surmontées de gâbles aigus aux rampants ornés de crochets et de fleurons.

Chateau de Tonquedec

«On s'enfonce dans une vallée, un abîme feuillu. [...] C'est un gouffre vert, à peine si l'on aperçoit tout en haut des grands arbres des échappées de ciel bleu, et soudain on débouche sur un cirque dominé par les hauteurs feuillues et, au milieu du cirque, couverte de mousses, enfoncée dans les ronces, dévorée par le lierre, la ruine. [...] C'est [...] un château de sable, le soir, sur la plage déserte et grise et qui bientôt n'a plus de forme, n'est plus qu'un tas où il est difficile de distinguer un plan d'ensemble : une ébauche, l'idée d'un château fort, un rêve venu du fond des siècles au creux de ce vallon étouffant, c'est Tonquédec...» (Michel Mohrt). Les ruines ne sont plus désormais aussi fantomatiques. Grâce à plusieurs chantiers archéologiques et aux travaux entrepris par son propriétaire, la forteresse a retrouvé fière allure sur son éperon rocheux. Constamment modifié au cours du Moyen Age, le château a été définitivement rendu inhabitable en 1622, après son démantèlement par Richelieu. Il présente aujourd'hui trois enceintes concentriques de plus en plus resserrées : autour d'un donjon s'étagent une première cour d'honneur puis une basse-cour. Après avoir passé le pont-levis, on pénètre dans l'enceinte par la porte charretière ou le guichet des piétons encadrés de deux tours en fer à cheval à maçonnerie très épaisse. Meurtrières et canonnières assuraient une défense que venaient compléter un fossé inondable, de lourdes portes et une herse. L'assaillant qui avait réussi à pénétrer dans la basse-cour était ainsi pris dans un sas. A l'ouest de la cour d'honneur se trouvait le logis seigneurial, où vivaient en temps normal l'intendant et sa famille, les domestiques et les hommes d'armes. On y trouvait une grande salle où se réunissaient les occupants, une cuisine et les appartements privés. Toutes les pièces étaient chauffées par de grandes cheminées. Enfin, dernier retranchement en cas d'attaque, le donjon circulaire (13,6 m de circonférence), au nord, était à l'origine séparé du château. On ne pouvait y accéder que par un pont-levis reposant sur une pile élevée, à la hauteur du deuxième étage. C'est au XVIe siècle qu'on le relia par des courtines aux deux tours rondes du nord-ouest et du nord-est, dessinant ainsi une petite cour triangulaire. Quelques vestiges de la chapelle s'appuient encore sur l'extrémité nord de la courtine orientale : la baie du chevet, deux baies basses et rectangulaires ainsi qu'un bassin. Depuis le chemin de ronde supérieur, se découvre un beau panorama. L'église du bourg de Tonquédec contient un superbe vitrail du XVIe siècle.

LE CHATEAU DE TONQUEDEC
La première forteresse, datant du début du XIIIe siècle, fut rasée en 1395 sur ordre du duc Jean IV, son propriétaire ayant rejoint l'indiscipliné seigneur de Clisson. Reconstruite à partir de 1406, en trapèze, doté, aux angles, de tours semi-circulaires, elle a sa forme définitive aux XVe et XVIe siècles.

LE CHATEAU DE TONQUEDEC EN 1892
Cette vue cavalière montre bien les trois niveaux défensifs de la forteresse, avec, au nord, le donjon, ultime refuge.

Vieux-Marche

Chapelle des Sept Saints. Au détour de petites routes pleines de charme, au milieu d'un enclos ombragé, on aperçoit son toit de lauses et son clocheton. La chapelle fut élevée entre 1703 et 1714 au-dessus d'une crypte abritant un dolmen formé de six rochers de granite très grossier, fendu pour les besoins de la construction. Le caveau était sans doute jumelé avec un tumulus que recouvrirait le transept nord. Le nom du lieu, Stiffel, signifie «la fontaine dont la source sort d'un rocher» et le rattacherait ainsi à la source bénite qui, 300 m plus loin, jaillit sous une pierre identique à celle de la crypte-dolmen. L'importance symbolique de la chapelle a pris toute sa dimension depuis que Louis Massignon (1883-1962), éminent professeur d'orientalisme au Collège de France, a rapproché le culte rendu aux Sept Dormants d'Ephèse de la religion musulmane et celui voué aux Sept Saints du Vieux-Marché.

Si ces derniers furent longtemps confondus avec les sept premiers évêques bretons, leur identité ne fait aujourd'hui plus de doute : les statues endommagées, retrouvées dans la crypte sont bien celles de Maximilien, Marc, Martinien, Denis, Jean, Séraphin et Constantin, et la crypte ressemble étrangement à la grotte qui, selon la tradition, servit de tombeau aux Sept Dormants. En 1954, Louis Massignon y a inauguré un pèlerinage rapprochant, au travers d'une foi puisant aux mêmes racines, islam et chrétienté. Un pardon, plus classique, a toujours lieu le dernier dimanche de juillet. Pour les marcheurs, de petites randonnées empruntent le chemin des Améthystes depuis le Vieux-Marché jusqu'au hameau des Sept Saints.

Les Sept Saints
Outre les statues de la crypte, les Sept Saints sont également représentés en bois, dans la chapelle, encadrant la Vierge. Un peu plus loin, dans le transept sud, l'archange saint Michel terrasse le démon (ci-dessous).

Persécutés au IIIe siècle pour leur foi par l'empereur Decius, les Sept Saints avaient été emmurés vivants et, deux siècles plus tard, se seraient éveillés de leur «dormition». Leurs reliques auraient été transférées à Constantinople vers 904, puis disséminées en France. Elles connurent, en Orient et en Occident, une même vénération durant tout le Moyen Age. La présence de leur culte en Bretagne atteste que la province, loin d'être repliée sur elle-même, connut les grands élans religieux qui bouleversèrent la chrétienté médiévale.

PORCHE DU MANOIR DE GUERNANCHANAY
Le portail, dernier vestige de la splendeur passée du manoir, est percé d'un guichet pour piétons et d'une porte charretière, bordée de chaque côté d'une grosse guérite en encorbellement. Le corps de logis, peu entretenu, comprend six arcades au rez-de-chaussée et un haut pavillon d'escalier. Perpendiculaires au logis, s'alignent les communs.

PLOUARET

Le bourg a vu naître FRANÇOIS MARIE LUZEL, folkloriste, ami de Sainte-Beuve, Renan et Anatole Le Braz. Ayant consacré sa vie à collecter complaintes, contes et légendes, il a sauvé de l'oubli une bonne part du patrimoine culturel breton.

L'«ANGUIPEDE». Devant l'église, une sculpture gallo-romaine, baptisée le «Cheval de saint Matthieu», représente un dieu-cavalier maîtrisant une femme-serpent. Les personnages ont malheureusement perdu leur tête. Il existe trois groupes relativement similaires en Bretagne.

MANOIR DE GUERNANCHANAY (privé). Le portail extravagant de ce manoir, élevé au XVIe siècle, se découvre depuis la route. Il appartint à Guillaume de Coatmohan, fondateur, en 1310, à Paris, du collège de Tréguier, aujourd'hui Collège de France.

CHAPELLE NOTRE-DAME-DE-PITIE, A SAINT-CARRE. La chapelle fut construite à la fin du XVIe siècle. Sa façade ouest, surmontée d'un clocher à trois étages daté de 1697, est flanquée d'une tourelle d'escalier. A l'intérieur, on découvrira une pietà en clef de voûte et un ex-voto de vaisseau de haut-bord (1850). Les chaînes d'un forçat sont suspendues à la voûte, en remerciement de sa libération.

FONTAINE SAINT-JEAN
Dans le hameau du même nom, en direction de Saint-Mathieu, se cache cette belle fontaine au bassin monumental ; sur les côtés, on distingue les bancs où s'asseyaient les pèlerins, le long des murs de soutien. L'ouvrage, abîmé, nécessiterait une restauration rapide.

LE LAC DE KERNANSQUILLEC
Tout près de Plouaret, des saumons hantent les rives herbeuses de ce petit lac. Une «échelle», ou escalier, leur permet de remonter au printemps la dénivellation d'une vingtaine de mètres qui sépare le lac du Léguer.

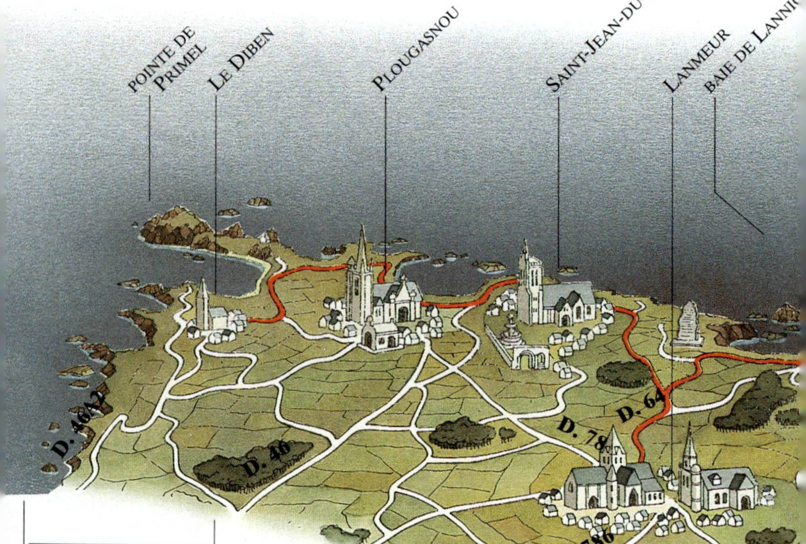

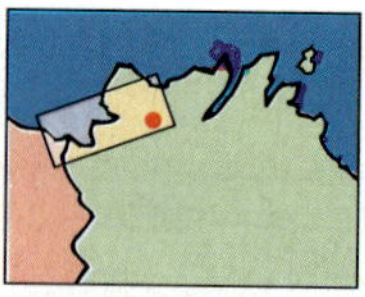

45 km
1 journée

LOGUIVY-LES-LANNION

Le bourg s'enorgueillit d'un enclos monumental ▲ *104* où trône la statue mitrée de saint Ivy, un diacre venu d'Angleterre à la fin du VIIe siècle ; le récit de sa vie fut publié par l'Anglais Capgrave, au XVe siècle. L'église possède une charpente lambrissée et un porche flanqué de deux petits diables. Elevée vers 1450, elle abrite un maître-autel, une chaire et une clôture de chœur du XVIIIe siècle ; ne pas manquer d'observer le retable en bois de la chapelle sud (XVIIe siècle), une Adoration des mages qui met en scène des personnages jouant du biniou. Enfin, l'église possède une pièce rare d'orfèvrerie du XVe siècle : le bras-reliquaire de saint Ivy, en argent repoussé. Dans le cimetière, à l'ombre d'un grand if, se dresse une fontaine en granite de 1557, couronnée d'un dôme.

PORT DU YAUDET
Un chemin piétonnier y conduit, se poursuivant par un sentier côtier, qui mène au corps de garde et à la petite plage.

LE YAUDET

Entouré d'abruptes falaises granitiques recouvertes de landes, le site surprend par sa beauté. On y a découvert les traces d'une importante implantation gallo-romaine ▲ *300.* Les Celtes y avaient construit un oppidum. On ne distingue plus aujourd'hui de cette ville primitive qu'un retranchement, sur l'éperon rocheux, et, sur la crête, une pierre horizontale d'environ 3,20 m, inclinée vers l'est et entourée d'un cercle d'où partent des rayons. Il s'agit sans doute d'un monument religieux préceltique, symbole du soleil, ou peut-être même d'un autel de sacrifice. Les Romains surnommèrent le camp *vetus civitas* (vieille cité), ce qui donna *Koz Yeodet* en breton, déformé peu à peu en Yaudet.

CHAPELLE DU YAUDET. De l'ancien édifice, mentionné dans un acte de 1483, il ne subsiste plus que les portes et un retable peu commun, au-dessus du maître-autel, abritant une Vierge couchée. Une telle représentation attesterait de l'ancienneté de la foi chrétienne au Yaudet. Le lieu a sans doute été évangélisé vers 71 par Drennalus, un disciple de Joseph d'Arimathie et de Nicomède, envoyé tout d'abord en Grande-Bretagne. Ces derniers passaient pour avoir assisté la Vierge lors de la Passion ; ils encouragèrent le culte marial, qui rencontra au Yaudet une résonance particulière : on y honorait en effet une vierge-mère, assimilée lors de la conquête romaine à Cybèle, mère des dieux. Pour toucher les fidèles, les missionnaires présentèrent donc Marie, couchée, Jésus à ses côtés.

LA VIERGE COUCHEE
Auprès de l'Enfant Jésus, elle repose dans un lit bordé de draps de dentelle, renouvelés chaque année au mois de mai.
Au pied du lit, un personnage assis, sans doute Dieu le Père, tient un sceptre ; au-dessus, le Saint Esprit volette sous la forme d'une colombe. L'ensemble figurerait la Nativité et la Trinité. Sainte Anne et saint Joachim veillent sur leur fille, Marie.

PORT DE LOCQUEMEAU
Au début du XXe siècle, à la grande époque de la pêche à la sardine, le port abritait deux conserveries. Cette activité, qui faisait la réputation du port, s'éteignit avec la disparition, vers 1950, des bancs de sardines en baie de Lannion. Aujourd'hui, on pêche aux casiers, au chalut et à la ligne de nombreuses espèces : soles, lieux, maquereaux, homards, araignées et coquilles Saint-Jacques.

"Locquémeau, par une matinée d'hiver, allez y cueillir, avec vos mains, dans les flaques d'eau claire et salée, des coquillages blancs et bleus ; comme si de votre vie vous n'en aviez jamais vu." Yvon Le Men

LOCQUEMEAU

Ce charmant petit port fut de tout temps exploité pour la pêche, la récolte de goémon et l'extraction de sable. La plaisance apporte aujourd'hui une ressource supplémentaire, avec un port, une école de voile et deux belles plages de sable fin, Notigou et Kiriou.
L'EGLISE. L'enclos paroissial abrite un calvaire et une église du XVIe siècle, qui fut dotée, en 1703, d'un clocher-mur du type «lannionnais», avec une tourelle. Le porche méridional s'ouvre sur une porte flamboyante surmontée d'une pietà polychrome ; un ossuaire d'attache est encastré dans le mur. L'édifice recèle, outre des retables très naïfs du XVIIIe siècle, plusieurs statues anciennes, dont un Christ et un saint Quémeau, disciple de saint Efflam ▲ *340*. Une bannière du XVIIe siècle, des ex-voto marins et les vitraux exécutés en 1990 par Gérard Lardeur, dont les motifs sont inspirés des filets de pêche, ajoutent à l'atmosphère maritime du lieu.
POINTE DE DOURVEN. Ouvrant la baie de Lannion, elle donne sur un paysage grandiose. Des expositions d'art ou scientifiques animent la maison proche du CORPS DE GARDE, du XVIIe siècle, où Paul Le Flem (1881-1984) écrivit *Aucassin et Nicolette*. Ce Breton, natif de l'Orne, chef des chœurs de l'Opéra-Comique, sut allier, dans ses compositions, une écriture moderne aux chants bretons qui avaient marqué son enfance, passée à Lézardrieux. Il s'inspira des légendes bretonnes et des *gwerz* du *Barzaz Breiz*.

TREDREZ

Le bourg et les alentours sont riches en manoirs, calvaires et fontaines, à découvrir au hasard de promenades. Saint Yves, patron des avocats ▲ *346*, en fut le recteur de 1284 à 1292. Aujourd'hui, un personnage hors du commun et centenaire habite la commune : Jules Gros. Né à Paris en 1890 mais élevé par sa grand-mère maternelle à Trédrez, Jules Gros a gardé un souvenir inoubliable des veillées de son enfance. Elève d'Anatole Le Braz ● *135* ▲ *289*, il recueillit, auprès des pêcheurs de Locquémeau et des cultivateurs de Trédrez, nombre d'expressions consignées dans les quatre tomes de son *Trésor du breton parlé*.

Bannière du XVIIe siècle (Locquémeau)

Eglise Notre-Dame. Jadis dédié à saint Laurent, l'édifice, de 1500, est l'œuvre de l'atelier de Philippe Beaumanoir ▲ *323*, comme en témoignent l'abside, à noues multiples, et le clocher-mur flanqué d'une tourelle. Sous le porche sud on découvre les statues en bois polychromes, du XVIIe siècle, du Christ et des douze apôtres. L'intérieur abrite un beau Christ du XVIe siècle, les statues de la Vierge et de sainte Anne, ainsi qu'un ciboire en argent repoussé, ciselé et gravé (XVIIe siècle) et une bannière du XVIIe siècle, représentant, sur un côté, la Vierge à l'Enfant et, sur l'autre, un ostensoir et des anges en adoration. Les fonts baptismaux constituent la pièce la plus originale du mobilier. Le baldaquin, en bois polychrome finement sculpté, est une véritable merveille. L'ossuaire, dans l'enclos, remonte, quant à lui, au XVIe siècle. A l'angle sud du cimetière, le socle du calvaire est gravé d'un poisson, l'un des premiers symboles christiques.

Manoir de Coatredrez (à 2 km au nord-est du bourg). C'est l'un des plus anciens des Côtes-d'Armor ; il appartenait à une très puissante famille du Trégor. Récemment restauré, très caractéristique des demeures fortifiées de l'époque, il s'articule sur un plan en L, avec, à la jonction des corps de logis, une tour polygonale. Une *gwerz* (complainte en langue bretonne), recueillie par le folkloriste François Luzel, raconte comment l'un de ses propriétaires enleva en 1624 une jeune paysanne de Ploulec'h qui se rendait en pèlerinage au Yaudet. Préférant la mort au déshonneur, la jeune fille se suicida. Elle fut vengée par son frère de lait, Louis du Parc, seigneur de Kernenan

Falaises de Beg Ar Forn. En suivant la route qui mène au hameau du Rest, puis le chemin descendant vers la Lieue de Grève, on rejoint le sentier des douaniers qui se faufile à travers les landes et les falaises escarpées (73 m). Le littoral est peu fréquenté et très protégé.

Les fonts baptismaux
Surmontés d'un baldaquin en bois polychrome, ils sont sans doute les plus anciens de Bretagne (XIVe siècle).
Les piliers du dais, sculptés au XVIe siècle, sont décorés de lys, d'hermines et d'angelots.

Vierge de Jesse à l'Enfant
Ornant le retable polychrome du XVIIe siècle, l'arbre de Jessé, vision du prophète Isaïe, symbolise l'arbre généalogique du Christ

Notre-Dame de Tredrez
De style gothique flamboyant, elle fut dotée d'un croisillon sud en 1679 et de son bas-côté méridional en 1865.

La Lieue de Greve
La mer s'y retire sur plus de 2 km.

Nombre de légendes courent sur la grève. Une ville entière serait ainsi engloutie sous le Grand Rocher; on peut l'apercevoir le soir de la Pentecôte, pendant les douze coups de minuit. Un jeune homme, s'y risqua il y a très longtemps : il y découvrit cent jeunes filles, belles à mourir, et oublia de repasser la brèche avant le douzième coup de minuit...

Tanguy
A partir de 1923, Yves Tanguy fit découvrir à ses amis surréalistes l'immense grève de Saint-Efflam.

Saint-Michel-en-Greve

Eglise Saint-Michel. Dédié à l'archange, l'édifice fut construit au XVe siècle et fortement remanié aux XVIIe et XIXe siècles. Surplombant la plage, il possède un charmant petit cimetière marin d'où l'on découvre une vue superbe sur la Lieue de Grève. De fortes marées mirent au jour, en 1867 et 1869, deux bains romains dans le mur du cimetière. L'église conserve des statues anciennes et des toiles hyperréalistes du peintre Thiry (1903-1982).

La Lieue de Greve. C'est l'une des plus grandes baies des Côtes-d'Armor après celle de Saint-Brieuc : elle s'étend sur plus de 4 km. Le département a acquis le site en 1980, décidé à y aménager des sentiers piétonniers et à en réhabiliter les bois endommagés. La grève fut pendant longtemps la seule route reliant Saint-Michel à Saint-Efflam ; une croix, dite la croix de Mi-Lieue, détruite en 1944 et restaurée en 1993, se trouve dans la ligne droite entre les deux bourgs, et servait de repère aux voyageurs devant traverser le gué : on ne passait que si la croix était découverte, et, par temps de brume, on se guidait au son des cloches de Saint-Michel et d'un toscin de grève, dit clocheton de Sainte-Enora. Si le lieu a inspiré de nombreuses légendes, la figure mythique de la baie reste celle de saint Efflam, prince irlandais du VIe siècle : il y aurait secouru Arthur, aux prises avec un dragon (allégorie du christianisme victorieux). Le tour de la baie se fait à pied, en empruntant la D 786 ; parallèle à la mer, un sentier traversant le bois de pins contourne le Grand Rocher.

Saint-Efflam

Surplombant la baie de Grève et le Grand Rocher, Saint-Efflam est surtout connu de nos jours pour sa station balnéaire, créée sur le front de mer, il y a une cinquantaine d'années. De belles demeures sont dispersées sur la commune : le château Renaissance de Leslac'h, ou celui de Belle-Roche.

PLESTIN-LES-GREVES

Si, comme on le prétend, le surréalisme est né en Bretagne, Plestin en est un des hauts lieux. Yves Tanguy ● *120* y vécut de 1907 à 1911 chez Léon Nédellec, son oncle, pharmacien au bourg. Dès 1923, il y revint régulièrement, entraînant avec lui Marcel Duhamel, Jacques Prévert et Benjamin Péret, puis André Masson qui y réalisa en 1927 des toiles étonnantes faites de sable et de plume.

FONTAINE SAINT-EFFLAM. Les jeunes filles à marier y jetaient un bout de pain ou une épingle : s'ils ne coulaient pas, elles étaient assurées de trouver bientôt l'âme sœur. A proximité, le tronc de granite de saint Efflam recueillait, lui, les offrandes des marins avant qu'ils n'affrontent l'Océan.

EGLISE. L'église actuelle aurait remplacé une chapelle du XVe siècle consacrée à saint Efflam. Elle a subi plusieurs remaniements, le dernier ayant eu lieu en 1944, après la guerre. Il en résulte un mélange insolite de styles, gothique et Renaissance (ci-dessus). Le porche voûté du XVe siècle de la façade méridionale, à triple portail, abrite les statues des douze apôtres, œuvres de Roland Doré ▲ *271*. A l'intérieur, on remarquera un retable du XVIIe siècle, une croix processionnaire du XVIIIe siècle et une chaire sculptée par Ely Mombet – artiste autodidacte du début du siècle, installé à Caurel ▲ *257*, et dont la brève carrière fut interrompue par la Première Guerre mondiale. La pièce maîtresse demeure le tombeau de saint Efflam (1550), sous lequel se trouve le gisant du saint costumé en roi. Sa femme, sainte Enora, qui se serait faite ermite à son tour, par amour pour lui, aurait habité le clocheton qui porte aujourd'hui son nom, situé dans la propriété du château de Kéralic. Il s'agissait en fait d'un tocsin de grève : on l'actionnait pour guider les voyageurs lorsqu'ils traversaient la baie les jours de brume.

CHATEAU DE LESMAES. Fondé en rase campagne (*maës*) au début du XVIe siècle, il est presque invisible de la route. Une allée de hêtres mène au corps de logis principal. La façade, richement décorée, est percée d'une porte d'entrée moulurée et de fenêtres à meneaux. Il a conservé des cheminées et des escaliers monumentaux.

PORT DE TOUL AN HERY. C'est un petit port charmant, logé au fond d'une anse étroite, à l'embouchure du Douron, qui sert de frontière naturelle entre les Côtes-d'Armor et le Finistère. En retrait, le manoir du capitaine des douanes Jacob accueillit, en 1889, Paul Gauguin.

PORCHE DE SAINT-MICHEL-EN-GREVE
Le saint y terrasse le dragon. La paroisse doit son nom (*Lock Mikel en Haye*) à un ancien prieuré dépendant de l'abbaye du Mont-Saint-Michel.

AFFICHE PUBLICITAIRE DES CHEMINS DE FER
On accède à Plestin par une très belle route de corniche, bordée de pins.

NOTRE-DAME-DU-BON-SECOURS
Du côté gauche de l'autel de l'église de Locquirec, un arbre de Jessé repose dans une niche à volets ; au centre de la composition, une Vierge sculptée foule aux pieds un monstrueux reptile.

PIERRES TOMBALES DE LOCQUIREC
Ces sépultures gravées d'une coquille Saint-Jacques, dallant l'église, furent-elles celles de pèlerins de Compostelle ?

CHAPELLE NOTRE-DAME-DE-KERNITRON
Le portail sud est roman, de même que la base volumineuse du clocher carré. Surmonté d'une courte flèche recouverte d'ardoises, il possède en son angle une tourelle d'escalier. Le porche d'entrée, taillé dans du granite friable, a le tympan extérieur sculpté. S'y distingue un Christ entouré des symboles des évangélistes.

LOCQUIREC

LA STATION BALNEAIRE. Le petit port de Locquirec, protégé d'un môle, avoisine de nombreuses plages pleines de charme. La station fut lancée dans la seconde moitié du XIXe siècle par l'écrivain Pierre Zaccone, auteur de nombreux romans-feuilletons, qui y organisa des régates célèbres. Sa demeure est aujourd'hui habitée par l'écrivain Michel Mohrt, membre de l'Académie française.

L'EGLISE. L'ensemble, bâti au XVIIe siècle, est surmonté d'un clocher Beaumanoir de 1691 ▲ *324*. Le lambris intérieur, du XVIIe siècle, est orné de peintures signées Cléran (1712), représentant des anges musiciens, et l'autel latéral est enrichi d'un tableau de la Cène (1896). Les panneaux du retable du maître-autel figurent des scènes de la Passion aux personnages très expressifs.

LANMEUR

CHAPELLE NOTRE-DAME-DE-KERNITRON. Un monastère s'y élevait jadis. *Kernitron* signifierait «chez la dame». Une légende attribue en effet la fondation de la chapelle à la princesse Tréphine, épouse au VIe siècle du terrible Conomor ▲ *230, 260*. Ce roi de Domnonée (la Bretagne du Nord) était un véritable Barbe-Bleue, aux ambitions politiques démesurées. Après avoir essayé en vain d'extorquer à son beau-père la moitié du comté de Vannes, il se vengea sur la jeune femme et l'égorgea dans les gorges du Daoulas. La malheureuse fut ramenée à la vie par saint Gildas et accoucha dans le plus grand secret de son fils Trémeur. L'édifice a conservé de nombreux vestiges romans (XIe siècle) : le porche méridional, la base du clocher carré, ainsi que la grande nef dont les sept travées sont recouvertes d'un berceau en bois. L'intérieur de l'église est décoré de motifs végétaux variés, délicatement exécutés. La poutre de gloire (page de gauche), le retable, les statues de Notre-Dame de Kernitron, du XVIIe siècle, et de sainte Anne, du XVIIIe siècle, méritent également l'attention.

L'EGLISE. Reconstruite en 1905, elle a conservé son clocher à flèche du XVIIIe siècle et son

portail roman. Elle remplacerait un édifice élevé par les moines de Kernitron, dont subsiste la crypte, du VIe siècle, enfouie sous le chœur. Elle servait de sépulture à saint Mélar, égorgé par son oncle : les chevaux chargés de conduire sa dépouille jusqu'à Lexobie (Le Yaudet), sa terre natale, auraient refusé d'aller plus loin que Lanmeur. Des moines y bâtirent donc une crypte pour abriter son tombeau et une église. Presque intacte aujourd'hui, elle n'était pas ensevelie à l'époque de sa construction et ses anciennes fenêtres sont toujours visibles. Deux de ses piliers sont décorés de pampres, symboles de vie – à moins qu'il ne s'agisse de serpents ? Les reliques furent dispersées au IXe siècle, le sarcophage, volé au XVIIe siècle.

BANNIERE DE LOCQUIREC
Les bannières brodées de scènes pieuses n'étaient souvent exhibées que le jour du pardon.

GUIMAEC

L'EGLISE. Cet édifice du XVIIe siècle dédié à saint Pierre fut remanié à plusieurs reprises, la dernière en 1971. Les quatre panneaux en bas relief du portail ouest représentent des épisodes du Nouveau Testament : l'Annonciation, la Fuite en Egypte et la Présentation au Temple. A l'intérieur, on admirera de très belles statues anciennes. Celle de Notre-Dame-de-Lima aurait échoué selon la légende à Beg An Fry après le naufrage d'un bateau en provenance de Lima. Le retable doré du XVIe siècle qui orne l'autel de la Vierge et les tableaux des autels latéraux, signés en 1790 par un artiste du nom de Blévin, ne manquent pas d'intérêt. La poutre de gloire provient de la chapelle Christ. Chaque année un Fest-Noz ● 80 a lieu le deuxième dimanche d'août.

MICHEL MOHRT
Né en 1914, ce romancier a vu son œuvre récompensée par de nombreux prix littéraires. *La Prison maritime* l'a fait connaître en 1962.

CHAPELLE NOTRE-DAME-DES-JOIES. Au sommet d'un vallon boisé, Notre-Dame-des-Joies, du XVIIe siècle, abrite un mobilier remarquable par son homogénéité. On admirera un balustre peint des XVIe et XVIIe siècles, son jubé sculpté, où l'on distingue Adam et Eve, la naissance de la Vierge, l'Annonciation, la Visitation et l'Assomption, et un ensemble de panneaux en bois du XVIe siècle disposés de part et d'autre de la nef. Une Vierge, dans une niche à volets, peinte par Pierre Barazer en 1593, complète cet ensemble unique. Une petite randonnée, au départ de Guimaëc, mène au sommet de Beg An Fry, puis à Saint-Jean-du-Doigt et à Plougasnou.

EGLISE ET CALVAIRE DE GUIMAEC
Le clocher est gravé des armes des Trémerden.

ENTREE DE L'ENCLOS
De style flamboyant (1584), elle comporte une porte charretière, décorée, et une entrée piétonnière, toute sobre, précédée de six marches.

SAINT JEAN
Il encadre, avec saint Roch, le porche de l'église.

SORTIE DE MESSE A SAINT-JEAN-DU-DOIGT
Depuis qu'en 1400, une relique du doigt de saint Jean Baptiste fut déposée dans une chapelle dédiée à saint Mériadec, dans le vallon de Traou-Mériadec, la paroisse attire beaucoup de monde. La renommée du village bénéficia en outre de la visite rendue par la duchesse Anne de Bretagne en 1505 à sa chapelle, où le doigt de saint Jean avait déjà la réputation de guérir des ophtalmies.

SAINT-JEAN-DU-DOIGT

Une relique de saint Jean Baptiste y fut déposée au XVe siècle. Son pardon est depuis toujours très fréquenté.

ENCLOS PAROISSIAL. Son enceinte renferme un ensemble monumental formé d'une église, d'un cimetière, d'un oratoire et d'une fontaine ● *104*.

L'ORATOIRE DU CIMETIERE. Erigé en 1577 selon un plan rectangulaire, il se compose d'un seul mur auquel s'adosse un autel de pierre ; autour, deux consoles soutenaient les statues de Notre-Dame et de saint Jean-du-Doigt ; des pilastres supportent un toit pyramidal, surmonté d'un clocheton. L'oratoire accueillait sans doute les fidèles, trop nombreux le jour du pardon pour que l'église pût les recevoir tous. Ceux qui souffraient des yeux venaient les baigner dans la piscine, à droite de la chapelle.

L'EGLISE. La petite église, sans transept et à chevet plat, seulement couverte d'une voûte en planche charma Mérimée, qui la trouvait «ornée et peinte avec beaucoup de goût. La moulure qui règne à la hauteur de sa naissance est d'une rare élégance et d'un fini merveilleux. C'est un cordon de pampres entremêlés de pommes de pin et de grappes de raisin.» Du XVe siècle subsistent le clocher et les deux premières travées de la nef ainsi qu'une grande partie du collatéral nord. La tour de plan carré (XVe siècle), ornée de trois rangs d'arcades trilobées décorées de quatre feuilles, était jadis surmontée d'une flèche, foudroyée en 1925. Elle est flanquée de contreforts à pinacles, de niches à dais et, sur son côté sud, d'un petit reliquaire

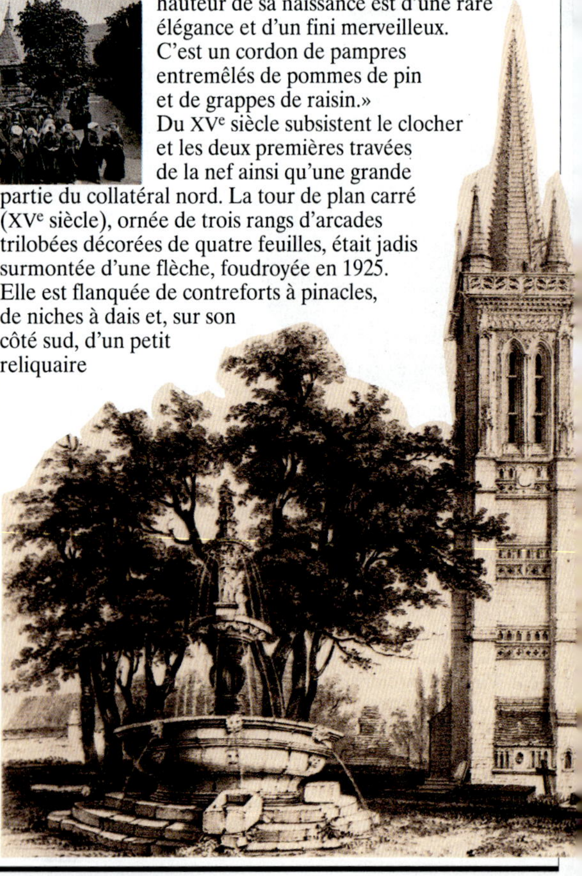

d'attache. La face occidentale abrite un ossuaire (1618) à trois baies en plein cintre. Le portail ouest et le reste de l'édifice furent rajoutés au XVIe siècle. L'intérieur de l'église est très dénudé, car tout le mobilier a été brûlé lors d'un incendie en 1955. Seuls les fonts baptismaux, du XVIe siècle, décorés de figures, les unes grimaçantes, les autres sereines, et trois fenêtres à tympan, au chevet, ont été épargnés. Les vitraux abstraits, exécutés en 1990 par Louis-René Petit, avec une attention particulière portée aux tons et à la matière, ont été conçus par thèmes : celui du baptême du Christ et de la Transfiguration pour la grande fenêtre de l'est, celui de la terre et de la matière pour la grande verrière et, pour la chapelle de la Vierge, celui de la nuit des temps avec l'arbre de Jessé, en dominante bleue, couleur du manteau de Marie.

Le tresor d'orfevrerie. L'orfèvrerie a échappé aux ravages de l'incendie mais n'est visible qu'à l'occasion du pardon (23-24 juin). C'est l'un des trésors les plus riches de Bretagne : il renferme un calice du XVIe siècle ciselé et gravé, une croix processionnelle en argent doré, un reliquaire en argent contenant les os du crâne de saint Mériadec et un autre, en argent repoussé, de saint Maudez, en forme de bras. La pièce la plus précieuse est un tube en cristal et en vermeil cachant la première phalange de l'index de saint Jean Baptiste. Ces deux derniers objets sont antérieurs au XVIe siècle ; ils sont effectivement mentionnés dans un inventaire de 1569. En sortant de l'enclos paroissial, admirer en passant les quelques maisons du XVIe siècle qui encadrent l'église. Au nord du bourg, une des très rares routes en corniche bretonnes suit la courbe des falaises de la pointe d'Armorique, contournant criques et plages ; chaque virage découvre un point de vue splendide sur l'Océan.

Le pardon de la Saint-Jean
Les 23 et 24 juin, des processions à genoux s'y déroulent. Un agneau est promené en signe d'humilité et un enfant de trois ans élu pour représenter le jeune saint Jean.

Vitrail de Louis-René Petit
L'artiste a cherché à traiter le passage de la lumière en fonction du temps et de ses variations, de l'architecture et du volume intérieur.

La fontaine
Surnommée «la pompe», elle a en son centre une colonne de granite à trois vasques ornées de figurines de plomb : le Père éternel et le baptême du Christ. Elle a remplacé, en 1690, une fontaine du XVe siècle.

Pointe de Primel
Une passerelle reliait les deux pointes de Primel de 1902 à 1919.

Porche de l'Eglise de Plougasnou
Il est surmonté d'une Vierge de pitié et encadré de pilastres. Ses vantaux, de 1618, sont sculptés.

Greve de Terenez
Derrière le Port-du-Diben s'ouvre la baie de Morlaix. Ilots et récifs y bordent une côte déchiquetée.

Un crieur public a la sortie de messe a Plougasnou
Si l'église du bourg n'accueille plus que les fidèles et les curieux, elle a connu autrefois une histoire mouvementée : transformée en fort par les Espagnols, qui occupèrent en 1596 la ville de Plestin, elle servit de caserne pendant la Révolution, puis d'usine à salpêtre.

Plougasnou

Le bourg, fondé au VIe siècle, possède la croix sans doute la plus ancienne de Bretagne, dite la Croix du bourg.

L'Eglise. L'édifice actuel date en grande partie des XVe et XVIe siècles, avec quelques vestiges millénaires du sanctuaire primitif. Son clocher, décoré de balustres et surmonté de quatre tourelles, ne manque pas d'allure. En passant le porche principal, on remarque au centre du fronton triangulaire une Vierge de pitié. Les vantaux de la porte (1618) sont ornés de personnages ; on reconnaît saint Pierre et deux cariatides. A l'intérieur de l'édifice, l'autel du rosaire, du XVIIe siècle, est entouré des statues de saint Dominique et de sainte Catherine de Sienne ▲ *221* ; les fonts baptismaux, du XVIe siècle, sont sculptés d'une frise étonnante. Une statue du XIIIe siècle en pierre de Caen et un groupe de la Trinité se blottissent dans la chapelle de Kéricuff.

Primel-Tregastel

Pointe de Primel. On appelle le grand rocher formant le cap du promontoire «Trève du château». Le site, occupé dès le mésolithique (8000 av J.C.), fut pourvu d'un poste de guet au Moyen Age. Presqu'île de granite rose et ocre au relief tourmenté, elle est envahie d'ajoncs épineux et de fougères. S'y nichent goélands argentés, pipits et traquets

La station balneaire. Les frères Poupon lancèrent la station en faisant construire, en 1882, à la base de la pointe, le Grand Hôtel de Primel, aujourd'hui privé. De cette époque faste subsistent aux environs petits castels et villas excentriques.

Diben. Au creux d'une anse, le port domine, à perte de vue, une succession d'amas rocheux roses. Le paysage est presque irréel tant il est beau. Tout à côté, les amateurs de crustacés peuvent visiter et aller acheter quelques spécimens aux Viviers de Primel, dotés d'une station de purification unique en Europe.

TREGUIER
ET SES ENVIRONS

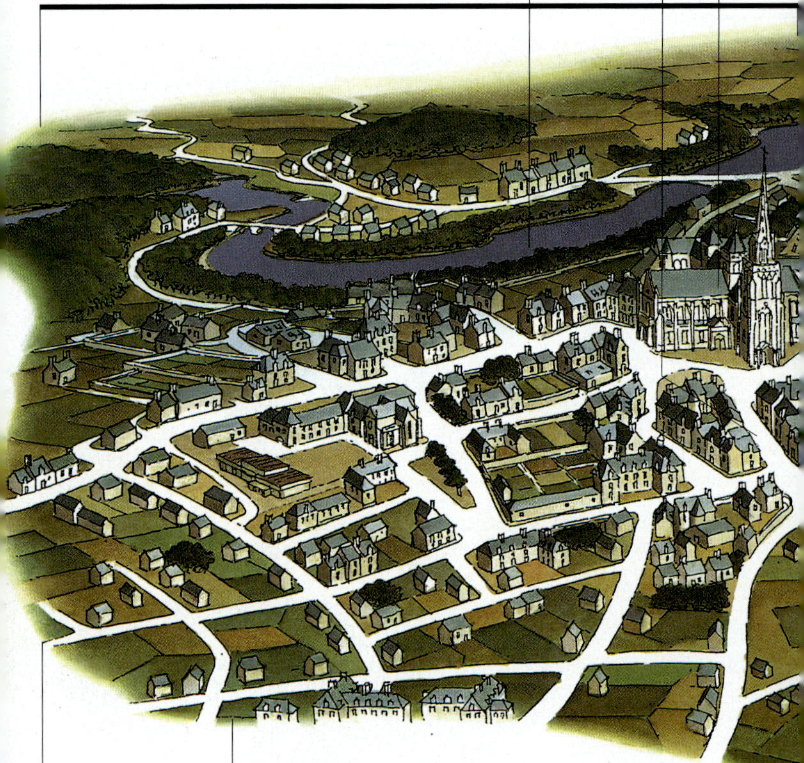

LE PORT
Le port reliait la ville au reste du monde. Le XVe siècle est l'âge d'or du trafic maritime de Tréguier : elle exporte son grain vers Bordeaux, d'où les navires rapportent du vin, qu'ils livrent en Angleterre ou dans le nord de la France. Les guerres de Religion le détruisirent en partie. «Alors se porta ailleurs le mouvement maritime qui ne s'est jamais complètement rétabli depuis» (Jourjon). Les installations portuaires seront améliorées au XVIIIe siècle, sous le gouvernement du duc d'Aiguillon, intendant de Bretagne.

HISTOIRE DE LA VILLE

UN EVECHE. Au fond de l'estuaire, voici Tréguier. «Tréguier, ma ville natale, est un ancien monastère fondé, dans les dernières années du Ve siècle, par saint Tudwal, un des chefs religieux de ces grandes émigrations qui portèrent dans la péninsule armoricaine le nom, la race et les institutions religieuses de l'île de Bretagne» (Ernest Renan). Une cité, devenue évêché, est édifiée autour de l'église abbatiale. Les Vikings la détruisent au IXe siècle. Gratias, successeur de Tudwal vers 970, la relève ensuite, après une longue vacance du siège épiscopal. Une nouvelle cathédrale est bâtie, sans doute au début du XIIe siècle. L'édifice actuel est construit à partir du XIVe siècle. Les travaux attirent peintres, charpentiers, tailleurs de pierre, sculpteurs, orfèvres, verriers. La vie intellectuelle et artistique y est intense. L'imprimerie s'y épanouit. Tréguier ouvre le troisième atelier

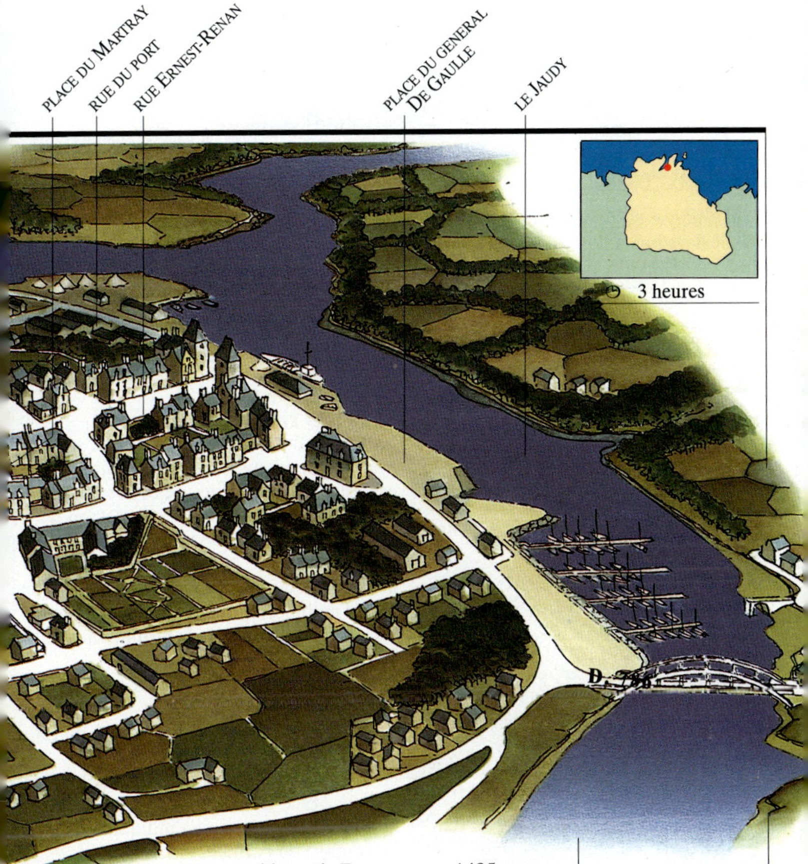

typographique de Bretagne en 1485, et Jean P., qui se dit premier maître imprimeur trégorois, imprime *Les Coutumes de Bretagne*. Son successeur, Jean Calvez, produit en 1499 *Le Catholicon*, dictionnaire trilingue breton-français-latin. Après une longue éclipse, l'imprimerie réapparaît au XVIIIe siècle avec Pierre Laporte, «imprimeur de l'évêché», qui ouvre aussi une librairie. Au XVIe siècle, Tréguier se dote d'une communauté de ville, composée de notables et de bourgeois. Chargée de défendre les intérêts de la cité, elle confère le droit de bourgeoisie non selon la naissance ou l'argent mais selon la considération dont jouit le candidat. Elle tient ses réunions dans une église qui lui appartient, Notre Dame-de-Coatcolvézou, à deux pas de la cathédrale. Une statuette, dans l'encoignure d'une maison, en rappelle le souvenir. Les corps de métiers sont groupés en confréries, sociétés corporatives de secours mutuel qui entretiennent un autel à la cathédrale. L'évêque, comte de Tréguier, seigneur temporel de la ville, a pour vassaux les nobles des environs, hormis ceux de Plouguiel et de Plougrescant – vassaux du chapitre (l'assemblée des chanoines et des ecclésiastiques). Il possède un grand «regaire», qui s'étend sur une quinzaine de paroisses. Le clergé et la population bénéficient de l'exonération des droits sur le blé, le vin et les provisions transitant par le port, lequel fait une part de la prospérité de Tréguier.

Le declin. Les guerres de Religion entraînent le déclin de la ville. Sans héritier, le roi catholique Henri III s'était désigné comme successeur Henri de Navarre, calviniste. La famille de Lorraine, pour barrer la route du trône à ce dernier, exploita

Saint Yves
«Donner au pauvre raison contre le riche.» Saint breton le plus invoqué, Yves Helory naquit près de Tréguier en 1253, à l'heure de la renaissance bretonne.
Il fréquenta les plus grandes écoles de son temps, puis regagna son manoir pour se livrer à un autre enseignement, celui de la charité. Mort en 1308, il fut canonisé en 1347.

Jusqu'au XIXe siècle, tout le flanc sud de la cathédrale était masqué par des échoppes qui s'y adossaient. Devant l'édifice se tenait le marché aux poissons.

l'émotion suscitée par cette désignation chez les catholiques. Elle fonda, avec Philippe-Emmanuel de Lorraine, duc de Mercœur et gouverneur de Bretagne, la Ligue de la Sainte Union, qui lutta près de dix ans ● *63*. Le 1er août 1589, Henri III est assassiné. Avec le parlement de Bretagne, Tréguier, soucieuse de légitimité, soutient le prétendant huguenot. La même année, la ville est investie par les ligueurs et capitule. Les vainqueurs la dévasteront.

La Revolution française. La Révolution fera perdre à la cité son évêché. L'importance du patrimoine ecclésiastique (plus des deux tiers de la ville) laisse imaginer le traumatisme de la vente des biens nationaux. Le cauchemar de la Ligue se renouvelle : la cathédrale est saccagée, perd ses vitraux et son mobilier. Une exécution marque les mémoires : celle de la femme du valet de chambre de l'évêque (parti en émigration avec le prélat), qui avait caché deux prêtres réfractaires.

Apres la Revolution. La culture du lin et l'exportation des primeurs du pays de Trégor, «l'un des plus fertiles de France, grâce à l'usage des engrais marins et du goémon», comme l'indiquait un rapport de l'armée, enrichissent la région. Le train arrive en 1905. La ligne Paimpol-Tréguier et l'activité portuaire de transport de pommes, d'engrais et de pommes de terre refirent la prospérité de la ville. La destruction du pont sur le Jaudy, à la Libération, puis l'automobile et l'autocar en eurent raison et firent disparaître l'un des plus beaux réseaux de chemin de fer à voie métrique de France.

A l'heure du tourisme. Depuis quelques années, le tourisme donne à Tréguier, où il fait bon vivre et flâner, une nouvelle renaissance. Un port de plaisance a été aménagé sur les bords du Jaudy. La ville s'anime chaque mercredi, jour de marché, et l'été, à l'heure du Festival de musique classique : les plus grands organistes, André Isoir, Jean Boyer, Michel Chapuis, Suzanne Chaisemartin, viennent jouer dans la cathédrale ou en la chapelle Saint-Gonery ▲ *366*. Le centre est à l'occasion transformé en une immense zone piétonne.

Ernest Renan (1823-1892)
Né à Tréguier, il fait des études classiques, puis entre au grand séminaire, où il reçoit la tonsure et les ordres mineurs. Il se détourne cependant de cette vocation et se marie. Il collabore au *Journal des débats*, rallié avec vigilance à l'Empire libéral de Napoléon III, entre à l'Académie des inscriptions et belles-lettres et à l'Académie française, où Jules Simon et Victor Hugo le parrainent. Il laisse une *Vie de Jésus*, ses *Souvenirs d'enfance et de jeunesse*, des œuvres théâtrales comme *Caliban*, ses *Dialogues philosophiques*.

La cathedrale

Cette cathédrale, l'une des plus belles de Bretagne, est également l'âme de la ville. Sa visite commence par le monument aux morts, situé au nord, d'où

La cathedrale, «ce fol essai pour realiser en granite un ideal impossible»

Ernest Renan

CŒUR ET AS DE TREFLE
La flèche du XVIIIe siècle est ajourée des symboles d'un jeu de cartes : cœurs, trèfles et carreaux. Les loteries de Paris avaient en effet contribué à sa reconstruction.

l'on aperçoit l'enfilade des tours. Ce monument, très original, représentant une Bretonne en pleurs, dans sa cape de deuil (1922), est dû à Francis Renaud, né à Saint-Brieuc, en 1887. Elève des beaux-arts de Rennes et de Paris, il est l'un de ces artistes bretons, comme Armel Beaufils ou Jean Boucher, qui inventèrent un art commémoratif original.

PORCHES. Pour entrer dans la cathédrale, on passe sous le porche occidental, appelé porche des Ladres, ou des Lépreux. Sur les vantaux, sculptés, figurent les armoiries de Kermartin, famille de saint Yves, et celles de la ville ; ces dernières ont été exécutées en 1933 par l'artiste trégorois André Le Picard. Au centre se dresse une belle statue de la Vierge (XVe siècle). C'est par le bas de la nef que fut reconstruite en style gothique, à partir de 1339, la cathédrale, dont la métamorphose se lit dans les différents dessins des fenestrages. Au XIVe siècle, les travaux furent ralentis par la guerre de Succession de Bretagne ● *62*. Ce n'est qu'en 1425 que la majeure partie du monument sera achevée. Remarquer, au passage, la finesse de la décoration du porche du Peuple, deux arcs trilobés séparés par une mince colonnette et surmontés d'une rosace à quadrilobe.

Porche sud de la cathédrale.

LA NEF. On pénètre à l'intérieur de la cathédrale par le porche des Cloches, ou tour Neuve, dont les voussures sont sculptées de statuettes, mais où s'impriment les stigmates du temps et du vandalisme révolutionnaire. Le groupe traditionnel de saint Yves placé entre le riche et le pauvre accueille le visiteur, ainsi qu'un magnifique panneau sculpté représentant saint Jean, sur un thème de l'Apocalypse. Dans

LA CATHEDRALE A LA FIN DU XIXe SIECLE
On appréciera la majesté de l'édifice sur cette lithographie du XIXe siècle de Philippe Besnoit. Ce grand vaisseau gothique mesure 75 m de long et sa nef, 18 m de haut.

«NULLE PART LE GRANITE, PIERRE INGRATE, N'A ETE MIEUX ASSERVI PAR LES PIEUX ARCHITECTES»

MAURICE LE LANNOU

LE CLOITRE
Après s'être promené dans la galerie du cloître, on découvre, au centre du jardin, l'enfilade des trois tours : la tour Romane, dite tour d'Hastings, peut-être en souvenir de cette bataille, à laquelle participèrent des Bretons ; viennent ensuite la tour Gothique du sanctus, à la croisée du transept, et la flèche du XVIIIe siècle.

l'une des ailes du transept se trouve la base de la tour romane percée de deux arcs en plein cintre soutenus par des colonnes, dont les bases et les chapiteaux sont sculptés de dessins géométriques, d'entrelacs, d'un Adam et d'une Eve au paradis terrestre, propres à l'époque romane. Les sept travées de la nef sont flanquées de deux collatéraux animés par les enfeus de quelques chanoines. Les arcades de circulation du triforium sont soulignées par une délicate frise en tuffeau, d'influence normande, sculptée de feuillages et de petits personnages. Au fond de la nef se trouvent les orgues exécutées, de 1647 à 1649, par Pierre Tuau pour l'abbaye de Begard ▲ *354*. Transportées à Tréguier en 1835, elles furent restaurées en 1989 par le facteur Dunand, de Villeurbanne. Au milieu de la nef, la chaire du XVIIIe siècle, dont deux anges supportent l'abat-voix, est entièrement sculptée de motifs floraux. Le tombeau de saint Yves, dont la vive blancheur tranche sur la patine du granite, fut reconstruit en 1890, après avoir été saccagé par le bataillon d'Etampes, lors de la Révolution. Il est contigu à la «chapelle du Duc», fondée par Jean V en 1420 afin de reposer aux côtés de saint Yves. Son tombeau, également détruit pendant la Révolution, fut remplacé par un monument, dû à l'architecte Cornon et à Armel Beaufils (1882-1952).

Les miséricordes des stalles, du XVIe siècle, offrent à un œil attentif un imaginaire débridé et savoureux.

Les stalles du chœur. Ces quarante stalles, surmontées jusqu'au XVIIIe siècle de dais gothiques, échappèrent aux destructions. Elles furent sculptées, entre 1509 et 1512, par Tugdual Kergus et par Gérard Dru, sur la commande des chanoines. L'origine rhénane de Gérard Dru, à une époque où Tréguier regroupait plus d'artistes originaires des Flandres et d'Allemagne que de basse Bretagne, explique son inspiration : hommes velus et fous, dragons et grylles.
Le bestiaire médiéval s'adapte remarquablement aux formes des «miséricordes», ces pièces de bois saillantes placées sous la partie mobile du siège, où les chanoines se reposaient de leurs longues stations debout.

Porte méridionale de la cathédrale, dessinée par Bigot en 1875.

Les chapelles rayonnantes. On y trouve les pierres tombales de dignitaires, des tableaux comme l'*Adoration des bergers*, une pietà du XVIe siècle et un Christ du XIIIe siècle. A l'exception de vitraux évoquant la Première Guerre mondiale, dans une chapelle du chevet, tous les vitraux sont contemporains et dus à l'atelier d'Hubert de Sainte-Marie de Quintin ▲ *201*.
Le cloître. Le cloître a été construit de 1450 à 1458. C'est un quadrilatère irrégulier dont la galerie, composée de quarante arcades, est couverte d'un lambris que protège une toiture. Celle-là prolonge le chœur au nord, et s'adosse au sud à l'ancien palais épiscopal. Les arcades sont divisées en deux par des arcatures trilobées de style gothique, qui reposent sur des colonnettes jumelées. Sous l'Ancien Régime, les galeries du cloître étaient louées, les jours de foire, aux marchands ambulants. A une époque récente, les gisants des abbayes de Beaulieu, de Begard, de Bonrepos et du musée de Saint-Brieuc furent amenés pour reposer ici. Le calvaire du centre provient des bois de Keralio. On ne peut qu'être sensible au calme et à l'atmosphère de recueillement qui règnent en ce lieu.

Le centre ville

Le grand pardon
Le 19 mai, date anniversaire de la mort de saint Yves, les fidèles des paroisses environnantes se rendent à Tréguier en une longue procession, assistent à la grand-messe dans la cathédrale, puis repartent pour Minihy-Tréguier ▲ *352*.

Tréguier offre aujourd'hui un «mélange de Moyen Age prolongé et de logis de pierre qui, sauf exceptions, sont des constructions du XVIIIe siècle» (André Mussat). Quelques maisons à colombages, souvent édifiées au début du XVIIe siècle, ont également survécu : leur rez-de-chaussée en pierre soutient une armature en bois, aux entrecroisements comblés de torchis et de pierres de rebut, enduits d'un mortier de chaux. Tous les écrivains sont sensibles à l'atmosphère religieuse qui baigne encore Tréguier. «A la Révolution, écrit Ernest Renan dans *Ma sœur Henriette*, l'évêché fut supprimé : mais après le rétablissement du culte catholique, les vastes constructions que la ville possédait en refirent un centre ecclésiastique, une ville de couvents et d'établissements religieux. La vie bourgeoise s'y est peu développée. Les rues, sauf une ou deux, sont de longues allées désertes, formées par

LA RUE COLVESTRE
On y voit un vestige du premier palais épiscopal : un portail du XVe siècle.

LE CORBUSIER DANS L'ATELIER DE JOSEPH SAVINA (1963)
Les deux artistes travaillèrent ensemble dès 1947. La plupart de ses œuvres sont à la fondation Le Corbusier, à Paris.

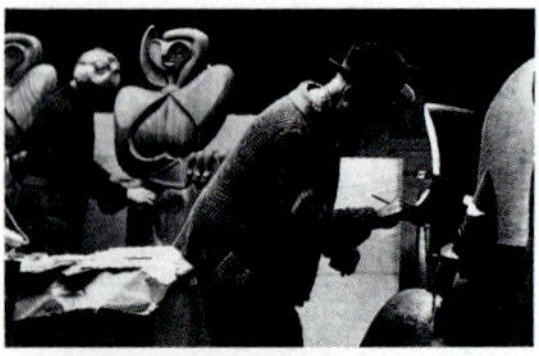

LES MOSAIQUES DE LA POSTE DE TREGUIER (rue Saint-André)
Le fronton de la poste, édifiée en 1935, fut dessiné par l'artiste trégorois André Le Picard et réalisé par l'atelier d'Odorico, de Rennes ▲ *157*.

de hauts murs de couvents, ou par d'anciennes maisons canoniales, entourées de jardins. Un air général de distinction perce partout, et donne à cette pauvre ville morte un charme que n'ont pas les villes de bourgeoisie, plus vivantes et plus riches, qui se sont développées dans le reste du pays.»

RUE RENAN. Du port, toute l'activité remontait la grand-rue, devenue rue Renan. Dans une vieille et belle maison, un antiquaire vend des livres anciens. La maison dite «du Tisserand» est occupée par un peintre, Philippe Châtelain, dont l'inspiration puise aux sources initiatiques de la Bretagne. La maison natale de Renan abrite un MUSEE. Le visiteur y retrouve, intacts, le mobilier et la petite chambre de l'écrivain, perchée sous les toits. Son bureau du Collège de France est reconstitué, le manuscrit des *Souvenirs d'enfance et de jeunesse* et des lettres à sa mère sont exposés.

PLACE DES ARTISANS. Place Notre-Dame-de-Coatcolvézou se dressait la plus ancienne église de Tréguier, remplacée au siècle dernier par les halles, disparues depuis. Seul subsiste le cimetière. Sur la place, où des maisons de pierre des XVIIIe et XIXe siècles alternent avec des maisons à pans de bois, aux hauts greniers, se sont installés deux artistes. L'atelier de Michel Le Calvez est aujourd'hui occupé par des meubles et des sculptures. Cet artiste travailla avec Joseph Savina (1901-1983), rénovateur de l'art breton, avec le groupe des *Seiz Breur*, créateur d'un style renouvelé de mobilier. Jean-Yves Le Prud'homme, diplômé de l'école Boulle et bronzier d'art, officie également sur la place Notre-Dame-de-Coatcolvézou.

RUE SAINT-YVES. Dans l'ancienne rue Neuve, piétonnière, se trouve la maison de La Psalette, érigée en 1447. La porte de l'une des maisons voisines est sculptée d'une figure au chapeau orné de feuillage. Rue Gambetta passe le seul axe qui permette de quitter Tréguier sans franchir la rivière. Le restaurant Le Cheval blanc, ex-relais de diligence, fait face à la chapelle des Augustines hospitalières.

RUE SAINT-FRANÇOIS. Elle va en pente raide vers la rivière. On y trouve l'hôtel de Kermorvan, au coin de la rue Saint-François, la maison du duc Jean V (XIVe siècle) et un hôtel du XVe siècle, la seule demeure avec jardin de la rue. Elle compte aussi deux galeries de tableaux, dont celle du pastelliste Camille Leblond.

BATIMENTS DE L'ANCIEN EVECHE. Le porche ouest de la cathédrale s'ouvre sur le monument aux morts. Commençait ici le domaine de l'évêque, clos par un portail, déplacé depuis,

et un bâtiment accolé à l'angle de la cathédrale, la «conciergerie», supprimée en 1920. Ses voûtes furent percées afin d'ouvrir une voie directe vers le pont. La mairie occupe l'ancien évêché ; un bel escalier de pierre mène à la salle d'honneur. Plus loin, en contrebas, le BOIS DU POETE, ancien bois de l'évêché, dévale jusqu'à la rivière : par admiration pour Renan, Anatole Le Braz (portrait ci-contre) s'y fit inhumer, dans un tombeau dû à Armel Beaufils. L'épitaphe du poète né dans les monts de l'Argoat indique : «Je suis un fils des monts adopté par la mer» ● *135* ▲ *288*. En revenant par les bords de la rivière vers le centre du quai, on aperçoit les coteaux de Trédarzec.

RUE SAINT-ANDRE. Avec la venue du chemin de fer, la circulation passa de la rue Renan à la rue Saint-André, principale voie d'accès à la ville en venant de la presqu'île Sauvage ▲ *356*. Cette rue est bordée par le COUVENT DES SŒURS DE LA CROIX, au coin de la rue de la Chantrerie, face à la Trésorerie, ancienne demeure du trésorier du chapitre, qui abrite aujourd'hui le presbytère.

LA RIVIERE

Tréguier vit au rythme de sa rivière, le Jaudy,«réduit à basse mer à un filet d'eau entre les berges envasées, mais transformé, deux fois le jour, en bras marin à l'azur désert» (François Ménez). On passa d'abord à gué et en barque, puis en bac. Ces derniers étaient un privilège féodal attribué à un fief, droit de «tresage» (passage), ce qui donna ces toponymes en «trez». Le bac de Saint-François, du nom d'un couvent franciscain dont des bâtiments se voient encore dans la verdure, menait à Plouguiel. A Tréguier, le départ se faisait rue Saint-François. Trois bacs rejoignaient la presqu'île Sauvage et le Goëlo. Le pont Canada fut édifié en 1835. A partir de 1877, le pont Noir relia Tréguier à Plouguiel.

ERNEST RENAN
Sa statue, sculptée par Jean Boucher (1870-1903), fut élevée sur la place de la Cathédrale en 1903. Inaugurée par le président Combes, elle suscita de houleuses controverses et reçut en réaction (1904) la construction, à l'entrée du jardin public, au bas de la ville, du calvaire de Protestation.

LE PORT DE PLAISANCE
Il compte trois cent trente places à flot sur appontements, cent places pour les visiteurs, et peut recevoir à toute heure des bateaux de 13 m.

LE PORT AVANT 1900
Le bassin faisant face aux anciennes portes de la ville a été comblé. La rue Renan débouche entre les deux tours carrées. Edifiées au XVIIe siècle, elles servaient à la surveillance du port.

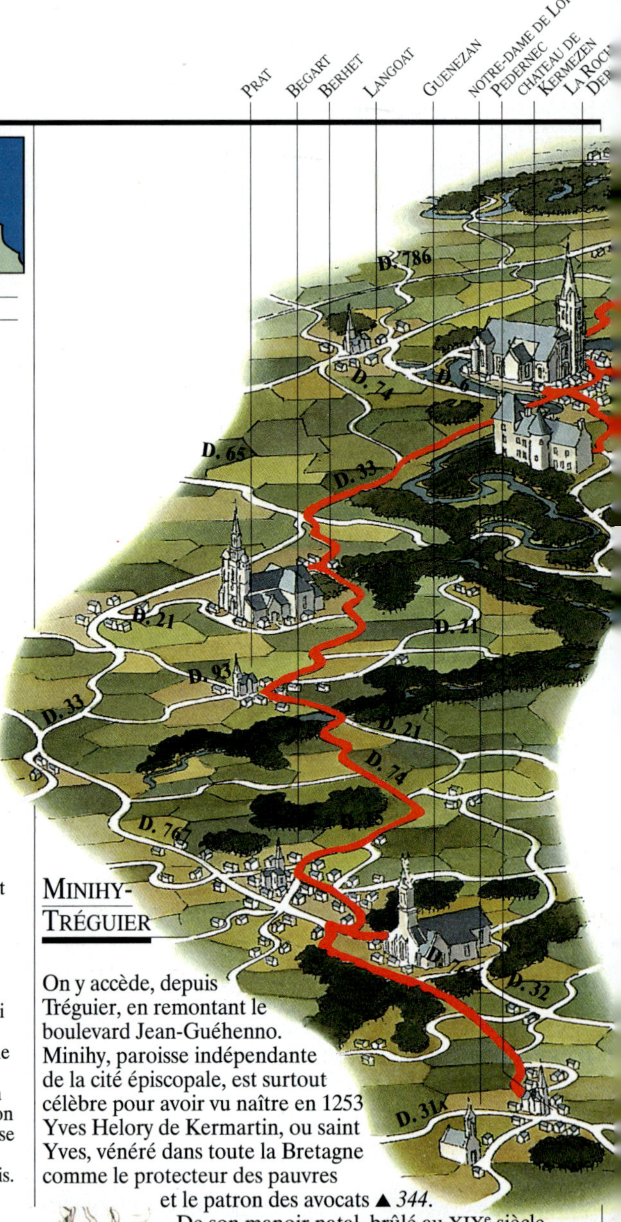

PROCESSION DE SAINT YVES
Dessin sur papier au crayolor de Mathurin Méheut. Le bourg, empreint d'un charme paisible, retrouve son plein épanouissement le 19 mai, jour du pardon de celui qui se fit l'«avocat des pauvres». Son crâne est alors promené dans une châsse en vermeil, dont fit don en 1921 à la paroisse Mgr de Quelen, archevêque de Paris.

Pendant la Révolution, la relique fut cachée sous une dalle de la cathédrale de Tréguier.

MINIHY-TRÉGUIER

On y accède, depuis Tréguier, en remontant le boulevard Jean-Guéhenno. Minihy, paroisse indépendante de la cité épiscopale, est surtout célèbre pour avoir vu naître en 1253 Yves Helory de Kermartin, ou saint Yves, vénéré dans toute la Bretagne comme le protecteur des pauvres et le patron des avocats ▲ *344*. De son manoir natal, brûlé au XIXe siècle, il ne subsiste que le colombier. Grâce à quelques dessins, on connaît son aspect, celui d'une grosse ferme à deux étages, flanquée d'une aile, édifiée par le saint, dit-on, pour abriter les pauvres. C'est lui encore qui érigea son petit village en *minihy* : placés sous l'autorité de l'évêque, les *minihy* étaient terres d'asile pour qui voulait échapper à la justice du duc. Prétextes à trop d'abus aux yeux des autorités, ils furent supprimés par l'ordonnance de Villers-Cotterêts en 1539.

EGLISE. Elle fut construite en 1418 sur l'emplacement d'une chapelle élevée par saint Yves sur les terres du manoir paternel. A l'intérieur, un panneau reproduit la copie de son

testament ; derrière une vitre, son bréviaire a été mis à l'abri de fidèles trop zélés qui en arrachaient les pages ; une bannière, enfin, classée par les Beaux-Arts, avec d'un côté la crucifixion, et de l'autre saint Pierre, illustre le savoir-faire des brodeurs au XVIIIe siècle.

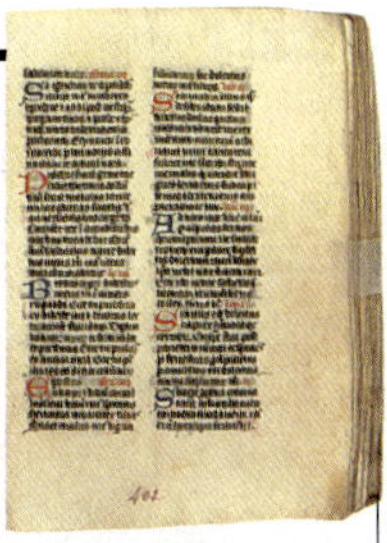

TESTAMENT DE SAINT YVES
Présenté en latin, avec sa traduction en français, il nous apprend que le saint légua tous ses biens à la chapelle.

LA ROCHE-DERRIEN

En remontant le cours du Jaudy, on parvient à La Roche-Derrien, laissée un peu à l'écart par la nouvelle route. Le bourg est né au XIIe siècle, à l'abri du château que Derrien, l'un des fils du comte Etienne, avait élevé sur un promontoire naturel pour défendre un important nœud de communications. L'emplacement de ce château, disparu, est signalé par une chapelle ; autour, quelques belles maisons à colombage rappellent que La Roche fut autrefois une cité importante. Aux XVIIIe et XIXe siècles, alors que la culture du lin ● *66* battait son plein dans le Trégor, La Roche-Derrien connut une ère de grande prospérité économique. Jusqu'au début du XXe siècle, le traitement de la fibre et le tissage étaient assurés par une infinité de petits ateliers familiaux, installés dans les nombreux moulins qui bordaient la rivière. La concurrence du coton, puis des synthétiques, ainsi que l'éloignement des grandes usines du nord de la France, eurent raison de cette industrie séculaire. Aujourd'hui, La Roche joue la carte du tourisme vert avec, notamment, deux plans d'eau aménagés entre Langoat et Milin-Saez.

«TOMBEAU DE SAINT YVES»
Il est d'usage, avant le pardon, de passer neuf fois sous cet autel de pierre, dans le cimetière, pour voir ses vœux exaucés.

EGLISE. Elevée au XIIIe siècle par des moines de Guingamp, elle fut fortifiée par les partisans de Charles de Blois, lors de la guerre de Succession ● *63*. De cette époque troublée subsiste une meurtrière, dans l'escalier de la tour. Au XVe siècle, l'édifice fut doté de son porche sud et remis en état.

MANOIR DE LA VILLEBASSE. Le manoir a réussi l'exploit de conserver sa physionomie du XIVe siècle : il exhibe encore intactes les moulures de son porche, ses fenêtres à traverses et à meneaux, et la fenêtre en arc brisé de sa chapelle intérieure. Il a aussi la particularité d'être traversé dans toute son épaisseur par une porte charretière monumentale (ci-contre). Niché au creux d'une anse du Bizien, affluent du Jaudy, il a probablement été jadis le théâtre de quelque contrebande.

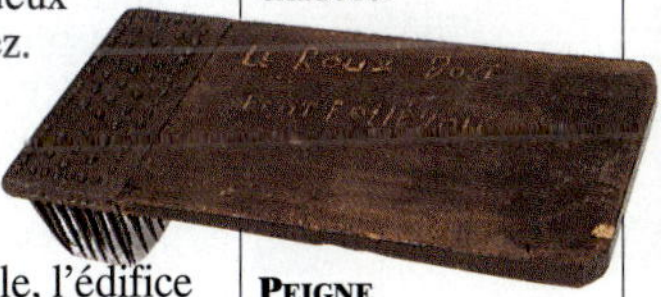

PEIGNE FIN A LIN
Ce peigne, ou *breuze*, des premières décennies de ce siècle, était destiné à débarrasser les fils de lin de toute impureté. Sur le dessus est gravé le nom de son propriétaire, José Le Roux, et la mention «petit Follézou», sans doute une localité ou un lieu-dit.

Le château de Kermezen fut construit sur l'emplacement d'un château plus ancien, dont on a retrouvé récemment une partie des fondations.

CHATEAU DE COADELAN
Donnant sur une cour fleurie, l'édifice se termine par deux tourelles, dont l'une abritait les étuves seigneuriales. Les propriétaires proposent aujourd'hui des chambres d'hôtes.
La chapelle Saint-Jérôme est très isolée. A l'époque gallo-romaine, elle se trouvait sur la voie qui reliait Le Yaudet ● *332* à La Roche-Derrien.

BERHET

CHATEAU DE KERMEZEN. Sur la route de Berhet, au milieu d'un jardin dominant la rivière, se découvre un beau domaine du XVIIe siècle dont la façade fut restaurée au XIXe siècle. En outre, le château ouvre ses chambres aux hôtes de passage.
CHATEAU DE COADELAN. A la frontière des communes de Berhet et de Prat, le château de Coadelan, transformé en exploitation agricole sans être le moins du monde défiguré, est formé d'un grand corps de logis flanqué d'une tour. A la fin du XVIe siècle, il servit de repaire au brigand Guy Eder de La Fontenelle, qui profita des guerres de Religion pour dévaster la région. Il avait auparavant épousé l'héritière de Coadelan, et finit ses jours roué en place de Grève.

CHAPELLE NOTRE-DAME-DE-CONFORT. De l'autre côté du bourg de Berhet, la belle chapelle Notre-Dame-de-Confort apporte «réconfort à tous les maux». Fondé en 1523, l'édifice fut terminé en 1537 : les dernières réalisations (portails nord et sud) reflètent un style Renaissance prononcé. Des fleurs de lis, figurées sur les fenêtres de la longère sud, ont pu être interprétées comme une allusion à la réunion de la Bretagne à la France. A l'intérieur, un maître-autel en granite, aux armes des fondateurs, est surmonté d'un retable en bois sculpté, représentant la vie du Christ.
CHAPELLE SAINT-JEROME. A Lanmérin, l'ancienne chapelle domestique du manoir de la Salle, dédiée à saint Jérôme, est aujourd'hui abandonnée à une solitude bucolique. Les pierres d'appui des rampants ouest figurent des lions ; ses lambris peints, ses entraits et ses sablières sculptées sont remarquables.

BEGARD

La commune, créée en 1793 autour de l'abbaye de Notre-Dame-de-Begard, prit son essor tardivement, au XIXe siècle grâce à l'industrie du lin.

ABBAYE. Fondée au XIIe siècle, elle prit le nom d'un ermite qui vivait dans ces lieux, Raoul Begar. Les possessions de l'abbaye étaient très étendues, jusqu'aux îles Maudez et Milliau, et même dans l'actuel Yorkshire, en Angleterre. Ses moines créèrent des «filiales» : Boquen, Lanvaux et Coatmalouen ▲ *230*, Saint-Aubin et Relecq. En 1857, les religieuses du Bon Sauveur de Caen achetèrent l'abbaye, et y installèrent un hôpital psychiatrique, qui créa de nombreux emplois dans la région. Les bâtiments du XVIIe-XVIIIe siècle ne sont pas visibles, sinon depuis la grille de la porte d'honneur. Un colombier tout à fait curieux, celui de KERNAUDOUR, attend les promeneurs au détour de la route Guingamp-Lannion : des chênes ont poussé sur son toit !

EGLISE DE GUENEZAN
Les pittoresques têtes de moines du porche nord semblent encore narguer les religieux de Bégard, jadis puissants seigneurs des lieux. Quant à la coquille Saint-Jacques du fronton, au-dessus de la porte, doit-elle être vue comme un rappel du pèlerinage de Compostelle ?

GUENEZAN

EGLISE. Dédiée à sainte Geneviève, l'église, des XVIe et XVIIe siècles, a conservé des fenestrages du XIVe siècle sur la longère nord. Le clocher-mur (1577) est percé, à l'ouest, d'une belle porte Renaissance de 1611, avec une vieille serrure de bois. Un petit ossuaire d'attache occupe l'angle nord-ouest de l'édifice. Sous le porche principal, orienté exceptionnellement vers le nord, sont fixées de truculentes têtes de moines, vestiges des anciennes sablières. A l'intérieur, le mobilier renferme une porte de confessionnal en bois du XVIIIe siècle, une chaire du XIVe siècle, un retable en bois de la fin du XVe siècle, figurant la crucifixion. La chapelle a été sauvée en 1979 par un généreux mécène.

PEDERNEC

CHAPELLE NOTRE-DAME-DE-LORETTE. Cette chapelle des XVIe et XVIIe siècles, située à côté du nouveau cimetière, recèle un campanile sur pignon, très ouvragé, une porte à panneaux sculptés de 1595, une très belle charpente lambrissée, avec poutres engoulantes et clefs de voûte ● *109*, et une croix du XVIIe siècle dans l'enclos.

EGLISE SAINT-PIERRE. Dans cette église reconstruite en 1847 subsistent le collatéral sud et une belle rosace, du XVIe siècle, ainsi que la sacristie, de 1637. A l'intérieur, un panneau de bois du XVIe siècle, évoque le martyre de sainte Barbe ; une bannière du XVIIe siècle figure saint Pierre d'un côté et saint Hervé de l'autre.

CARRIERES DE BEGARD
Si Bégard possédait encore au début du siècle une carrière de granite, c'est aujourd'hui une commune essentiellement rurale, à forte production laitière.

▲ TREGUIER VERS PONTRIEUX

🚗 42 km
🕒 1 journée

Pleubian possède un monument original : une chaire à prêcher extérieure entièrement sculptée des scènes de la Passion, édifiée vers 1500. Il existe cinq chaires extérieures dans le département.

Après Tréguier, une fois la rivière par le pont Canada traversée, le promeneur entre dans la presqu'île Sauvage. Par Trédarzec et Kerbors, il arrive à Pleubian.
Le clocher de l'église paroissiale est un clocher-mur à cloches apparentes, caractéristique de la région. On le retrouve à Trédarzec, Lézardrieux, Pleudaniel... Le monument de la commune le plus remarquable est une chaire extérieure située dans l'enclos paroissial.

LE SILLON DE TALBERV

En remontant vers la pointe septentrionale de la commune, une curiosité géologique retient l'attention : le sillon de Talberv, qui enfonce sa flèche de sable et de galets jusqu'à 3 km en pleine mer. On y parvient, de Pleubian, en empruntant la route de Saint-

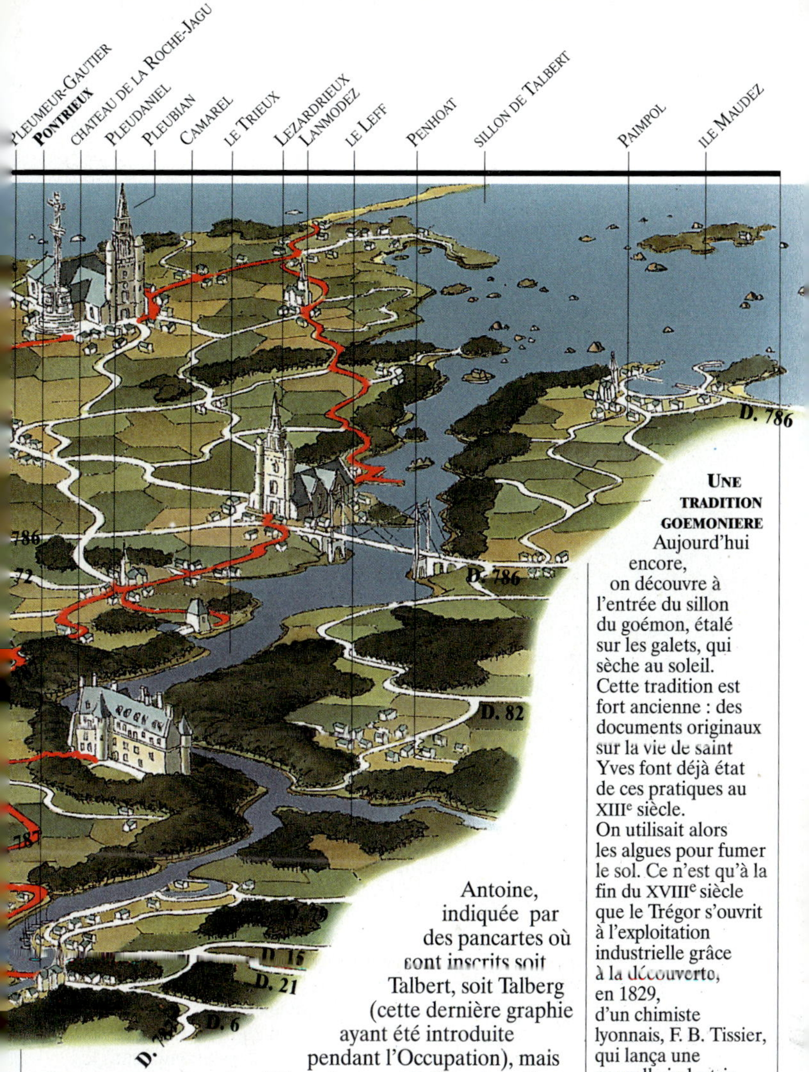

UNE TRADITION GOEMONIERE

Aujourd'hui encore, on découvre à l'entrée du sillon du goémon, étalé sur les galets, qui sèche au soleil. Cette tradition est fort ancienne : des documents originaux sur la vie de saint Yves font déjà état de ces pratiques au XIIIe siècle. On utilisait alors les algues pour fumer le sol. Ce n'est qu'à la fin du XVIIIe siècle que le Trégor s'ouvrit à l'exploitation industrielle grâce à la découverte, en 1829, d'un chimiste lyonnais, F. B. Tissier, qui lança une nouvelle industrie, celle de l'iode. Dès 1898, une usine s'implanta à Pleubian.

Antoine, indiquée par des pancartes où sont inscrits soit Talbert, soit Talberg (cette dernière graphie ayant été introduite pendant l'Occupation), mais l'étymologie est *Talberv*, le «sillon (*ero* ou *erv*) qui fait front (*talb*)». Il affronte, en effet, les longues houles qui ont traversé l'Atlantique. Les galets qui forment la flèche, poussés par ces houles, ont été séparés du plateau rocheux lors des grands gels du quaternaire. La mer les a façonnés en les roulant. D'autres sont arrivés en flottant grâce à de grandes algues. Le sillon était plus long autrefois et s'accrochait à la plus proche des îles de l'archipel d' Ollone. Il s'est rompu une première fois au début du XVIIIe siècle, puis à nouveau au XIXe siècle mais, cette fois, il s'est reconstitué au bout de quinze ans. Sa partie la plus proche du continent a malheureusement été défigurée par des travaux de consolidation visant à protéger les habitants des rivages voisins, ainsi que leurs maisons et leurs champs. Auparavant le sillon comportait deux parties bien distinctes : l'une recouverte de sable, avec de la végétation dunaire – aujourd'hui disparue – l'autre faite de galets. On découvre, après les derniers enrochements, un paysage où le vent est toujours fort et la promenade fatigante. Les imprudents, tentés

Ci-dessous, un cheval de goémonier.

Le travail des goémoniers, dont l'activité était parfois illégale, a inspiré nombre de peintres, ici R. Matté. Des textes d'archives rapportent qu'en 1636 deux individus furent surpris sur l'île Modez à faire brûler du goémon destiné à des marchands de Rouen pour en faire de la poudre à canon.

Jean-Baptiste Colbert encouragea la production de cendre de goémon qui servait à la fabrication du verre à vitre dans les grosses verreries normandes.

de prolonger l'aventure au-delà du sillon, courront le risque d'être bloqués par la marée une nuit entière. Il est aussi extrêmement dangereux de vouloir traverser à gué à marée montante. A son extrémité, le sillon, plus haut et plus épais, est un lieu de nidification des sternes et il faut éviter, à la saison de la ponte, de suivre la crête qui se reforme presque tous les ans. Pour avoir une vue générale du sillon, il faut se rendre à l'ancien sémaphore de Crehc'h Maout, à 1 km à l'ouest de l'enracinement.

UNE TRADITION GOEMONIERE. Les habitants de la presqu'île Sauvage ont ramassé et exploité les algues, depuis des siècles. On récolte environ 10 000 t par an de fucus et d'ascophyllum, qui sont transformés en farine pour les animaux dans les usines du SETALG. Les laminaires sont, quant à elles, cueillies jusqu'à 3 m de fond à partir de bateaux équipés d'un crochet rotatif, puis acheminées vers des sociétés finistériennes. Elles servent à fabriquer de l'alginate, un produit gélifiant utilisé dans les industries textiles, pharmaceutiques et dans la papeterie. Enfin, le Centre d'études et de valorisation des algues (CEVA), créé en 1982, s'est installé sur la pointe de Pen-Lann. Il regroupe l'ensemble des connaissances scientifiques, techniques et industrielles dans ce domaine en pleine expansion. Des visites guidées sont organisées.

ILE MODEZ. De la pointe découpée de Pen-Lann, on aperçoit en mer une île sur laquelle se dresse une petite tourelle coiffée d'un dôme. C'est l'un des ultimes vestiges des monastères fondés par les moines qui accompagnèrent l'émigration bretonne. Ce type de construction rappelle les tours circulaires d'Irlande toujours associées à des installations monastiques. Saint Modez, contemporain

de saint Gonéry et de saint Gildas, se retira sur l'île sauvage qui prit son nom. Le premier miracle qu'il accomplit en y posant le pied fut de la débarrasser de tous les animaux nuisibles qui l'infestaient. Il y fonda un monastère organisé sur le mode celtique, où chaque moine avait une cellule ronde tandis que la chapelle était aménagée dans une cellule commune plus grande. Cette dernière subsiste sur l'île Modez.

Moulin à marée sur le Trieux, près du lieu-dit Boloï. A l'endroit où la rivière fait un coude existait encore au début de notre siècle les vestiges d'un donjon carré.

LEZARDRIEUX

UN PORT NATUREL. Aujourd'hui aménagé pour la plaisance, il était déjà fort apprécié sous l'Ancien Régime. Colbert n'écrivait-il pas : «Dans la rivière de Pontrieux, il se trouve au-dessus et au-dessous du village des Ardrieux *(sic)*, un bassin naturel dans lequel on peut non seulement hiverner une des plus grandes flottes de la mer, mais aussi... caréner toutes sortes de navires.» Ces dispositions naturelles avaient dès le XIIe siècle conduit à y élever une place forte surveillant la voie d'invasion idéale qu'était ce large estuaire, dominant un des plus beaux sites maritimes de France, qui va de l'île de Bréhat à Pontrieux.
HISTOIRE DE PONTS. A Lézardrieux se trouve le seul pont qui, avant Pontrieux, permette de passer de Trégor en Goëlo. Avant sa construction, en 1840, la traversée se faisait en bac, ce qui n'était pas sans péril malgré la compétence des passeurs. C'est pourquoi saint Julien et saint Christophe, eux-mêmes passeurs, furent installés à chaque extrémité du pont. Si leurs chapelles ont disparu, la statue grandeur nature de saint Christophe, sauvée de l'oubli, trône encore à l'entrée du pont.

LE LONG DU TRIEUX

EN TRAIN OU EN BATEAU. Aucune route ne longe la rivière et, pour profiter du paysage, il n'existe que ces deux moyens. De Lézardrieux, en remontant l'estuaire, le lit de la rivière est large. Ernest Renan en a fait cette description : «Il y a dans le pays de Goëlo ou d'Avaugour sur le Trieux, un endroit que l'on appelle Le Ledano parce que là le Trieux s'élargit et forme une lagune avant de se jeter dans la mer. Sur le bord du Ledano est une grande ferme qui s'appelle Kerambellec ou Meskambellec. Là était le centre du clan des Renan.» On a découvert sur la rive gauche, à Pleudaniel, les vestiges d'une villa gallo-romaine.

PONT SUSPENDU
Ce pont pour chemin de fer à voie étroite, conçu en 1925 par Harel de La Noé, est classé monument historique car c'est le plus important ouvrage d'art des Côtes-d'Armor. Louis Harel de La Noé (1852-1931), inventeur, polytechnicien et ingénieur des Ponts et Chaussées, est aussi à l'origine du phare de l'Ile aux moutons ou du pont en X sur la Sarthe. Talent reconnu, il a fait partie d'un comité pour l'étude de béton armé aux côtés de Gustave Eiffel.

La Roche-Jagu est la seule des dix forteresses bâties sur les rives de l'estuaire du Trieux aux XIe et XIIe siècles à être restée debout. Le château, propriété du conseil général, a été entièrement restauré. Il est ouvert au public et abrite des expositions consacrées au département. En 1991, ce fut la prestigieuse exposition Trésors secrets des Côtes-d'Armor. En 1992, Arts et Culture maritimes en Côtes-d'Armor.

CAMAREL. Dans une profonde échancrure de la rive, au village de Camarel, se trouve la chapelle de *Coz Illis* (la «vieille église»), pèlerinage privilégié des marins. Les vestiges d'un donjon carré, baptisé Boloï, se voyaient encore au début du siècle à l'endroit où la rivière fait un coude. C'était, avec le château de La Roche-Jagu, le dernier vestige de l'une des dix forteresses qui défendaient l'estuaire du Trieux.

CHATEAU DE LA ROCHE-JAGU

COTE COUR, COTE RIVIERE. Sa position surplombant une boucle très profonde de la rivière en faisait un excellent site de surveillance. Les travaux de dégagement et de restauration du parc et du bois ont mis au jour les anciens remparts qui entouraient le premier château construit par Jagu à la fin du XIe siècle et détruit lors de la guerre de Succession de Bretagne, trois siècles plus tard. L'actuelle maison forte fut reconstruite en 1405. La façade côté rivière, d'où pouvait provenir le danger, comporte peu d'ouvertures et n'a d'autres ornements que ses dix-neuf cheminées de forme polygonale au sommet dentelé. L'édifice côté cour, orné d'une tourelle, est moins sévère. Au premier étage, la chambre du seigneur est encadrée d'une belle sculpture de style gothique. Au second courait autrefois un chemin de ronde dont on voit encore des traces.

A L'INTERIEUR. A l'entrée, une imposante grille de fer est fermée par une clôture de bois. La grande salle où l'on pénètre était la salle d'honneur et de festin, comme l'indique la proximité des cuisines. Deux escaliers à vis à chaque

La maison forte qui s'élève sur le site de La Roche-Jagu est très modeste par rapport à ce que fut la forteresse d'origine. Elle disposait, avec celle de Frynaudour, sur l'autre rive, au confluent du Trieux et du Leff, d'un point de vue idéal pour surveiller l'arrivée d'un éventuel ennemi.

extrémité de cette salle desservent l'étage supérieur, l'étage noble. A ce niveau, une chapelle intérieure est flanquée de deux petits oratoires pourvus de cheminées destinées à réchauffer les châtelains durant les offices.

PONTRIEUX

FRUIT DE LA RIVIERE. Pontrieux, comme beaucoup de villes bretonnes élevées au point extrême de remontée des marées, doit tout au petit fleuve côtier sur lequel elle est bâtie. Le Trieux lui a donné son nom et sa raison d'être : c'est un point de passage et donc de commerce, un port d'échange au carrefour de l'Argoat et de l'Armor.
Le fleuve lui a apporté richesse (les moulins, jadis nombreux, généraient un commerce des grains puis une industrie du chanvre et du lin) et dévastations dues aux Normands, dont les redoutables drakkars remontèrent sans peine jusqu'à *Goas Villinic* (la «rivière du petit moulin»), et aux grandes crues hivernales. Au XVIIIe siècle, la ville fut, à trois reprises au moins, victime d'importantes inondations.
C'est aujourd'hui une petite cité de caractère qui a trouvé une vocation nouvelle grâce à son port de plaisance.

La rivière du Trieux a fait de Pontrieux une cité active en y générant de nombreuses activités liées à l'eau : pêcheries d'anguilles et de saumons, moulins à céreales, moulins à papier… Hélas, l'eau de la fontaine de la place (ci-dessus) n'est plus potable.

RUNAN

EGLISE. Le premier édifice appartenait aux templiers. Après la dissolution de leur ordre, en 1312, l'église passa aux mains des hospitaliers de Saint-Jean-de-Jérusalem, qui entreprirent sa reconstruction. L'édifice fut encore agrandi au milieu du XVe siècle. La présence de cet ordre puissant, et le voisinage de la forteresse de Châteaulin-sur-Trieux, propriété des ducs de Bretagne, expliquent la richesse de l'église. Lorsqu'ils résidaient à Châteaulin, les ducs venaient écouter la messe à Runan. Le porche sud de l'église est orné d'un linteau sculpté représentant, à gauche, une Annonciation, à droite, une pietà. A l'intérieur, la chapelle des fonts baptismaux abrite un beau retable en pierre bleue de Tournai décoré des scènes de la Passion. Dans l'aile nord du transept, le lambris (XVIIIe siècle) est orné du symbole du Saint-Esprit et de têtes de morts ; la chapelle était en effet consacrée aux agonisants ; on sonnait autrefois une cloche pour les accompagner dans leurs souffrances. Les lambris de la nef et les sablières représentent les signes du zodiaque et les sept péchés capitaux. Enfin le chœur est éclairé par une maîtresse-vitre de 1423. Chaque personnage est figuré sous un dais ogival. Les visages sont traités en grisaille. On reconnaît saint Pierre, la Vierge, le Christ, saint Jean, sainte Catherine et sainte Hélène.

Les embellissements dont l'église de Runan (dont voici un détail du porche) a bénéficié au cours des siècles sont dus à la générosité des commandeurs du palacret mais aussi à la proximité de la forteresse de Châteaulin-sur-Trieux. Cette place forte verrouillant le fond de l'estuaire, appartenait aux ducs de Bretagne qui venaient écouter la messe à Runan.

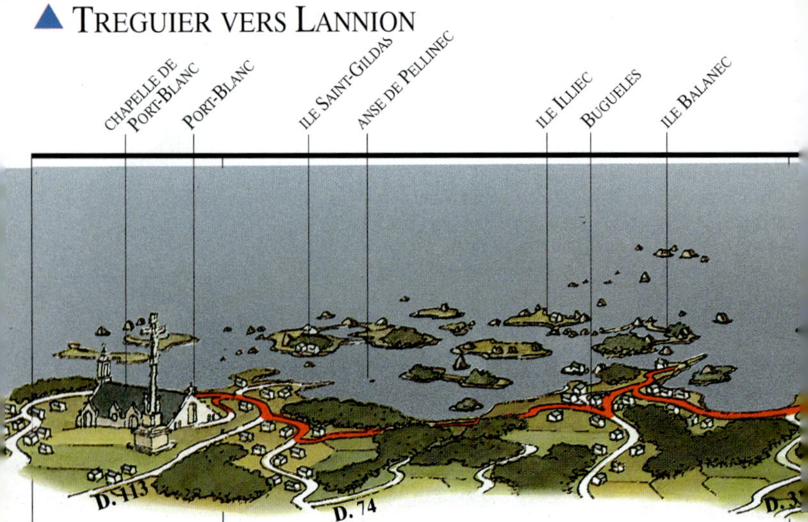

PLOUGUIEL

Cette gravure représente l'ancienne église de Plouguiel, abattue au XIXe siècle. Comme son nom l'indique, Plouguiel est l'une des nombreuses paroisses fondées lors de l'émigration bretonne, entre le IVe et le VIe siècle. La plupart de ces *plou* avaient pour éponyme un saint personnage canonisé par la ferveur populaire. A Plouguiel, le fondateur est, sans doute, le chef qui fonda une antique seigneurie, Lezguiel, la «cour de justice de Guiel».

CHAPELLE DE SAINT-GONERY
Cet édifice mi-roman mi-gothique est consacré au fils de sainte Eliboubane, Gonéry, l'un de ces innombrables moines qui accompagnèrent l'immigration bretonne et dont on ignore presque tout.

La commune est bornée par deux rivières : le Guindy, dont les eaux alimentaient autrefois des bassins pour le teillage du lin ● *66,* et le Jaudy, dont la rive gauche était hérissée de défenses. Les vestiges d'une importante motte féodale, Kerdéozer, sont encore visibles dans une boucle du Guindy. Le long de l'estuaire, les lieux-dits Le Bastion, Le Bastillon, L'Observatoire et Le Corps de garde évoquent des postes de guet. A l'entrée de l'embouchure se dresse un four à chaux, construit en 1860, et intact. Dans l'ANSE DE BEG-MELEN, on peut voir un chantier naval artisanal où l'on fabrique encore des bateaux de bois à l'ancienne.

LA ROCHE-JAUNE. Le petit port de La Roche-Jaune, avec ses bassins ostréicoles et ses bateaux de pêche, est situé à mi-chemin de l'estuaire. Autrefois, un bac traversait la rivière pour rejoindre Kerbors, sur la rive opposée. D'autres bacs desservaient également une île au nord, en pleine mer, l'ILE D'ER (ou d'Erc'h). Sur l'ILE LOAVEN, les croyants vénèrent sainte Eliboubane, mère de saint Gonéry, dont les reliques sont portées en procession le jour du pardon pour saluer celle qu'ils honorent comme symbole de la mère exemplaire.

BAIE D'ENFER. Cette baie profonde, où se jette le Lizildry, est ainsi nommée en raison de sa position en contrebas des plateaux de Plouguiel

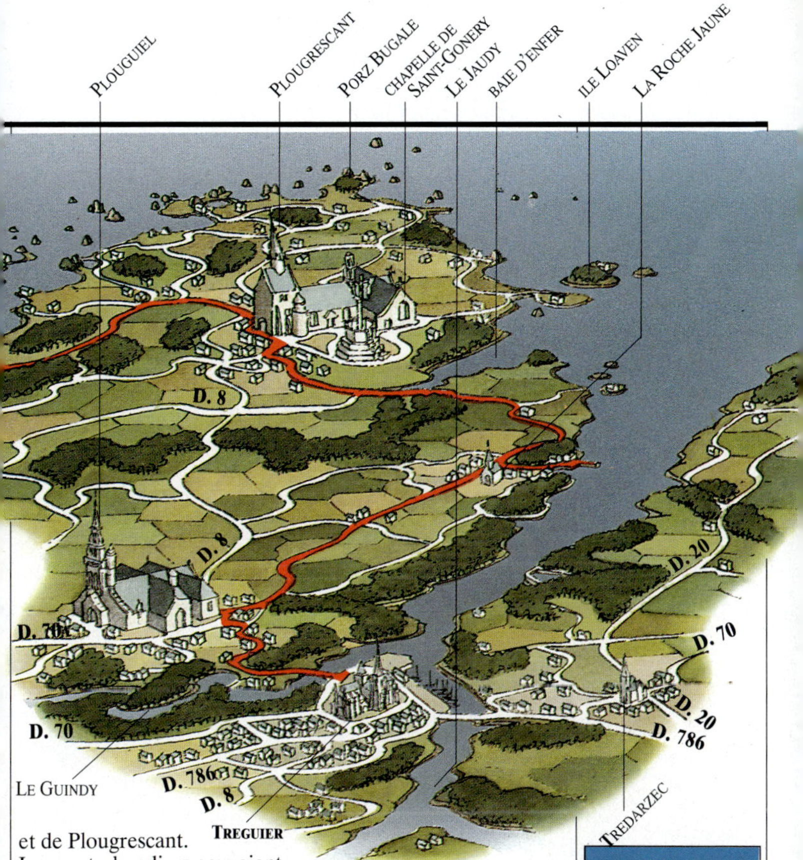

et de Plougrescant.
Les contrebandiers pouvaient autrefois y exercer leur trafic à l'abri des douaniers.

35 km
5 heures

Plougrescant

Chapelle de Saint-Gonery. Sa flèche en bois, couverte de plomb, a pris avec le temps une étrange inclinaison. Dans l'enclos paroissial, une chaire à prêcher extérieure témoigne de l'affluence des fidèles qui se pressaient les jours de pardon.
Trois personnages sculptés, saint Tugdual, saint Gonéry et saint Yves, ornent

EVE
ADAM
ADAM. EVE

LES FRESQUES DE LA CHAPELLE DE SAINT-GONERY, EXÉCUTÉES À LA FIN DU XVe SIÈCLE, REPRÉSENTENT DES SCÈNES DE L'ANCIEN ET DU NOUVEAU TESTAMENT. ON Y DÉCOUVRE DES ÉPISODES DE LA CRÉATION ET DE LA VIE D'ADAM ET ÈVE.

la porte de la chapelle. Le sarcophage de saint Gonéry, dont la sépulture est à l'origine de la chapelle, et le tombeau que les paroissiens lui firent élever au XVIIe siècle sont placés sous la tour romane. Dans le chœur se trouve le tombeau commandé avant sa mort par l'évêque du Halegoet, à la fin du XVIe siècle. Le transept sud abrite également une magnifique crédence de la fin du gothique flamboyant, qui servait autrefois à conserver les reliques de saint Gonéry et les archives de la paroisse, mais la véritable richesse de la chapelle est constituée par les peintures du lambris, exécutées à la fin du XVe siècle. Elles furent souvent reprises et restaurées. Le récit de la Genèse et quelques-uns des principaux épisodes de la vie du Christ (Nativité, présentation au Temple, résurrection de Lazare, trahison de Judas et libération de Barabbas) sont représentés en une suite de petits tableaux d'un style beaucoup plus naïf et rural qu'à Châtelaudren ▲ *193*. A gauche de la chapelle, une petite route mène au CHATEAU-ACCUEIL DE KERGREC'H.

La maison de Castel-Meur, image-symbole du département.

KERALIO. A mi-chemin de Saint-Gonéry et de Penvénan, une route permet de rejoindre la CHAPELLE SAINTE-ANNE, caractéristique de son époque (fin du XVe siècle) avec sa porte ornée de crochets et de choux frisés. LE CHATEAU fut construit à la même époque. En 1420, lorsque le duc de Bretagne fut traîtreusement emprisonné par des vassaux félons, les Blois-Penthièvre, Guillaume de Keralio vola à son secours. Le duc, libéré, le récompensa en lui donnnant le droit d'avoir «douves, pont-levis, tours, tourelles, canonnières, droit de haute et basse justice». Guillaume n'eut pas le temps d'user de ses prérogatives car il alla mourir à l'île de Rhodes, en servant les hospitaliers de Saint-Jean-de-Jérusalem. C'est son petit-fils, Roland de Scliszon de Keralio, qui fit construire le château. L'édifice, quoique remanié, a conservé des douves et une tour avec un toit en poivrière de la fin du XVe siècle.

La côte de Plougrescant est déchiquetée : près de la pointe du Château, les rochers du gouffre de Castel-Meur sont si impressionnants que certaines scènes des *Travailleurs de la mer* y furent tournées.

PENVÉNAN

UN ARCHIPEL MAGIQUE. C'est à la hauteur de Buguélès, l'un des deux villages marins de Penvénan, que commence à s'égrener le chapelet des îles qui bordent la côte. ILLIEC, dont le sillon de galets décrit un arc de cercle, attira des personnages célèbres : Ambroise Thomas y composa *Mignon*, et Charles Lindbergh chanta la magie des lieux dans son *Journal du temps de guerre* : «L'île ne pouvait être plus splendide, la mer, les rochers, et les bouquets d'arbres se combinant avec le ciel changeant et la marée pour aboutir à une perfection presque incroyable.» A Buguélès, les rochers envahissent le village et veillent au seuil des maisons.

ILE SAINT-GILDAS. Dès le XIe siècle, une chapelle, qui existe toujours, fut élevée dans cette île, la plus grande de l'archipel. Chaque année, à la Pentecôte, les pèlerins demandent au saint de protéger leurs chevaux (médaillon ci-dessous). Les animaux se rendent à l'île à marée basse en partant de Buguélès, tandis que les fidèles passent le bras de mer sur des embarcations à partir de Port-Blanc. La bénédiction des chevaux a lieu après la messe dite en plein air.

ANSE DE PELLINEC. Pour rejoindre Port-Blanc depuis Buguélès, on repasse par le bourg de Penvénan. Mais, pour plus de pittoresque, il est conseillé d'emprunter à marée descendante la route submersible qui traverse l'anse de Pellinec. Les champs bordent un paysage marin, aux innombrables îlots. Le MANOIR DE GUERNOTIER, au fond de cette baie, possédait un moulin à eau transformé aujourd'hui en résidence secondaire. Le visiteur peut encore rejoindre Port-Blanc en voiture, ou à pied, par le sentier des Douaniers. Il découvrira alors, se détachant sur l'horizon, l'île Marquer et l'île du Milieu.

Cette vue aérienne de la côte de Plougrescant et de l'estuaire du Jaudy (à droite) permet de mesurer la complexité de l'archipel, constitué de milliers d'îlots.

ALEXIS CARREL, chirurgien et physiologiste français (1873-1944), réalisa de nombreuses expériences sur la suture des vaisseaux sanguins, les greffes de tissus et des organes, et la culture de tissus vivants. Il acheta l'île Saint-Gildas, où il est inhumé, grâce au montant de son prix Nobel, obtenu en 1912.

CHAPELLE DE PORT-BLANC ♥
Cette chapelle est l'âme du village. C'était à l'origine une tour de garde d'où l'on surveillait l'horizon. Les coups de main ennemis étaient si fréquents que les habitants invoquaient la protection de la Vierge. C'est ainsi qu'à la fin du XVe siècle ils décidèrent de lui confier leur sauvegarde et lui édifièrent une église neuve. Le bas-côté nord abrite une fenêtre gothique, celle d'un oratoire intégré à la tour de garde.

PORT-BLANC

UNE TRES ANCIENNE OCCUPATION. La quiétude du havre de Port-Blanc contraste avec les formes torturées des rochers de Plougrescant. De nombreux vestiges de l'époque néolithique y ont été découverts : menhirs et allées couvertes, tombes d'une nécropole, ateliers de bouilleurs de sel.

Au sud de la commune se trouvait, jusqu'en 1964, un vaste tumulus formé d'une ceinture elliptique de cinquante petits menhirs. Cet ensemble mégalithique (2 550 ans avant notre ère), dégagé au cours d'une fouille de sauvetage, a été reconstitué sur le quai de Tréguier.

UN POINT D'EMBARQUEMENT. Il est loin le temps où le roi d'Angleterre faisait débarquer à Port-Blanc, appelé alors Port-Gueltas ou Saint-Gildas, son trésor de guerre destiné à financer une campagne au côté du duc de Bretagne contre le roi de France (mai 1230). Aujourd'hui, le port abrite des bateaux de pêche et de plaisance. Chaque été, un service de vedettes emmène les passagers à la découverte des Sept-Iles, au large de Perros-Guirec. Au début du siècle, Port-Blanc n'était qu'un hameau côtier. La beauté de son paysage y attira des familles aisées de Pontrieux, de Guingamp, qui y amenèrent des familles amies. Puis ce furent des personnalités comme Anatole Le Braz, André Chevrillon, Alexis Carrel, Marie Curie, Jean Guéhenno. Aujourd'hui, Port-Blanc est une petite station familiale qui a su conserver son caractère et sa tranquillité.

A l'intérieur de la chapelle, quelques saints bretons côtoient les saints de l'église traditionnelle, dont saint Yves, l'enfant du pays. Il est également représenté dans le chœur et sur le retable d'un autel latéral où il forme entre le riche et le pauvre un groupe traditionnel dans les églises de Bretagne.

DES VESTIGES DEFENSIFS. Il existe à Port-Blanc d'autres vestiges défensifs que la tour de garde, qui devint au XVe siècle la sacristie de la chapelle. Une guérite a ainsi donné son nom au rocher qui la porte – LA SENTINELLE –, avec à ses pieds le corps de garde. Sur le ROCHER DU VOLEUR subsiste la base d'un fortin édifié sur l'ordre de Vauban et où, jusqu'à la Révolution, était placée une batterie de canons.

Sur la campagne bretonne
Jésus trace, à l'infini,
Le grand Geste qui pardon
qui console et qui bénit
Botrel

Dans l'enclos paroissial se trouve un calvaire dont le socle et les statues de saint Joachim, saint Yves, saint Pierre et saint François datent du XVIIe siècle.

PAIMPOL ET SES ENVIRONS

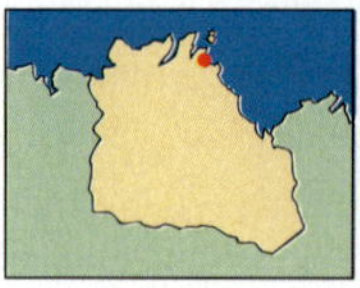

◷ 2 heures

Un port de peche

La cité est située au fond d'une baie profonde et abritée, à l'embouchure d'un modeste ruisseau, le Quinic. Paimpol, qui se prononce *pempoul* en breton, tire sans doute son nom d'une contraction de l'expression *Penn-Poul*, qui signifie «tête de l'étang». Cette étymologie est accréditée par la présence, au fond de la dépression, de zones humides et de marais, qui étaient autrefois nombreux.

Pecheurs de morues. Paimpol n'est devenu une paroisse qu'en 1789. Mais dès le XIIIe siècle, ce hameau devait tout de même avoir une certaine importance, car les moines de Beauport y percevaient des droits sur le commerce du poisson, du sel et du grain. Au XVIe siècle, la ville fut dévastée lors des guerres de Religion : deux mille trois cents Anglais débarquèrent à Paimpol à la demande des états de Bretagne. Ils affrontèrent les troupes de La Fontenelle, qui agissaient en faveur de la Ligue. Plus tard, Paimpol fut protégé par de modestes fortifications dues à Vauban. Enrichie par ses corsaires et ses navigateurs, la cité s'ouvrit définitivement sur la mer, comme en témoigne le blason octroyé par Louis XIV : un navire d'argent, sur fond d'azur. Dès le XVe siècle, des goélettes quittaient Paimpol pour pêcher la morue sur les bancs de Terre-Neuve. Cette activité connut son apogée au XIXe siècle, lorsque les armateurs paimpolais abandonnèrent Terre-Neuve pour les côtes de l'Islande. En 1895, la cité armait plus de quatre-vingts goélettes. Après une traversée d'une dizaine de jours, fin février, les bateaux mouillaient à l'est et au sud de l'île. La technique de pêche était différente de celle pratiquée

De la peche au large a la plaisance
Modeste port de moins de dix mille habitants, Paimpol est pourtant connu dans toute la France. Mais si la grande pêche au large a vécu, la cité demeure encore tournée vers la mer. Proche de l'archipel de Bréhat, des estuaires du Trieux et du Jaudy, Paimpol est admirablement placé pour la plaisance, qui a pris une importance considérable au cours des dernières années.

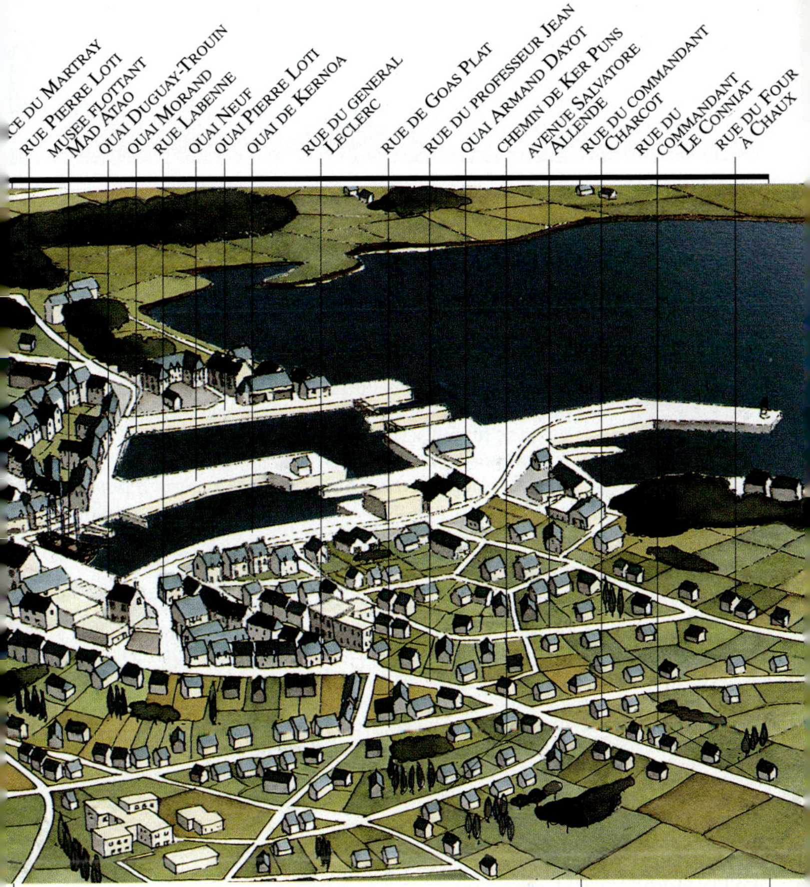

à Terre-Neuve : les hommes balançaient leurs lignes du bord et non d'un doris (barque où deux hommes prenaient place) ; afin de décompter la pêche du jour, chaque «Islandais» tranchait la langue des morues qu'il avait prises et les conservait dans un sac. Quand les cales étaient pleines, le poisson était chargé sur un chasseur qui le ramenait en France, tandis que la goélette, après une courte escale, remontait vers l'ouest puis vers le nord de l'île pour suivre la migration des poissons. La dernière campagne eut lieu en 1935. Mais cette épopée demeure toujours profondément ancrée dans la mémoire des Paimpolais. Aujourd'hui, le port de commerce, tributaire des marées, n'est accessible qu'aux petits caboteurs qui transportent les bois du Nord et exportent quelques primeurs. Le sable et le maërl constituent en fait l'essentiel du tonnage. Quelques bateaux pratiquent la pêche côtière. D'autres sont spécialement conçus pour

Chaque année, Paimpol s'anime lors du festival du Chant des marins. Deux artistes jouent ici à bord du *Mad-Atao,* un dundee camarétois.

RETOUR DE PECHE
Les «Islandais» revenaient au pays début septembre, après six mois de dure campagne. Alcoolisme, non-respect des règles de sécurité et hygiène déplorable faisaient des goélettes de véritables cercueils flottants. Le bilan est lourd : deux mille morts en quatre-vingt-trois ans.

Les chantiers de construction navale ont aujourd'hui repris grâce à la plaisance.

Les mousses
Hommes à tout faire de l'équipage, ils cuisinaient, boëtaient les lignes, travaillaient la morue, pêchaient. «Leur situation morale est désolante. Ils sont souvent les souffre-douleur de l'équipage. "La présence à bord d'un père ou d'un oncle ne suffit pas toujours à empêcher mauvais traitements, scènes d'humiliation, actes de brutalité de la part d'hommes que leurs propres sorts ont abrutis et qui finissent par trouver dans la brimade d'autrui [je ne sais quel] voluptueux et féroce dérivatif à leurs propres souffrances"» (Anatole Le Braz, cité par François Chappé).

La fete des «Islandais»
A l'origine, le pardon se déroulait juste avant le départ des bateaux pour les bancs de Terre-Neuve (fin février). Il fut ensuite célébré le premier dimanche de décembre. A cette occasion, la statue de Notre-Dame-de-Bonne-Nouvelle était portée par les marins en procession devant les bateaux pavoisés.

les activités ostréicoles, qui se sont développées dans la baie depuis une trentaine d'années. Mais c'est surtout la plaisance qui assure l'animation du port et de ses quais. La fermeture, en 1986, de l'Ecole nationale de la marine marchande, qui formait des officiers, fut durement ressentie. «L'une des gloires de Paimpol, écrivait François Menez, c'était l'école d'hydrographie qui attirait chaque année, dans le port, beaucoup de candidats. Messieurs les candidats, ainsi qu'on les appelait, vivaient entourés de considération. Le bal qu'ils offraient, au tournant de l'hiver, était une solennité mondaine qu'on se fût fait scrupule de manquer.»

Une renommee litteraire. La cité doit surtout sa renommée à Pierre Loti, l'auteur de *Pêcheur d'Islande* – un roman qui a popularisé l'épopée des pêches maritimes en Islande et à Terre-Neuve ● *122* –, et au compositeur Théodore Botrel, dont la chanson *La Pampolaise* (1895) ● *132* a fait le tour du monde. Pour la composer, Botrel, originaire de Dinan, s'était inspiré du roman de Loti. Le chansonnier ne se rendit pour la première fois à Paimpol que quelques mois plus tard. Il interpréta sa chanson en public au cours d'une fête célébrant un pardon. Elle suscita immédiatement l'enthousiasme, mais Botrel perdit ensuite de sa popularité en raison de son conservatisme politique. Loti, comme Botrel, avait enjolivé une terrible réalité. Si la pêche à la morue a donné son essor à la ville, les conditions difficiles dans lesquelles elle se pratiquait ont endeuillé la région et engendré la misère à une époque où la protection sociale des marins était inexistante. Seuls les armateurs, dont la devise était «tout pour la morue», s'enrichirent, souvent au prix de la vie de l'équipage.

«L'omniprésence de la fatalité convenait à ceux qui n'avaient pas intérêt au développement d'une analyse rationnelle des causes de naufrages» (François Chappé).

MUSEE DE LA MER

Ce musée retrace l'épopée des «Islandais» par de nombreuses cartes, maquettes, reproductions et photographies illustrant la navigation de goélettes. Des journaux de bord, des engins de pêche – y compris un modèle des fameux doris, ces petites embarcations pour deux pêcheurs utilisées à Terre-Neuve pour poser et relever les lignes loin du navire – sont également présentés. Habits, équipements de pêche, ex-voto, phares et balises complètent cette collection, dont la découverte peut se poursuivre par la visite du *Mad-Atao*, un dundee classé monument historique en 1983. Ce bateau, construit à Camaret en 1938, appartenait à une flottille de sabliers affectée à l'extraction du maërl.

LES PECHEURS «ISLANDAIS»
Ces navigateurs étaient surnommés ainsi parce qu'ils pêchaient la morue en Islande. Cette activité atteignit son apogée à la fin du siècle dernier. Paimpol armait alors quatre-vingt-deux navires d'environ quatre cents tonneaux. Les équipages se composaient d'une vingtaine d'hommes.

MUSEE DU COSTUME ● *76*

Cette visite, qui dure trois quarts d'heures, comprend la projection d'un montage audiovisuel exposant ce que furent les habits traditionnels du Trégor et du Goëlo : parures de jeunes filles, vêtements d'enfants,et de deuil et, surtout, la grande cape noire (*mantel,* en breton) que la jeune fille recevait avec son anneau de mariage. Cette parure, destinée a l'origine à couvrir la

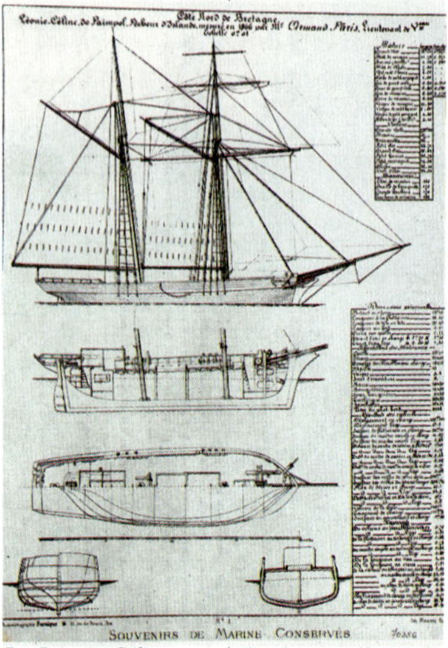

nouvelle mère jusqu'à la messe de relevailles, était liée à la naissance, donc à la vie, mais pouvait aussi devenir l'habit de cérémonie de la veuve. C'est d'ailleurs cette fonction secondaire qui fut la plus connue. L'une des salles du musée est aménagée avec des meubles traditionnels de la région.

Le centre ville

Le mardi matin, jour de marché, Paimpol connaît une animation qui rappelle celle des marchés de jadis, lorsque l'économie de la région fonctionnait presque en autarcie : place des Halles, on trouve toutes sortes de légumes, poissons et coquillages. Les habitants de la région venaient autrefois se fournir en plants d'artichaut et de chou-fleur, spécialités du pays. Les étalages de ces primeuristes côtoyaient alors ceux des bourreliers, des cordiers et des quincailliers. Le bouleversement des méthodes agricoles et l'irruption des grandes surfaces firent disparaître ces marchés. Le port est bordé de nombreuses maisons d'armateurs, en particulier le quai Morand et le Quartier Latin. Ce quartier est constitué de nombreuses ruelles débouchant sur le port : la rue de l'Eglise, la rue de la Vieille-Poissonnerie ou la rue des Huit-Patriotes – où il subsiste de vieilles maisons, dont certaines à colombages, des XVe et XVIe siècles. A l'époque des «Islandais», des échoppes et des tavernes en assuraient l'animation.

Place du Martray. Véritable cœur de la ville, la place du Martray a conservé de belles demeures du XVIe siècle. A l'angle de la rue de l'Eglise se situait, au siècle

Le *Léonie-Céline*, dont les relevés ont été pris en 1866, était l'une des fameuses goélettes à hunier qu'utilisaient les «Islandais». Ces bateaux, de 135 tonneaux, longs de 36 m, étaient beaucoup plus légers que les trois-mâts goélettes de Terre-Neuve, qui faisaient 4 000 tonneaux et environ 45 m de long. La technique de pêche, elle aussi, différait : à Terre-Neuve, les hommes tendaient leurs lignes à partir de petites embarcations, les doris, tandis que le long des côtes d'Islande, les pêcheurs restaient à bord de la goélette.

Les cartes postales conservent la mémoire des grands départs pour Terre-Neuve. Paimpol et Binic étaient, avec Saint-Malo et Cancale, les principaux ports morutiers de Bretagne.

dernier, l'HOTEL CONTINENTAL, où descendait Pierre Loti lors de ses séjours à Paimpol. L'édifice, qui lui servit de modèle pour la maison de Gaud, dans *Pêcheur d'Islande*, est aujourd'hui occupé par une parfumerie.

PIERRE LOTI. C'est à Tahiti que Julien Viaud, né à Rochefort en 1850, reçut le surnom de Loti, qu'il garda ensuite comme

pseudonyme. Devenu jeune officier, il effectua plusieurs voyages qui lui inspirèrent ses premiers romans. En 1868, il séjourna à Paimpol et fit la connaissance du matelot Pierre Le Cor. Ce dernier lui servit de modèle pour le personnage d'Yves Kermadec, dans son roman *Mon frère Yves,* écrit en 1883. Et c'est dans *Pêcheur d'Islande,* publié en 1886, que Pierre Loti mit en scène le port de Paimpol ● *122*.

PLACE DE VERDUN. De l'église érigée en 1550, et détruite par un incendie, il ne reste plus aujourd'hui qu'un clocher datant de 1760. Les deux piliers de sa base, en spilite (une roche fréquente dans la région de Paimpol), sont les vestiges d'un édifice du XIIIe siècle.

EGLISE PAROISSIALE. Construite dans un style néo-gothique, entre 1910 et 1914, elle abrite la statue de NOTRE-DAME-DE-BONNE-NOUVELLE qui était portée en procession lors du pardon des «Islandais». La couronne de la Vierge – dont une topaze proviendrait de l'anneau pastoral de Bossuet – et le chandelier en fer forgé, du XVIIIe siècle, sont issus de l'abbaye de Beauport. Attribuée à un peintre espagnol de l'Escurial, *La Mise au tombeau* (XVIIe siècle), d'inspiration italienne, témoigne des échanges qui existaient à cette époque entre la Bretagne et les pays du sud de l'Europe.

EGLISE DE PLOUNEZ. L'église de Plounez, à 2 km de Paimpol, fut édifiée en 1895. Elle abrite, placée près des fonts baptismaux, une toile représentant l'*Adoration des Mages* (1617), attribuée au maître de Bourges, Jean Boucher. Cet artiste, qui séjourna à Rome et à Fontainebleau vers 1600, se spécialisa dans les peintures de retables. Sa production rayonna sur l'ensemble de l'ouest de la France. Refusant tout maniérisme, il s'inspira essentiellement de l'étude du modèle vivant et des maîtres du XVIe siècle, Raphaël en particulier. L'église renferme également une très belle pièce d'orfèvrerie : un reliquaire en argent repoussé de 1500, qui adopte la forme d'un pupitre très ouvragé.

CHAPELLE DE LANVIGNEC. Située à 1 km de la sortie de la ville, sur l'ancienne route de Lezardrieux, la chapelle de Lanvignec possède un maître-autel de l'abbaye de Beauport. Une plaque sur le fronton de la chapelle rappelle l'épidémie de choléra de 1835, qui fit cinquante victimes. Elles furent inhumées dans une fosse commune attenante à la chapelle.

Toutes les coiffes du Trégor et du Goëlo depuis 1670 sont exposées au musée du Costume de Paimpol.

PIERRE LOTI
Né à Rochefort en 1850, Pierre Loti célébra les pêcheurs de Paimpol dans son célèbre roman *Pêcheur d'Islande* (1886). L'écrivain mourut à Hendaye en 1923.

La tour Notre-Dame-de-Bonne-Nouvelle est dédiée à la patronne des pêcheurs.

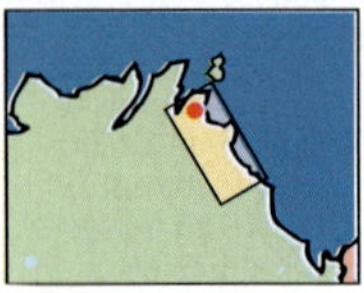

15km
4 heures

UN CLIMAT PRIVILEGIE
Composée d'une alternance de roches noires de nature basaltique et de granites roses, la pointe de Guibben jouit d'un climat surprenant : «J'y voyais prospérer des arbres du midi de la France. Oubliant leur soleil natal, des myrtes, des mûriers, des figuiers gigantesques couvraient la plage», écrit Prosper Mérimée dans *Notes de voyage dans l'ouest de la France.* Le fenouil, le cyprès, l'allium prospèrent ici, parmi le bourdonnement de petites abeilles qui creusent leurs nids dans les falaises.

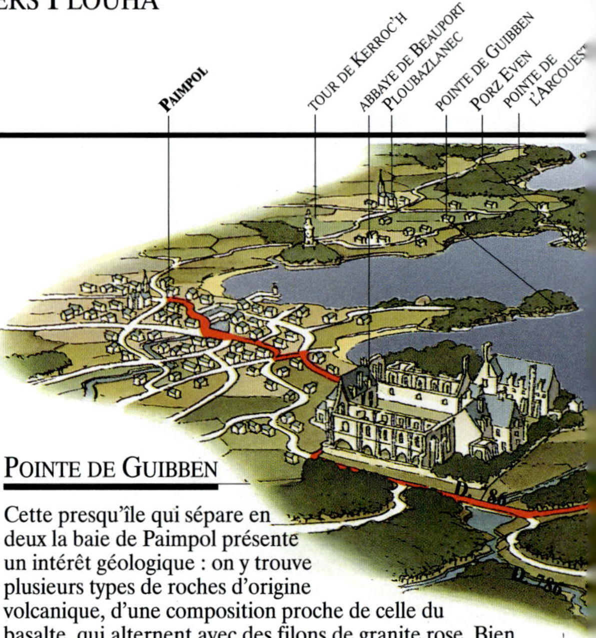

POINTE DE GUIBBEN

Cette presqu'île qui sépare en deux la baie de Paimpol présente un intérêt géologique : on y trouve plusieurs types de roches d'origine volcanique, d'une composition proche de celle du basalte, qui alternent avec des filons de granite rose. Bien protégée des vents, elle abrite de nombreuses plantes d'origine méditerranéenne. C'est également un lieu privilégié pour observer les oiseaux : oies bernaches, tadornes, vanneaux, courlis chevaliers et bécasseaux viennent y hiberner. Il est possible d'approcher en voiture jusqu'à environ 500 m de la pointe, mais le reste du parcours s'accomplit à pied. Compter 1 h de marche. A l'extrémité de la presqu'île, le regard embrasse toute la baie de Paimpol : d'est en ouest, on reconnait l'anse de Beauport, les falaises de Plouezec, la tour de Kerroch, la pointe de l'Arcouest et les îles de Bréhat.

L'ABBAYE DE BEAUPORT

Au fond d'une baie poissonneuse, riche en coquillages, bien protégée, jouissant d'un climat exceptionnel et dotée d'une source d'eau douce, l'anse de Beauport se prêtait admirablement à l'implantation d'un établissement monacal. Pourtant, ce fut sur l'île de Saint-Riom qu'Alain, comte de Penthièvre et du Goëlo, édifia, de 1184 à 1189, une première abbaye. Il y installa les chanoines de Saint-Victor de Paris, qui renoncèrent rapidement à résider dans cet îlot, trop souvent inaccessible en raison du mauvais temps. En 1202, Alain installa à Beauport, où il possédait un relais de chasse, les Prémontrés de l'abbaye normande de Lucerne, près d'Avranches, auxquels il céda tous les biens de Saint-Riom. Les moines construisirent l'actuelle abbaye, qui fut pratiquement achevée en 1250 à l'exception du réfectoire, qui ne fut terminé qu'au XIVe siècle.

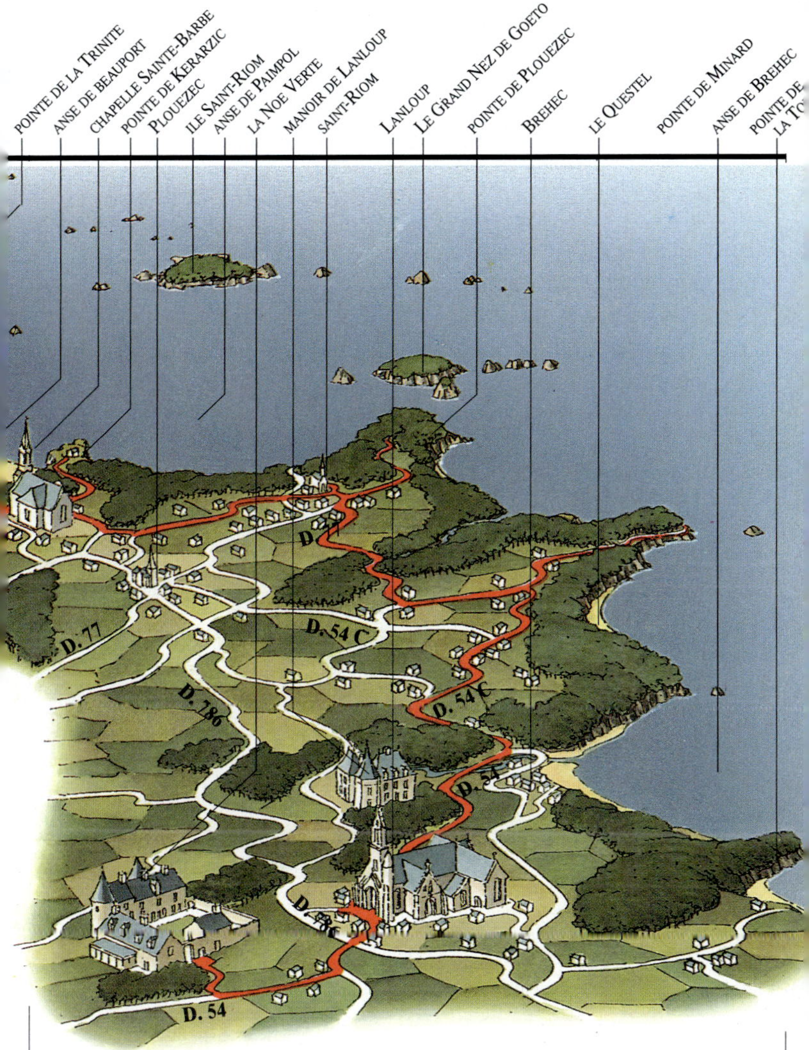

UN ROLE HISTORIQUE. Beauport, étape importante sur la route de Compostelle, était fréquentée par des moines d'Irlande, d'Ecosse et de Cornouaille. Elle fut un acteur essentiel de l'histoire du Goëlo. Placée sous l'autorité directe du pape, son abbé eut dès le XVe siècle le privilège de porter la mitre, devenant ainsi l'égal de l'évêque de Saint-Brieuc. Les deux hommes étaient souvent en conflit, pour des motifs plus économiques que théologiques. Les moines exploitaient les bois des environs, et les falaises leur servaient de carrières. Grâce au ruisseau qui coulait là, ils avaient créé un étang et introduit la pisciculture. Une quinzaine de religieux résidaient à Beauport, accomplissant leur tâche d'hospitaliers et de gestionnaires. Simultanément à son rôle économique, l'abbaye exerça jusqu'à 1650 la basse, haute et moyenne justice sur treize paroisses. Elle fit ainsi condamner trois hommes à mort pour avoir dérobé du blé à son moulin. Les voleurs furent toutefois sauvés par le parlement de Bretagne.

«Lieu admirable, mer blanchissante d'écume, d'où sortent çà et là les têtes verdâtres [...] de rochers aux formes fantastiques», disait Mérimée de la baie.

L'abbaye de Beauport était la seule institution dépendant de l'ordre des Prémontrés située sur la péninsule armoricaine. Ses ruines laissent imaginer le rôle fondamental qu'elle joua dans le comté du Goëlo.

Photographies aériennes, gravures romantiques et relevés aquarellés du début du siècle témoignent de la beauté des ruines. Sur place, il est conseillé, afin d'avoir une très belle vue sur tous les bâtiments, de prendre un chemin qui part du sud de l'abbaye, puis longe le marais côtier jusqu'à une grève de galets. Au cours de la visite guidée, on découvre les salles de l'aumônerie, de la pressure, du grand cellier, de la maison des hôtes et du réfectoire et enfin les vestiges de l'église, à ciel ouvert. Dans le cloître, on remarque non sans émotion la niche du lavabo de pierre où l'abbé lavait les pieds de ses hôtes.

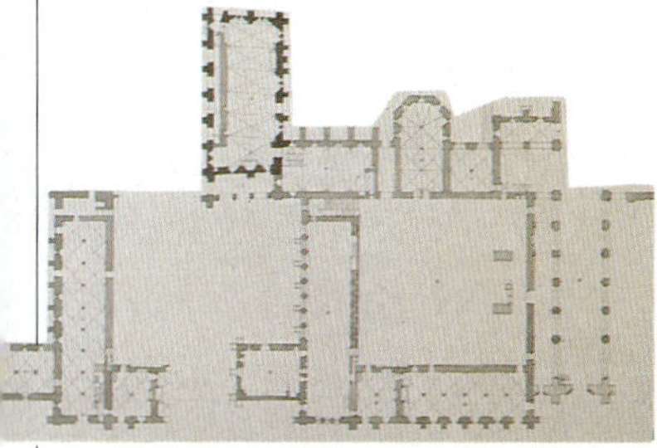

L'église dessinait une croix latine et comportait trois nefs. A l'ouest, elle communiquait avec un grand cloître carré. Seule la salle capitulaire et l'église utilisent des voûtes sur croisées d'ogives. Le reste des bâtiments comporte des voûtes d'arêtes sans doubleaux.

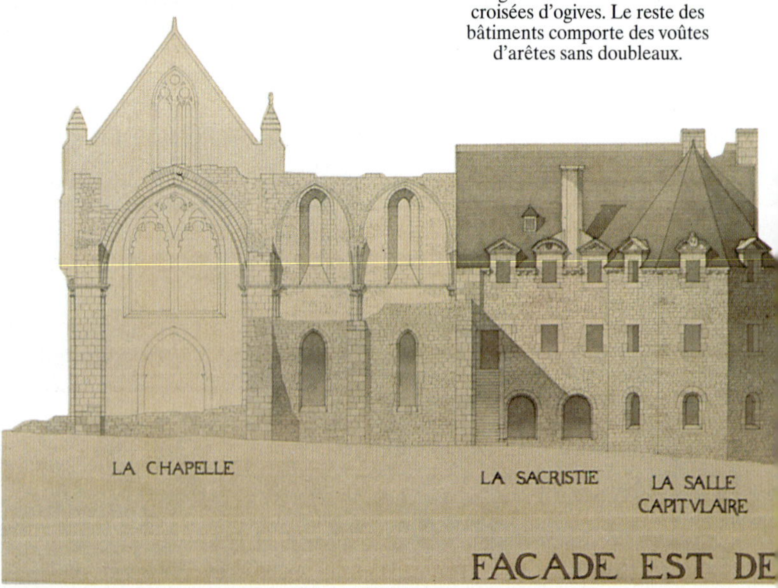

Ce n'est qu'en 1862 que l'abbaye fut classée monument historique. On doit au comte de Ponenski d'avoir su entretenir les ruines après la Révolution. Le plan initial de l'abbaye fut modifié : un réfectoire fut ajouté à la fin du XIIIe siècle, le logis abbatial construit en 1330-1335, le cloître redessiné au XVe siècle. D'importantes restaurations furent entreprises au XVIIe siècle.

Ces deux lithographies montrent la nef principale de l'église en 1845-1846. La coupe de la façade est fut dessinée en 1927.

La salle capitulaire de style normand, plus longue que large, et séparée en deux par une file de colonnes, est remarquable. Elle ouvrait sur le cloître par deux portes géminées.

La chapelle Sainte-Barbe a conservé de nombreuses statues en bois polychromes, de style très naïf, telle cette Vierge à l'Enfant.

Les moines avaient cependant le devoir d'entretenir les vingt plus pauvres familles des paroisses de Plouezec et de Kerity.
LE DECLIN. A partir du XVe siècle, l'abbaye, où l'abbé avait cessé de résider, s'engagea dans la voie du déclin. En 1791, elle fut fermée et vendue comme bien national. Lors du transfert par mer vers Saint-Brieuc de sa magnifique bibliothèque, une grande partie des deux mille volumes fut détruite. Ce fut l'inlassable activité d'un curé des environs, le curé de Plouha, qui précipita la dégradation de l'Abbaye. Il démolit à tour de bras ce qui restait de l'abbaye pour obtenir à bon compte les pierres taillées nécessaires à sa nouvelle église. Mais lorsqu'il voulut détruire la chapelle voisine de Kermaria ▲ *184,* il fut chassé à coups de fourche par les habitants du village.

CHAPELLE SAINTE-BARBE. Pour parvenir à la chapelle, il faut quitter la D 786 immédiatement après l'étang, situé à 200 m de l'abbaye, et prendre à gauche une route sinueuse. La chapelle, édifiée au XVIIIe siècle et remaniée au début du siècle, contient de nombreuses statues de facture naïve et des ex-voto de marins.
A l'extérieur se trouve une croix, inscrite en 1926 aux monuments historiques. Non loin de là, sur la gauche, en suivant les flèches, on accède à une table d'orientation, d'où l'on embrasse le vaste panorama de la baie de Paimpol. Il existe une belle promenade d'environ une heure, qui permet d'effectuer une boucle en suivant le sentier de Grande-Randonnée et le chemin côtier.

GUY ROPARTZ
Né à Guingamp en 1864, mort à Lanloup en 1955, Guy Ropartz (au centre) est l'un des compositeurs bretons les plus connus. Il fut l'un des meilleurs élèves de César Franck, qui le marqua profondément.
A travers son œuvre, empreinte de spiritualité, il porte témoignage de son amour et de sa nostalgie pour sa province natale.
Il fut directeur du conservatoire de Nancy de 1894 à 1919, et de celui de Strasbourg de 1919 à 1929. Il revint achever sa vie au manoir familial de Lanloup où, le dimanche, il accompagnait l'office sur l'harmonium de l'église paroissiale.

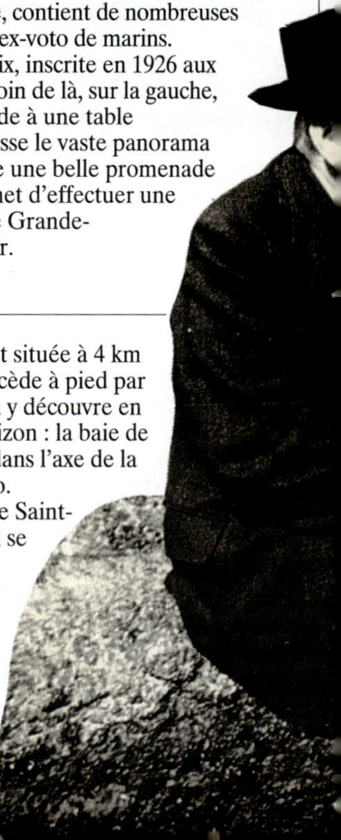

PLOUEZEC

POINTE DE PLOUEZEC. Elle est située à 4 km au nord-est du bourg. On y accède à pied par le circuit des «Bruyères» et on y découvre en fin de course un immense horizon : la baie de Paimpol, l'île Saint-Riom, et dans l'axe de la pointe, le grand Mez de Goëlo.
L'archipel de Bréhat, la baie de Saint-Brieuc et parfois le cap Fréhel se voient également par beau temps. EDF voulut installer ici une centrale nucléaire, mais la population la fit renoncer à ses projets.
POINTE DE MINARD. Autre pointe, autre panorama : d'un seul coup d'œil,

L'anse de Beauport, à Kerity, par H. de Waroquier.

on embrasse la pointe de la Tour qui ferme la baie de Bréhec, les falaises de Plouha et les Roches de Saint-Quay. Ce paysage, parfaitement préservé, pourra être découvert à pied en suivant le GR 34. Au printemps, lorsque les ajoncs, les genêts, les sineaux sont en fleur, chaque détour de cet ancien chemin de douaniers est un enchantement. La pointe est également réputée pour la pêche en mer. On capture dans ses eaux, en abondance, le lieu et le bar et, dès les premières chaleurs, l'orphie – ou aiguillette – et le maquereau.

CALVAIRE DE LANLOUP Cet ouvrage du XVIe siècle, dont le socle est de 1758, jouxte le cimetière qui abrite la tombe de Guy Ropartz.

BREHEC

Par le village du Questel, épargné par les vents en raison de sa position en retrait de la côte, et typique d'un village de «marins-paysans» du début du siècle, on gagnera la plage de Bréhec. Cette plage, au sable fin, à la douce déclivité, bien abritée au fond de la baie, est idéale pour les enfants. Le pied de la falaise est étonnant par ses failles, ses grottes, ses mares, découpées dans des roches aux couleurs variées. De Bréhec, une route, aux belles perspectives, conduit à la pointe de la Tour, fortifiée par les Allemands durant la dernière guerre. On y trouve la chapelle Sainte-Eugénie, datant du XVe siècle, restaurée en 1870.

LANLOUP

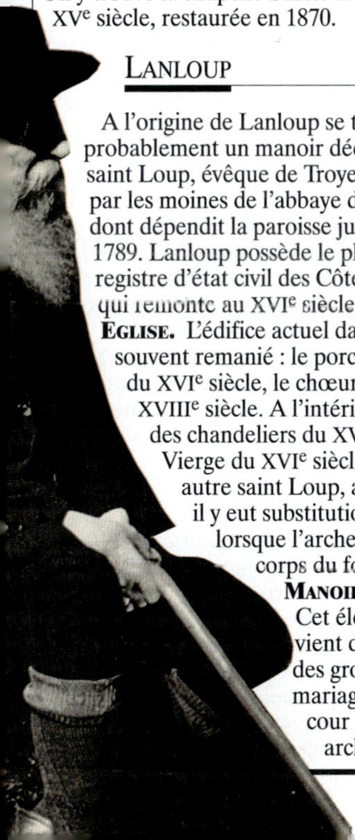

A l'origine de Lanloup se trouvait probablement un manoir dédié à saint Loup, évêque de Troyes, édifié par les moines de l'abbaye de Dol dont dépendit la paroisse jusqu'en 1789. Lanloup possède le plus ancien registre d'état civil des Côtes-d'Armor, qui remonte au XVIe siècle.

LE MANOIR DE LA NOE-VERTE L'actuel manoir date du XVe siècle, et fut restauré par la famille des Lannion. Fait rare, il se visite, du moins pour son rez-de-chaussée, qui comporte un restaurant. L'importance des seigneurs de La Noë-Verte à Lanloup est attestée par le fait qu'ils possédèrent, jusqu'au XVIIIe siècle, une chapelle et un caveau de famille à l'église.

EGLISE. L'édifice actuel date du XVe siècle mais fut souvent remanié : le porche sud et le pignon est sont du XVIe siècle, le chœur et la chapelle sud du XVIIIe siècle. A l'intérieur, le visiteur découvrira des chandeliers du XVe siècle, une statue de la Vierge du XVIe siècle, ainsi que la statue d'un autre saint Loup, archevêque de Sens. En effet, il y eut substitution de culte au XIIe siècle, lorsque l'archevêque de Sens découvrit le corps du fondateur de son évêché.

MANOIR DE LA NOE-VERTE. Cet élégant édifice du XVe siècle vient d'être restauré et accueille des groupes pour des déjeuners ou mariages. On peut entrer dans sa cour intérieure et admirer son architecture massive.

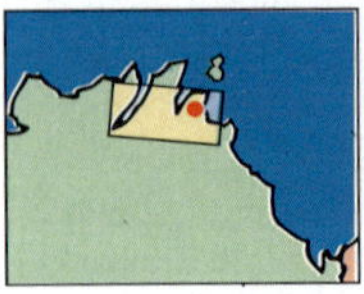

60 km
1 journée

Face à l'archipel bréhatin, le plateau qui s'étend entre la baie de Paimpol et l'estuaire du Trieux est occupé, pour l'essentiel, par la commune de Ploubazlanec.

Si la partie terrienne est aujourd'hui exploitée de façon intensive par les maraîchers ■ *54*, la côte offre de multiples points d'intérêt. En sortant de la ville par le nord-ouest, prendre la direction de L'Arcouest par la D 789.

TOUR KERROC'H

Après avoir dépassé, sur la gauche, le château de Kersa, aujourd'hui transformé en collège privé, prendre le chemin de droite. Cet édifice de granite construit en 1875 est un des monuments majeurs du pays de Paimpol. Du sommet de la tour, on découvre un beau panorama sur le port et la ville à droite, la pointe de Guilben en face et, plus à l'est, la pointe de Plouézec et l'île de Mez-de-Goëlo. Le paysage est aussi spectaculaire à marée basse qu'à marée haute.

TOUR KERROC'H
Cette tour bâtie dans un site boisé et aujourd'hui classé offre, à partir de sa première plate-forme, une belle perspective sur la baie de Paimpol, notamment à marée basse, lorsque toutes les grèves et les vasières sont découvertes.

PLOUBAZLANEC

MUR DES DISPARUS. Le cimetière de ce petit port abrite un monument original qui, grâce à de nombreuses plaques commémoratives, garde le souvenir des bateaux naufragés en mer d'Islande et aux abords de Terre-Neuve, de 1853 à 1935 ; une période qui a vu se développer la grande pêche – celle de la morue – et au cours de laquelle pas moins d'une centaine de goélettes disparurent, entraînant avec elles quelque deux mille marins. Parmi eux figuraient de nombreux pêcheurs de Ploubazlanec, comme en témoignent certaines plaques du cimetière. Pour les seules

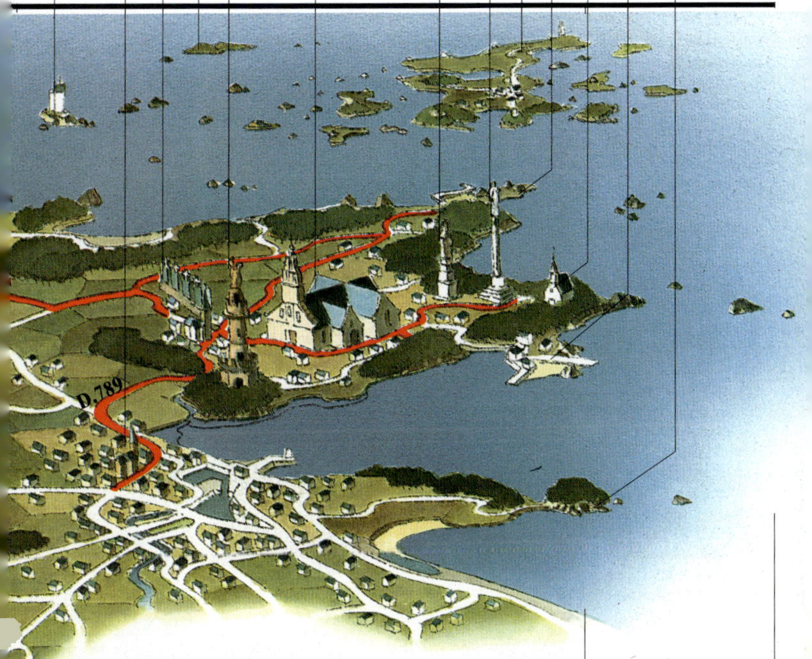

années 1864, 1865 et 1866, par exemple, sept bateaux firent naufrage et une centaine de marins du petit port de pêche périrent en mer. Au bourg de Ploubazlanec, prendre sur la droite la route conduisant vers Pors-Even.

CHAPELLE DE PERROS-HAMON. Cette ancienne église paroissiale est aujourd'hui l'une des plus belles chapelles du pays. La façade ouest (clocher-mur) porte une remarquable représentation du mystère de la Sainte Trinité. La scène montre Dieu le Père offrant son Fils les bras en croix. L'ensemble est complété par une statue de la Vierge foulant aux pieds le Mal, incarné par un animal fantastique, et une autre représentant saint Michel vainqueur du dragon. A l'intérieur de la chapelle, on remarquera Notre-Dame de Perros revêtue d'habits de soie, saint Yves, saint Riom, saint Cado et, surtout, les nombreux ex-voto – généralement

MUR DES DISPARUS
Dans le cimetière du petit port de Ploubazlanec, ce monument rend un hommage émouvant aux hommes qui périrent en mer. Cette gravure (1891) montre combien le mur des Disparus a perdu de son pittoresque depuis le siècle dernier. Jusqu'en 1939, les familles des équipages naufragés choisissaient librement le symbole qui honorait la mémoire des disparus : croix, plaques, couronnes…

HOMMAGE AUX GALERIENS DES BRUMES

Les plaques commémoratives apposées sur le mur des Disparus en mer du cimetière de Ploubazlanec témoignent du lourd tribut payé par les petits ports voisins de Paimpol aux campagnes de pêche en Islande. C'est en 1852 qu'un certain Louis Morand, armateur à Paimpol, décide d'équiper une goélette, *L'Occasion*, pour la pêche à la morue en mer d'Islande. Quatre-vingt-trois années durant, Ploubazlanec va vivre au rythme des campagnes lointaines, mais aussi à celui des naufrages. Au drame que constituaient ces disparitions s'ajoutait l'impossibilité pour les familles d'enterrer leurs morts. Une situation mal vécue que le rituel religieux tentait de compenser par de touchantes cérémonies. Les plaques commémoratives des naufrages rappellent l'année du sinistre, le nom de la goélette et la liste des membres de l'équipage. A l'origine, chacun des artistes locaux avait laissé libre cours à son inspiration. Le mur présentait donc un caractère assez hétéroclite. Les autorités de l'époque de l'entre-deux-guerres, le jugeant trop fantaisiste et trop naïf, le firent «rénover» et «rationaliser» : un témoignage du passé et d'une foi naïve a ainsi stupidement disparu.

des maquettes de goélettes – réalisés par des marins ayant échappé à quelque péril. Sur le porche sud figurent de nombreuses plaques à la mémoire des marins perdus en mer, parmi lesquels se trouvaient de très jeunes mousses.
Pors-Even. C'est là, dit-on, que Pierre Loti rencontra les marins dont il s'inspira pour créer les personnages principaux de son roman *Pêcheur d'Islande* ● *123*. Si l'écrivain n'a jamais participé à aucune «campagne», c'est en côtoyant les pêcheurs de Paimpol, de Ploubazlanec et de Pors-Even

qu'il put retracer avec exactitude la rude vie des Islandais. A la suite du naufrage de la goélette *La Petite-Jeanne*, il lança, en 1887, une souscription destinée à venir en aide aux familles des disparus. En face du port, à environ un mille du rivage, l'île de Saint-Riom est un site classé qui s'appelait autrefois l'île aux Cerfs. C'est là que fut édifiée, entre 1184 et 1189, l'abbaye de Saint-Riom. Elle disparut à l'aube du XIIIe siècle. De Pors-Even, il est facile, à pied, de gagner la pointe de la Trinité et d'y découvrir plusieurs témoignages de la piété des familles de pêcheurs.

Chapelle de la Trinite

Près du rivage se niche la chapelle de la Trinité, bâtie en 1868 sur l'emplacement d'un sanctuaire médiéval.
Croix des Veuves. Elle s'appelait la Croix lointaine, avant d'être rebaptisée par Pierre Loti, car c'était l'ultime repère religieux pour les Islandais quittant le pays, ainsi que le point de ralliement des femmes de pêcheurs guettant le retour des goélettes.
Le fût, de 2,40 m de hauteur, porte quatre citations tirées des Evangiles. La Trinité est représentée au sommet sur la face est, et une pietà sur la face ouest.
Pilier de la Vierge. A mi-chemin entre la croix des Veuves et la chapelle de Perros-Hamon, il domine la baie de Launay.
A son sommet, un enfant semble solliciter la protection de Jésus tenu par la Vierge : pour les uns, l'enfant implore le Christ d'épargner à son père un naufrage, tandis que d'autres y voient la représentation d'un enfant décédé dont l'âme est confiée

Chapelle de la Trinite
Elle se tient au bord du rivage, à l'emplacement d'un sanctuaire médiéval dont le seul vestige est la croix des Veuves. Une partie des matériaux de l'ancienne chapelle servit à l'édification de celle de Perros-Hamon.

La croix des Veuves (ci-contre). Elle doit ce surnom à Pierre Loti.

Pilier de la Vierge
Ce monument symbolique était sans doute une station d'un chemin de croix, aujourd'hui disparu, et une effigie protectrice.

LOGUIVY AU DEBUT DU SIECLE
Cette aquarelle de Henri Rivière représente Loguivy en juillet 1901. Les charmes de ce petit port de pêche attirèrent Pierre Loti à deux reprises, en 1882 et en 1884. Un certain Vladimir Ilitch Oulianov, plus connu sous le nom de Lénine, y séjourna à son tour en 1912.

aux soins de la Vierge et du Christ. La statue repose sur un soubassement carré dont les quatre faces représentent la Vierge en prière, saint Jean l'Evangéliste, saint Jean-Baptiste et la Passion.

KERROC'H

Ce village compte plusieurs maisons du XVIIe siècle et un étonnant calvaire triangulaire. Sur les faces du socle sont représentés le Christ en prière au jardin de Gethsémani, le Christ portant la croix, et la Sainte Trinité. Le fût supporte un Christ crucifié et, au dos, une Vierge à l'Enfant. De retour à Ploubazlanec, on gagnera, par la D 789, la pointe de l'Arcouest.

POINTE DE L'ARCOUEST

C'est l'un des plus beaux points de vue du Goëlo, d'où l'on domine Bréhat et la multitude des îlots qui l'entourent. Par visibilité normale, on distingue à l'ouest de Bréhat l'île Maudez, le sillon de Talbert et le phare des Heaux. A noter également, à gauche de la route menant à l'embarcadère de Bréhat, le simple monument érigé à partir de deux blocs de granite rose, à la mémoire d'Irène et de Frédéric Joliot-Curie, qui venaient régulièrement en vacances à L'Arcouest.

LOGUIVY-DE-LA-MER

■ *34*

PORT DE LOGUIVY
Les nombreux caseyeurs de Loguivy alimentent les viviers du port et les étals des mareyeurs en homards, tourteaux, araignées et langoustes.

Il est conseillé de retourner jusqu'à l'entrée de Paimpol pour prendre sur la droite la D 15 en direction de Loguivy. Ce port, qui a conservé beaucoup de charme, héberge une importante flottille de bateaux spécialisés dans la pêche des crustacés. Loguivy doit une partie de sa notoriété à une fort belle chanson de François Budet, connue dans toute la Bretagne, et empreinte de nostalgie, comme en témoigne le refrain :
«Loguivy-de-la-Mer, Loguivy-de-la-Mer,
Tu regardes mourir les derniers vrais marins.
Loguivy-de-la-Mer, au fond de ton vieux port
S'entassent les carcasses des bateaux déjà morts.»
Après s'être attardé dans ce port où s'échouent, à marée basse, les caseyeurs et les chalutiers, reprendre la D 5 en direction de Paimpol. Ne pas manquer le site préhistorique de ROC'H-AN-EVNED, un promontoire classé depuis 1959 monument historique, ni l'ALLÉE COUVERTE DE MELLUS, un alignement de 14,50 m de longueur, formé de grandes pierres de granite. Les objets découverts sur ce site (armes en silex, outils) ont été déposés au musée national des Antiquités de Saint-Germain-en-Laye et au musée des Ursulines, à Mâcon.

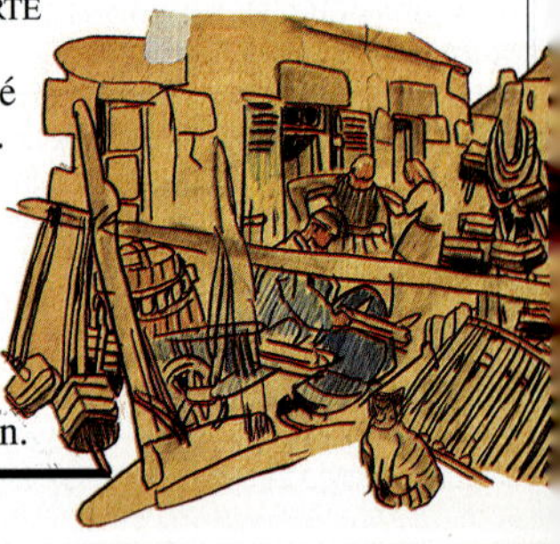

La fabrication des casiers à Loguivy (ci-contre), vue par Mathurin Méheut.

Roche aux Oiseaux. C'est l'un des plus remarquables sites acquis par le département des Côtes-d'Armor. Du haut de ses falaises boisées qui dominent l'estuaire du Trieux, on découvre un superbe panorama s'étendant vers Lanmodez, le sillon de Talbert et l'archipel de Bréhat.

L'entrée du Trieux, à Loguivy-de-la-Mer, par Charles Menne.

Le Trieux

Pour découvrir les rives abruptes du Trieux, il est conseillé de se munir d'une carte IGN au vingt-cinq millième. Le Trieux prend sa source à quelque 250 m d'altitude au sud de Bourbriac. Après avoir dévalé les collines de l'Argoat, il traverse Guingamp, puis trace un ample et profond sillon de verdure entre les deux plateaux fertiles du Trégor et du Goëlo. C'était, jusque dans les années soixante, une rivière à saumons. Une pêche excessive, la création de barrages, celle d'un bassin à flot et enfin la

dégradation des eaux ont fait presque disparaître ces grands poissons. Depuis 1983, les collectivités locales ont réagi et signé avec l'Etat un «contrat de rivière» dont les résultats sont encourageants. Sur la rive droite, en aval de la confluence avec le Leff, les marcheurs découvriront un grand nombre d'arbousiers. Cet arbuste à feuilles coriaces et brillantes, d'origine méditerranéenne, a sans doute été introduit dans la région par les moines, au Moyen Age.
Il témoigne de la douceur du climat. Ses grosses baies, comestibles, étaient utilisées dans la fabrication de l'alcool.

L'arbousier, dit l'arbre à fraises, trouve sur la rive droite du Trieux (peinte ci-dessus en 1902 par Henri Rivière), son exposition la plus méridionale.

Une splendide ria. Après s'être assoupi dans le bassin à flot de Pontrieux, le Trieux entame la plus belle partie de son cours. De Goasvillinic à Bréhat, il offre une infinie variété de panoramas où s'épanouit une végétation méridionale : mûriers, myrtes et cistes. A partir de Lézardrieux, son estuaire, tout en sauvages étranglements, est l'un des moins accessibles de Bretagne. Pour mieux le découvrir, on peut monter à bord de la vedette qui effectue la liaison pointe de L'Arcouest-La Roche-Jagu, emprunter le GR 34 de Loguivy au village de Kergrist, ou bien prendre le petit train Guingamp-Paimpol.

Bois et landes de Lancerf. Face à La Roche-Jagu ▲ *361* s'étendent les LANDES DE PENHOAT, où abondent genêts, ajoncs, fougères et pins maritimes. La vue sur le Ledano est magnifique ▲ *359*. A marée basse, d'immenses étendues de vasières se découvrent, où l'on peut observer des courlis cendrés, des chevaliers gambettes et des oies sauvages. Le MANOIR DE TRAOU-NEZ fut au cœur d'une affaire judiciaire en 1923 : Guillaume Seznec fut accusé d'avoir tué un conseiller général du Finistère après lui avoir fait signer une promesse de vente.

Moulin à lin sur le Trieux.

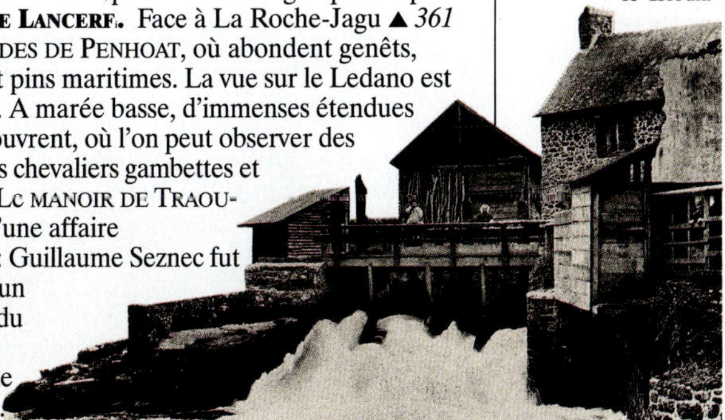

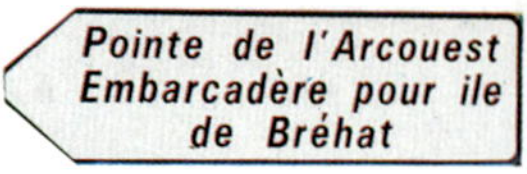

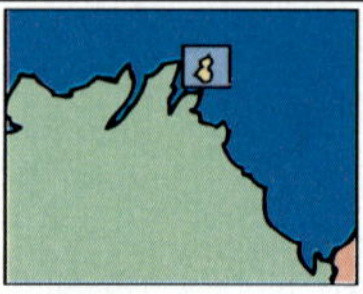

30 km
1 journée

LOIN DU CONTINENT ! On embarque pointe de l'Arcouest. La traversée dure une dizaine de minutes.

❝L'île est là pensive et rêveuse❞ O. Aubert. Aquarelle de Lucien Seevagen.

BREHAT

Quels que soient la saison, le temps, ou l'heure, Bréhat séduit. A moins d'un mille du continent, l'archipel réserve aux visiteurs les dons et les beautés d'une nature privilégiée, encore intacte, toujours variée. La voiture y est interdite, le vélo non ; mais c'est à pied

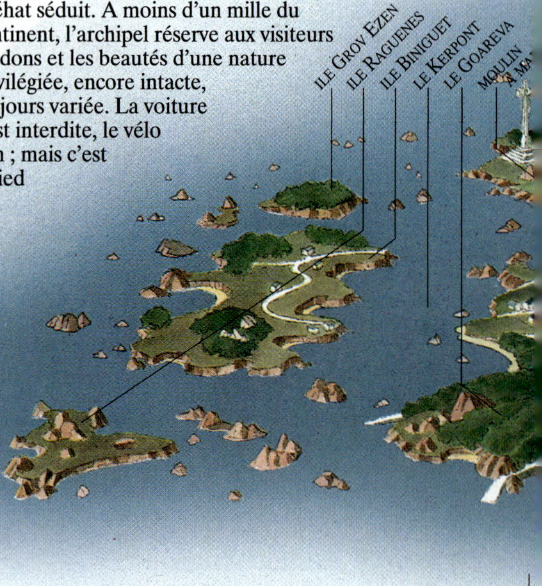

qu'il faut partir découvrir l'île, au gré des rues étroites de ses villages, au hasard de ses landes closes de criques sauvages… Si l'on dispose d'une journée complète – le minimum à consacrer à l'«île aux fleurs» – emprunter une des vedettes qui en fait le tour, surtout s'il y a «un peu de mer» et que les vagues viennent ourler d'une frange animée les rochers roses et noirs qui, «sans un seul frisson, dans l'air mouillé des soirs, laissent pleuvoir sur eux les tourbillons d'écume» (Jeanne Perdriel-Vaissière). Le départ s'y fait depuis la pointe de l'Arcouest sur le continent ou de Port-Clos sur l'archipel.

UN PASSE TOURMENTE

FERVEUR. Habitée dès la Préhistoire puis occupée par les Romains, Bréhat est véritablement entrée dans l'histoire au Ve siècle, avec le moine Budoc. Celui-ci vint de Grande-

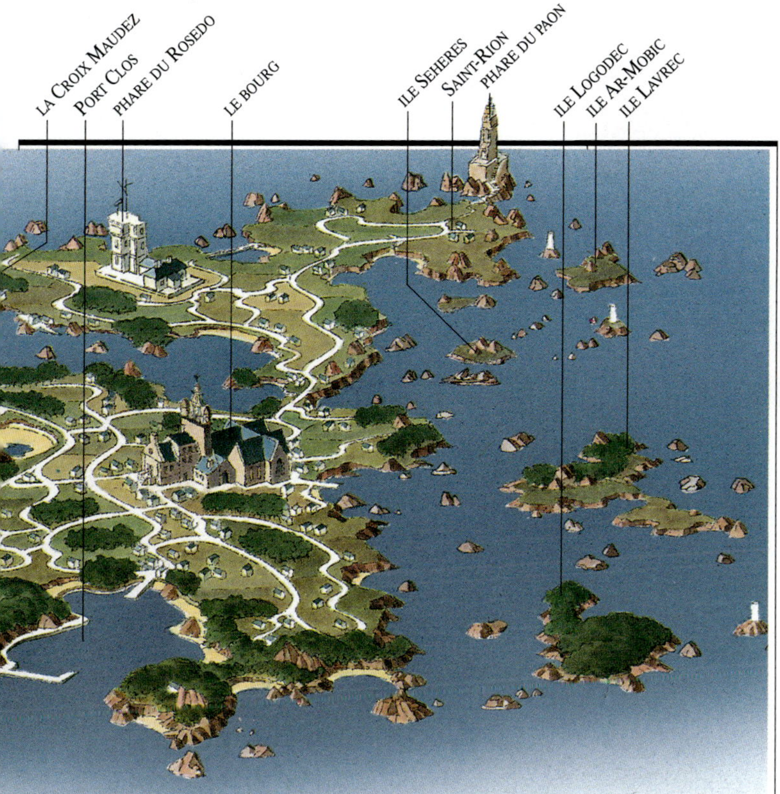

Bretagne fonder sur un de ses îlots, l'île Lavrec, le premier monastère de la Bretagne armoricaine. Le rayonnement de ce monastère fut considérable. Tout à la fois lieu de culte, communauté religieuse et école, Lavrec tissa pendant cinq siècles des liens profonds avec les habitants de Bréhat.

L'ILE AUX SERPENTS. L'île Maudez, qu'on aperçoit au loin depuis la pointe nord-ouest de l'archipel, était, au Ve siècle, infestée par les serpents. L'anachorète Maudez les en aurait chassés par la seule force de ses prières. En commémoration, il bâtit un petit oratoire sur l'île qui prit son nom. Aux IXe et Xe siècles, les invasions normandes ne laissèrent de Lavret et de Maudez que des ruines.

UN ENJEU STRATEGIQUE. Bréhat, position avancée du duché de Penthièvre, fut fortifiée au Moyen Age. Lors de la guerre de Succession, puis de la Ligue, l'île, ballottée entre Bretons et Français, Anglais et Espagnols, fut plusieurs fois ravagée ; son château maintes fois rasé et reconstruit, perdu et repris. Il aurait finalement été démantelé sur ordre d'Henri IV.

MARINS ET CORSAIRES. Les marins de Bréhat, célèbres pour leur hardiesse, s'aventurèrent, dès le début du XVIe siècle, jusqu'en Hollande et même Terre-Neuve ; ils furent ainsi à l'origine

BREHATINE EN COSTUME
Chapeau rond et sabots de bois, foin des dentelles !

MAISON BREHATINE Les maisons traditionnelles, des XVIIe et XVIIIe siècles, construites face au sud, sont coiffées d'ardoises.

FAUCON CRECERELLE Il se partage, avec l'alouette, le bruant et le traquet, les landes septentrionales de l'archipel. C'est un rapace caractéristique du bocage, qui se nourrit surtout de mulots, de campagnols, de serpents et même de charognes.

de la grande pêche paimpolaise ▲ *370*. Sous Louis XIV, les rivalités avec l'Angleterre s'exacerbèrent : Vauban renforça les défenses de l'île, alors qu'y mouillaient, en famille, les plus fameux corsaires, Corouges, Lambert, Fleur et Brugeon. Au cours du siècle, l'appel de la mer et l'enrôlement forcé dans la Marine royale vidèrent peu à peu l'île de ses bras.

UN NOUVEAU SOUFFLE. Touché par la misère de ses compatriotes, un Bréhatin, l'amiral Cornic, obtint de Louis XVI que chaque îlien puisse récolter le goémon pour fertiliser ses terres. A la fin du XIXe siècle, une fabrique d'iode fut implantée sur l'île ; l'introduction de la pêche aux casiers améliora également le sort des Bréhatins. Enfin tandis que ses marins sillonnaient les mers du monde entier, touristes et artistes adoptèrent l'île. Mérimée, Renan, Loti, Luzel, Botrel, les frères Goncourt et Gauguin chantèrent ses charmes ; de nombreux peintres, tels Foujita et Matisse, fixèrent sur leurs toiles l'infinie variété de ses ciels. Durant la dernière guerre, l'île fut occupée par les Allemands, qui firent sauter les phares du Paon et du Rosédo.

BREHAT
ILE FLEURIE
A LA DOUCEUR DE VIVRE

LA NATURE A BREHAT

Le Gulf Stream assure à Bréhat, tout au long de l'année, une température équilibrée. Le gel et la neige y sont tout à fait exceptionnels ; les îliens ne redoutent que le noroît, ce fameux vent de nord-ouest, sévère et desséchant. Le printemps y est particulièrement précoce et, dès le mois de mai, Bréhat rayonne.

L'ILE AUX FLEURS. L'appellation île aux fleurs n'est ni fortuite ni exagérée. La flore y est d'une abondance exceptionnelle : on y trouve tout à la fois les fleurs et arbustes caractéristiques du littoral breton et de nombreuses espèces apportées de tous les continents par les marins bréhatins. Hortensias, mimosas, mûriers, lauriers, eucalyptus, aloès, cistes, camélias et rosiers s'y disputent l'espace, dominant les géraniums, les fuchsias, les agapanthes et l'infinie diversité des plantes de rocaille.

DES OISEAUX PAR MILLIERS ■ *22, 24, 26, 40, 52*. Avec quelque cent vingt espèces d'oiseaux recensées, l'avifaune de Bréhat réserve aux amoureux de la nature d'agréables surprises. Au sud de l'île, là où la végétation est la plus dense, se bousculent pratiquement tous les oiseaux du bocage : la corneille, la pie, le geai, le merle, la grive musicienne, le bouvreuil, la mésange, le chardonneret, le pinson, le rouge-gorge… Dans les fougères et dans les pins du nord de l'île nichent quelques petits rapaces. Les naturalistes

Au nord, un paysage battu par les vents où abondent ajoncs, genêts et bruyères, asters et pâquerettes ; au sud, un vaste jardin où se sont acclimatées des espèces méditerranéennes.

du groupe ornithologique des Côtes-d'Armor y ont même étudié des spécimens rares de merle à plastron, de pouillot de Sibérie et de bruant lapon lors des migrations automnales. Au-dessus des côtes accidentées, des grèves et de l'Océan «d'un bleu de Naples, une douceur plane sous le ciel, sous le ciel tendu d'argent, plein des quadrilles d'oiseaux de mer» (François Menez).

Cormorans, goélands marins et argentés, mouettes rieuses, sternes caugeks, sternes pierregarins et même fous de Bassan s'observent du rivage. Sur les plages et les vasières, d'autres espèces abondent, tels l'huîtrier pie, le gravelot, le bécasseau, le tournepierre et le courlis.

COQUILLAGES ET CRUSTACES. A basse mer, surtout lors des marées de vives-eaux, d'immenses grèves se découvrent, ponctuées d'une myriade de rochers et de mares. Cet univers coloré, aux fortes odeurs d'iode, dévoile des trésors à qui sait regarder. Selon la nature du substrat (roches, cailloux, graviers, sables, vases), selon l'orientation et la vigueur des courants et selon les niveaux du site, la végétation marine exhibe ici toute la richesse de ses variétés : goémon, fucus, algues, anémones pullulent. Il en est de même des crustacés, des petits poissons de roche qui hantent les flaques, des coquillages… Les connaisseurs pourront en récolter de très savoureux, tels les ormeaux. Mais attention, l'équilibre est fragile, et chaque caillou déplacé risque de perturber l'écosystème.

PROMENADES SUR L'ILE

Avec ses 3,5 km de long et ses 1,5 km de large, Bréhat est à l'échelle du plus modeste des randonneurs. Il faut peut-être se laisser guider par sa fantaisie, pour la découvrir dans sa diversité, au

BREHAT
Aquarelle d'Henri Rivière (août 1902). Le début du XXe siècle a vu croître la réputation de Bréhat dont de nombreux artistes, écrivains et peintres, chantèrent alors l'exceptionnelle beauté. Si «l'Ecole de Bréhat» ne s'est pas imposée comme celle de Pont-Aven, il n'en demeure pas moins que des peintres y vinrent nombreux chercher la paix et l'inspiration, tels Seevagen, Osterlind, Matisse et Foujita.

“Dans Bréhat même, rien n'égale la splendeur du rivage méridional, avec ses rochers rouges panachés de pins sylvestres, trempant dans une mer dont la baie d'Antibes pourrait jalouser l'indigo”
Charles Le Goffic

HORTENSIAS
Ils semblent avoir trouvé sur l'île une terre de prédilection. Leurs têtes contiennent jusqu'à 700 fleurettes et la gamme de leurs teintes décline sa palette du bleu le plus tendre au rose le plus soutenu.

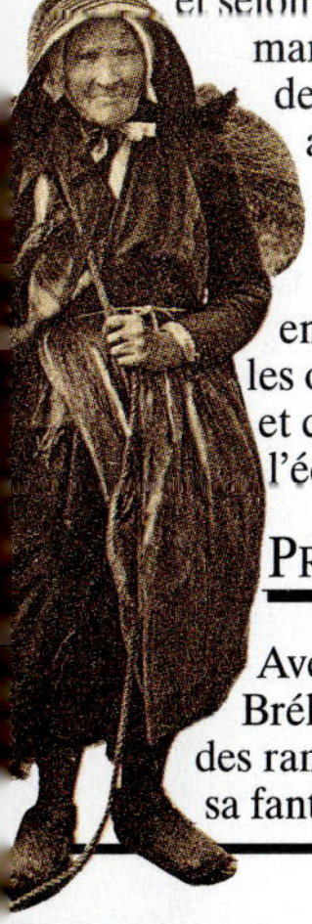

Bréhatine rentrant des champs.

CROIX SAINT-MICHEL
Face à l'île Crouezen, elle domine un paysage de granite hérissé «de bizarres profils et de croupes sauvages» (Jeanne Perdriel-Vaissière).

PHARE DU PAON
Les rochers roses qui le portent seraient des parricides pétrifiés jadis par la colère de Dieu ! Le nom de Paon vient du breton *penn,* «extrémité».

LE CABARET DE BREHAT
A Bréhat, les cafés aussi ont une histoire : au début du siècle, des artistes avaient pris pour habitude de peindre leur visage sur les verres du café des Pêcheurs. Mme Guéré, la patronne, avait en effet menacé l'un de ces bohèmes de lui couper la tête s'il ne payait pas ses dettes et il l'avait prise au mot, inaugurant la tradition.

LE PHARE DU ROSEDO
Il éclaire la côte nord-ouest de l'île ; les landes qu'il protège seraient hantées par les korrigans...

gré du hasard. Bréhat s'articule sur deux îles principales : l'île sud, la plus riante et la plus peuplée, et l'île nord, aux allures d'un paysage d'Irlande. Il faut s'y laisser perdre, dans l'une puis dans l'autre ; et enfin venir musarder dans les ruelles de son bourg resserré autour de sa modeste église.

LE BOURG. Son église du XVIe siècle domine les maisons qui l'entourent et a été maintes fois remaniée. Elle abrite un retable de 1680, œuvre d'Olivier Martinet, une chaire à prêcher du XVIe siècle, des fonts baptismaux du XVIIe siècle et un lutrin figurant un aigle en bois sculpté, du XVIIIe siècle, peut-être importé d'Angleterre. La maquette de la dernière frégate, commandée par un Bréhatin, l'amiral Cornic, en 1836, y est présentée. A l'extérieur, parmi d'autres pierres tombales, celle du corsaire Emile Cannefleury est datée de 1781. Bordant la place, le restaurant Les Pêcheurs expose une incroyable collection d'assiettes décorées par les artistes qui fréquentent l'île, dans la tradition des fameux verres peints, dits des «décapités».

L'ILE SUD. Il faut cheminer jusqu'à la croix de Saint-Michel, d'où l'on découvre vers l'ouest un superbe panorama : l'île Beniguet, l'île Maudez et le sillon de Talbert. Cette balade est à effectuer de préférence le matin. L'île Beniguet aurait été, au XVIIe et au XVIIIe siècle, un repaire de contrebandiers, qui auraient été à un moment une cinquantaine ! De là, poursuivre jusqu'à la CROIX MAUDEZ, sans doute le calvaire le plus ancien de l'archipel. Un peu plus au sud, un ancien moulin à marée trempe ses pales dans les eaux salées de l'étang de Birlot.

L'ILE NORD. L'accès à l'île nord par le pont Vauban conduit, pour gagner le PHARE DU ROSEDO (ou de Russido), à longer l'anse de la Corderie, ancien port de Bréhat où, au XIXe siècle, une quarantaine de navires jaugeant jusqu'à cent tonneaux trouvaient refuge. A l'approche du littoral nord, le paysage se fait plus rude, plus grandiose aussi. Au crépuscule, une douzaine de phares s'allument à l'horizon, dont celui des HEAUX DE BREHAT. Un gros rocher, la «CHAISE DE RENAN», fait face à la mer : l'écrivain venait s'y asseoir pour méditer sur le sacré et le profane... A l'extrémité nord-est de l'île, les ruines du village de Saint-Riom auraient jadis été peuplées de lépreux.

ANNEXES

CARTES ITINERAIRES REALISEES PAR :
Francine Callède, Didier Charrier, Eric Gillion, Frédéric Liéval, Yann Renaud.

CARTES ZONE :
Eric Gillion.

MISES EN COULEURS :
Sylvaine Pérols, Régine Guignard.

PLANS EN PERPECTIVE DE VILLE:
Dominique Duplantier.

ILLUSTRATEURS :
Jean-Pierre Arcile : 248-249.André Bravard : 151, 152, 184-185, 362.
Vincent Brunot : 257.
Dominique Auboire : 177, 391.
Jean-Philippe Chabot : 356.
François Desborde : couv, dos, 4ᵉ plat, 172, 173, 259, 260, 294, 390, 311.
Pascale Duris : 151, 152, 184-185, 362.
Jean-François Guével : 174-175, 192.
Bruno Lenormand : couv, 4ᵉ plat, 85, 88-89, 90-91, 92-93, 94-95, 98-99, 100-101, 102-103, 104-105, 106-107, 108-109, 110, 151, 152, 351, 362-363,.
Patrick Niard : 151, 152, 184-185, 362-363.
Maurice Pommier : 132-133.
Eric Prigent : 86-87.
Claude Quiec : 96-97.
Pascal Robin : 173.
Valérie Stetten : 380, 388.
John Wilkinson : 317, 387.

Nous tenons à remercier les personnes suivantes pour leur aide précieuse et efficace :
M. et Mme Adam-Cordier, M. Aubert (conservateur du musée des Beaux-Arts de Rennes), M. Pascal Aumasson (conservateur du musée d'Art et d'Histoire de Saint-Brieuc), Mme de Bagneux, Mme Caroline Bardin (Comité régional de tourisme de Bretagne), M. Benferhat, Mme Françoise Bercé (conservateur de la bibliothèque du patrimoine, Paris), Mme Lazarine Bergeret, M. Jean Bescond, M. René Le Bihan (conservateur du musée des Beaux-Arts de Brest), M. Jean-Pierre Bihr, M. Philippe Bonnet (inspecteur des Monuments historiques), Mme Le Bouffo, Mme Le Bour (bibliothèque de Saint-Brieux), M.Robert Bouthillier (Dastum, Rennes), M.Branthôme, Mme Casadsus, Mme Marthe Le Clech, M. Isidore Corbel, M.Yvon Le Corre, Mme Françoise Daniel (conservateur du musée des Jacobins, Morlaix), M. Pierre Delestre, Mme Denise Delouche, Mme Claire Denis, M. Dominique Denis, M. Dominique Le Doaré, M. Alain Droguet (conservateur des Archives départementales des Côtes-d'Armor, Saint-Brieuc), Mme Dréan (responsable du Centre de documentation du patrimoine, Rennes), M. Louis-Claude Duchêne, M. Jacques Duchemin, Mme Françoise Durand, M. Jean-Paul Duviols, M. le chanoine Le Floc'h (évêché de Quimper), Mme Marina Ferretti, M. Gaudillat, M. Gauttier (Société archéologique Corseul-la-Romaine), M. Jean-André Le Gall, Mme Béatrice Geffroy, M. Roland Gestin, Mme Hélène Guéné, M. Eugène Guillevic, Mme Yvonne Guilloux, Mme Yvonne Jean-Haffen, M. Samuel Josefowitz, M. Georges Lapicque, M.François Loyer, M. Jean-Marie Lusson (Armor-magazine), M. Christian Morvan, M. Daniel de La Motte Rouge, M. Nezet, Binic, Mme Geneviève Noufflard, M. Pellan (Conseil régional des Côtes -d'Armor), M. Albert Pennec, M. Louis-René Petit, M. Pétry, Mme de Saint-Pierre, Mme Pouillias (conservateur de la bibliothèque municipale de Rennes), Mme Prod'Homme (conservateur du musée de Bretagne, Rennes),M. Dominique Provost (conservateur du musée de l'outil et des métiers, Tinténiac), M. Jean-Marc Sterckers, Mme Toulet, M. Viart (Ets Raphaël, Saint-Brieuc), M. Vilbert (conservateur de la bibliothèque de Dinan).

Nous avons par ailleurs recherché en vain, les héritiers ou éditeurs de certains documents. Un compte leur est ouvert à nos éditions.

◆ BIBLIOGRAPHIE

◆ GENERALITES ◆

◆ BALCOU (sous la direction de Jean) et LE GALLO (sous la direction de Yves) : *Histoire littéraire et culturelle de la Bretagne*, 3 vol. (Champion-Slatkine, Paris-Genève, 1987)
◆ *Bretagne*, coll. (Christine Bonneton, Paris, 1991)
◆ GUILLET (sous la dir. de Jacques) : *La Batellerie bretonne* (Le Chasse-Marée-Estran, Douarnenez, 1988)
◆ LE CUNFF (Louis) : *La Bretagne mystérieuse des fantômes et des pilleurs d'épaves* (Ouest-France, Rennes, 1986)
◆ LE SCOUEZEC (Gwenc'hlan) : *Guide de la Bretagne mystérieuse* (Beltan, Brasparts, 1989)
◆ MEYNIER (André) : *La Bretagne* (Flammarion, Paris, 1976)
◆ ROBIEN (Christophe Paul de) : *Description historique, topographique et naturelle de Bretagne* (Le Floc'h, 1974)

◆ NATURE ◆

◆ ARZEL (Pierre) : *Les Goémoniers* (Le Chasse-Marée-Estran, Douarnenez, 1987)
◆ BEAULIEU (François de), LE MOIGNE (Jean-Louis) : *Nature en Bretagne* (Ar Men-Le Chasse-Marée, Douarnenez, 1991)
◆ BOURNERIAS (Marcel), Pomerol (Charles), Turquier (Yves) : *Guides naturalistes des côtes de France*, vol. 3 et 4 ; *Du Mont-Saint-Michel à la pointe du Raz* (Delachaux et Niestlé, Neuchâtel-Paris, 1985)
◆ CADORET (Bernard), DUVIARD (Dominique), GUILLET (Jacques), KERISIT (Henry) : *Ar Vag, voiles au travail en Bretagne atlantique* (Estran, Douarnenez, 1984)
◆ *Les Côtes-d'Armor au naturel* (Conseil général des Côtes-d'Armor)
◆ COUVREUR (Gérard), LE GUEN (Gilbert) : *Bretagne* (Masson, Paris, 1990)
◆ DARDE (Jean-Noël) : *Plages et Côtes de France* (Editions Balland, Paris, 1991)
◆ DURAND (S.), LARDEUX (H.) : *Bretagne* (collection «Guides géologiques régionaux», Masson, Paris, 1985)
◆ GUERMEUR (Yvon), MONNAT (Jean-Yves) : *Histoire et Géographie des oiseaux nicheurs en Bretagne* (Ar Vran, 1980)
◆ MONNAT (Jean-Yves) : *Bretagne vivante* (collection «Animaux et fleurs des régions de France», Editions SAEP Colmar-Ingersheim, 1973)
◆ *Périmètres sensibles entre terre et mer* (Conseil général des Côtes-d'Armor, 1981)
◆ VIGHETTI (Jean-Bernard) : *Les Canaux bretons* (Ouest-France, Rennes, 1985)

◆ HISTOIRE ◆

◆ ANDRIEUX (Jean-Yves) : *Forges et Hauts-Fourneaux en Bretagne* (CID, Nantes, 1987)
◆ *Au temps des Celtes* (catalogue de l'Exposition de Daoulas, 1986)
◆ BRIAND (Yves) et DE LA HAYE (Pierre) : *Histoire de Lannion des origines au XIXe siècle* (IMPRAM, Lannion, 1986)
◆ CARLO (Jean-Claude) : *A la découverte du Mené* (Yves Salmon, 1990)
◆ CASSARD (Jean-Christophe) : *Vikings en Bretagne* (Skol Vreizh, Morlaix, 1986)
◆ CHAPPE (François) : *L'Epopée islandaise 1880-1914* (L'Albaron, Thonon-les Bains, 1990)
◆ CHEDEVILLE (André), GUILLOTEL (Hubert) : *La Bretagne des saints et des rois* (Ouest-France, Rennes, 1984)
◆ DELUMEAU (sous la direction de Jean) : *Histoire de Bretagne* (Privat, Toulouse, 1987)
◆ DEVAILLY (sous la direction de Guy) : *Histoire religieuse de la Bretagne* (Ed. CLD., 1980)
◆ DUPUY (Roger) : *La Chouannerie* (Ouest-France, Rennes, 1982)
◆ DUVAL (Paul-Marie) : *Les Celtes* (Gallimard, Paris, 1977)
◆ *Evolutions et Résistances. La Révolution dans les Côtes-du-Nord 1788-1800* (catalogue de l'Exposition, Saint-Brieux, La Roche-Jagu, Dinan, 1989)
◆ FLEURIOT (Léon) : *Les Origines de la Bretagne* (Payot, Paris, 1980)
◆ FRELAUT (Bertrand) : *Les Nationalistes bretons de 1939 à 1945* (Beltan, Brasparts, 1985)
◆ GIOT (P.R.) : *Menhirs et Dolmens* (Jos Le Doaré, Chateaulin, 1989)
◆ GIOT (L.), FHUMIOT (G.), BERNIER (B.), MERDRIGNAC (P.), GUIGON (P.) : *Les Premiers Bretons, la Bretagne du Ve siècle à l'an mil* (Jos Le Doaré, Châteaulin, 1988)
◆ GUYONVARC'H (Christian), LE ROUX (Françoise) : *Les Druides* (Ouest-France, Rennes, 1986)
◆ *Histoire de la Bretagne et des pays celtiques*, 5 vol. (Skol Vreizh, Morlaix, 1989)
◆ HOUEE (P.) : *Le Mené, un pays qui se prend en main* (Comité d'expansion du Mené, 1985)
◆ JOUVE (Guy) : *Moncontour de Bretagne* (1990)
◆ KERBORIOU (G.A.) : *La Bretagne de nos aïeux* (Danclau, Dinard, 1991)
◆ LASCAUX (Michel) : *Les Templiers en Bretagne* (Ouest-France, Rennes, 1979)
◆ LE BRIS (Marc), LE CLERC DE LA HERVERIE (Jean), LE NOAC'H (Alain) : *Loudéac et sa région* (Le Courrier Indépendant, 1987)
◆ LE DANTEC (Jean-Pierre) : *Bretagne* (Seuil, Paris, 1990)
LE NORDEZ (Ernest) : *Le Guide des baigneur à Saint-Quay-Portrieux* (Rue des Scribes, 1987)
◆ LEGUAY (Jean-Pierre), MARTIN (Hervé) : *Fastes et Malheurs de la Bretagne ducale, 1212-1532* (Ouest-France, Rennes, 1983
◆ MARACHE (René) : *Les Romains en Bretagne* (Ouest-France, Rennes, 1979)
◆ MICHELET (Jules) : *Histoire de France*, 21 vol. (Flammarion, Paris, de 1974 à 1983)
◆ MINOIS (sous la direction de Georges) : *Les Côtes-du-Nord, de la préhistoire à nos jours* (Bordessoules, Saint-Jean-d'Angély, 1987)
◆ MOAL (François) : *Carhaix et le Poher* (Nature et Bretagne, Spezet, 1986)
◆ WAQUET (Henri) : *Mémoires du chanoine Jean Moreau sur les guerres de la Ligue en Bretagne* (Société archéologique du Finistère, Quimper 1960)
◆ *Paule, pierre de mémoire* (catalogue de l'exposition de Saint-Brieuc, Musée d'histoire, 1990)

◆ LANGUE ◆

◆ DESHAYES (Albert) : *Noms de famille bretons* (Skol Vreizh, Morlaix, 1985)
◆ FALC'HUN (François) : *Histoire de la langue bretonne d'après la géographie linguistique* (PUF, Paris, 1963)
◆ GOURVIL (Francis) : *Langue et Littérature bretonnes* (PUF, Paris, 1976) ; *Noms de famille d'origine toponymique* (Société d'archéologie du Finistère, Quimper, 1970)
◆ HEMON (Roparz) : *Dictionnaire français-breton* (Al Liamm, Brest, 1965)
◆ IHUELLOU (Garmenig) : *Noms de maisons en breton* (Ouest-France, Rennes, 1987)
◆ LE MENN (Gwenolé) : *Choix de prénoms bretons* (Coop Breiz, Spezet, 1971)
◆ *Skrivom, komzom,*

halennom brezoneg (Ecrivons, parlons, et lisons le breton) (Emgleo Breiz, Brest)

◆ TRADITIONS ◆

◆ BUFFET (Henri-François) : *En Haute-Bretagne* (Laffitte Reprints, Marseille, 1982)
◆ CRESTON (René-Yves) : *Le Costume breton* (Tchou, Paris, 1974)
◆ FALSAB : *La Lutte bretonne des origines à nos jours* (Institut culturel de Bretagne, 1984)
◆ GEOFFROY (Claire et Louis) : *Le Lin du Trégor* (1986)
◆ GUILLOU (Anne) : *Les Femmes, la Terre, l'Argent* (Beltan, Brasparts, 1991)
◆ HELIAS (Pierre Jakez) : *Coiffes et Costumes de Bretagne* (Editions Jos Le Doaré, Châteaulin, 1986) ; *Coiffes de Bretagne, Costumes, Danses, Savoir-vivre, Traditions bretonnes*, 5 vol. (Jos Le Doaré, Châteaulin)
◆ JEANNEAU (Georges) : *Meubles bretons* (Hachette, Paris, 1973)
◆ LE BRAZ (Anatole) : *La Légende de la mort chez les Bretons armoricains* (Laffitte, Marseille, 1978)
◆ LE FLOC'H (Marcel), PERU (Fanch) : *Jeux traditionnels de Bretagne* (Institut culturel de Bretagne, Rennes, 1987)
◆ LUZEL (François-Marie) : *Veillées bretonnes* (Picollec, Paris, 1980)
◆ MORAND (Simone) : *La Gastronomie bretonne* (Flammarion, Paris, 1972)
◆ MORTROT (Marie-France) : *Bretagne insolite. Guérisseurs, Sorciers, Rebouteux*, 2 vol. (L'Ancre de Miséricorde, Saint-Malo, 1985)
◆ OLLIVIER (Jean-Paul) : *Histoire du cyclisme breton / Histoire du football breton*, 2 vol. (Picollec, Paris, 1981)
◆ SEBILLOT (Paul-Yves) : *Le Folklore de Bretagne* (Payot, Paris, 1950)

◆ DANSE ET MUSIQUE ◆

◆ ABJEAN (René) : *La Musique bretonne* (Jos Le Doaré, Châteaulin, 1975)
◆ ALLAIN (Emile) : *Traité élémentaire de biniou* (B.A.S., 1965)
◆ DURAND (Philippe) : *Anthologie de la chanson en Bretagne* (L'Harmattan, Paris, 1976)
◆ GIRAUDON (Daniel) : *Chansons populaires de basse Bretagne sur feuilles volantes* (Skol Vreizh, Morlaix, 1985)
◆ HAMON (André-Georges) : *Chantres de toutes les Bretagnes* (Picollec, Paris, 1981)
◆ *Kanomp uhel, Chansons bretonnes* (Coop Breiz, Spézet, 1977)
◆ MALRIEUX (Patrick) : *Histoire de la chanson populaire bretonne* (Dastum-Skol, Rennes, 1983)
◆ MOELO (Serge) : *Guide de la musique bretonne* (Dastum, Rennes, 1990)
◆ QUELLIEN (Narcisse) : *Chansons et danses des Bretons* (Laffitte, Marseille, 1981)

◆ RELIGION ◆

◆ ANDREJEWSKI (Daniel) : *Les Abbayes bretonnes* (Fayard, Paris, 1983)
◆ BUHEZ. (Association des conservateurs de musées) : *Les Bretons et Dieu* (Ouest-France, Rennes, 1985)
◆ CHARDRONNET (Joseph) : *Livre d'or des saints de Bretagne* (Armor, Saint-Brieuc, 1977)
◆ CROIX (Alain), ROUDAUT (François) : *Les Bretons, la Mort et Dieu, de 1600 à nos jours* (Messidor, Paris, 1984)
◆ *Dictionnaire des saints bretons* (Sand, Paris, 1986)
◆ LAMBERT (Yves) : *Dieu change en Bretagne* (Cerf, Paris, 1985)
◆ LE ROY (Florian) : *Bretagne des saints* (André Bonne, Riom, 1987)
◆ ROUDAUT (François) : *Les Chemins du paradis / Taolennou ar Baradoz* (Le Chasse-Marée, Douarnenez, 1990)

◆ ARTS ET ARCHITECTURE ◆

◆ *Argoat 22, Pays d'accueil* (Mairie de Bourbriac)
◆ *Arts de Bretagne, XIVe-XXe siècle* (catalogue de l'Exposition de Schallaburg, Autriche, 1990)
◆ ANDREJEWSKI (sous la direction de Daniel) : *Les Abbayes bretonnes* (Association BAB et Fayard, Priziac, 1986)
◆ AUDIN (Pierre) : *Guide des fontaines guérisseuses, Morbihan, Finistère, Côtes-du-Nord* (Maisonneuve et Larose, Paris, 1983)
◆ AUDREY (Burl) : *Guide des dolmens et des menhirs bretons* (Errance, Paris, 1987)
◆ BARBIER (Paull) : *Le Trégor historique et monumental* (Presses bretonnes, Saint-Brieuc, 1960)
◆ *La Basilique Notre-Dame-de-Bon-Secours* (SAEP, Guingamp, 1987)
◆ *Brehévenez* (Petit guide de l'église)
◆ BREKILIEN (Yann) : *Les Châteaux bretons* (Ouest-France, Rennes, 1983)
◆ BROUARD (Noël) et KULIG (Christian) : *De manoirs en châteaux à travers les Côtes-d'Armor* (NBCK, 1991)
◆ *La Chapelle du Port Blanc en Penvenan* (Inventaire général des monuments et des richesses artistiques de la France, Paris, 1983)
◆ *Châteaux et manoirs de l'arrondissement de Guingamp* (Inventaire général des monuments et des richesses artistiques de la France, Paris 1977)
◆ COCHERIL (Michel) : *Les Orgues de Bretagne* (Ouest-France, Rennes, 1981)
◆ *Dans les pas de saint Yves* (Impram, collection «Le Trégor», 1989)
◆ DEBIDOUR (Victor-Henry) : *L'Art de Bretagne* (Arthaud, Paris, 1979)
◆ DEBIDOUR (Victor-Henry) : *La Sculpture bretonne* (Ouest-France, Rennes, 1985)
◆ DELESTRE (Pierre) : *A la découverte des chapelles du Trégor* (Lescuyer, Lyon, 1985)
◆ DERRIEN (Pierre) : *Art gothique en Bretagne* (Ouest-France, Rennes, 1982)
◆ *Finistère, Carhaix-Plouguer*, en 2 vol. (Inventaire général des monuments et des richesses artistiques de la France, Paris, 1969)
◆ FREGNAC (Claude) : *La Bretagne des châteaux* (Hachette, Paris, 1976)
◆ GIOT (P.R.) : *Menhirs et dolmens. Monuments mégalithiques de Bretagne* (Jos Le Doaré, Châteaulin, 1988)
◆ HUERRE (lieutenant-colonel) : *Quintin d'hier et d'aujourd'hui* (Syndicat d'initiative de Quintin, 1982)
◆ LASCAUX (Mikael) : *Eglises des Côtes-du-Nord* (Art et tourisme, Nouvelles éditions latines)
◆ LE FLOC'H (L.) : *Perros-Guirec* (Editions Jack, 1989)
◆ LEGRAND (André) : *Saint-Quay-Portrieux* (Ouest-France, Rennes 1981)
◆ LE SCOUEZEC (Gwenc'hlan) : *Pierres sacrées de Bretagne*, 2 vol. : *Calvaires et Enclos paroissiaux, Croix et Sanctuaires* (Le Seuil, Paris, 1982)
◆ *Modernité et Régionalisme* (catalogue de l'exposition tenue à Brest puis à Paris, département diffusion de l'Institut français d'architecture, Mardaya, Liége, 1986)
◆ MALE (Emile) : *L'Art religieux du XIIIe siècle en France* (Armand Colin, 1948)
◆ MARCHAT (Anne) et LE BROZEC (Michelle) : *Les Mégalithes de l'arrondissement de*

Lannion (Institut culturel de Bretagne, Skol-Uhel ar Vro)
◆ MONCONTOUR DE BRETAGNE (R. Couffon)
◆ MOTTE-ROUGE (Daniel de la) : *Vieux Logis, vieux écrits du duché de Penthièvre*
◆ MUSSAT (André) : *Arts et Cultures de Bretagne, un millénaire* (Berger-Levrault, Paris, 1979)
◆ PELLETIER (Yannick) : *Enclos paroissiaux de Bretagne / Jubés de Bretagne / Retables bretons*, 3 vol. (Ouest-France, Rennes, 1981, 1984, 1986)
◆ QUERE (Christian) : *La Côte du Goëlo* (Jos Le Doare, Chateaulin, 1986)
◆ REBILLE (Edmond) : *L'Argoat secret autour de Guingamp* (1989)
◆ RENOUARD (Michel) : *Art roman en Bretagne* (Ouest-France, Rennes, 1985)
◆ ROTTE (J.-R.) : *Ar Seiz Breur, Recherches et Réalisations pour un art breton moderne, 1923-1947* (Breizh hor bro, Elven, 1987)
◆ ROYER (Emile) : *Nouveau guide des calvaires bretons* (Ouest-France, Rennes, 1985)
◆ SAUREL (J.) : *A la découverte de Lannion, Châteaux et manoirs* et *Promenades à Guingamp et alentours* (Editions du Randonneur, Saint-Brieuc, 1989) et *D'Avangour en Goëlo* (1980)
◆ Société d'émulation des Côtes-du-Nord : *Mémoires de l'année 1980, 1981, 1983* (Les Presses Bretonnes, Saint-Brieuc, 1981, 1982, 1984)
◆ *Trésors secrets des Côtes-d'Armor* (catalogue de l'exposition tenue au château de La Roche-Jagu en 1991)
◆ WAQUET (Henri) : *L'Art breton* (Arthaud, Paris, 1960)

◆ PEINTURE ◆

◆ DELOUCHE (Denise) : *Eugène Boudin et la Bretagne* (Editions Ursa, Raillé, 1987)
◆ DELOUCHE (Denise) : *Les Peintres et le Paysan breton* (Editions Ursa-Le Chasse-Marée, Raillé-Douarnenez, 1988)
◆ DELOUCHE (Denise) : *Peinture de la Bretagne, découverte d'une province* (C. Klincksieck, Paris, 1977)
◆ LALAISSE (Hippolyte) : *Aquarelles et Dessins de la Bretagne* (La Cité, Brest, 1986)
◆ MEHEUT (Mathurin) : *Peintre de la mer /de la Bretagne rurale*, 2 vol. (Le Chasse-Marée-Ursa, Douarnenez-Raillé, 1989)
◆ *Peintres de la Bretagne, découverte d'une province* (université de haute Bretagne librairie Klincksieck, Rennes-Paris, 1977)

◆ LITTERATURE ◆

◆ BOURDON (Alain) : *Armand Robin* (collection «Poètes d'aujourd'hui», Seghers, 1981)
◆ DUMONT LE DOUAREC (J.-P.) : *La Saga des Verry Carfantan* (Les goélettes blanches, Paris, 1985)
◆ FLAUBERT (Gustave) : *Par les champs et par les grèves* (Editions Complexe, Bruxelles, 1989)
◆ *La Bretagne en poésie*, coll. (Gallimard, Paris, 1982)
◆ LA VILLEMARQUE (Théodore Hersart de) : *Barzaz-Breiz, chants populaires de la Bretagne* (Maspéro, Paris, 1981)
◆ LE BRAZ (Anatole) : *Croquis de Bretagne* (Terre de Brume, Paris, 1989) et *Pâques d'Islande* (La Digitale, Quimperlé, 1990)
◆ LEPAGE (Roger-Henri) : *Sur le Leff au siècle dernier* (1983)
◆ LE QUINTREC (Charles): *Les Grandes Heures littéraires de la Bretagne* (Ouest-France, Rennes, 1978) et *Anthologie de la poésie bretonne 1880-1980* (La Table Ronde, 1980)
◆ LUCAS (Désiré) : *Guide des promenades au pays de Plestin-les-Grèves* (Centre culturel de Plestin)
◆ PALANTE (Georges) : *L'Individu en détresse* (Folle Avoine, 1987)
◆ POLLES (Henri) : *Sophie de Tréguier* (Gallimard, 1932)
◆ *Récits et contes populaires de Bretagne/2* (Gallimard, 1981)
◆ REBILLE (Edmond) : *Le Diable est mort à Burthulet* (Les Presses bretonnes, Saint-Brieuc, 1989)
◆ ROBIN (Armand) : *La Quête de l'universel* (Skol-Vreizh, Morlaix, 1989)
◆ SOUVESTRE (Emile) : *Contes de Bretagne* (Gisserot, Paris, 1990)
◆ STENDHAL : *Mémoires d'un touriste en Bretagne* (Albatros, Paris, 1986)
◆ VORAGINE (Jacques de) : *La Légende dorée* (trad. de J.-B.M. Roze, Garnier-Flammarion, 1967)
◆ YOUNG (Arthur) : *Voyages en Bretagne* (coll. «10/18», Union générale d'éditions, Paris, 1970)

◆ ECONOMIE ◆

◆ *Agriculture en Bretagne* (Skol Vreizh, Morlaix, 1976)
◆ *Atlas de Bretagne*, (Institut culturel de Bretagne, Skol Vreizh, Morlaix, 1990)
◆ *Bretagne clés en main* (Institut Culturel de Bretagne, Rennes, 1988)
◆ *L'Espace breton, les dossiers d'octant*, n°10 (INSEE, Rennes, 1985)
◆ *Géographie de la Bretagne*, (Skol Vreizh, Morlaix, 1976)
◆ *Tableaux de l'économie bretonne* (INSEE Rennes, 1990)

◆ REVUES ◆

◆ *Amis du pays de Guingamp*
◆ *Annales de Bretagne* (revue universitaire, trimestrielle, Rennes)
◆ *Ar men, la Bretagne : Un monde à découvrir* (bimestriel, Le Chasse-Marée, Douarnenez).
◆ *Association pour la recherche et la sauvegarde des sites archéologiques du Trégor* (Lannion)
◆ *Le Chasse-Marée* (magazine d'ethonologie maritime, bimestriel, Douarnenez).
◆ *Les Cahiers de l'Iroise* (revue trimestrielle publiée depuis 1954 par la Société d'études de Brest et du Léon. Nombre de numéros sont consacrés aux Côtes d'Armor, dont le n°151/ juillet-septembre 1991, Brest)
◆ *Les Cahiers du Trégor* (bulletin du club d'archéologie et d'histoire de Begard)
◆ *Les Carnets du Goëlo* (SEHAG, Paimpol)
◆ *Iles du Trégor* (APEGIT, Trébeurden)
◆ *Pays d'Argoat* (association d'histoire et d'archéologie de la région de Bourbriac)
◆ *Penn ar Bed* (bulletin trimestriel de la Société pour l'étude et la protection de la nature en Bretagne, Brest)
◆ *Skol Vreizh* (bulletin trimestriel des instituteurs laïques bretons, Morlaix)
◆ *Vieilles maisons françaises : Côtes-d'Armor*, n° 138 (Paris, 1990)

◆ TOPO-GUIDES ◆

◆ *Tour du Pays gallo (Mené, Penthièvre, Poudouvre)/G.R. de pays Réf, 038-1986*
◆ *Côte de granite rose, côte des Bruyères/GR 34, 34 A-34-B, Réf. 346-1988*
◆ *Tour du Trégor morlaisien GR 34D-380, Réf. 047-1987*
◆ *Petites randonnées en Trégor et Haute-Cornouaille PR, Ref. 012*
◆ *De la Côte d'Emeraude au Méné par les chemins* (Les Amis des sentiers de pays, Quevert, 1988)
◆ 95 promenades et randonnées en Trégor et Haute-Cornouailles/PR Réf 012

A

Aimer : *Karout*
Alors : *Neuze*
Année (l') : *ar Bloaz*
Aujourd'hui : *Hiziv*
Au revoir : *Kenavo*
Automne (l') : *an Diskar-amzer*

B

Barque (la) : *ar Vag*
Bas : *Izel*
Beau : *Kaer*
Beaucoup : *Kalz*
Beurre (le) : *Amann*
Blanc : *Gwenn*
Bois (le) : *ar c'h-Koad*
Bon : *Mad*
Bonjour : *Deiz mat*

C

Chambre (la) : *ar G-Kambr*
Chaud : *Tomm*
Cinq : *Pemp*
Combien de temps : *Pegeit*
Corps (le) : *ar c'h-Korf*
Crayon (le) : *ar c'h-Kreion*

D

Déjeuner (le) : *al Lein*
Demain : *Warc'hoazh*
Deux : *Daou*
Dimanche : *Sul*
Dîner (le) : *ar Goan*
Dix : *Dek*

E

Eau (l') : *an Dour*
Ecouter : *Selaou*
Enfant (l') : *ar Bugel*
Enveloppe (l'), *la couverture : ar Golo*
Eté (l') : *an Hañv*

F / G

Famille (la) : *an Tiegezh*
Feu (le) : *an Tan*
Fils (le) : *ar Mab*
Fille (la) : *ar V-Mec'h*
Fleurs (les) : *ar Bleuniou*
Frère (le) : *ar Breur*
Froid : *Yen*
Grand : *Bras*
Grand-mère (la) : *ar V-Mamm gozh*
Grand-père (le) : *an Tad kozh*

H / J

Haut : *Uhel*
Huit : *Eizh*
Hiver (l') : *ar Goañv*
Jeudi : *Yaou*
Jeune : *Yaouañk*
Jeune fille (la) : *ar Plac'h*
Jeune homme (le) : *ar Paotr*
Joli : *Koad*
Jour (le) : *an Deiz*
Jusqu'à : *Betek*

L / M

Lit (le) : *ar Gwele*
Livre (le) : *al Levr*
Lundi : *Lun*
Madame : *an Itron*
Main (la) : *an Dorn*
Maintenant : *Bremañ*
Maison (la) : *an Ti*
Manger : *Debriñ*
Marcher : *Kerzhout*
Mardi : *Meurzh*
Matin (le) : *ar Mintin*
Mer (la) : *ar Mor*
Merci : *Trugarez*
Mercredi : *Merc'her*
Mère (la) : *ar V-Mamm*
Mois (le) : *ar Miz*
Monsieur : *an Aotrou*

N / O

Neuf : *Nav*
Noir : *Du*
Non : *Nann*
Nuit (la) : *an Noz*
Œil (l') : *al Lagad* (*daoulagad* : yeux)
Où : *Pelec'h*
Oui : *Ya*

P / Q

Pain (le) : *ar Bara*
Pantalon (le) : *ar Bragoù*
Pays (le) : *ar V-Bro*
Père (le) : *an Tad*
Petit : *Bihan*
Pied (le) : *an Troad* (*daoudroad* : pieds)
Pierre (la) : *ar Men*
Printemps (le) : *an Nevez-amzer*
Quand : *Pegoulz*
Quatre : *pevar*

R / S

Regarder : *Sellout*
Rouge : *Ruz*
Samedi : *Sadorn*
Savoir : *Gouzout*
Semaine (la) : *ar Sizhun*
Sept : *Seizh*
S'il vous plaît : *Mar plij*
Six : *C'hwec'h*
Sœur (la) : *ar C'hoar*
Soir (le) : *an Abardaez noz*
Soleil (le) : *an Heol*

T / U / V

Table (la) : *a D-Taol*
Temps (le) : *an Amzer*
Tête (la) : *ar Penn*
Terre (la) : *an Douar*
Toujours : *Atav*
Trois : *Tri*
Un : *un*
Vendredi : *Gwener*
Vieux : *Kozh*
Ville (la), cher : *Ker*
Vin (le) : *ar Gwin*
Voir : *Gwelout*
Vrai : *Gwir*

◆ INDEX

◆ **D** ◆

◆ **E** ◆

◆ **F** ◆

◆ **G** ◆

◆ M ◆

◆ N ◆

◆ Index

◆ T ◆

◆ U ◆

◆ W / Y / Z ◆

Dans la même collection

Alpes-Maritimes,
Alsace,
Baie du Mont-Saint-Michel,
Bataille de Normandie,
Bouches-du-Rhône,
Calvados,
Charente-Maritime/Aunis,
Charente-Maritime/Saintonge,
Corse-du-Sud,
Côte d'Émeraude,
Eure,
Finistère-Nord,
Finistère-Sud,
La France au fil de l'eau
Guadeloupe,
Haute-Corse,
Haute-Provence,
Indre-et-Loire,
Le Louvre,
Loire-Atlantique,
Loir-et-Cher,
Manche,
Martinique,
Morbihan,
Orne, Paris,
Pays Basque,
Parc national des Cévennes,
Parc régional du Luberon,
Parcs naturels régionaux,
Rennes-Vitré-Fougères,
Restaurants de Paris,
Seine-Maritime,
Tahiti,
Var,
Vaucluse,
Vendée Maritime

Amsterdam,
Bali,
Bologne,
Crète,
Égypte,
Florence,
Grèce,
Irlande,
Istanbul,
Londres,
Malaisie et Singapour,
Maroc,
Monde Maya,
Naples/Pompéi,
New York,
Prague,
Québec,
Rome,
Saint-Pétersbourg,
San Francisco,
Séville/Andalousie,
Terre Sainte,
Thaïlande,
Tunisie,
Venise,
Vienne,
Wallonie/Bruxelles

Guides Gallimard
5, rue Sébastien Bottin
75007 Paris

Itinéraires en Côtes d'Armor
Les chiffres en italique renvoient aux pages du guide et les coordonnées à la carte de la page suivante.

A
B
C
D
E
1
2
3
4
5
6
7
8
9
10
Île de Bréhat
Phare du Rosédo
La Croix Maudez
Ile Grov Ezen
Ile Biniguet
Ile Raguenes
Port
Les Sept Iles
Pointe du Château
Ile Gildas
Trégastel
Ploumanach
Perros-Guirec
Port-Blanc
Plougrescant
Pleubian
Ile de Bréhat
Ile Grande
Penvern
St-Samson
N.-D. de la Clarté
La Roche-Jaune
Bellevue
Pleumer-Gautier
Loguivy-de-la-Mer
Pointe de L'Arcouest
Penvénan
Plouguiel
St-Uzec
Ile Millau
Pleumeur-Bodou
Louannec
Tréguier
Trédarzec
Ploubazlanec
Pors-Éven
Trébeurden
Minihy-T.
Paimpol
Pointe de Bilfot
Pointe de Bihit
Langoat
Troguéry
Lézardrieux
Abbaye de Beauport
LANNION
D786
La Roche-Derrien
Pommerit-Jaudy
Pleudaniel
Plouézec
Pointe de Minard
Pointe de Séhar
Le Yaudet
Locquirec
St-Michel-en-Grève
Ploubezre
Château de Kermezen
Leff
Yvias
Kerfot
Le Questel
Kerfons
Jaudy
Berhet
Ploézal
Pontrieux
Lanloup
Pointe de la Tour
Plage Bonaparte
Guindy
Prat
Runan
Temple de Lanleff
PLéhédel
Ploumilliau
Château de Kergrist
Kermaria
D786
Pointe de Plou
Tréduder
Kéraudy
D767
Trieux
Plouha
Tréveneuc
Plestin-les-Grèves
Plouzélambre
Château de Rosanbo
Bégard
Brélidy
St-Q
Port
Lanvellec
Les Septs-Saints
Guénézan
D787
Liscorno
Lanvollon
Tremel
Plufur
Le Vieux-Marché
Pommerit-le-Vicomte
Étab
Plouégat-Moysan
Plouaret
Trégrom
Tréguidel
St-Carré
Ménez Bré 302 m
Pédernec
Pabu
Lantic
Bini
Goudelin
N12
Louargat
Tréglamus
Le Merzer
Bringolo
Plélo
Trégomeur
Belle-Isle-en-Terre
GUINGAMP
N12
Chatelaudren
Pordic
F. de Coat-an-Hay
Guerlesquin
Loguivy-Plougras
F. de Coat-an-Noz
Gurunhuel
Plouagat
Goue
Trémuson
Mousteru
Plouvara
Plerneuf
Plougonver
Bourbriac
St-Péver
La Méaugon
Lohuec
Kerhuel
Bois Meur
Boqueho
Le Pont-Noir
Pont-Melvez
Cohiniac
Ste-Anne-du-Houlin
Bulat-Pestivien
Étang du Blavet
Plesidy
Plourac'h
D787
Château de Beaumanoir
Plaine-Haute
St-Julien
Callac
St-Norgant
Senven-Léhart
Le Fœil
Maël-Pestivien
Le Leslay
Château de Crénan
Plusquellec
Magoar
St-Connan
St-Servais
Quintin
Landujen
Peumerit-Quintin
St-Gilles-Pligeaux
Le Vieux-Bourg
St-Eutrope
Carnoët
Château de Robien
D700
Duault
Blavet
Lanrivain
St-Nicodème
Le Pas
Canihuel
Forêt de Lorge
Locarn
D790
La Croix
Château de Lorge
Treffin
Trémargat
St-Nicolas-du-Pelem
Le Bodéo
L'Hermit.
Lorge
Kergrist-Moëlou
Corlay
Allineuc
Maël-Carhaix
St-Martin-des-Prés
Carhaix-Plouger
Plounévez-Quintin
Plussulien
Bosméléac
Lansalaün
Plougue
Merléac
Ste-Tréphine
St-Igeaux
Uzel
Paule
N164
Plévin
Séléden
Canal de Nantes à Brest
Gouarec
Laniscat
Le Quillo
La Mot
Rostrenen
Glomel
Gorges du Daoulas
St-Gelven
St-Guen
Oust
N164
Les Forges-des-Salles
Lac de Guerlédan
Caurel
Perret
Étang des Salles
Mur-de-Bretagne
St-Aignan
LOUDÉAC
Gourin
Plouray
Forêt de Quénécan
Langoëlan
Neulliac
St-Ba
Langonnet
Cléguérec
D762
Le Croisty
Sarre
D782
Guémené-Sur-Scorff
Le Faouet
PONTIVY
Rohan
Scorff
Kernascléden
Blavet
D764
Forêt de Pont Calleck
D768
Naizin
Bubry
Melrand
Pluméliau
Réguiny
Quimperlé
Ellé